Ardteistiméireacht Gnáthleibhéal

Aodh Ó Gallchóir

educate.ie

FOILSITHE AG:
Educate.ie
Walsh Educational Books Ltd
Oileán Ciarraí
Co. Chiarraí
www.educate.ie

EAGARTHÓIR: Síofra Ní Thuairisg

DEARTHÓIR: Kieran O'Donoghue

OBAIR EALAÍNE: Bob Moulder,
Jeff Anderson, Barry Reynolds

LÉITHEOIRÍ PROFAÍ: Muireann Ní Chuív,
Deirdre Ní Chaomhánaigh

ARNA CHLÓ AGUS ARNA CHEANGAL AG:
Walsh Colour Print
Oileán Ciarraí
Co. Chiarraí

© Aodh Ó Gallchóir 2014

Tá na foilsitheoirí faoi chomaoin acu siúd a thug cead dúinn ailt, grianghraif agus lógóanna a atáirgeadh: Gaelscéal, Beo! (www.beo.ie), Foinse (saor leis an *Irish Independent* gach Céadaoin), Conradh na Gaeilge, Fáilte Ireland, Seachtain na Gaeilge, TG4, Raidió na Gaeltachta, Bigstock, Alamy, Getty Images, RTÉ Stills Library, Sportsfile, Photocall, Scott de Buitléir. Buíochas faoi leith do Éamonn Fitzgerald.

Gabhann na foisitheoirí buíochas dóibh seo a leanas as ucht cead a ghabháil dúinn a gcuid scéalta, sleachta agus dánta a fhoilsiú sa leabhar: Cló Iar-Chonnacht as 'An tEarrach Thiar', sliocht as 'Seal i Neipeal' agus 'Dís', An Sagart as 'Colscaradh' agus 'Mo Ghrá-sa (idir lúibíní)', Caomhán Ó Luain as 'Géibheann', An Gúm as 'Oisín i dTír na nÓg', Gallery Press agus Caomhán Ó Luain as 'An Lasair Choille', Cois Life as 'Hurlamaboc', agus Igloo Films as 'Cáca Milis'.

Cé go ndearnadh gach iarracht dul i dteagmháil leo siúd gur leo an cóipcheart ar ábhair sa téacs seo, theip orainn teacht ar dhaoine áirithe. Is féidir dul i dteagmháil le Educate.ie, agus beimid sásta na gnáthshocruithe a dhéanamh leo.

ISBN: 978-1-908507-97-6

Liosta traiceanna

Tíolacaim an leabhar seo do m'athair Hughie Gallagher, crann taca mo shaoil, ar dheis Dé go raibh a anam. Níl tú linne a thuilleadh, faraor, ach fanfaidh tú inár gcroíthe go deo.

Ba mhaith liom buíochas speisialta a ghabháil le mo mháthair Girlie, mo dheirfiúr Kerry agus mo dheartháir Troy. Cabhraíonn sibh liom gach uile lá.
Go raibh míle maith agaibh.

Buíochas

Ba mhaith liom buíochas a ghabháil leis an Dr. Muiris Ó Laoire, Síofra Ní Thuairisg agus Kieran O'Donoghue as an tacaíocht agus cúnamh a thug siad dom leis an leabhar seo.

Gabhaim buíochas freisin le gach duine ag Educate.ie a thug an deis seo dom.

Aodh Ó Gallchóir

Clár

CSI: Éire

1

SAN AONAD SEO FOGHLAIMEOIDH TÚ

G **Gramadach:** An Aimsir Chaite

t **Tuiscint:** Conas focail agus nathanna a bhaineann le d'áit chónaithe agus fadhbanna sóisialta a aithint; conas cluastuiscintí agus léamhthuiscintí a bhaineann leis an ábhar a thuiscint.

💬 **Labhairt:** Conas eolas a thabhairt faoi d'áit chónaithe agus faoi fhadhb na ndrugaí in Éirinn; conas na príomháiseanna atá le fáil sa cheantar a ainmniú freisin agus ceist a chur ar dhuine faoina gceantar dúchais.

✍ **Scríobh:** Conas píosaí faoi d'áit chónaithe agus do cheantar a scríobh agus sonraí pearsanta a bhreacadh síos ar shuíomhanna sóisialta.

📚 **Litríocht:** Prós: An Gnáthrud
Filíocht: An tEarrach Thiar

Léigh an t-alt nuachtáin seo agus déan na cleachtaí ina dhiaidh.

Níl aon tinteán mar do thinteán féin

Tugadh faoi dhaonáireamh sa bhliain 2011 agus nuair a foilsíodh torthaí an tsuirbhé, chonacthas go leor torthaí suimiúla. Ba thithe scoite na tithe ba mhó a raibh éileamh orthu, dar leis na torthaí.

Feictear an líon is mó tithe scoite san iarthar agus sa deisceart. Feictear méadú 14.6% ar líon na dtithe leathscoite sa tír. Tháinig méadú 30%, ón bhfigiúr a chonacthas i ndaonáireamh 2006, ar líon na n-árasán sa tír. Bhí an méadú is mó ar líon na n-árasán san oirthear.

Tuairiscítear go bhfuil tithe sraithe ar chuid de na tithe is saoire in Éirinn faoi láthair. Feictear an tromlach de thithe sraithe sa phríomhchathair. Bhí beagnach leathmhilliún de na tithe in Éirinn ligthe ar cíos, dar leis an suirbhé Tá rian an bhorradh eacnamaíochta le feiceáil go soiléir i gcuid de na staitisticí. Bhí beagnach leath mhilliún teach ligthe ar cíos nuair a tugadh faoin áireamh agus tógadh an ceathrú cuid de thithe na tíre tar éis na bliana 2000.

Deis comhrá

Ag obair i mbeirteanna, pléigí an sliocht faoi na pointí seo a leanas:

- Ainmnigh na cineálacha tithe san alt thuas.
- Cá bhfuil an líon is mó de na tithe scoite?
- Luaigh na cineálacha tithe is saoire in Éirinn.
- Cá bhfuil an lion is mó de na tithe sraithe?
- Cé mhéad teach atá ligthe ar cíos?

Cleachtadh scríofa

Cuirigí lipéid ar an gcompás seo leis na téarmaí cuí.

☐ *Deisceart*　　☐ *Oirdheisceart*

☐ *Iarthuaisceart*　☐ *Iardheisceart*

☐ *Oirthear*　　☐ *Iarthar*

☐ *Tuaisceart*　　☐ *Oirthuaisceart*

An sórt ceantair ina gcónaíonn tú

- Cónaím i gceantar tuaithe.
- Táim i mo chónaí sa chathair.
- Cónaím i sráidbhaile beag.
- Is bruachbhaile é.

- Is ceantar ciúin é.
- Is baile measartha mór é.
- Is cathair ghnóthach í.

Cleachtadh scríofa

Meaitseáil na nathanna seo leis an leagan Béarla.

Tá teach dhá stór againn, suite in aice na farraige.	There are also disadvantages to this place.
Cónaím i mbungaló cúig chiliméadar lasmuigh den bhaile.	It's a real pity the bus service is not better.
Tá neart buntáistí ag baint leis an gceantar seo.	My neighbours are wonderful people.
Tá míbhuntáistí ag baint leis an áit seo freisin.	We have a two-storey house, situated beside the sea.
Is mór an trua é nach bhfuil an tseirbhís bus níos fearr.	I live in a bungalow 5 km outside town.
Is daoine iontacha iad mo chomharsana.	There are plenty of advantages to this area.

Ag nochtadh tuairime

Gnéithe dearfacha
- Níl aon ghanntanas áiseanna sa cheantar.
- Tá an t-aer glan.
- Is ceantar bríomhar é.
- Tá na radhairc go hálainn.
- Tá sé síochánta agus glan agus chomh maith leis sin tá muintir na háite lách cairdiúil.
- Is ceantar an-deas é gan mórán trioblóide.

Gnéithe diúltacha

- Maidir leis na háiseanna, thiocfadh le níos mó a bheith ann do dhaoine óga.
- Tá na háiseanna seanaimseartha. Bheadh sé go deas dá mbeadh caifé idirlín nó club oíche i mo cheantar.
- Bíonn go leor torainn san áit seo.
- Bíonn daoine óga ag síománaíocht agus iad ar meisce ag an deireadh seachtaine.
- Is áit shalach agus chontúirteach í.

Fiche áis i mo cheantarsa!

Freastlaíonn an ceantar ar dhaoine idir óg agus aosta.
Tá siad seo a leanas i measc na n-áiseanna atá ann:

1. Linn snámha
2. Páirceanna imeartha
3. Ionad siopadóireachta
4. Leabharlann
5. Amharclann
6. Pictiúrlann
7. Ollmhargadh
8. Siopa sceallóg
9. Galfchúrsa
10. Oifig an phoist
11. Teach tábhairne
12. Bialann Shíneach/ Indiach/Sheapánach/ Fhrancach/Théalannach
13. Ospidéal
14. Ionad spóirt
15. Monarcha
16. Club oíche
17. Meánscoil
18. Óstán
19. Séipéal
20. Caifé idirlín

Deis comhrá

Ainmnigh na háiseanna sa cheantar seo.

Inis dom faoi do theach.

Cén contae ina bhfuil tú i do chónaí?

Cén sórt ceantair ina gcónaíonn tú?

Cén baile ina bhfuil cónaí ort?

Cad é an rud is fearr faoi d'áit chónaithe?

Cén cúige ina gcónaíonn tú?

Nóta don scrúdú: Ullmhaigh na ceisteanna seo don bhéaltriail agus ansin pléigh iad leis an dalta in aice leat. (Tá freagraí samplacha ar fáil in Aonad 10.)

Obair ghrúpa

Ag obair i ngrúpaí de cheathrar, bíodh comórtas díospóireachta agaibh faoin rún 'Is fearr saol na cathrach ná saol na tuaithe'.

> **Cur chuige:** Luaigh na háiseanna, rudaí le déanamh, rudaí suimiúla atá le feiceáil, daoine, na fadhbanna atá ann.

Fóram cainte

Bhí beirt chairde ag caint ar fhóram idirlín faoi na difríochtaí idir a n-áiteanna cónaithe. Léigh an comhrá agus freagair na ceisteanna ina dhiaidh.

http://www.educate.ie/fóram

FÓRAM: M'áit chónaithe **Teideal:** Saol na tuaithe v saol na cathrach **Dáta:** 10ú Bealtaine 2014

doubt	Cailín na Gaillimhe	Níl aon **amhras** i m'intinn ach go bhfuil saol na tuaithe i bhfad níos fearr.
	Molly Malone	Seafóid! Níor chuala mé a leithéid riamh. Tá sé róchiúin faoin tuath. Níl faic le déanamh.
	Cailín na Gaillimhe	Éist leis an *city slicker*. B'fhéidir go bhfuil níos mó áiseanna i do cheantarsa, ach níl an ceantar sin chomh hálainn is atá sé anseo.
traffic jam	Molly Malone	Bhuel, caithfidh mé a admháil go mbíonn **tranglam tráchta** againn gach lá, go háirithe ar maidin, ach tá an córas taistil ag éirí níos fearr. Tá **scéim** an Luas ag feabhsú lá i ndiaidh lae.
scheme, *lack of* *resources*	Cailín na Gaillimhe	Is é an t-aon fhadhb atá agam ná an **easpa áiseanna** i mo cheantar. Cónaím ar imeall na cathrach agus caithfidh mé an bus a fháil chun dul ag siopadóireacht. Bíonn an turas fada go leor.
	Molly Malone	Tuigim é sin. Cónaím i lár na cathrach agus téim ag siopadóireacht gach Satharn.
	Cailín na Gaillimhe	Táim in éad leat. Tá gach áis sa chathair. Tá do rogha bialann, siopaí agus áiseanna eile ann. An raibh tú riamh in iarthar na hÉireann?
	Molly Malone	Ní raibh mé riamh ann agus níor mhaith liom dul ann.
	Cailín na Gaillimhe	Cad eile a dhéanann tú ag an deireadh seachtaine, seachas an turas siopadóireachta?
sometimes	Molly Malone	Téim go dtí an club oíche áitiúil **corruair** ar an Aoine nó téim chuig teach mo charad. Cad fútsa?
	Cailín na Gaillimhe	Dúnadh an club oíche le déanaí. Mar sin buailim le mo chairde ag an bpictiúrlann go minic. De ghnáth téimid go dtí an trá ag imirt peile nó friosbaí.
	Molly Malone	Is aoibhinn liom an trá ach tá sé i bhfad uaim.

A. Deis comhrá

Agus tú ag tagairt don ábhar seo, abair le do pháirtí cé acu den bheirt a n-aontaíonn tú leo agus cén fáth. An gcuireann na cailíní a gcuid tuairimí in iúl go héifeachtach?

B. Cleachtadh scríofa

Freagair na ceisteanna seo i do chóipleabhar.

1. An bhfuil Molly Malone ar son nó in aghaidh an rúin 'Is fearr saol na cathrach ná saol na tuaithe'?
2. Cén fáth a bhfuil éad ar Chailín na Gaillimhe?
3. Luaigh dhá ghearán faoi shaol na cathrach a luaitear san fhóram seo.
4. Cá bhfios dúinn gur maith leis na cailíní seo a bheith amuigh lena gcairde ag an deireadh seachtaine?
5. Ainmnigh buntáiste amháin a bhaineann le saol na tuaithe a luaitear sa chomhrá.

C. Cleachtadh éisteachta

Éist le hamhrán ina bhfuil cur síos ar cheantar tuaithe, nó amhrán ina bhfuil cur síos ar cheantar cathrach. Úsáid na ceannteidil seo le linn obair bheirte nó obair ghrúpa.

- Ainm an amhráin
- An sórt áite atá i gceist
- An cur síos atá á dhéanamh ar an áit
- An chúis ar chum an duine an t-amhrán seo
- Ar thaitin an t-amhrán seo leat? Cén fáth?
- An bhfuil amhrán ann faoi d'áit chónaithe féin?

Is féidir cluas a thabhairt don amhrán 'Cailín na Gaillimhe' nó amhrán eile ón dlúthdhiosca "Ceol '10 – Súil Siar", eisithe ag Foras na Gaeilge.

Cleachtadh éisteachta

Tá beirt daltaí ag caint faoina n-áit chónaithe. Éist leis na píosaí seo agus líon na bearnaí.

Liam ✑ *Mír 1.1*

Is mise Liam Ó Murchú. Táim i mo chónaí in _____ tithíochta i mbaile beag. Tá mo bhaile suite in iarthar _____. Is aoibhinn liom m'áit chónaithe. Freastlaíonn na háiseanna ar _____ agus tá rogha an-mhór againn. Tá _____ de gach saghas ann – an leabharlann nua, pictiúrlann le seacht scáileán agus ionad _____ den scoth.

Aoife ✑ *Mír 1.2*

Aoife Ní Riain ag caint libh. Is as _____ mé ó dhúchas. Cónaím sa chathair agus caithfidh mé a admháil nach bhfuil mé an-tógtha leis. Bíonn sé _____ ag an deireadh seachtaine mar tá club _____ gar dúinn. Is minic a chloistear scéalta faoin _____ sa chathair. Cuireann sé déistin orm nuair a chloisim tuairiscí faoi. B'fhearr liom a bheith i mo chónaí i gceantar _____ faoin tuath.

Cleachtadh scríofa

Is láithreoir tú ar an gclár *MTV Cribs*. Scríobh píosa cainte faoi theach do rogha duine cháiliúil.

> **Cur chuige:** *Luaigh an duine cáiliúil, an saghas tí atá i gceist agus an ceantar ina bhfuil an teach suite.*

Cleachtadh taighde

Téigh ar an suíomh www.discoverireland.ie agus faigh eolas faoi do chontae féin. Cuir bróisiúr digiteach le chéile ag mealladh turasóirí ó chian is ó chóngar chuig do chontae. Léirigh do thionscadal os comhair an ranga ansin. (Is féidir cur i láthair *PowerPoint* a dhéanamh.)

Obair ghrúpa

Pleigí fadhb na ndrugaí mar a fheiceann sibhse é. Cén saghas tionchair atá aige ar shochaí na tíre? Is iad seo na fadhbanna is suntasaí sa tír seo sa lá atá inniu ann.

Drugaí agus alcól i measc na n-óg

Tá fadhb na ndrugaí agus fadhb an óil ag dul in olcas i measc an aosa óig. Caithfimid iniúchadh níos doimhne a dhéanamh anois ar na fadhbanna seo. Is druga é an t-alcól ach tá go leor drugaí eile ar fáil sa tír seo sa lá atá inniu ann. Ar chuala tú faoi hearóin nó faoi chócaon riamh? Ní théann lá tharainn nach gcloistear scéalta faoin bhfadhb seo ar an nuacht. Is furasta drugaí a fháil sa tír seo agus ní fadhb uirbeach amháin í fadhb na ndrugaí.

Cé leis a mbaineann an fhadhb?

- Gach duine idir óg agus aosta, agus tá líon na ndéagóirí atá ag tógáil drugaí ag méadú in aghaidh an lae
- Muintir chathracha agus bhailte na hÉireann
- Dáileoirí agus mangairí drugaí
- Andúiligh

Cad is cúis leis an bhfadhb?

- Brú, piarbhrú agus brú na scrúduithe, mar shampla
- Fadhbanna a bhfuiltear ag iarraidh éalú uathu
- Dífhostaíocht
- Leadrán
- Fiosracht
- Teaghlach mífheidhmiúil

DRUGAÍ

Cad é tionchar na faidhbe?

- Déanann alcól dochar mór don tsláinte
- Faigheann daoine bás de bharr drugaí
- Tiomáint faoi thionchar an óil
- Iompraíocht fhrithshóisialta
- Scrios teaghlach
- Sárú an dlí/tabhairt faoi choireanna chun íoc as na drugaí (mar shampla, gadaíocht chun íoc as ainbhéas drugaí)
- Foréigean
- Bíonn an-bhrú ar na seirbhísí éigeandála, go háirithe ag an deireadh seachtaine

**Bhí ar rang sa séú bliain blag a scríobh ar fhadhb an óil inniu.
Léigh an blag seo agus déan na cleachtaí ina dhiaidh.**

http://www.educate.ie/fóram

Nuair a smaoiníonn tú ar dhrugaí, smaoiníonn tú ar hearóin, ar eacstais agus ar tháibléid eile. Ná déan dearmad gur druga é an t-alcól freisin. Níl saol an mhadra bháin ag déagóirí na linne seo. Tá saol crua acu mar gheall ar an **bpiarbhrú**, bhrú na scrúduithe agus ar na fadhbanna sóisialta a chuireann isteach orthu. Go minic téann siad **ag lorg faoisimh** san alcól. Tá a fhios againn go léir go bhfuil traidisiún láidir ólacháin ag muintir na hÉireann.

peer pressure

looking for relief

Feiceann daoine óga na fógraí agus an tuairim ghinearálta i dtaobh alcóil a bhíonn ag muintir na tíre. Ní théann deireadh seachtaine tharainn nach gcloistear scéalta faoin **drochiompar** a eascraíonn as mí-úsáid alcóil. Bíonn bailte na tíre agus na cathracha, go háirithe, cráite ag iompraíocht fhrithshóisialta ar na sráideanna tar éis do na tithe tábhairne agus na clubanna oíche dúnadh. Téann na daoine óga amach ar na sráideanna agus uaireanta, faraor, bíonn **coimhlint** agus troideanna eatarthu. Cén fáth? Bhuel, tosaíonn siad ag ól nuair a bhíonn siad ró-óg agus níl dearcadh freagrach acu i leith an alcóil. Ólann siad an t-uafás agus ansin bíonn siad as a meabhair, gan chiall. Bailíonn siad sna páirceanna áitiúla chun dul ag ól. An lá dár gcionn bíonn na cannaí beorach agus buidéil bhiotáille scaipthe ar fud na háite.

bad behaviour

conflict

Feictear toradh na faidhbe seo sna hotharlanna éigeandála agus sna hospidéil ag an deireadh seachtaine. Bíonn daoine óga ar meisce, a gceann ina roithleán agus iad ag cur amach. Ní deas an radharc é. Cá bhfaigheann siad an t-alcól? Níl cead acu é a cheannach fiú ach éiríonn leo gan mórán stró. Uaireanta bíonn **cártaí aitheantais bréige** acu agus úsáideann siad iad sna siopaí eischeadúnais. Caithfidh an rialtas rud éigin a dhéanamh láithreach, mar déanann an t-ól **dochar** uafásach do shláinte aos óg na tíre seo. De réir suirbhé a rinneadh le déanaí, ólann daoine óga in Éirinn níos mó ná lucht a gcomhaimsire san Eoraip. Is cúis imní é sin – nach n-aontaíonn tú?

fake ID cards

harm

A. Deis comhrá

Ag obair i mbeirteanna, pléigí an blag faoi na pointí seo a leanas:

- Cad é do thuairim faoin bhfadhb seo?
- An n-aontaíonn tú go dtéann na fógraí óil i bhfeidhm ar dhaoine óga?
- Cé chomh dona is atá fadhb an óil i measc an aosa óig inniu?

B. Ceisteanna

1. Luaigh trí chineál drugaí a bhíonn ar fáil.
2. Ainmnigh fadhb amháin a bhíonn ag déagóirí na linne.
3. Cad a tharlaíonn nuair a dhúnann na tithe tabhairne?
4. Cén sórt bruscair a bhíonn ar na sráideanna?
5. Cá bhfaigheann daoine óga an t-alcól?

C. Cleachtadh scríofa

Scríobh blag ar fhadhb na ndrugaí in Éirinn sa lá atá inniu ann. Bain úsáid as na pointí a phléigh sibh sa chomhrá chun cabhrú leat. (Tá lámh chúnta ar fáil in Aonad 8.)

Tá iriseoir nuachtáin ag scríobh blag faoin gcoiriúlacht in Éirinn inniu.
Léigh an blag seo agus déan na cleachtaí ina dhiaidh.

http://www.educate.ie/fóram

I am Irish
It is no wonder,

You cannot deny,
I agree with

cause to worry

It horrifies me

Is Éireannach mé agus táim an-bhródúil as an oileán beag seo. Tagann na mílte turasóirí anseo gach bliain chun blaiseadh de chultúr na hÉireann. **Ní nach ionadh** go dtagann na sluaite chuig an tír seo, nach bhfuil na radhairc is áille san Eoraip le feiceáil anseo? **Ní féidir a shéanadh** go bhfuil áilleacht nádúrtha faoi leith sa tír seo. Feictear an t-oileán seo mar áit ghlas, shíochánta, chairdiúil. **Aontaím leis** an tuairim seo ach, mar a deir an seanfhocal, 'ní mar a shíltear a bhítear'.

Taobh thiar den áilleacht agus de na híomhánna mealltacha, tá taobh dorcha ann. Ó bhreacadh an lae go luí na gréine, tarlaíonn coireanna ar fud na tíre. Is minic a chloistear scéalta fúthu sna nuachtáin nó ar an teilifís. Gan amhras **is cúis imní** é an foréigean sa tír seo. Cloisimid faoi ionsaithe ar dhaoine sna cathracha móra agus sna bailte beaga araon. Níl aon duine slán sábháilte a thuilleadh. Is minic a bhíonn scéalta sna nuachtáin faoi ionsaithe pleanáilte. **Cuireann sé uafás orm** nuair a chloisim scéalta faoi dhúnmharú nó foréigean. Ceapaim go bhfuil nasc idir foréigean agus fadhbanna sóisialta cosúil le drugaí agus alcól. Tá fadhb na ndrugaí go mór i mbéal an phobail na laethanta seo. Is gnó é do na mangairí drugaí agus saothraíonn siad a lán airgid as. Faigheann a lán daoine bás de bharr drugaí gach bliain in Éirinn. Tá sé thar am rud éigin fiúntach a dhéanamh i gcoinne na ndrugaí agus an greim láidir atá acu ar shochaí na hÉireann.

Deis comhrá

Ag obair i mbeirteanna, pléigí an blag seo faoi na pointí seo a leanas:

- Cad é do thuairim faoin tír seo? An aontaíonn tú leis an mblagadóir?
- Cad í an fhadhb is mó in Éirinn, dar leat?
- An bhfuil aon cheann de na fadhbanna atá luaite sa bhlag le feiceáil i do cheantar?

Cleachtadh scríofa

(i) Cuir Gaeilge ar na habairtí seo a leanas:

1. My friend Síle is Irish.
2. It is no wonder that the problem is increasing.
3. You cannot deny that Ireland is a beautiful country.
4. I agree with the teacher.
5. It horrifies me when I hear stories about senseless crimes.

(ii) Meaitseáil na focail seo ón sliocht leis an mBéarla.

1	Mangairí drugaí	A	Beauty
2	Coireanna	B	Murder
3	Áilleacht	C	Violence
4	An-bhródúil	D	Drug dealers
5	Síochánta	E	Tourist
6	Turasóir	F	Crimes
7	Dúnmharú	G	Very proud
8	Foréigean	H	Peaceful

(iii) Scríobh ocht n-abairt bunaithe ar na focail nua i gcuid (ii).

Nuacht an lae

Léigh na hailt nuachta seo a bhaineann le coiriúlacht in Éirinn.

Nuacht Chonnacht

knife attack, witnesses

Rinneadh **ionsaí scine** ar dhéagóir ocht mbliana déag d'aois oíche Shathairn i gcathair na Gaillimhe. Tharla an t-ionsaí os comhair **finnéithe** taobh amuigh den chlub oíche nua ar Shráid na Súdairí. Bhí troid mhór idir na fir ar an tsráid. "Ba léir go raibh siad ar meisce," a dúirt an fear dorais. Ansin, rug fear amháin greim ar scian a bhí ina phóca. Rinne sé ionsaí ar an bhfear eile. Sádh sa bholg é agus thit sé ina chnap ar an talamh. Rug an **fear dorais** greim ar an ionsaitheoir agus tháinig na Gardaí achar gearr ina dhiaidh sin. Iarrann na Gardaí ar aon duine a bhfuil eolas acu faoin eachtra glao a chur orthu ar 091 4433873.

doorman

Nuacht Uladh

handguns

CCTV tapes

Tharla robáil in oifig an phoist i Leitir Ceanainn maidin Dé Luain. Tharla an robáil ag leathuair tar éis a naoi ar maidin agus ní raibh ach beirt chustaiméirí ann. Deir na Gardaí gur phléasc triúr fear isteach le **gunnaí láimhe** acu. Ní raibh siad ann ach ar feadh cúpla nóiméad. D'éalaigh siad le trí mhíle euro ina seilbh acu. D'fhéach na Gardaí ar **fhíseáin CCTV** agus tá siad ag fiosrú an scéil faoi láthair.

Nuacht na Mumhan

joyriding

squad car

seatbelts

Tharla tragóid go luath maidin inné nuair a maraíodh triúr i dtimpiste bhóthair ar imeall chathair Luimnigh. Bhí déagóirí ag **spraoithiomáint** agus ba é sin ba chúis leis an timpiste. Goideadh BMW agus thiomáin na déagóirí an carr ar luas céad míle san uair. Ní raibh ciall ar bith ag na déagóirí agus ba chuma leo faoi na feithiclí eile ar an mbóthar. Thiomáin **scuadcharr** ina ndiaidh agus bhuail an carr goidte timpeallán. Ní raibh siad ag caitheamh **criosanna sábhála** agus maraíodh láithreach iad. Dúirt na Gardaí gur mhór an trua go bhfuil déagóirí ag cur a mbeatha i mbaol ar son na siamsaíochta.

Nuacht Laighean

clues

special forces

Aimsíodh cócaon de luach €20 milliún i dteach in eastát tithíochta i ndeisceart chathair Bhaile Átha Cliath inné. Fuair na Gardaí **leideanna** éagsúla ag an deireadh seachtaine agus chuir siad plean le chéile ansin. Chruinnigh na Gardaí agus na **fórsaí speisialta** timpeall an tí agus ansin phléasc siad isteach. Bhí ceathrar sa teach ag an am. Rinne siad iarracht éalú ach rugadh orthu. Dúirt an Sáirsint Ó Dónaill gur mhór an t-éacht é na drugaí seo a choimeád ó na sráideanna. Beidh an ceathrar acu ag dul os comhair na cúirte maidin Dé hAoine.

Cleachtadh scríofa

(i) Freagair na ceisteanna seo a leanas:

1. Cén luach a bhí ar na drugaí a aimsíodh i mBaile Átha Cliath?
2. Cár tharla an t-ionsaí scine?
3. Cad a goideadh in oifig an phoist i Leitir Ceanainn?
4. Cad ba chúis leis an timpiste bhóthair i gCúige Mumhan?
5. Cad a tharla do na mangairí drugaí i mBaile Átha Cliath?
6. Cad ba chúis leis an ionsaí scine?
7. Ar éirigh leis na Gardaí breith ar na gadaithe i Leitir Ceanainn?

(ii) Athscríobh na habairtí seo a leanas i do chóipleabhar agus líon na bearnaí iontu.

1. _____ na gadaithe le trí mhilliún euro ón mbanc.
2. Tharla timpiste bhóthair i _____ na cathrach inné.
3. Bhí líonrith ar na _____ nuair a chonaic siad an t-ionsaí.
4. Scread duine amháin in ard a chinn is a _____.
5. _____ sé a ghunna láimhe ar an mbainisteoir.
6. _____ carr na ngadaithe ar imeall an bhaile.
7. Tugadh an gadaí os comhair na _____ i lár na cathrach.
8. Rinne na Gardaí _____ mhór chun na gadaithe a fháil.

• cúirte • d'éalaigh • dhírigh • ghutha •
• iarracht • dtuaisceart • aimsíodh • finnéithe •

Obair bheirte: rólghlacadh

Ag obair i mbeirteanna, déanaigí rólghlacadh sa rang. Glacfaidh dalta amháin ról an fhinné agus glacfaidh an dalta eile ról an Gharda.

Bhí an finné i láthair nuair a tharla ceann de na scéalta thuas. Tabhair na sonraí do na Gardaí.

Cur chuige: *Luaigh an t-am, daoine a bhí ann, áit, aimsir, rudaí a bhí le cloisteáil, rudaí a bhí le feiceáil, aois agus cuma.*

Robáil!

a person from Co. Kerry

talking quietly

I was shaking,

*I took courage,
I walked on tiptoe*

Is **Ciarraíoch** mé. Rugadh agus tógadh sa Ríocht mé. Cónaím le mo mhuintir ar fheirm mhór iargúlta. Is feirmeoir é m'athair. Is cuimhin liom eachtra scanrúil a tharla dhá bhliain ó shin. Oíche fhuar i lár an gheimhridh a bhí ann. Bhíomar go léir inár gcodladh go sámh. Dhúisigh mé go tobann. Chuala mé torann ait – gloine fuinneoige ag briseadh, a cheap mé. D'fhéach mé ar mo chlog aláraim. Bhí sé thart ar mheán oíche. D'éist mé go géar ansin. Tá mo sheomra ar an gcéad urlár. Chuala mé guthanna **ag labhairt os íseal**. Bhí mo chroí i mo bhéal nuair a thuig mé go raibh gadaithe sa teach. Ní bheinn ábalta dul suas an staighre chun mo thuismitheoirí a mhúscailt. Tá ár dteach suite cúpla ciliméadar ón bpríomhbhóthar. Níl aon chomharsana gar dúinn. Chuala mé na gadaithe ag dul timpeall an tí. **Bhí mé ar ballchrith** ach bhí a fhios agam go mbeadh orm rud éigin a dhéanamh.

Mhúscail mé **mo chuid misnigh** ionam agus d'oscail mé mo dhoras go ciúin. **Shiúil mé ar na barraicíní** go dtí an seomra suí mar gur fhág mé m'fhón póca ann. Rug mé greim ar an bhfón póca agus rith mé go dtí an seomra folctha. Chuir mé glas ar an doras. Bhrúigh mé cnaipí an fhóin go tapa, a naoi a naoi a naoi. Dúirt mé leis na Gardaí go raibh gadaithe sa teach agus go mba chóir dóibh deifriú anseo. Cúpla soicind ina dhiaidh sin chuala mé na gadaithe ag rith amach. Nuair a bhí na gadaithe ar an bpríomhbhóthar bhí scuadcharr ann rompu. Gabhadh ar an bpointe iad. Ghabh mo thuismitheoirí buíochas ó chroí leis na Gardaí. Mhol na Gardaí mé as an ngaisce a rinne mé. Bhí an scéal sa pháipéar nuachta an lá dár gcionn. Ní dhéanfaidh mé dearmad ar an oíche sin go deo.

Cleachtadh scríofa

(i) Cuir na focail/nathanna seo a leanas in abairtí.

1. is cuimhin liom
2. rug mé greim ar
3. bhrúigh mé
4. scuadcharr
5. comharsana

(ii) Aistrigh na habairtí seo go Gaeilge.

1. I was shaking with fear when I saw the thief.
2. My house is situated five kilometres from the main road.
3. I walked on tiptoe to the kitchen.
4. There was a squad car waiting for them.
5. I heard a strange noise downstairs.

Cleachtadh duitse!

Ceap scéal a mbeidh an sliocht seo oiriúnach mar thús leis. Fuair mé roinnt airgid mar bhronntanas. Bhí sé ar intinn agam dul chuig an mbanc áitiúil... (Tá lámh chúnta ar fáil in Aonad 8.)

Crimecall

Léigh an sliocht seo agus déan na cleachtaí ina dhiaidh.

*monthly,
enthusiastic/
dedicated*

supplies

examination

Tá *Crimecall* ar an aer anois ó mhí Mheán Fómhair 2004. Is clár **míosúil** é a bhíonn le feiceáil ar RTÉ1. Tá lucht féachana **díograiseach** ag an gclár agus breathnaíonn 405,540 duine ar an meán air. Cuireann baill an phobail glao ar an stiúideo i rith an chláir agus faigheann an stiúideo thart ar 100 glao i rith an chláir agus ina dhiaidh. Tugtar eolas faoi choireanna éagsúla agus cabhraíonn sé go mór leis na Gardaí agus lena bhfiosrúcháin. Moltar dúinn go léir súil ghéar a chaitheamh ar na daoine san imscrúdú mar, go minic, **soláthraíonn** sé foinse nua imscrúdaithe. Soláthraíonn an clár anailís dhomhain ar choiriúlacht, lena n-áirítear atógáil teilifíse atá dírithe ar fhreagairt ón bpobal a mhéadú. Déantar **iniúchadh** ar chúrsaí eile sa chlár: sábháilteacht ar bhóithre, mí-úsáid drugaí agus daoine ar iarraidh ina measc. Is mór an lámh chúnta a thugann *Crimecall* don Gharda Síochána maidir le coiriúlacht a chosc agus a réiteach.

Deis comhrá

Ag obair i mbeirteanna, pléigí an sliocht faoi na pointí seo a leanas:

- An bhfaca tú Crimecall riamh?
- An gceapann tú go gcabhraíonn an clár leis na Gardaí dul i ngleic leis an gcoiriúlacht?

Ceisteanna

1. Cén saghas cláir é Crimecall?
2. Cathain a bhíonn an clár ar siúl?
3. Cén toradh a bhíonn ar na glaonna?
4. Luaigh dhá rud a chuireann an clár os ár gcomhair.
5. Cad í an phríomhaidhm atá ag an gclár?
6. Cén fáth a luaitear na figiúirí seo a leanas?
   (i) 405,540
   (ii) 100
   (iii) 2004

Dúnmharú tragóideach

Léigh an sliocht seo agus déan na cleachtaí ina dhiaidh.

1. Lá dorcha i stair na hÉireann é an 26 Meitheamh 1996 – sin an lá ar dúnmharaíodh Veronica Guerin. De bharr an **dúnmharaithe**, tháinig athrú suntasach ar chúrsaí dlí in Éirinn. B'iriseoir den scoth í agus d'oibrigh sí leis an nuachtán Éireannach an *Sunday Independent*. Scríbhneoir ar ábhar na coiriúlachta in Éirinn ab ea í. Bhí ardmheas uirthi de bharr a cuid iriseoireachta agus bronnadh an-chuid gradam uirthi dá bharr. Ní raibh eagla uirthi dul áit ar bith chun an scéal a fhiosrú. D'aithin sí go raibh trádáil drugaí ag cur isteach go mór ar shaol an ghnáthdhuine, go háirithe ar na daoine óga. Bhí sí meáite ar na daoine **ciontacha** a thabhairt chun solais. Shocraigh sí tús a chur leis an bh**fiosrúchán** láithreach. Rinne sí agallamh le déagóirí a bhí ina n-andúiligh agus fuair sí ainmneacha na mangairí ba mhó sa chathair.

2. Bhí fadhb na ndrugaí forleathan in Éirinn fiú ag an am sin. Bhí na mangairí ag obair go hoscailte ar na sráideanna. Ba léir nach raibh siad ag tabhairt mórán airde ar údarás na nGardaí. Bean an-chliste ab ea Veronica. D'úsáid sí a cuid scileanna cuntasaíochta chun **foinsí airgid na gcoirpeach** a fhiosrú. Bhí a fhios aici go raibh na coirpigh ag insint bréag faoina dtuilleamh. Bhí uirthi leasainmneacha a úsáid de bharr na ndlíthe clúmhillte ach bhí a fhios ag gach mac máthar cé a bhí i gceist. Fuair sí bagairtí báis nuair a thosaigh sí ag scríobh faoi na mangairí drugaí i mBaile Átha Cliath. I mí Dheireadh Fómhair 1994 caitheadh le gunna í nuair a bhí sí sa bhaile. Tharla an eachtra scanrúil seo nuair a foilsíodh scéal faoi Martin Cahill (*The General*) sa nuachtán. Bhí sí i gcónaí faoi bhagairt ach níor ghéill sí riamh agus rinne sí a dícheall leanúint leis an obair a bhí ar bun aici.

3. Bhí an chosúlacht air gur ghnáthlá a bhí sa séú lá is fiche de mhí an Mheithimh 1996, an lá ar dúnmharaíodh Veronica Guerin. Ar an lá sin, bhí uirthi dul os comhair na cúirte

de bharr í a bheith ag tiomáint go róthapa. Is minic a cuireadh fíneálacha uirthi de bharr í a bheith ag tiomáint go róthapa. Chuir sí glao ar a tuismitheoirí agus ar a fear chéile ar an mbealach abhaile. Maraíodh í agus í ina suí ina gluaisteán ag na soilse tráchta ar mhótarbhealach an Náis, cúpla míle lasmuigh den chathair. Lean beirt fhear ar ghluaisrothar í ón gcúirt agus theith siad ón láthair díreach i ndiaidh an ionsaithe. Fágadh an t-iriseoir sa charr agus í ag cur fola. "**Ionsaí ar an daonlathas**" a bhí san ionsaí, dar le John Bruton, Taoiseach an ama. D'fhreastail an tUachtarán, an Taoiseach agus **ionadaithe** ó arm na hÉireann ar an tsochraid. Ba mhór an trua an tragóid seo agus ghoill sé go mór ar mhuintir na hÉireann.

4. Díreach tar éis an dúnmharaithe, bhí an pobal corraithe agus feargach. Bunaíodh an Biúró um Shócmhainní Coiriúla (*Criminal Assets Bureau*) mar thoradh ar an tragóid. Is í príomhaidhm an Bhiúró um Shócmhainní Coiriúla ná athshealbhú a dhéanamh ar shócmhainní a fuarthas trí choiriúlacht. Gabhadh drugaí agus airm, agus chomh maith leis sin gabhadh 150 duine mar thoradh ar an bhfiosrúchán ar bhás Veronica Guerin. Le linn na bliana díreach tar éis a báis tháinig laghdú 50% ar choireanna a bhain le drugaí in Éirinn. Crochadh dealbh in onóir Veronica Guerin i gCaisleán Bhaile Átha Cliath. Ba léir gur athraigh scríbhneoireacht Veronica dearcadh na ndaoine i leith fhadhb na ndrugaí. Chruinnigh na mílte daoine ar na sráideanna ag glacadh páirte i mórshiúl in aghaidh drugaí. Fanfaidh Veronica Guerin **i gcuimhne na ndaoine** go deo. Ní dhéanfaidh muintir na hÉireann dearmad riamh ar an obair mhisniúil, chróga a rinne sí, agus í ag déanamh iarrachta an choiriúlacht a thabhairt chun solais.

Foclóir

dúnmharaithe *murder* • **ciontacha** *guilty* • **fiosrúchán** *investigation*
foinsí airgid na gcoirpeach *criminals* • **Ionsaí ar an daonlathas** *an attack on democracy*
ionadaithe *representatives* • **i gcuimhne na ndaoine** *in people's memories and minds*

A. Cuardaigh

An féidir leat na focail/nathanna seo a aimsiú i nGaeilge sa sliocht?

*Significant • Criminals • Nicknames • Democracy • Viewpoint •
• Awards • Investigation • Drug dealers • Motorbike*

B. Deis comhrá

Ag obair i mbeirteanna, pléigí an sliocht seo faoi na pointí seo a leanas:

- Cad é do thuairim faoin sliocht seo?
- An ndearna Veronica Guerin obair mhaith, dar leat?
- Cén léargas a fhaighimid den tsochaí in Éirinn?

Ansin, téigí ar an idirlíon agus féachaigí ar phíosa den scannán *Veronica Guerin*. Pléigí an sliocht ón scannán a fheiceann sibh.

C. Cleachtadh scríofa

(i) Freagair na ceisteanna seo.
1. Cén fáth ar lá dorcha i stair na hÉireann é an 26 Meitheamh 1996?
2. Cad faoi a mbíodh Veronica Guerin ag tuairisciú?
3. Luaigh dhá rud a tharla di de bharr a cuid scríbhneoireachta.
4. Cad a bhí i gceist ag Taoiseach an ama leis an nath "ionsaí ar an daonlathas"?
5. Cén toradh a bhí ag bás Veronica Guerin?

(ii) Faigh an focal sa sliocht a bhfuil an bhrí chéanna aige agus atá ag na frásaí thíos.
1. Duine a scríobhann do nuachtán
2. Duine atá gafa le drugaí
3. Duine a dhíolann drugaí
4. Duine a sháraíonn an dlí

(iii) Luaitear an leasainm 'The General' sa sliocht seo. An féidir leat leasainmneacha a chur orthu seo?
1. Elvis Presley
2. David Beckham
3. An Astráil
4. Contae Ard Mhacha
5. Nua-Eabhrac
6. Brad Pitt agus Angelina Jolie
7. Dwayne Johnson

An bhfuil leasainm ortsa nó ar do chairde?
Cén fáth ar tugadh an leasainm sin ort nó orthu?

CSI Éire

Léigh an t-alt seo agus déan na cleachtaí ina dhiaidh.

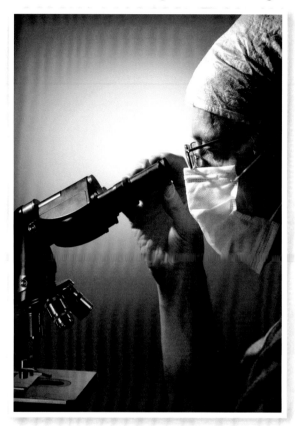

1. Tá an clár *CSI* feicthe againn go léir ach cad í fírinne na heolaíochta taobh thiar den fhicsean? Radharc anuas ar shoilse geala Las Vegas. Ansin, feictear soilse gorma agus dearga na bpóilíní. Tá **fiosruithe dúnmharaithe** ar siúl arís ag an LVPD. Ach cá mbeidís gan na heolaithe? Seasann gach duine ar leataobh roimh Grissom agus a **chomhghleacaithe**. Níl cead lámh a leagan ar aon rud nach bhfuil scrúdaithe ar dtús ag lucht *CSI*. Is **bleachtairí** na heolaíochta iad. Tá *CSI: Crime Scene Investigation* ar an aer le 10 mbliana agus tá dhá shraith eile spreagtha aige faoi Miami agus Nua-Eabhrac, agus aithnítear é mar an clár teilifíse is mó éileamh ar domhan.

2. Níl aon chosúlacht idir íomhá thraidisiúnta Hollywood, an t-eolaí ina chóta bán, agus laochra slachtmhara *CSI* lena spéaclaí gréine.

Agus ní hiad na haisteoirí amháin atá dathúil, tá an eolaíocht féin go hálainn freisin. Go hálainn agus dochreidte! Maidir le **hanailís fhóiréinseach** DNA, is obair mhór í a úsáideann go leor acmhainní agus ama. Ní bhíonn an anailís phróifíle chomh tapa agus a bhíonn sí in *CSI: Crime Scene Investigation*. Ar an gclár teilifíse bíonn torthaí ar thástáil DNA acu taobh istigh d'uair nó dhó. San fhíorshaol, tógann sé cúpla seachtain ar a laghad. Ní bheadh lucht féachana *CSI* sásta le moill mar sin.

3. Deir léiritheoirí an chláir go bhfuil *CSI* lonnaithe "20 nóiméad sa todhchaí" ó thaobh na heolaíochta de. Insítear scéal dúinn a bhaineann úsáid as eolaíocht na linne seo, ach go bhfuil sí feabhsaithe, treisithe agus i bhfad níos tapúla ná an teicneolaíocht chéanna san fhíorshaol. Admhaíonn siad go dtaispeántar teicneolaíocht ar an gclár nach bhfuil againn go fóill, ach a d'fhéadfadh a bheith. Ach ní hionann sin agus a rá nach bhfuil modhanna oibre atá iontach in úsáid i ngnáthshaotharlanna fhóiréinseacha.

4. Is leas-stiúrthóir ar Eolaíocht Fhóiréinseach Éireann é an Dochtúir Seán McDermott. Dar leis, is uirlis fhíorchumasach í an anailís DNA – ainneoin nach dtugann sí torthaí ar an bpointe boise. Ach ní bhíonn siad ag brath ar DNA amháin. Déantar anailís ar **rianta coise**, ar shnáithíní éadaigh, ar shamplaí de ghloine, péint, pléascáin, drugaí agus go leor substaintí eile. Míníonn sé go bhfágann daoine rianta de gach aon saghas ar láthair choire agus go deimhin go bhfágtar rian de láithreacht an duine féin.

5. Tá líomhaintí curtha i leith *CSI* na teilifíse go gcothaíonn sé dearcadh míréadúil faoi fhianaise fhóiréinseach i measc an phobail i gcoitinne. Síleann an Dochtúir McDermott go bhfuil deathoradh ar an "iarmhairt CSI" sa mhéid is go bhfuil éileamh mór ar chúrsaí tríú leibhéal a phléann leis an eolaíocht fhóiréinseach. (as Gaelscéal)

Foclóir

fiosruithe dúnmharaithe *murder investigations* • **chomhghleacaithe** *colleagues*
bleachtairí *detectives* • **anailís fhóiréinseach** *forensic investigation*
rianta coise *footprints*

A. Cuardaigh

An féidir leat na focail/nathanna seo a aimsiú i nGaeilge sa sliocht thíos?

*View • Scientist • Unbelievable • Resources • Future
• Analysis • Delay • Explosives • Substances*

B. Deis comhrá

Ag obair i mbeirteanna, pléigí an sliocht seo faoi na pointí seo a leanas:

- Cad é do thuairim faoin alt seo? An raibh sé suimiúil?
- An bhfaca tú an clár teilifíse *CSI* riamh?
- Ar mhaith leat a bheith i do phóilín nó i do bhleachtaire fóiréinseach?

C. Ceisteanna scrúdaithe

1. (a) Cén saghas bleachtairí a fheictear ar an gclár *CSI*? (alt 1)
   (b) Cá fhad atá an clár ar an teilifís, dar leis an alt? (alt 1)
2. Cad í an difríocht is mó idir an obair ar an gclár agus an fíorshaol? (alt 2)
3. Cén fáth a ndeirtear go bhfuil *CSI* lonnaithe "20 nóiméad sa todhchaí"? (alt 3)
4. Luaigh dhá rud a ndéantar anailís orthu seachas DNA. (alt 4)
5. Cad é an dea-thoradh ar "iarmhairt *CSI*"? (alt 5)

An dlí agus fiosrúcháin: An Garda Síochána

Léigh an sliocht seo agus déan na cleachtaí ina dhiaidh.
(eolas ó www.garda.ie)

statement,
to defend them
community
based
organisation

headquarters

Is é an Garda Síochána an tSeirbhís Phóilíneachta Náisiúnta in Éirinn. Is é a **ráiteas** misin ná 'Ag obair le pobail chun **iad a chosaint** is chun freastal orthu'. Sa lá atá inniu ann is **eagraíocht phobalbhunaithe** é an Garda Síochána le hos cionn 12,000 Garda agus oibrí sibhialtach a dhéanann freastal ar ranna iomlána an phobail. Tá an **ceanncheathrú** lonnaithe i bPáirc an Fhionnuisce i mBaile Átha Cliath agus tá baill i ngach contae in Éirinn, ag éisteacht, ag feidhmiú agus ag obair leis an bpobal. Is é Máirtín Ó Callanáin an Coimisinéir i láthair na huaire agus ceapadh é in 2010.

functions

I measc **fheidhmeanna** an Gharda Síochána, tá brath agus cosc ar choiriúlacht, slándáil ár náisiúin a chinntiú, líon na dtimpistí tromchúiseacha agus marfacha ar ár mbóithre a laghdú, sábháilteacht ar bhóithre a fheabhsú agus oibriú leis an bpobal chun cosc a chur le **hiompraíocht fhrithshóisialta**. Tá traidisiún fadbhunaithe ag an nGarda Síochána de bheith ag obair go dlúth le pobail ar fud na hÉireann. Oibríonn an Garda Síochána chun laghdú i gcoiriúlacht agus chun eagla roimh choiriúlacht a laghdú sna pobail trí oibriú leis an bpobal agus tríd an gcaidreamh sin a fhorbairt agus a chothú.

antisocial
behaviour

Deis comhrá

Ag obair i mbeirteanna, pléigí an sliocht seo faoi na pointí a leanas:

- Cad é do thuairim faoi shaol na nGardaí?
- An oibríonn aon duine de do ghaolta leis na Gardaí?
- Ar mhaith leat a bheith i do Gharda? Cén fáth?

Ceisteanna

1. Cad é an ráiteas misin atá ag an nGarda Síochána?
2. Cé mhéad duine atá fostaithe ag an nGarda Síochána?
3. Cá bhfuil ceanncheathrú an Gharda Síochána suite?
4. Cé hé Coimisinéir an Gharda Síochána faoi láthair?
5. Luaigh dhá fheidhm atá ag an nGarda Síochána.

LÁTHAIR CHOIR

Cleachtadh éisteachta

Éist leis an bpodchraoladh seo a bhí ar chlár ar Raidió na Gaeltachta agus freagair na ceisteanna a bhaineann leis.

(Tógtha ó 'Ar Strae sa tSaotharlann', Raidió na Gaeltachta.)

Cuid A *Mír 1.3*

1. Cé atá ag caint le láithreoir an chláir seo?
2. Táimid ag fágáil riain inár ndiaidh an t-am ar fad, fíor nó bréagach?
3. Luaigh dhá rud a phiocann na Gardaí suas ar an láthair choire.
4. Cén anailís a dhéantar ar shnáithíní éadaigh?
5. Tá teicníochtaí á bhforbairt an t-am ar fad, fíor nó bréagach?

Cuid B *Mír 1.4*

1. Cá bhfaightear DNA, dar leis an agallamh seo?
2. Cad é an seans go bhfuil an DNA céanna ag beirt?
3. Cad a deirtear faoi fhianaise DNA sa chúirt?
4. Cad í an difríocht idir an obair ar *CSI* agus an obair a dhéanann an saineolaí seo?
5. Cén t-ainm atá ar an tionscnamh a luaitear sa phíosa?

Réamhobair

Féachaigí ar na pictiúir seo agus smaoinígí ar an scéal atá i ndán dúinn. Pléigí na pictiúir faoi na ceannteidil seo.

1. Cá bhfuil an scéal suite?
2. An gnáthshaol atá i gceist?
3. Cad a tharlóidh ag críoch an scéil, meas sibh?

An Gnáthrud

Deirdre Ní Ghrianna

without sound

Bhí pictiúr **gan fhuaim** ag teacht ón teilifíseán i gcoirnéal an tseomra sa bheár seo i mBéal Feirste, a bhí lán ó chúl go doras. D'amharc Jimmy ar na teidil a bhí ag teacht agus ag imeacht ón scannán roimh nuacht a naoi a chlog. Bhain sé **súimín beag** as an phionta leann dubh a bhí roimhe agus smaoinigh sé ar an **léirscrios** a bheadh ina dhiaidh sa bhaile.

little sip, destruction

struggling stubborn, difficult boy

Bheadh Sarah, a bhean chéile, **ag streachailt** go crua ag iarraidh na páistí a chur a luí. Chuirfeadh John, an duine ba shine acu, **gasúr crua, cadránta** i gceann a cheithre bliana, chuirfeadh sé ina héadan go deireadh, cé go mbíodh fáinní dearga fá na súile aige ar mhéad is a chuimil sé le tuirse iad. Ach ní raibh amhras ar bith ar Jimmy cé aige a bheadh **bua na bruíne**. Dá ndearcfadh sé ar an am a chuaigh thart, déarfadh **geallghlacadóir** ar bith go mbeadh an bua ag Sarah arís eile.

victory in the battle, bookmaker

guilty

Mhothaigh Jimmy i gcónaí **ciontach** nuair a chuaigh sé ag ól lena chomrádaithe tráthnóna Dé hAoine nuair a bheadh obair na seachtaine déanta acu; agus ba mhíle ba mheasa é ó tháinig an cúpla ar an tsaol sé mhí ó shin. Bhí **a choinsias** ag cur isteach chomh mór sin air is nach raibh pléisiúr dá laghad aige san **oilithreacht sheachtainiúil** go tobar Bhacais lena chomrádaithe.

his conscience

weekly pilgrimage

Chan ea gur fear mór ólacháin a bhí riamh ann; níorbh ea. Gan fiú a chairde féin nach dtug 'fear ólta sú' air a mhéad is a chlóigh sé leis an mheasarthacht i ngnóithe ólacháin. Agus leis an fhírinne a dhéanamh, bhí oiread dúil sa chraic agus sa chuideachta is bhí aige i gcaitheamh siar piontaí. Ar ndóigh, ba Sarah ba chúis le é a leanstan den chruinniú seachtainiúil seo. Ní ligfeadh an bród di bheith ar a athrach de dhóigh nó a cairde a rá go raibh sé faoi chrann smola aici.

Mar sin de, bhí a fhios ag Jimmy nár bheo dó a bheo dá dtigeadh sé na bhaile roimh an deich a chlog, nó dá ndéanfadh, bhéarfadh Sarah a sháith dó. Bhí sé oibrithe amach ina intinn aige go raibh am aige le cur eile a chur ar clár agus ansin go dtiocfadh leis slán a fhágáil ag an chuideachta agus a bhealach a dhéanamh a fhad leis an Jasmine Palace, áit a dtiocfadh leis curaí a fháil dó féin agus chop suey do Sarah, cuid eile de **dheasghnátha** na hAoine.

rituals

'Anois, a fheara, an rud céanna arís?'

'Beidh ceann beag agam an t-am seo, murar miste leat, a Jimmy.'

Tháinig aoibh ar bhéal Jimmy agus chlaon sé a cheann mar fhreagra. Bhí fhios aige go mbeadh Billy sa bheár go gcaithfí amach é nó bhí a bhean ar shiúl go Sasain a dh'amharc ar an ua ba deireanaí dá gcuid. Ar ndóigh, bhí Billy ag ceiliúradh an linbh úir i rith na seachtaine. Tháinig an gaffer air le casaoid chrua fan dóigh a raibh sé ag leagan na mbrící. B'éigean do Jimmy tarrtháil a thabhairt air agus geallstan don gaffer go gcoinneodh sé ag gabháil mar ba cheart é.

Rinne Jimmy cuntas ina intinn ar an deoch a bhí le fáil aige agus tharraing sé ar an bheár. Bhí Micí, an freastalaí, ansin roimhe agus é ag éisteacht leis **na pótairí** a bhí ina suí ag an bheár, má b'fhíor dó. Chonacthas do Jimmy go raibh na pótairí céanna seo greamaithe do na stóla. D'aithin sé na haghaidheanna uilig agus thug sé fá dear go suíodh achan mhac máthar acu ar an stól chéanna gan teip.

drinkers

Chuaigh sé a smaointiú ar an tsaol a chaithfeadh a bheith acu sa bhaile; ní raibh a fhios aige cad é mar a thiocfadh leo suí ansin uair i ndiaidh uaire is gan scrupall coinsiasa ar bith acu.

Níor thuig Jimmy cad chuige nach raibh na fir seo ag iarraidh gabháil abhaile. B'fhéidir gurbh airsean a bhí an t-ádh. Bhí Sarah agus na páistí aige; bhí, agus teach deas seascair. Ina dhiaidh sin, ní raibh an teach chomh maith sin nuair a cheannaigh siad é; ceithre mhíle punt a thug siad don *Housing Executive* ar son ballóige, féadaim a rá, a raibh brící sna fuinneoga ann. Bhain sé bunús bliana as deis a chur ar a theach, ag obair ag deireadh na seachtaine agus **achan** oíche, amach ó oíche Aoine, ar ndóigh.

every

Ach ba í Sarah a rinne baile de, na cuirtíní a rinne sí as fuílleach éadaigh a cheannaigh sí ag aonach na hAoine, nó na cathaoireacha nach dtug sí ach deich bpunt orthu i *jumble* agus a chuir sí snas úr orthu. Ní raibh aon tseomra sa teach nár chóirigh sí go raibh siad cosúil leis na pictiúir a tchifeá ar na **hirisí loinnreacha ardnósacha**. Anois, agus é ag fanacht lena sheal ag an bheár, b'fhada le Jimmy go dtaradh oíche Shathairn nuair a bheadh sé féin agus Sarah ábalta teannadh le chéile ar an tolg **ag amharc** ar *video* agus buidéal beag fíona acu.

posh glossy magazines

looking

'Seacht bpionta Guinness agus ceann beag, le do thoil, a Mhicí.'

'Cad é mar atá na girseacha beaga, a Jimmy? Is dóiche nach bhfuil tú ag fáil mórán codlata ar an aimsir seo…'

'Gabh mo leithscéal, a Mhicí, déan sé phionta agus ceann beag de sin, murar miste leat.'

Thug caint Mhicí mothú ciontach chun tosaigh in intinn Jimmy, cé gur mhaith a bhí fhios aige gurbh iad Elizabeth agus Margaret na páistí ab fhearr a cuireadh chun tsaoil riamh. Anois b'fhada le Jimmy go dtógfadh sé iad, duine ar achan lámh agus go dteannadh sé lena chroí iad agus go dtéadh sé a cheol daofa agus ag éisteacht leo ag plobaireacht.

tray

Chuir Micí dhá **losaid** fána lán gloiní ar an chuntar agus thug Jimmy chun tábla fá dheifir iad. Chaith sé siar deireadh a phionta, d'fhág sé slán ag a chuideachta agus rinne a bhealach a fhad le biatheach na Síneach.

turned

Amuigh ar an tsráid, agus ceo na Samhna thart air, ní raibh in Jimmy ach duine gan ainm. **Thiontaigh** sé aníos coiléar a chasóige agus shiúil na cúpla céad slat a thug fhad leis an *Jasmine Palace* é. Istigh ansin bhí an t-aer trom le boladh spíosraí agus teas bealaithe.

Bhí triúr nó ceathrar de dhéagóirí istigh roimhe agus iad ar meisce ar fíon úll. Bhí a n-aird ar an bhiachlár ghealbhuí fána lán mílitriú agus bhí siad ag cur is ag cúiteamh eatarthu féin fá cad é a cheannódh siad ar na pinginí a bhí fágtha acu.

unmarried

Bhí Liz, mar a thug achan chustaiméir uirthi, ag freastail – girseach scór mbliain. Í **díomhaoin**, cé go raibh iníon bheag ceithre bliana aici, rud a d'inis sí do Jimmy i modh ruin.

'An gnáthrud, a Jimmy. Tá tú rud beag luath anocht, nach bhfuil?'

'Tá, nó ba mhaith liom gabháil na bhaile go bhfeice mé cad é mar atá na páistí.'

'Níl mórán de do mhacasamhail ag gabháil ar an aimsir seo. Bunús na bhfear, ní bhíonn ag cur bhuartha orthu ach iad féin agus na cairde agus a gcuid piontaí.'

highly embarrassed, the old bitter memory, uncomfortable silence, grunt

Tháinig an **deargnáire** ar Jimmy. Ní raibh lá rúin aige **an tseanchuimhne nimhneach** sin a mhúscailt i gceann Liz – an stócach a bhí seal i ngrá léi agus a d'fhág ina dhiaidh sin í nuair a theann an saol go crua orthu. Bhí **tost míshuaimhneach** eatarthu agus bhí Jimmy sásta nuair a tháinig duine de na stócaigh óga chuige ag iarraidh mionairgead briste ar bith a bheadh fá na pócaí aige. Thug Jimmy traidhfil airgead rua agus boinn chúig pingine dó. Rinne sé **gnúsachtach** mar bhuíochas, phill ar a chairde agus d'fhógair daofa go raibh a sáith airgid anois acu le hiasc agus sceallóga a cheannach, agus tobán beag curaí lena chois.

some secret society

Rinne Jimmy staidéar ar na stócaigh seo. Shílfeadh duine gur bhaill iad de **chumann rúnda inteacht** ina raibh sé de dhualgas ar gach ball beannú dá chéile sa chuid ba ghairbhe de chaint ghraosta, ghraifleach, ghnéasach na Sacsanach. D'fhéach Jimmy lena chluasa a dhruidim in éadan na tuile seo. Ach, ar ndóigh, ní féidir an rabharta a chosc.

1

Rinneadh foscladh ar an chomhla bheag sa bhalla ar chúl an chuntair, agus cuireadh mála bia agus ticéad amach. Thiontaigh Liz a súile ó na stócaigh gharbha a bhí ag diurnú bhuidéal an *Olde English*.

'Seo duit, a Jimmy, oíche mhaith agus slán abhaile.'

Chlaon Jimmy a cheann mar fhreagra, thóg an mála donn agus d'fhoscail doras trom na sráide. Chonacthas dó gur éirigh an oíche iontach fuar. Chuir sé mála an bhia taobh istigh dá chasóg in aice lena chliabhrach leis an teas a choinneáil ann, cé nach raibh i bhfad le siúl aige.

Chuaigh sé ag smaointiú ar an chraos tine a bheadh sa teallach roimhe, agus ar an dá phláta agus an dá fhorc a bheadh réidh ag Sarah, agus í ag súil leis na bhaile. Ba mhian leis luí aici agus inse di cad é chomh sásta is a bhí sé le linn iad bheith le chéile.

Chonaic sé ina intinn féin í, fána gruaig chatach bhán. Chóir a bheith go dtiocfadh leis a boladh a chur, ach a Dhia, chomh mór agus ba mhaith leis a lámha a chur thart uirthi agus luí aici.

lost in his own thoughts, slowly

he fired a shot, pouring

Caillte ina smaointe féin, ní raibh fhios ag Jimmy cad a bhí ag gabháil ar aghaidh thart air. Níor chuala sé an carr gan solas a bhí ag tarraingt air **go fadálach** as dorchadas na hoíche. Ní fhaca sé an splanc solais, ach ar an tsaol seo dáiríre, scaoil stócach a raibh caint ní ba ghraiflí aige ná an mhuintir a bhí sa teach itheacháin, **scaoil sé urchar** a shíob leath an chloiginn de Jimmy agus a d'fhág ina luí ar an tsráid reoite é. Bhí an fhuil **ag púscadh** ar an talamh fhuar liath agus ag meascadh lena raibh sna boscaí *aluminium*.

Greannán den scéal

Cleachtadh scríofa

Féach ar an tsraith pictiúr seo bunaithe ar an scéal.
Inis scéal bunaithe ar na pictiúir seo.

- Breac síos trí abairt faoi gach pictiúr.
- Cum trí cheist bunaithe ar an tsraith pictiúr.

Achoimre ar an scéal

Oíche Aoine i mBéal Feirste a bhí ann. Díreach tar éis na hoibre, chuaigh Jimmy go dtí an teach tábhairne lena chairde. D'oibrigh sé go dian i rith na seachtaine. B'fhearr leis a bheith sa bhaile lena chlann. Bhíodh sé i gcónaí ag smaoineamh ar a bhean chéile Sarah agus ar a thriúr páistí. Chuir Sarah na páistí ina luí. Ní raibh John, an páiste is sine, sásta dul a chodladh ach bheadh an lámh in uachtar ag Sarah faoi dheireadh. Thaitin sé le Jimmy a bheith amuigh lena chairde ach thaitin sé leis a bheith sa bhaile freisin. Bhuail sé lena chara Billy sa bheár. Bhíodh Billy sa bheár ag ól go dtí am dúnta. Cheannaigh Jimmy na piontaí.

Bhí Jimmy i ngrá le Sarah. Bhí teach deas agus clann shona acu. D'íoc siad £4000 leis an *Housing Executive* don teach. Ní raibh ann ach creatlach nuair a fuair siad é ach rinne siad an-obair air. Smaoinigh Jimmy ar an Satharn, é ina luí ar an tolg le Sarah ag féachaint ar DVD.

D'fhág Jimmy an beár ansin. Bhí sé i gceist ag Jimmy bia a fháil sa bhialann Shíneach. *Jasmine Palace* ab ainm don bhialann. Chuaigh sé isteach agus bhí déagóirí ann roimhe. Bhí siad ar meisce. Bhí buachaill amháin ag lorg airgid chun bia a cheannach. Thug Jimmy airgead dó agus thosaigh sé ag caint le Liz. Freastalaí ab ea Liz agus d'oibrigh sí sa bhialann. Cheannaigh Jimmy an bia céanna gach Aoine. D'ordaigh sé 'an gnáthrud', *chop suey* agus curraí.

D'fhág sé an bhialann agus thosaigh sé ar an mbóthar abhaile. Oíche fhuar nimhneach a bhí ann agus chuir sé an bia taobh istigh dá chóta chun é a choinneáil te. Tháinig carr anuas an bóthar. Ní fhaca Jimmy an carr gan solas ina raibh an buachaill a scaoil urchar leis. Thit Jimmy ar an talamh ag cur fola óna cheann. Mheasc an fhuil leis an mbia ar an tsráid. Fágadh é ar an talamh gan trócaire. Dúnmharú gan chúis ab ea é. Bhí sé san áit mhícheart ag an am mícheart.

A. Cleachadh scríofa

(i) Athscríobh na habairtí seo a leanas i do chóipleabhar agus líon na bearnaí.

1. Bhí Jimmy ag ól sa _____ lena chairde an oíche sin.
2. Bhí an beár suite ar ghnáthshráid i gcathair _____ _____.
3. Cheannaigh Jimmy na _____ dá chairde.
4. Ba léir go raibh sé go mór i ngrá le _____.
5. Smaoinigh sé ar a _____ _____ sa bhaile ag tabhairt aire dá pháistí.
6. D'ordaigh sé an _____ sa bhialann _____ gach Aoine.
7. _____ sé le Liz agus bhí sé an-_____ uirthi.
8. Ag deireadh an scéil feicimid _____ seicteach Jimmy.

dúnmharú • bhean chéile • gnáthrud • labhair • Bhéal Feirste
deochanna • cheanúil • Sarah • bheár • Shíneach

(ii) Fíor nó Bréagach?

1. Is maith le Jimmy a bheith sa teach tábhairne in áit a bheith sa bhaile.
2. Téann Sarah amach ag ól oíche Dé hAoine.
3. Oibríonn Jimmy le Billy.
4. Fuair siad an teach ón Housing Executive.
5. Oibríonn Sarah sa bhialann Shíneach.

(iii) Cuir na ceisteanna seo ar an dalta in aice leat agus ansin scríobh na freagraí i do chóipleabhar.

1. Cén chathair ina gcónaíonn Jimmy agus a chlann?
2. Cá dtéann Jimmy agus a chairde gach Aoine?
3. Cé mhéad páistí atá ag Jimmy agus Sarah?
4. An maith le Jimmy a bheith ag ól piontaí?
5. Cén sórt tí atá ag Jimmy?
6. Cad is ainm don bhialann Shíneach?
7. Cad é an gnáthrud a ordaíonn Jimmy gach Aoine?
8. Conas a bhí an aimsir an oíche sin i mBéal Feirste?
9. Cé a scaoil urchar leis?
10. Cén fáth ar maraíodh Jimmy?

B. Obair bheirte: rólghlacadh

Ag obair i mbeirteanna, déanaigí rólghlacadh sa rang. Is féidir le dalta amháin ról an fhinné a thógáil agus glacfaidh an dalta eile ról an Gharda. Bhí an finné i láthair nuair a maraíodh Jimmy. Tabhair na sonraí do na Gardaí.

Cur chuige: *Luaigh an t-am, daoine a bhí ann, áit, aimsir, rudaí a bhí le cloisteáil, rudaí a bhí le feiceáil, aois agus cuma an dúnmharfóra.*

Cleachtadh duitse!

Scríobh alt nuachtáin bunaithe ar an tragóid a tharla.
Is féidir an cur chuige thuas a úsáid freisin.

Cíoradh an scéil 1: An téama

Obair ghrúpa

Ag obair i ngrúpaí de cheathrar, déanaigí machnamh ar théamaí an scéil. Roghnaígí trí théama ón liosta seo a mbainfeadh sibh úsáid astu chun cur síos a dhéanamh ar théama an scéil. Insígí don rang cén fáth ar roghnaigh sibh na téamaí seo.

Dúnmharú • Greann • Cairdeas • Foréigean • Grá
Saol na lánúine pósta • Fuath • Saoirse • Saol na clainne

Cleachtadh labhartha/scríofa

Roghnaigh eipeasóid de shraith teilifíse nó scannán ar bith a bhfuil an téama céanna aige agus atá ag an scéal seo. Scríobh achoimre ar an gclár nó scannán sin nó inis don rang faoi.

Ceist scrúdaithe agus freagra samplach

Cad é téama an scéil seo?

Baineann an scéal seo le saol na clainne. Tugtar léargas dúinn ar chlann Jimmy. Tá sé pósta le bean darb ainm Sarah. Tá triúr páistí acu. Tá grá ag Jimmy do Sarah. Cheannaigh siad teach le chéile. Seanteach a bhí ann agus é ag titim as a chéile ach d'oibrigh siad chun é a mhaisiú. Rinne siad a lán oibre ar an teach agus tá siad an-chompordach ann anois. Tá caidreamh iontach eatarthu. Cuireann Sarah iallach ar Jimmy am a chaitheamh lena chairde. Tá sí lánsásta aire a thabhairt do na páistí nuair a bhíonn Jimmy sa bheár. Ceannaíonn Jimmy an béile dóibh ar a bhealach abhaile. Léiríonn sé seo an comhoibriú eatarthu. Bíonn Jimmy ag tnúth go mór le hoíche Shathairn. Braitheann sé ciontach nuair a bhíonn sé sa bheár. Caitheann an lánúin oíche Dé Sathairn ag ligean a scíthe ar an tolg le chéile. Féachann siad ar scannán agus ólann siad fíon le chéile.

Cleachtadh duitse!

Roghnaigh téama amháin, seachas an ceann atá anseo, agus tabhair cuntas gairid ar a bhfuil sa scéal faoin téama atá roghnaithe agat.

Cíoradh an scéil 2: Na carachtair

Deis comhrá

Samhlaigh gur tusa comharsa bhéal dorais Jimmy agus Sarah. Cad a déarfá fúthu? An lánúin dheas iad?

Obair ghrúpa

Ag obair i ngrúpaí de cheathrar, roghnaígí trí aidiacht ón liosta seo a mbainfeadh sibh úsáid astu le cur síos a dhéanamh ar Jimmy, Sarah agus Liz. Insígí don rang cén fáth ar roghnaigh sibh na haidiachtaí seo.

Saonta • Cineálta • Cairdiúil • Greannmhar • Amaideach
Brónach • Grámhar • Dílis • Freagrach

Carachtair an scéil

JIMMY	Gnáthfhear Duine dea-chroíoch Cara cabhrach	Is gnáthfhear é Jimmy. Oibríonn sé go dian. Is dócha gur bríceadóir é Jimmy. Is fear céile maith é. Tá sé pósta le Sarah. Mothaíonn sé ciontach nuair a bhíonn sé amuigh sa bheár. Ceannaíonn sé bia di gach Aoine ar a bhealach abhaile. Is cara cabhrach é freisin. Cabhraíonn sé le Billy ag an obair. Is duine cineálta é, mar a fheictear nuair a thugann sé airgead don déagóir sa bhialann Shíneach. Tá sé cairdiúil leis an bhfreastalaí Liz freisin.
SARAH	Gnáthbhean Bean chéile dhílis Máthair mhaith	Is gnáthbhean í Sarah. Tá saol simplí aici. Tá sí pósta le Jimmy agus tá sí an-mhór leis. Ní duine leithleach í mar tugann sí cead do Jimmy dul amach lena chairde. Tá a clann an-tábhachtach di. Is máthair mhaith í agus tugann sí aire mhaith do na páistí.
NA PÁISTÍ	John Margaret Elizabeth	Buachaill óg ceithre bliana d'aois, beagáinín cancrach mar ní maith leis dul a chodladh. Is cúpla óg iad Margaret agus Elizabeth.

Ceist scrúdaithe agus freagra samplach

Cén carachtar is fearr leat sa scéal? Déan cur síos gairid air/uirthi.

Is fearr liom an carachtar Jimmy. Is gnáthfhear é agus oibríonn sé go dian i rith na seachtaine. Téann sé go dtí an beár ansin díreach tar éis na hoibre. Is duine cairdiúil é amach is amach. Buaileann sé lena chairde gach Aoine agus ceannaíonn sé deochanna dóibh. Is duine maith é freisin agus tá sé i ngrá le Sarah, a bhean chéile. Braitheann sé ciontach nuair a bhíonn sé sa bheár agus a bhean chéile sa bhaile i bhfeighil na leanaí. Caitheann sé an t-am ag smaoineamh uirthi agus ar a chlann. B'fhearr leis a bheith sa bhaile leo.

Cleachtadh duitse!

Cén saghas duine í Sarah? Déan cur síos gairid uirthi agus inis cén fáth ar thaitin nó nár thaitin sí leat. Is leor dhá fháth.

> **Cur chuige:** *Luaigh máthair mhaith, duine tuisceanach, grámhar, oibrí dícheallach, tugann sí aire mhaith do na páistí.*

Ag machnamh ar an scéal

Cad é do thuairim faoin scéal seo?

An maith leat é?

> Thaitin an scéal seo liom mar go bhfuil téama an-réadúil ann.

> Is maith liom carachtar Jimmy. Is duine deas, cairdiúil é.

> Is maith liom an caidreamh grámhar idir Jimmy agus Sarah.

> Níor thaitin críoch an scéil liom. Tharla tragóid ag an deireadh.

> Ní maith liom an marú seicteach sa scéal seo. Cuireann sé uafás orm.

> Ní maith liom na déagóirí mar bhí siad ar meisce agus drochbhéasach.

Cleachtadh duitse!

Bain úsáid as na nótaí thuas agus freagair an cheist seo:
Ar thaitin an scéal seo leat? Tabhair dhá fháth le do fhreagra.

Cleachtadh taighde

Is iriseoir tú atá ag déanamh léirmheasa ar scannán bunaithe ar an ngearrscéal 'An Gnáthrud'. Roghnaigh na haisteoirí is oiriúnaí agus stiúrthóir a bheadh páirteach sa scannán.

> ### Cur chuige:
>
> **Ainm:** *An Gnáthrud*   **Grádú:** *18*   **Bliain:** *2013*
>
> *Cén cineál scannáin atá i gceist? Scannán coiriúlachta/scannán drámatúil/ scannán uafáis/scannán grá*
>
> *Aisteoirí:*
>
> *Stiúrthóir:*
>
> *Plota: Tarlaíonn imeachtaí an scannáin i... pléann an scannán seo le... tugtar léargas dúinn ar shaol... éiríonn leis an stiúrthóir   i ... scannán iomlán/den scoth é. Molaim an scannán seo daoibhse.*

Cleachtadh scríofa/labhartha

1. Tarlaíonn imeachtaí an scéil oíche Dé hAoine. Deirtear go ndéanann Jimmy an rud céanna gach Aoine. Cad a dhéanann tusa de ghnáth gach Aoine?
2. Is maith le Jimmy agus a bhean chéile bia Síneach. An maith leatsa bia Síneach? Cad é an gnáthrud a ordaíonn tusa?
3. Tá an scéal seo lonnaithe i mBéal Feirste. Ar thug tú cuairt ar an gcathair sin riamh? Inis don rang faoin turas.

Deis comhrá

Ag obair i mbeirteanna, pléigí an scéal faoi na pointí seo a leanas:

- Cén tuairim a fhaighimid ar shaol na cathrach i mBéal Feirste ag an am sin?
- Cén sórt aidiachtaí a mbainfeá úsáid astu chun cur síos a dhéanamh ar an gcathair?
- Cad é an chuid is fearr leat sa scéal?
- Cad é an chuid is drámatúla sa scéal?
- An raibh deireadh an scéil sásúil, dar leat?

Cleachtadh scríofa

1. Is tusa Jimmy. Scríobh an téacsteachtaireacht a chuirfeá chuig Sarah nuair a bhí tú sa bheár.
2. Lig ort go raibh imeachtaí an scéil ag tarlú sa sobalchlár is fearr leat. Scríobh an léirmheas a bheadh in iris teilifíse.
   Tosaigh mar seo: An tseachtain seo ar an gclár …

Briathra úsáideacha: feicimid / buaileann … le / bíonn / téann / bailíonn / tarlaíonn

Ceisteanna scrúdaithe

1. Tabhair achoimre ar an ngearrscéal 'An Gnáthrud' a bhfuil staidéar déanta agat air.
2. Déan cur síos ar dhá mhothúchán sa scéal seo.
3. Cad é téama an scéil 'An Gnáthrud'?
4. An bhfuil teideal an scéil oiriúnach? Tabhair fáthanna le do fhreagra.
5. Déan cur síos ar ghné amháin den scéal 'An Gnáthrud' a thaitin leat agus gné amháin nár thaitin leat.

Fíricí faoin bhfile

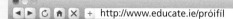

http://www.educate.ie/próifíl

Ar líne
11:15am

Ainm: Máirtín Ó Direáin
Bliain a bhreithe: 1910
Áit ar rugadh é: Oileáin Árann
Gairm bheatha: Státseirbhíseach, file agus scéalaí
Eolas suimiúil

- Chaith sé an chuid is mó dá shaol i mBaile Átha Cliath agus bhraith sé saol an oileáin uaidh.
- D'fhoilsigh sé neart leabhar filíochta agus próis.

Obair idirlín

Teigh ar an suíomh *www.filinagaeilge.tv* agus féach ar an físteip a bhaineann leis an dán seo. Pléigh an méid a d'fhoghlaim tú leis an rang.

Réamhobair

**Smaoinigh ar an teideal ar dtús: 'An tEarrach Thiar'.
An dtuigeann tú an teideal seo?**

1. Cén séasúr atá i gceist?
2. Déan liosta de na híomhánna a bhaineann leis an séasúr seo. (Rudaí a dhéanann daoine, dathanna le feiceáil, an dúlra, srl.)
3. Cad atá i gceist ag an bhfile nuair a luann sé 'Thiar' sa teideal.
4. Cad iad na háiteanna atá i gceist?
5. Maidir le saol an oileáin, cén íomhá a shamhlaíonn tusa le saol an oileáin?

Mír 1.5

An tEarrach Thiar

Fear ag glanadh **cré**   soil
De ghimseán spáide   of the tread of a spade
sa gciúineas shéimh
I mbrothall lae   in the heat
Binn an fhuaim
San Earrach thiar.

Fear ag caitheadh
Cliabh dhá dhroim,   woven basket
Is an fheamainn dhearg
Ag lonrú   shining
I dtaitneamh gréine
Ar dhuirling bháin.
Niamhrach an radharc   lustrous, resplendent
San Earrach thiar.
Mná i **locháin**   puddles
In íochtar **diaidh-thrá**   low-water mark
A gcótaí **craptha**,   gathered
Scáilí thíos fúthu: reflections
Támh-radharc síoth ach   peaceful sight
San Earrach thiar.

Toll-bhuillí fanna   hollow sounds
Ag **maidí rámha**,   oars
Currach lán d'éisc
Ag teacht **chun cladaigh**   to the shore
Ar **ór-mhuir** mhall   golden sea
I ndeireadh lae;
San Earrach thiar.

Leagan próis

An tEarrach Thiar

Tá fear ag glanadh cré
dá spáid
i gciúnas
le teas an lae ag teacht anuas air
is deas an fhuaim é
san earrach thiar

Tá mná i locháin uisce
lena ngúnaí curtha suas
timpeall a nglúine
agus a scáilí le feiceáil san uisce
is radharc síochánta é
san earrach thiar

Tá fear ag caitheamh bascaed
ar a dhroim
le feamainn dearg ag lonrú
faoin ngrian ar an ngaineamh
is radharc deas é
san earrach thiar

Na fir amuigh ar an bhfarraige
ag teacht ar ais
báid lán d'éisc
an farraige órga ag soilsiú
ag deireadh an lae
san earrach thiar

Teachtaireacht an dáin

1

Rugadh agus tógadh Máirtín Ó Direáin ar Oileáin Árann. D'fhág sé Inis Mór nuair a bhí sé óg agus fuair sé post i nGaillimh. Bhí cuimhní idéalacha aige ar shaol an oileáin. Is léir go n-airíonn an file uaidh a áit dúchais sa dán seo. Tá an file ag smaoineamh ar na seanlaethanta thiar sa bhaile san earrach. Tá uaigneas agus brón air mar nach bhfuil an saol sa chathair chomh ciúin agus simplí sin.

Is cuimhin leis an saol traidisiúnta ar an oileán. Bhíodh comhoibriú idir muintir na háite ag obair ar an trá. Cuireann sé pictiúir os ár gcomhair de na fir ag obair sa pháirc agus ar an bhfarraige. Tugann sé pictiúr dúinn de na mná ag bailiú feamainne nó sliogéisc thíos ar an trá. Is cuimhin leis na fuaimeanna a bhí le cloisteáil ó na maidí rámha sna curacha. Tá cuimhní áille aige den tréimhse sin. Is léir go bhfuil grá ag an bhfile dá cheantar dúchais.

Cleachtadh scríofa

(i) Athscríobh na habairtí seo a leanas i do chóipleabhar agus líon na bearnaí.

1. Is as Oileáin _____ don fhile.
2. Tá _____ mór aige ar a cheantar dúchais.
3. Is cuimhin leis na _____ a bhíodh le feiceáil san earrach.
4. Is féidir leis na _____ a chloisteáil freisin.
5. Tugann an file íomhánna _____ dúinn de shaol an oileáin.
6. Bíonn na _____ ag obair sna páirceanna.
7. Bíonn na fir amuigh ar an _____.
8. Bíonn na mná ar an trá ag bailiú _____.
9. Feictear dath _____ ar an bhfarraige ag deireadh an lae.
10. Tá uaigneas ar an bhfile mar braitheann sé saol an oileáin _____.

uaidh • feirmeoirí • meas • bhfarraige • órga • deasa • Árann
fuaimeanna • feamainne nó sliogéisc • radhairc

(ii) Fíor nó Bréagach?

1. Scríobh Máirtín Ó Direáin an dán seo.
2. Is aoibhinn leis saol na cathrach.
3. Ní maith leis an bhfile muintir an oileáin.
4. Oibríonn gach duine go crua le chéile.
5. Is gránna na radhairc atá le feiceáil ar an oileán.

(iii) Cuir na ceisteanna seo ar an dalta in aice leat agus ansin scríobh na freagraí i do chóipleabhar.

1. Cár rugadh file an dáin seo?
2. Déan cur síos ar an aimsir a bhíonn ann san earrach.
3. Cad atá á dhéanamh ag an bhfear sa chéad véarsa?
4. Cad atá á dhéanamh ag an bhfear sa dara véarsa?
5. Luaigh dhá rud faoin trá sa dán seo.
6. Cad iad na dathanna a luaitear sa dán?
7. Cén pictiúr de na mná a chuirtear os ár gcomhair sa tríú véarsa?
8. Cad a bhí sna curacha?

Cíoradh an dáin 1: An téama

Obair ghrúpa

Ag obair i ngrúpaí de cheathrar, roghnaígí trí fhocal ón liosta seo a mbainfeadh sibh úsáid astu chun cur síos a dhéanamh ar théama an dáin. Insígí don rang cén fáth ar roghnaigh sibh na téamaí seo.

Dúlra • Óige • Cairdeas • Caoineadh • Grá áite
Saol an oileáin • Fuath • Draíocht • Meas

Cleachtadh scríofa

Líon an ghreille seo leis na téamaí a roghnaigh sibh thuas.

Téama	Sampla sa dán

Ceist scrúdaithe agus freagra samplach

Cad é príomhthéama an dáin seo?

Is grá áite príomhthéama an dáin seo. Scríobh Máirtín Ó Direáin dán álainn ag cur síos ar a áit dúchais, Inis Mór. Is léir go bhfuil grá aige do shaol an oileáin. Is minic a scríobhann an file faoin saol seo. Is cuimhin leis tréimhse an earraigh agus na himeachtaí a tharlaíonn i rith an ama seo. Tá ceithre íomhá sa dán ag déanamh cur síos ar na himeachtaí seo. Sa chéad véarsa feicimid fear ag glanadh cré dá shluasaid sa pháirc. Feirmeoir is dócha, ag obair go dian ar a fheirm. Sa dara véarsa feicimid na fir ag iompar feamainne nó sliogéisc agus na mná ag bailiú feamainne sa tríú véarsa. Tugtar íomhá álainn dúinn ansin sa véarsa deireanach nuair a fhilleann na hiascairí agus curach lán d'éisc acu. Is léir go n-oibríonn gach duine go dian ar an oileán ach is comhoibriú a bhíonn i gceist. Is dócha go mbraitheann Ó Direáin an comhoibriú seo uaidh nuair a bhíonn sé ag obair sa chathair. Tugann na híomhánna sa dán faoiseamh don fhile agus é faoi bhrú sa chathair.

Cleachtadh duitse!

Roghnaigh téama amháin, seachas an ceann atá anseo, agus tabhair cuntas gairid ar a bhfuil sa dán faoin téama atá roghnaithe agat.

Cíoradh an dáin 2: Na mothúcháin

1

Obair ghrúpa

Ag obair i ngrúpaí de cheathrar, roghnaígí trí fhocal ón liosta seo a mbainfeadh sibh úsáid astu le cur síos a dhéanamh ar mhothúcháin an fhile. Insígí don rang cén fáth ar roghnaigh sibh na focail seo.

Uaigneas • Meas • Trua • Áthas • Cumha • Brón • Grá • Déistin • Fearg

Cleachtadh scríofa

Déan liosta de na mothúcháin atá sa dán agus tabhair samplaí díobh.

Mothúchán	Sampla sa dán

Ceist scrúdaithe agus freagra samplach

Cad é an mothúchán is treise sa dán seo?

Is léir go bhfuil an-mheas ag an bhfile ar shaol an oileáin. D'fhás an file aníos ar Inis Mór agus tá cuimhní ceanúla aige ar Oileáin Árann. Is cuimhin leis tréimhse an earraigh agus na himeachtaí a bhaineann leis. Tá meas ag an bhfile ar na daoine sa dán. Tá ceithre íomhá sa dán a dhéanann cur síos ar na daoine seo. Sa chéad véarsa feicimid fear ag glanadh cré de ghimseán spáide sa pháirc. Is dócha gur feirmeoir é, ag obair go dian ar a fheirm. Sa dara véarsa feicimid na fir ag iompar feamainne nó sliogéisc agus na mná ag bailiú an ruda chéanna sa tríú véarsa. Cuirtear íomhá éifeachtach os ár gcomhair ansin sa véarsa deireanach nuair a fhilleann na hiascairí le neart iasc. Léiríonn na daoine seo gur saol ciúin agus síochántaé saol na n-oileán. Cabhraíonn an t-athrá go mór le mothúcháin an dáin freisin. Deir an file 'san earrach thiar' ag deireadh gach véarsa. Léiríonn sé an grá agus meas atá aige ar a áit dúchais.

Cleachtadh duitse!

Roghnaigh mothúchán amháin, seachas an ceann atá anseo, agus tabhair cuntas gairid ar a bhfuil sa dán faoin mothúchán atá roghnaithe agat.

Stíl an fhile

Íomhánna

Tá an file uaigneach sa chathair agus é ag smaoineamh ar shaol an oileáin chun faoiseamh a fháil ó bhrú an tsaoil. Tugann an file íomhánna áille dúinn den saol traidisiúnta ar Inis Mór. Is cuimhin leis an obair a dhéanann muintir na háite i rith an earraigh. Bíonn na fir ag obair go dian. Feicimid an obair á déanamh acu sa chéad agus sa dara véarsa. Cuireann sé íomhá os ár gcomhair ansin de na mná ag bailiú feamainne nó sliogéisc ar an trá. Bíonn an aimsir go breá i gcuimhní an fhile. Mothaíonn sé suaimhneach nuair a smaoiníonn sé ar an oileán.

Na híomhánna is tábhachtaí sa dán
- Na fir ag obair sna páirceanna agus ar an trá
- An dea-aimsir
- Feamainn scaipthe ar fud na trá
- Na mná ag bailiú feamainne nó sliogéisc ar an trá
- Na hiascairí ag teacht abhaile agus an curach lán d'éisc
- An fharraige ag lonrú um thráthnóna

Dathanna

Úsáideann an file a lán dathanna sa dán chun cur síos a dhéanamh ar an áit. Cabhraíonn na dathanna go mór le héifeacht na n-íomhánna. Cruthaítear pictiúir shuaimhneacha inár n-intinn. Is féidir linn an ceantar a shamhlú ón gcur síos álainn seo.

Na dathanna a luaitear sa dán
- Dearg: Insíonn an file dúinn go bhfuil 'an fheamainn dhearg ag lonrú'.
- Bán: Insíonn an file dúinn go bhfuil an fheamainn 'ar dhuirling bhán'.
- Ór: Insíonn an file dúinn go bhfuil an curach ag filleadh abhaile 'ar órmhuir mhall'.

Athrá

Baineann an file úsáid as an teicníocht seo go minic ina chuid filíochta. Is cuid lárnach é an t-athrá sa dán seo mar go gcuireann sé béim ar an ngrá atá aige dá cheantar dúchais. Déanann gach véarsa tagairt do shaol an oileáin i rith an earraigh. Críochnaíonn gach véarsa leis an líne 'San Earrach thiar'. I mo thuairimse, is iontach an teicníocht í seo mar léiríonn sí dúinn go bhfuil cumha ar an bhfile agus go mba bhreá leis a bheith ar ais i measc a mhuintire féin. Ba mhaith leis áilleacht an earraigh a cheiliúradh arís lena mhuintir ar Inis Mór.

Ag machnamh ar an dán

Cad é do thuairim faoin dán seo?

An maith leat é?

> Is maith liom an íomhá sa véarsa deireanach.

> Is maith liom an grá atá ag an bhfile dá áit dúchais.

> Níor thaitin an dán seo liom. Tá na híomhánna leadránach.

> Thaitin an dán seo liom mar gheall ar an téama suimiúil, tarraingteach atá ann.

> Ní maith liom an friotal mar go bhfuil sé casta.

> Ní maith liom an dán seo mar go bhfuil sé seanfhaiseanta. Is fearr liom dánta nua-aimseartha.

Cleachtadh duitse!

Bain úsáid as na nótaí thuas agus freagair an cheist seo.

Ar thaitin an dán seo leat? Tabhair dhá fháth le do fhreagra.

Deis comhrá

Ag obair i mbeirteanna, pléigí an dán faoi na pointí seo a leanas:

- An bhfuil an dán seo míréadúil (unrealistic) in áiteanna?
- Cén sórt aidiachtaí a mbainfeá úsáid astu chun cur síos a dhéanamh ar an oileán seo?
- Cad é an chuid is fearr leat den dán?

Cleachtadh scríofa

1. Is tusa Máirtín Ó Direáin. Scríobh cuntas dialainne ar an saol atá agatsa sa chathair agus ar an bhfáth go bhfuil fonn ort dán a scríobh faoin saol ar Oileáin Árann.
2. Lig ort go raibh tú saoire ar Oileáin Árann i rith an earraigh agus scríobh ríomhphost chuig do chara. Abair leis/léi cad a bhí ar siúl agat. (Tá lámh chúnta ar fáil in Aonad 8.)

Ceisteanna scrúdaithe

1. Déan cur síos ar phríomhthéamaí an dáin seo.
2. Cad atá i gceist ag an bhfile sa véarsa deireanach?
3. Déan cur síos ar atmaisféar an dáin.
4. An bhfuil teideal an dáin oiriúnach? Tabhair fáthanna le do fhreagra.
5. Tabhair dhá fháth ar/nár thaitin an dán seo leat.

An ghramadach i gcomhthéacs

An Aimsir Chaite

Cá núsáidimid an Aimsir Chaite?

Ag plé rudaí a rinné tu inné, an tseachtain seo caite, anuraidh. Is féidir an tsraith pictiur a fhreagairt san aimsir chaite.

Úsáideann tú an Aimsir Chaite leis an gceapadóireacht, go háirithe an scéal.

Is féidir ceisteanna ar an bprós agus ar an bhfilíocht a fhreagairt san Aimsir Chaite.

Briathra rialta

Grúpa 1: An chéad réimniú

- Cuirtear séimhiú ann
- Cuirtear d' roimh ainmfhocal a thosaíonn le gutaí
- Cuirtear d' roimh ainmfhocal a thosaíonn le 'f'
- Ní fheictear aon athrú ar ainmfhocail a thosaíonn le 'l', 'n', 'r' nó 'sc'.

Féach ar na samplaí thíos. An dtugann tú an riail faoi deara?

Leathan	Caol
Glan = **gh**lan mé	Cuir = **ch**uir mé
Féach = **d'fh**éach tú	Fill = **d'fh**ill tú
Dún = **dh**ún sé	Úsáid = **d'**úsáid sé
Tóg = **th**óg sí	Éist = **d'**éist sí
Ól = **d'**ól**amar**	Bris = **bh**ris**eamar**
Fág = **d'fh**ág sibh	Caill = **ch**aill sibh
Fan = **d'fh**an siad	Bain = **bh**ain siad

Úsáidtear 'Níor' san fhoirm dhiúltach

Níor **dh**ún siad an doras. (+ séimhiú 'h')

Níor ól sé alcól. (ní chuirtear an séimhiú ná an 'd' le briathra a thosaíonn le guta)

Úsáidtear 'Ar' san fhoirm cheisteach

Ar **ch**aith tú d'éide scoile inné? (+ séimhiú)

Ar éist tú le ceol ag an deireadh seachtaine? (ní chuirtear an séimhiú ná an 'd' le briathra a thosaíonn le guta)

Ceacht 1

Tá dalta ag caint faoin lá scoile a bhí aige inné. Líon na bearnaí leis an mbriathar is oiriúnaí ón liosta thíos.

1. _____ doirse na scoile inné ag leathuair i ndiaidh a seacht.
2. _____ le mo chairde ag geata na scoile ag timpeall a hocht a chlog.
3. _____ an leabharlann ansin chun ár n-obair bhaile a chríochnú.
4. _____ Chuir mé mo leabhair i mo mhála agus dhún mé an taisceadán'.
5. _____ le chéile chuig na ranganna nuair a bhuail an cloigín.

Shiúlamar • Bhuail mé • Chuir mé • D'úsáideamar • D'oscail

Ceacht 2

Cuir na briathra seo a leanas in abairtí.

1. D'fhéachamar
2. D'ól mé
3. Dhún siad
4. D'fhilleamar
5. D'úsáid tú

Ceacht 3

Freagair na ceisteanna seo san aimsir chaite.

1. Ar bhain tú úsáid as an idirlíon aréir?
2. Ar chaith tú mórán ama ag staidéar Dé Máirt?
3. Ar thóg tú an bus ar scoil ar maidin?
4. Ar bhuail tú le do chairde ag an deireadh seachtaine?
5. Ar éist tú le ceol ar MTV aréir?

Anois cum cúig cheist agus bíodh comhrá agat le do pháirtí bunaithe orthu.

Ghoid mé mála láimhe.

Grúpa 2: An dara réimniú

- Cuirtear séimhiú ann
- Cuirtear d' roimh ainmfhocal a thosaíonn le gutaí
- Cuirtear d' roimh ainmfhocail a thosaíonn le 'f'
- Ní fheictear aon athrú ar ainmfhocal a thosaíonn le 'l', 'n', 'r', nó 'sc'

Leathan	Caol
Ceannaigh = **ch**eannaigh mé	Éirigh = **d'**éirigh mé
Fiafraigh = **d'fh**iafraigh tú	Dúisigh = **dh**úisigh tú
Athraigh = **d'**athraigh sé	Bailigh = **bh**ailigh sé
Tosaigh = **th**osaigh sí	Oibrigh = **d'**oibrigh sí
Ordaigh = **d'**ord**aíomar**	Imigh = **d'**imíomar
Diúltaigh = **dh**iúltaigh sibh	Coinnigh = **ch**oinnigh sibh
Cabhraigh = **ch**abhraigh siad	Smaoinigh = smaoinigh siad

Ceacht 1

Tá dalta ag caint faoin Satharn a bhí aici. Líon na bearnaí leis an mbriathar is oiriúnaí ón liosta thíos.

1. _____ go moch ar maidin mar go raibh traenáil agam.
2. _____ m'athair bricfeasta dom: uibheacha agus ispíní.
3. _____ an cleachtadh ansin ag a naoi sa chlub áitiúil.
4. _____ súil ghéar ar an liathróid nuair a bhí mé ag imirt sa pháirc.
5. _____ an traenáil ansin timpeall a haon déag.

Chríochnaigh • Choinnigh mé • Dhúisigh mé • Thosaigh • D'ullmhaigh

Ceacht 2

Cuir na briathra seo a leanas in abairtí.

1. Bhailigh mé
2. D'fhiafraigh
3. D'aistrigh siad
4. D'oibríomar
5. Cheannaigh mé

Ceacht 3

Freagair na ceisteanna seo san aimsir chaite.

1. Ar éirigh tú go luath ag an deireadh seachtaine?
2. Ar thaitin an ceol leat ar *X Factor* anuraidh?
3. Ar chabhraigh tú le do thuismitheoirí leis an obair tí an tseachtain seo?
4. Ar bhailigh an múinteoir do chóipleabhar inné?
5. Ar ordaigh tú bia Síneach Dé Sathairn?

Anois cum cúig cheist agus bíodh comhrá agat le do pháirtí bunaithe orthu.

Briathra neamhrialta

Briathar	Aimsir Chaite			
Bí	Bhí	Bhíomar	Ní raibh	An raibh tú?
Abair	Dúirt	Dúramar	Ní dúirt	An ndúirt tú?
Beir	Rug	Rugamar	Níor rug	Ar rug tú?
Clois	Chuala	Chualamar	Níor chuala	Ar chuala tú?
Déan	Rinne	Rinneamar	Ní dhearna	An ndearna tú?
Faigh	Fuair	Fuaireamar	Ní bhfuair	An bhfuair tú?
Téigh	Chuaigh	Chuamar	Ní dheachaigh	An ndeachaigh tú?
Tar	Tháinig	Thángamar	Níor tháinig	Ar tháinig tú?
Tabhair	Thug	Thugamar	Níor thug	Ar thug tú?
Feic	Chonaic	Chonaiceamar	Ní fhaca	An bhfaca tú?
Ith	D'ith	D'itheamar	Níor ith	Ar ith tú?

Ceacht 1

Tá dalta ag caint faoi imeachtaí tar éis na scoile. Líon na bearnaí leis an mbriathar is oiriúnaí ón liosta thíos.

1. _____ abhaile ar an mbus tar éis na scoile.
2. _____ suas an staighre agus d'athraigh mé m'éadaí.
3. _____ ár ndinnéar le chéile sa seomra bia.
4. _____ cúnamh do mo thuismitheoirí leis na soithí.
5. _____ m'obair bhaile ansin sa seomra staidéir.

D'itheamar • Tháinig mé • Rinne mé • Thug mé • Chuaigh mé

Ceacht 2

Cuir na briathra seo a leanas in abairtí.

1. Fuair mé
2. Bhíomar
3. Chuaigh mé
4. Chuala siad
5. Chonaic mé

Ceacht 3

Freagair na ceisteanna seo san aimsir chaite.

1. Ar ith tú sa bhialann Shíneach aréir?
2. An ndearna tú mórán staidéir ag an deireadh seachtaine?
3. An bhfuair tú airgead póca an tseachtain seo caite?
4. An raibh tú gnóthach i rith na seachtaine?
5. An ndeachaigh tú thar lear an samhradh seo caite?

Ceacht 4

Anois cum cúig cheist leis na briathra seo agus bíodh comhrá agat le do pháirtí bunaithe orthu.

1. Tar
2. Feic
3. Faigh
4. Téigh
5. Clois

Páipéar Scrúdaithe Samplach

PÁIPÉAR 1: CEAPADÓIREACHT

A – GIOTA LEANÚNACH / BLAG – (50 marc)

Scríobh **giota** leanúnach ar cheann amháin de na hábhair seo thíos:

(a) An contae is fearr liom in Éirinn.

(b) Áit cháiliúil a thaitníonn liom.

(c) Níl aon tinteán mar do thinteán féin

B – SCÉAL – (50 marc)

Ceap **scéal** (leathleathanach) a mbeidh ceann **amháin** de na sleachta seo a leanas oiriúnach mar thús leis:

(a) Fuair mo dheartháir gluaisrothar nua agus d'fhág sé na heochracha liom nuair a bhí sé thar lear …

(b) D'oscail mé an doras agus bhí na gardaí ina seasamh ann …

C – LITIR / RÍOMHPHOST – (50 marc)

(a) D'aistrigh do theaghlach chuig teach nua faoin tuath. Scríobh **ríomhphost/litir** chuig do chara ag insint dó/di conas atá ag éirí leat i d'áit chónaithe nua.

(b) Bhog do chlann go Baile Átha Cliath mar fuair d'athair post nua. Scríobh **ríomhphost/litir** chuig do chara ag insint dó/di conas atá ag éirí leat i d'áit chónaithe nua.

D – COMHRÁ – (50 marc)

(a) Chonaic tú scéal ar an nuacht faoi thimpiste ach ní fhaca do chara é.

Inis do do chara faoin nuacht seo. Scríobh **an comhrá** (leathleathanach) a bheadh eadraibh.

nó

(b) Ba mhaith leat ceadúnas tiomána a fháil ach níl d'athair sásta leis sin.

Scríobh **an comhrá** (leathleathanach) a bheadh eadraibh.

PÁIPÉAR 2: CÚRSA LITRÍOCHTA

PRÓS

"Bhí pictiúr gan fhuaim ag teacht ón teilifís ..." An Gnáthrud

Tabhair achoimre ar an scéal seo. Luaigh na pointí seo:

(i) Déan cur síos ar Jimmy.

(ii) Luaigh an caidreamh a bhí aige lena bhean chéile.

(iii) Cá raibh cónaí ar Jimmy agus a chlann?

(iv) Conas a chaith sé a chuid ama de ghnáth?

(v) Cad a tharla ag deireadh an scéil?

(vi) Luaigh fáth amháin ar/nár thaitin Jimmy leat. (25 marc)

FILÍOCHT

(i) (a) Conas atá an aimsir sa dán 'An tEarrach Thiar'?

(b) Cén dath a bhí ar an bhfeamainn?

(c) Cá bhfios duit go raibh an iascaireacht go maith?

(d) Cathain a d'fhill na hiascairí ar an gcladach? (8 marc)

(ii) Luaigh dhá mhothúchán atá sa dán. Déan cur síos, i d'fhocail féin, ar an dá

mhothúchán sin sa dán. (8 marc)

(iii) An maith leat teideal an dáin seo? Cuir fáthanna le do fhreagra. (Is leor dhá fháth.) (9 marc)

An caidreamh sóisialta in aois an idirlín

2

SAN AONAD SEO FOGHLAIMEOIDH TÚ

G Gramadach: An Chopail

t Tuiscint: Conas focail agus nathanna a bhaineann leis an duine agus saol na clainne a aithint; conas téamaí áirithe a bhaineann leis an teicneolaíocht agus na meáin a aithint; conas cluas- agus léamhthuiscintí a bhaineann leis an ábhar a thuiscint.

Labhairt: Conas eolas a thabhairt fút féin agus faoi do theaghlach. Beidh tú in ann eolas a thabhairt faoi na meáin chumarsáide agus ceist a chur ar dhuine futhu.

Scríobh: Conas píosaí faoin teilifís a scríobh agus sonraí pearsanta faoi do chlann a bhreacadh síos ar shuíomhanna sóisialta.

Litríocht: Prós: Dís
Filíocht: Colscaradh

Teicneolaíocht

Tá iriseoir ag caint faoin teicneolaíocht i saol an duine sa lá atá inniu ann. Léigh an blag seo agus déan na cleachtaí ina dhiaidh.

http://www.educate.ie/blag

Teicneolaíocht: taitneamh agus tairbhe

phenomenon

Níl aon dabht ach go bhfuil ré órga na ríomhaireachta sroichte againn. Ní **feiniméan** nua é an t-idirlíon anois, ach feicimid an dul chun cinn atá déanta againn lá i ndiaidh lae. Bíonn daoine ar fud na cruinne ag caint, ag roinnt agus ag líonrú ar shuíomhanna áirithe. Is féidir linn go léir **teagmháil**

contact

a dhéanamh le daoine i ngach cearn den domhan saor in aisce agus ar an bpointe boise. Tá go leor **láithreáin líonraithe shóisialta** ann anois chun teagmháil a dhéanamh le do chairde. Is féidir do sheanchairde a aimsiú gan dua anois ar láithreáin líonraithe shóisialta ar nós Facebook. Caitheann

social networking sites

daoine a lán ama ag caint agus ag comhrá lena gcairde air agus is féidir **teachtaireachtaí a sheoladh sall agus anall** i gcaitheamh soicind nó dhó. Is iontach an áis é de bharr na seirbhísí atá ar fáil air. Is é an t-idirlíon an tslí is fusa chun billí a íoc nó chun earraí a cheannach sa lá atá inniu ann. **Sábhálann sé** am, rud atá gann i saol gnóthach an lae inniu. Coinníonn daoine súil ar a gcúrsaí baincéireachta, ar bhillí atá á n-íoc acu agus ar na hidirbhearta a dhéanann siad le seirbhísí ar líne.

swapping messages

it saves

Is gléas fíoráisiúil é ar mhaithe leis an oideachas. Úsáidtear an t-idirlíon mar áis teagaisc do mhúinteoirí timpeall an domhain. Is féidir le múinteoirí eolas a scaipeadh agus nótaí a roinnt eatarthu féin. Is fíor a rá go bhfuil seomra ranga domhanda againn anois. Anuas air sin, bíonn lear mór eolais ar fáil do dhaltaí. Is féidir ábhar ar bith **a chuardach** ar Google. Is droichead é a nascann ár n-oileán beag agus tíortha ar fud an domhain. Is féidir le daoine cláir raidió áitiúla a chloisteáil chun bheith ar an eolas faoi chúrsaí reatha a gceantair agus ar ndóigh cúrsaí reatha náisiúnta. Ní ar an ríomhaire amháin a bhíonn an t-idirlíon ar fáil. Bíonn sé ar fáil ar an bhfón póca na laethanta seo freisin. Tá fóin phóca ag éirí níos sofaisticiúla. Tá an t-idirlíon ar beagnach gach fón póca inniu. Ní gléas i gcomhair téacsteachtaireachtaí a sheoladh amháin iad a thuilleadh. Tá fóin phóca ar an margadh anois agus aipeanna iontu. Is éard is aipeanna ann ná feidhmcláir ar féidir aon rud a dhéanamh leo: cluichí a imirt, treoracha chun béile a ullmhú a léamh, féilire imeachtaí a choiméad nó fiú tuar na haimsire a fháil. **Ní féidir a shéanadh** go bhfuil tionchar ollmhór ag an teicneolaíocht ar shaol an duine sa lá atá inniu ann.

to search

it cannot be denied

A. Deis comhrá

Ag obair i mbeirteanna, pléigí na pointí seo a leanas:

- An úsáideann tú an t-idirlíon go minic?
- Cad a thaitníonn leat faoin idirlíon?
- An bhfuil fón póca agat? Cad a thaitníonn leat faoin ngléas sin?
- Cad a chiallaíonn an téarma 'feidhmchlár'?
  An mbaineann tú úsáid astu?
- Cad é do thuairim féin faoin mblag seo?

2

B. Cleachtadh scríofa

(i) Meaitseáil na focail seo ón sliocht leis an leagan Béarla.

1	Ré órga	A	Apps
2	Feiniméan	B	Teaching resource
3	Ag líonrú	C	Golden era
4	Teagmháil	D	To search
5	Teachtaireacht	E	Phenomenon
6	Áis teagaisc	F	Networking
7	A chuardach	G	Contact
8	Feidhmchláir nó aipeanna	H	Message

(ii) Athscríobh na habairtí seo i do chóipleabhar agus líon na bearnaí leis na focail thuas.

1. Déanann m'athair _____ lena dhearthháir san Astráil ar Skype.
2. Bíonn comhlachtaí móra_____ ar an idirlín.
3. Seolaim timpeall fiche _____ ar m'fhón póca gach lá.
4. Is_____ é an t-idirlíon gan amhras.
5. Úsáidim Google chun eolas _____ do thionscadail Ghaeilge.
6. Tá iPhone agam agus déanaim _____ a íoslódáil an t-am ar fad.
7. An aontaíonn tú go bhfuil _____ an ríomhaire sroichte againn?
8. Ní féidir a shéanadh gur_____ ríomhaireachta é Twitter.

(iii) Cuir na focail/nathanna seo a leanas in abairtí.

1. dul chun cinn 2. ar fud na cruinne 3. ag roinnt 4. ár n-oileán 5. margadh

(iv) Aistrigh na habairtí seo a leanas go Gaeilge.

1. People can search the internet easily these days.
2. I contact my relatives all over the world with the help of Facebook.
3. There are many services available to us online.
4. My mobile is full of messages at the moment.
5. The teacher gave us lots of information about the history of the language.
6. People would be lost without the internet.
7. Our little island is famous all over the world for the hospitality of its people.
8. The students are always sharing notes in class.

Gafa le Facebook, tógtha le Twitter

An bhfuil cuntas Facebook nó Twitter agat? Úsáideann daoine na suíomhanna seo chun eolas a scaipeadh fúthu féin. Seolann siad teachtaireachtaí chuig a gcairde agus coinníonn siad cothrom le dáta faoi rudaí atá ar siúl timpeall orthu. Cuireann siad eolas pearsanta ar a leathanach agus is féidir leo an t-eolas a chuireann a gcuid cairde ar a leathanaigh féin a léamh freisin.

Eolas pearsanta

http://www.educate.ie/próifíl

Ar líne
12:05pm

Ainm:
Sebastian is ainm dom.
Aois:
Táim sé bliana déag d'aois.
Gruaig:
Tá gruaig ghearr fhionn orm.
Súile:
Tá súile gorma agam.

http://www.educate.ie/próifíl

Ar líne
1:23pm

Ainm:
Martina an t-ainm atá orm
Aois:
Táim seacht mbliana déag d'aois.
Gruaig:
Tá mo ghruaig donn agus catach.
Súile:
Tá dath donn ar mo shúile.

Mar chabhair

Aoiseanna: 1-20

- bliain
- dhá bhliain
- trí bliana
- ceithre bliana
- cúig bliana
- sé bliana
- seacht mbliana
- ocht mbliana
- naoi mbliana
- deich mbliana

- aon bhliain déag
- dhá bhliain déag
- trí bliana déag
- ceithre bliana déag
- cúig bliana déag
- sé bliana déag
- seacht mbliana déag
- ocht mbliana déag
- naoi mbliana déag
- fiche bliain

Gruaig

- Gruaig fhada
- Gruaig ghearr
- Gruaig chatach
- Gruaig dhíreach
- Gruaig spíceach

Súile

- Súile gorma
- Súile glasa
- Súile donna
- Súile liatha

Ag nochtadh tuairime faoi do chairde ar líne

- Réitím go maith leis/léi.
- Déanann sé a lán oibre ar son daoine eile.
- Bíonn sí ag faire ar gach rud, ní shleamhnaíonn rud ar bith thairsti.
- Tugann sé aire mhaith do…
- Deir sí gach rud a bhíonn ar a hintinn.

- Bíonn sé macánta liom.
- Éisteann sí liom nuair a bhíonn fadhb agam.
- Tá a lán daoine ag brath air.
- Tá foighne aici.

A. Cleachtadh scríofa

Ag úsáid na n-aidiachtaí in Aonad 3 mar chabhair, déan cur síos ar do chairde.

1. Is duine _____ é/í mo dhlúthchara.
2. Cara maith is ea duine _____.
3. Shiúlfainn amach le duine _____.
4. Phósfainn duine _____.
5. Is duine _____ é/í an cara is fearr liom ar líne.

B. Deis comhrá

Léigh na seanfhocail seo agus abair le do pháirtí cén teachtaireacht faoi chairdeas atá le feiceáil iontu.

1. Is fearr cara sa chúirt ná punt sa sparán.
2. Má tú ag lorg cara gan locht, beidh tú gan cara go deo.
3. Aithníonn ciaróg ciaróg eile.
4. Ní bhíonn saoi gan locht.

C. Obair ghrúpa

Ag obair i ngrúpaí, pléigí na pointí seo a leanas.

Nóta don scrúdú: Ullmhaigh na ceisteanna seo don bhéaltriail agus ansin freagair iad leis an dalta in aice leat. Tá freagraí samplacha ar fáil in Aonad 10.

Cleachtadh éisteachta

✪ Mír 2.1

(i) Tá beirt chairde ag caint ar Skype. Éist leis an gcomhrá seo agus líon na bearnaí.

http://www.educate.ie/skype

Marc: Haigh, a _____.

Síle: Bhuel, a Mharc, conas atá _____?

Marc: Fuair mé _____ nua inniu.
Táim ar mhuin na muice anois.

Síle: Nach bhfuil an _____ort. Cén fáth a bhfuair tú é?

Marc: Dúirt an múinteoir le mo thuismitheoirí go mbeadh
sé_____ dom ag dul isteach sa séú bliain agus
níl aon mhaith leis an seancheann anois.

Síle: Is ea, bhíodh an nasc i gcónaí ag briseadh eadrainn nuair a bhíomar
ag caint. Inis dom, an bhfuil leathanbhanda agat sa bhaile i
gcomhair an _____?

Marc: Ar ndóigh tá leathanbhanda againn sa teach.
Tá sé i bhfad níos _____ anois, nach gceapann tú?

Síle: Bhuel éist liom, bain taitneamh as an ngléas nua seo. Is dócha go
mbeidh tú ag caitheamh do chuid ama ag _____
ar an idirlíon anois. Ná déan dearmad, tá aiste le déanamh againn
don mhúinteoir Gaeilge.

Marc: Ní dhéanfaidh mé dearmad, buailfidh mé leat amárach.
Idir an dá linn, tabhair aire, a _____ dhil.

Síle: Is _____ ceart thú. Slán go fóill. ☺

Deis comhrá

Déan cur síos ar do theaghlach le do pháirtí.
Abair cúig rud leis/léi faoi gach duine sa teaghlach.

Mar chabhair

- Athair/leasathair
- Máthair/leasmháthair
- Deartháir/leasdeartháir
- Deirfiúr/leasdeirfiúr
- Uncail
- Aintín
- Col ceathrar
- Seanathair
- Seanmháthair

- Beirt
- Triúr
- Ceathrar
- Cúigear
- Seisear
- Seachtar
- Ochtar
- Naonúr

Abairtí áisiúla

- Tá ... i mo theaghlach, mo thuismitheoirí san áireamh.
- Tá deartháir/deirfiúr amháin agam.
- Níl aon deartháir/deirfiúr agam – is páiste aonair mé.
- Tá ... deartháireacha/deirfiúracha agam.
- ... is ainm dó/di/dóibh.
- Tá sé/sí/siad ... d'aois.
- Is mise an duine is sine/is óige.
- Is é/í ... an páiste is sine/is óige sa chlann.
- Réitím go maith le mo dheirfiúr/dheartháir.
- Cuireann ... isteach go mór orm mar tá sé/sí ...
- Tá ... ag obair i ... Tá ... ag staidéar ar an ollscoil.
  Tá ... sa chéad bhliain ar scoil.
- Níl ... ag obair faoi láthair mar chaill sí/sé a p(h)ost le déanaí.
- Is duine ... é m'athair/í mo mháthair.

(ii) Tá beirt daltaí ag caint faoi theaghlaigh cháiliúla a thaitníonn leo.
   Éist leis na píosaí seo agus líon isteach an t-eolas cuí.

Cleachtadh éisteachta ☉ *Mír 2.2*

Cuid A

Ainm an teaghlaigh	
Giota eolais 1	
Giota eolais 2	
Giota eolais 3	

Cuid B

Ainm an teaghlaigh	
Giota eolais 1	
Giota eolais 2	
Giota eolais 3	

Cleachtadh scríofa

Scríobh blag ag déanamh cur síos ort féin agus ar do theaghlach.
(Is leor leathleathanach.)

Na meáin chumarsáide

Cad a chiallaíonn an nath 'na meáin chumarsáide' duitse? Is dóigh liom go mbeadh an teilifís ar bharr an liosta. Tá teilifís i mbeagnach gach teach timpeall na tíre. Caitheann daoine a lán ama – b'fhéidir an iomarca ama – ag féachaint ar an teilifís. Tá go leor cineálacha clár ann.

Deis comhrá

Féach ar na cineálacha cláir sa liosta agus ainmnigh le do pháirtí clár amháin den saghsanna sin clár. An maith leat na cláir a d'ainmnigh do pháirtí? Cén fáth?

Cén clár teilifíse is fearr leat? Tabhair dhá fháth le do fhreagra.

Clár spóirt • Clár grinn • Clár réaltachta • Clár ceoil • Clár faisnéise
Clár thráth na gceist • Clár cainte • Clár cócaireachta • Sobaldráma

Mar chabhair

- Is sraithchlár Sasanach é / Is sraithchlár Meiriceánach é.
- Tá an clár seo corraitheach / greannmhar / drámatúil / suimiúil / réalaíoch / foréigneach / maoithneach.
- Tá an clár oiriúnach do…
- Caithfidh mé a rá go bhfuil an plota…
- Tá sé suite i… / Tá sé bunaithe ar…
- Craoltar é ar an…
- Is clár seachtainiúil é.
- Taitníonn sé go mór liom.

Cleachtadh duitse!

Scríobh blag (leathleathanach nó mar sin) ar an gclár teilifíse is fearr leat. Tá blag samplach ar fáil in Aonad 8.

Cleachtadh scríofa

Is léirmheastóir teilifíse tú. Scríobh blag ar chlár amháin a chonaic tú le déanaí nár thaitin leat.

Mar chabhair

Bhí an clár áiféiseach / tuirsiúil / rófhada.

Bhí an aisteoireacht leadránach / gan mhaith / amaideach.

Sampla: Chonaic mé an clár *The Hills* le déanaí ar MTV. Níor thaitin an clár liom ar chor ar bith. Clár Meiriceánach atá i gceist bunaithe ar ghrúpa cailíní agus an saol atá acu in Los Angeles. Oibríonn siad san earnáil faisin ach ní bhíonn siad gnóthach i ndáiríre. Téann siad amach chuig cóisir éigin gach oíche. Feictear teannas eatarthu go minic. Ní chreidim na scéalta, áfach, mar bíonn siad ró-áiféiseach. Clár réaltachta atá ann ach an bhfeicimid an fhírinne? Nílim róchinnte.

Cleachtadh éisteachta   *Mír 2.3*

Tá beirt déagóirí ag caint faoi chláir a thaitníonn leo.
Éist leis an bpíosa agus freagair na ceisteanna seo.

1. Cén sórt clár a thaitníonn le Neasa? Luaigh dhá cheann.
2. Cén clár is fearr léi?
3. Cad a dúirt Neasa faoin gclár seo?
4. Cad a cheapann Bairbre faoin gclár seo?
5. Cén saghas clár a thaitníonn le Bairbre?

Saibhreas na léitheoireachta

 Tá iriseoir ag scríobh blag faoin tábhacht agus faoin tairbhe a bhaineann le nuachtáin agus irisí. Léigh an blag seo agus déan na cleachtaí ina dhiaidh.

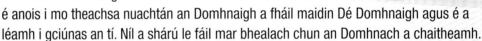

http://www.educate.ie/blag

Tairbhe agus taitneamh

digital version

Tá deis ag gach duine sa lá atá inniu ann scéalta móra a léamh nó an t-eolas is déanaí faoi na daoine cáiliúla is fearr leo a fháil. Pioc suas nuachtán nó iris nó fiú téigh ar líne chun na scéalta a léamh ar an idirlíon. Bíonn **leagan digiteach** de na páipéir mhóra anois ar líne agus mar sin níl aon leithscéal ag aon duine a bheith aineolach faoin domhan mórthimpeall. Tá réimse leathan nuachtán ar fáil anois, idir nuachtáin laethúla agus nuachtáin sheachtainiúla. Is traidisiún é anois i mo theachsa nuachtán an Domhnaigh a fháil maidin Dé Domhnaigh agus é a léamh i gciúnas an tí. Níl a shárú le fáil mar bhealach chun an Domhnach a chaitheamh.

sources of information and entertainment, general investigation

the arguments

Tá go leor buntáistí ag baint leis na nuachtáin. Is **foinsí eolais agus siamsaíochta** iad do dhaoine. Maidir le cúrsaí reatha, ní fhaighimid ach ceannlínte na nuachta agus **iniúchadh ginearálta** ar an teilifís. Tapaíonn na nuachtáin an deis chun na scéalta a phlé ó bhun go barr. Faighimid anailís níos doimhne sna tuairiscí spóirt agus léargas cruinn ar scéalta polaitiúla. Tapaíonn polaiteoirí an deis i rith feachtais toghchánaíochta a dteachtaireachtaí a scaipeadh i measc an phobail. Bíonn díospóireachtaí ar siúl ar an teilifís agus pléitear **na hargóinti** ansin sna nuachtáin. Anuas air sin, tugtar seans dúinn ár dtuairimí féin a nochtadh sna nuachtáin. Bíonn leathanach na litreacha ann. Seolann daoine a gcuid tuairimí chuig an eagarthóir agus iad ag súil go bhfoilseofar a litir ar an leathanach seo.

supplements

unrealistic images

Tá lear mór eolais ar fáil sna nuachtáin seachas na mórscéalta domhanda. Bíonn **forlíontaí** d'fheirmeoirí, do thurasóirí agus don lucht gnó sna nuachtáin. Bíonn sceideal ann do phictiúrlanna ar fud na tíre agus faigheann an pobal irisí teilifíse saor in aisce iontu. Is féidir le daoine óga léirmheasanna ceoil a léamh faoi na halbaim is déanaí. Níl praghas ró-ard ar na nuachtáin agus is féidir páipéir áitiúla a fháil saor in aisce na laethanta seo. Tá irisí de gach saghas le feiceáil sna siopaí anois. Bíonn na seilfeanna plódaithe le hirisí ceoil, faisin, garraíodóireachta agus na céadta ábhar nach iad. Caitheann daoine óga a lán airgid ar irisí. Fadhb amháin a bhaineann leis na hirisí do dhaoine óga ná na **híomhánna míréalaíocha** a bhíonn iontu. Feictear na híomhánna céanna de mhná óga áille, tanaí agus fir dhathúla arda. Cuirtear brú uafásach ar dhaoine aithris a dhéanamh ar na híomhánna míréalaíocha. Tá an fhadhb seo le feiceáil i ngach gné de na meáin chumarsáide agus is deacair bealach as a aimsiú.

2

A. Deis comhrá

Ag obair i mbeirteanna, pléigí an sliocht faoi na pointí seo a leanas:

- An maith leat a bheith ag léamh nuachtán? Cén fáth?
- Cén saghas scéalta a thaitníonn leat sna nuachtáin?
- An léann tú irisí? Cén sórt irisí a thaitníonn leat?
- An mbíonn "íomhánna míréalaíocha" iontu?
- Cad é do thuairim féin faoin sliocht seo?

B. Cleachtadh scríofa

(i) Meaitseáil na focail seo ón sliocht leis an leagan Béarla.

1	Deis	A	Free
2	Leithscéal	B	Opportunity
3	Aineolach	C	Campaign
4	Foinsí eolais	D	A lot of money
5	Anailís	E	Excuse
6	Feachtas	F	Ignorant
7	Saor in aisce	G	Sources of information
8	A lán airgid	H	Analysis

(ii) Athscríobh na habairtí seo i do chóipleabhar agus líon na bearnaí leis na focail thuas.

1. Chaith mé _____ ag an deireadh seachtaine.
2. Fuair mé leabhar _____ ó mo mhúinteoir.
3. "Cén _____ atá agat inniu, a Liam? Bíonn tú i gcónaí déanach," arsa an múinteoir.
4. Bhí _____ uachtaránachta rathúil ag Mícheál D. Ó hUiginn sa bhliain 2011.
5. Rinneadh _____ ar an gceimic sa tsaotharlann.
6. Bhain mé úsáid as a lán _____ nuair a bhí mé ag déanamh an tionscadail.
7. 'Tabhair dom an _____,' a dúirt an t-iomaitheoir leis an moltóir.
8. Bíonn roinnt moltóirí ___ nuair a bhíonn siad ag caint leis na hiomaitheoirí.

(iii) Cuir na focail/nathanna seo a leanas in abairtí.

1. leagan digiteach 2. foinsí siamsaíochta 3. iniúchadh ginearálta
4. íomhánna míréalaíocha 5. forlíontaí

(iv) Aistrigh na habairtí seo a leanas go Gaeilge.

1. There is a wide range of magazines available for young people.
2. I can read a book from start to finish in a week.
3. I can get cinema information in the newspaper.
4. We would like to discuss the topic fully.
5. The editor has an important job.
6. The holiday was not very expensive.
7. You can get a lot of information in the newspaper or online.
8. I listen to the news headlines every morning before school.

C. Cleachtadh éisteachta

Tá beirt daltaí ag caint faoin teilifís ina saol. Éist leis na píosaí seo agus líon na bearnaí.

Ailtín ☉ *Mír 2.4*

Is mise Ailtín Ní Dhónaill. Is aoibhinn liom a bheith ag féachaint ar an teilifís. Caithim uair nó dhó gach tráthnóna ag féachaint ar an teilifís. Is é _____ an clár teilifíse is fearr liom. Táim an-tógtha leis. _____ Meiriceánach é agus tá sé suite in ospidéal gnóthach. Pléann sé le cúrsaí _____ agus le _____ an tsaoil. Is é _____ an carachtar is fearr liom, is dochtúir lách cineálta é.

Pádraig ☉ *Mír 2.5*

Pádraig Ó Néill ag caint libh. Is maith liom a bheith ag féachaint ar chláir _____. Is é _____ an clár is fearr liom. Bíonn na _____ faoi bhrú i gcónaí agus bíonn trua agam dóibh nuair a theipeann orthu. Bíonn an _____ go deas leo agus tugann sé gach seans dóibh. Tá an-tóir ar an gclár mar tá _____ ollmhór i gceist.

D. Deis comhrá

Pléigh ceann de na mórscéalta a léigh tú sna meáin le déanaí.

Éacht spóirt • Tubaiste • Timpiste bhóthair • Cluiche • Rugadh páiste do…
Bainis • Sochraid • Colscaradh • Poist • Lánúin cháiliúil

Deis comhrá

- An úsáideann tú an t-idirlíon go minic?
- Cad iad na suíomhanna a úsáideann tú de ghnáth?

Cleachtadh taighde

2

Roghnaigh suíomh idirlín amháin Gaeilge agus déan cur síos air faoi na ceannteidil seo.

- Ainm an tsuímh
- Seoladh greásáin
- Cé na saghsanna rudaí a bhíonn ar an suíomh?
- Buntáistí
- Míbhuntáistí

Deis comhrá

- An léann tú irisí go minic?
- Cén saghas ábhair a bhíonn iontu?
- An léann tú irisí ar líne?

An tIdirlíon: Féidearthachtaí gan teorainn

1. Cad iad na hainmneacha móra i stair an domhain? B'fhéidir go gcuirfeá Einstein,

   Alexander Graham Bell nó na deartháireacha Wright ar an liosta. Tá aois an idirlín buailte linn anois agus caithfimid cur leis an liosta seo. Tá áit tuillte ag na fir seo a leanas ar an liosta as ucht an ghaisce a rinne siad i ré na teicneolaíochta. Bíonn na milliún daoine ar líne gach lá ach ar smaoinigh aon duine riamh ar an duine a thug an deis seo dóibh? Ar chuala tú na hainmneacha seo riamh: Larry Page, Sergey Brin, Michael Birch agus Mark Zuckerberg? B'fhéidir go bhfuil aithne agat ar Mark Zuckerberg, cruthaitheoir Facebook, de bharr an scannáin *The Social Network*, a

   cisíodh sa bhliain 2010. Ach cé hiad na daoine eile? Bhuel, is iad Larry Page agus Sergey Brin na daoine a chuir Google ar fáil don domhan mór. Chruthaigh Michael Birch an láithreán líonraithe shóisialta Bebo, suíomh cosúil le Facebook.

2. Bhí tús **conspóideach** ag Facebook. Bhí fadhbanna ag an gcruthaitheoir le cearta úinéireachta an tsuímh. Bhí ar an dream a bhí i gceist dul os comhair na cúirte chun an fhadhb a phlé agus réiteach a fháil. Cuireadh tús leis an suíomh go hoifigiúil sa bhliain 2004 agus tá an-tóir ar an suíomh anois. Ní haon ionadh é go bhfuil sé chéad milliún duine **cláraithe** leis an suíomh anois. Is áis chumarsáide nuálach é ina dtugtar seans do dhaoine teagmháil a dhéanamh lena gcairde. Bhunaigh Mark Zuckerberg an suíomh nuair a bhí sé ag freastal ar Ollscoil Harvard sna Stáit Aontaithe. An bhfuil a fhios agat cad as a dtagann an t-ainm **iomráiteach** seo? Nuair a théann mic léinn ar coláiste, faigheann siad leabhar eolais darb ainm 'Facebook'.

3. Is inneall cuardaigh é Google. Tá an focal seo i mbéal an phobail anois le fada. Ní rud nua é. Rinneadh billiúnaithe de bheirt fhear óg, Larry Page agus Sergey Brin, mar gheall ar an smaoineamh simplí a bhí acu. D'fhreastail

   siad ar Ollscoil Stanford sna Stáit Aontaithe. D'aithin siad na **féidearthachtaí** a bhain le hinneall cuardaigh eolais. Is ansin a rinne siad a gcuid taighde. Sa bhliain 1998 chuir siad a gcuid smaointe i láthair ag Comhdháil an World Wide Web, agus infheistíodh ina dtáirge go gairid ina dhiaidh sin.

4. Bhí lainseáil oifigiúil ag an suíomh sóisialta Bebo i mí Iúil 2005. Is acrainm é an t-ainm. Tagann sé ó thúslitreacha na bhfocal Blog Early, Blog Often. Ón uair a seoladh é, bhí antóir ar Bebo i measc an aosa óig, leis na mílte ag logáil isteach gach lá chun bheith ar an eolas faoi chúrsaí an lae. Ar nós Facebook, bhí siad ábalta eolas a scaipeadh ar a gcairde agus teachtaireachtaí a mhalartú le chéile. Is iad Michael Birch agus a bhean chéile a chruthaigh an suíomh seo. Díoladh an comhlacht le AOL i mí an Mhárta 2008 agus tuairiscítear go raibh luach $850 milliún air. Fuair an lánúin $600 de **bhrabús**, beagnach, mar thoradh ar an margadh. Bhí 40 milliún úsáideoir ag Bebo ag an am seo. Is áiseanna iontacha iad láithreáin líonraithe shóisialta do comhlachtaí freisin, áit ar féidir leo oícheanta speisialta, tairiscintí, díolacháin agus a leithéid **a chur chun cinn**. Is féidir a rá go bhfuil go leor athruithe tagtha ar an saol de bharr chruthú na suíomhanna seo.

Foclóir

conspóideach *controversial* • **cláraithe** *registered* • **iomráiteach** *famous*
féidearthachtaí *opportunities* • **brabús** *profit* • **a chur chun cinn** *to promote*

A. Deis comhrá

Ag obair i mbeirteanna, pléigí an sliocht faoi na pointí seo a leanas:

- An bhfuil aithne agat ar na fir a luaitear sa phíosa seo?
- Conas a léiríonn an píosa an réimse leathan láithreán líonraithe shóisialta atá ar fáil?
- Ní luaitear bean ar bith mar chruthaitheoir gréasáin shóisialta sa phíosa. An féidir leat cúpla bean a lua agus an t-éacht a rinne siad?
- Cad é do thuairim féin faoin alt seo?
- Ar mhaith leat a bheith i do chruthaitheoir gréasáin agus idirlín? Cén fáth?

2

B. Cuardaigh

An féidir leat na focail/nathanna seo a aimsiú i nGaeilge sa sliocht seo?

Achievement • Creator • Technology • Problems • Search engine Invested • Company • User

C. Ceisteanna scrúdaithe

1. Cé a bhunaigh suíomh Google? (alt 1)
2. Cén fáth a raibh tús conspóideach ag Facebook? (alt 2)
3. Cén smaoineamh a bhí ag buachaillí Google nuair a bhí siad ar an ollscoil? (alt 3)
4. (a) Cad as a dtagann an t-ainm Bebo? (alt 4)
   (b) Cén tairbhe atá le Bebo i gcomhair comhlachtaí áirithe? (alt 4)
5. Déan cur síos ar an tseirbhís a chuireann Bebo ar fáil. (alt 5)

D. Cleachtadh éisteachta 🔊 *Mír 2.6*

Tá beirt daltaí ag caint faoina rogha láithreáin líonraithe shóisialta. Éist leis an gcomhrá seo agus freagair na ceisteanna.

1. Cén láithreán is fearr le Michelle?
2. Cén fáth a dtaitníonn an suíomh seo léi?
3. Cé mhéad leantóir atá aici faoi láthair?
4. Cad a dúirt Aoife faoin suíomh seo?
5. Cén dochar a luann Aoife leis an suíomh seo?

E. Deis comhrá

Tá tú ag caint le do chara faoi do rogha láithreán líonraithe shóisialta. Scríobh an comhrá a bheadh agaibh faoi.

(i) Ag obair i mbeirteanna, féachaigí ar na pictiúir seo agus smaoinígí ar an scéal atá i ndán dúinn. Pléigí na pictiúir faoi na pointí seo a leanas.

- Ar ghlac tú páirt i suirbhé riamh?
- Cén sórt suirbhéanna a bhíonn sna nuachtáin de ghnáth?
- Cén sórt scéalta a bhíonn ar leathanach na litreacha sna nuachtáin?
- Cad a tharlóidh ag críoch an scéil, dar leat?

(ii) Féach ar an tuairisc seo a bhí sa nuachtán le déanaí.

Desperate Housewives na hÉireann

Lá mór is ea lá na bainise do gach lánúin, ach cá fhad tar éis mhí na meala go dtí go dtosaíonn na scoilteanna? Rinneadh suirbhé le déanaí i measc mná pósta idir fiche bliain d'aois agus seasca bliain d'aois. Bhí na torthaí suimiúil go leor. Dúirt an ceathrú cuid de na mná a d'fhreagair an phobalbhreith nach raibh siad sásta ina gcuid póstaí. Tuairiscítear go raibh cuid mhór acu míshásta lena bhfear céile agus nach raibh mórán cumarsáide eatarthu. Is léir go bhfuil athrú mór tagtha ar

shaol an duine phósta sa lá atá inniu ann. Bíonn níos mó deacrachtaí agus brú orthu. Téann an fear agus a bhean amach ag obair chun dea-chaighdeán maireachtála a bheith acu agus ní chaitheann siad mórán ama le chéile. Dúirt na mná freisin nach bhfuair siad a ndóthain grá agus ceana óna bhfear céile. Ba léir nach raibh na mná a ghlac páirt sa suirbhé sásta ina saol pósta ar chor ar bith.

Ag obair i ngrúpaí, pléigí an sliocht faoi na pointí seo a leanas.

- Cén dearcadh a léiríonn an t-alt seo faoi shaol an duine phósta?
- Cad is cúis le míshástacht an duine phósta?
- Conas a réitíonn daoine na fadhbanna a bhíonn acu ina bpósadh?

Dís

Siobhán Ní Shúilleabháin

'Sheáin?'

'Hu?'

'Cuir síos an páipéar agus bí ag caint liom.'

'Á anois, muna bhféadfaidh fear suí cois tine agus páipéar a léamh tar éis lá oibre.'

'Bhíos-sa ag obair leis ar feadh an lae sa tigh.'

'Hu?'

'Ó, tá go maith, trom blúire den bpáipéar agus ná habair, "geobhair é go léir tar éis tamaill".'

'Ní rabhas chun é sin a rá. Seo duit.'

Lánúin cois tine tráthnóna.

Leanbh ina chodladh sa phram.

Stéig feola **ag díreo** sa chistin.

Carr **ag díluacháil** sa gharáiste.

Méadar leictreach ag cuntas chuige a chuid aonad …

'Hé! Táim anso! 'Sheáin! Táim anso!'

'Hu?'

'Táim sa pháipéar.'

'Tusa? Cén áit? N'fhacas sa tú.'

'Agus tá tusa ann leis.'

'Cad tá ort? Léas-sa an leathanach san roim é thabhairt duit.'

defrosting
devaluing

'Tá's agam. Deineann tú i gcónaí. Ach chuaigh an méid sin i ngan fhios duit. Táimid araon anso. Mar gheall orainne atá sé.'

'Cad a bheadh mar gheall orainne ann? Ní dúrtsa faic le héinne.'

'Ach dúrtsa. Cuid mhaith.'

'Cé leis? Cad é? Taispeáin dom! Cad air go bhfuil tú ag caint?'

'Féach ansan. Toradh suirbhé a deineadh. Deirtear ann go bhfuil an ceathrú cuid de mhná pósta na tíre míshona, míshásta. Táimse ansan, ina measc.'

'Tusa? Míshona, míshásta? Sin é an chéad chuid a chuala de.'

gloom

'Tá sé ansan anois os comhair do dhá shúl. Mise duine de na mná a bhí sa tsuirbhé sin. Is cuimhin liom an mhaidean go maith. I mí Eanáir ab ea é; drochaimsir, doircheacht, **dochmacht**, billí, *sales* ar siúl agus gan aon airgead chucu, an sórt san. Eanáir, Feabhra, Márta, Aibreán, Bealtaine, Meitheamh. 'Cheart go mbeadh sé aici aon lá anois.'

'Cad a bheadh aici?'

'Leanbh. Cad eile bheadh ag bean ach leanbh!'

'Cén bhean?'

'An bhean a tháinig chugam an mhaidean san.'

'Cad chuige, in ainm Dé?'

civil

'Chun an suirbhé a dhéanamh, agus ísligh do ghlór nó dúiseoir an leanbh. Munar féidir le lánúin suí síos le chéile tráthnóna agus labhairt go deas ciúin **sibhialta** le chéile.'

'Ní raibh uaim ach an páipéar a léamh.'

'Sin é é. Is tábhachtaí an páipéar ná mise. Is tábhachtaí an rud atá le léamh sa pháipéar ná an rud atá le rá agamsa. Bhuel, mar sin, seo leat agus léigh é. An rud atá le rá agamsa, tá sé sa pháipéar sa tsuirbhé. Ag an saol go léir le léamh. Sin mise feasta. Staitistic. Sin a chuirfidh mé síos leis in aon fhoirm eile bheidh le líonadh agam, *Occupation*? *Statistic*? Níos deise ná *housewife*, cad a déarfá?'

'Hu?'

'Is cuma leat cé acu chomh fada is dheinim obair *housewife*. Sin a dúrtsa léi leis.'

'Cad dúraís léi?'

no one notices

'Ná **tugtar fé ndeara** aon ní a dheineann tú mar bhean tí, ach nuair ná deineann tú é. Cé thugann fé ndeara go bhfuil an t-urlár glan? Ach má bhíonn sé salach, sin rud eile.'

'Cad eile a dúraís léi?'

'Chuile rud.'

'Fúmsa leis?'

impersonal, discreetly, in confidence

'Fúinn araon, a thaisce. Ná cuireadh sé isteach ort. Ní bhíonn aon ainmneacha leis an tsuirbhé – chuile rud **neamhphearsanta**, coimeádtar chuile eolais **go discréideach fé rún**. Compútar a dheineann amach an toradh ar deireadh a dúirt sí. Ní cheapas riamh go mbeinn im lón compútair!'

'Stróinséir mná a shiúlann isteach 'on tigh chugat, agus tugann tú gach eolas di fúinne?'

'Ach bhí jab le déanamh aici. N'fhéadfainn gan cabhrú léi. An rud bocht, tá sí pósta le dhá bhliain, agus 'bhreá léi leanbh, ach an t-árasán atá acu ní lomhálfadh an t-úinéir aon leanbh ann agus táid araon ag obair chun airgead tí **a sholáthar** mar anois tá leanbh chucu agus caithfidh siad a bheith amuigh as an árasán, agus níor mhaith leat go gcaillfeadh sí a post, ar mhaith? N'fhéadfainn an doras a dhúnadh sa phus uirthi, maidean fhuar fhliuch mar é, an bhféadfainn?'

provide

'Ach níl aon cheart ag éinne **eolas príobháideach** mar sin fháil.'

private information

'Ní di féin a bhí sí á lorg. Bhí sraith ceisteanna tugtha di le cur agus na freagraí le scrí síos. Jab a bhí ann di sin. Jab maith leis, an áirithe sin sa ló, agus **costaisí** taistil. Beidh mé ábalta an sorn nua san a cheannach as.'

expenses

'Tusa? Conas?'

'Bog réidh anois. Ní chuirfidh sé isteach ar an **gcáin ioncaim** agatsa. Lomhálann siad an áirithe sin: *working wife's allowance* mar thugann siad air – amhail is nach aon *working wife* tú aige baile, ach is cuma san.'

income tax

'Tá tusa chun oibriú lasmuigh? Cathain, munar mhiste dom a fhiafraí?'

'Níl ann ach **obair shealadach**, ionadaíocht a dhéanamh di faid a bheidh sí san ospidéal chun an leanbh a bheith aici, agus ina dhiaidh san. Geibheann siad ráithe saoire don leanbh.'

temporary work

'Agus cad mar gheall ar do leanbhsa?'

'Tabharfaidh mé liom é sa bhascaed i gcúl an chairr, nó má bhíonn sé dúisithe, **im bhaclainn**. Cabhair a bheidh ann dom. Is maith a thuigeann na tincéirí san.'

in my arms

'Cad é? Cén bhaint atá ag tincéirí leis na gcúram?'

'Ní dhúnann daoine doras ar thincéir mná go mbíonn leanbh ina baclainn.'

'Tuigim. Tá tú ag tógaint an jab seo, ag dul **ag tincéireacht** ó dhoras go doras.'

begging

'Ag suirbhéireacht ó dhoras go doras.'

'Mar go bhfuil tú míshona, míshásta sa tigh.'

'Cé dúirt é sin leat?'

'Tusa.'

'Go rabhas míshona, míshásta. Ní dúrt riamh.'

'Dúraís. Sa tsuirbhé. Féach an toradh ansan sa pháipéar.'

the truth

'Á, sa tsuirbhé! Ach sin scéal eile. Ní gá gurb í **an fhírinne** a inseann tú sa tsuirbhé.'

'Cad a deireann tú?'

'Dá bhfeicfeá an liosta ceisteanna, fé rudaí chomh príobháideach! Stróinséir mná a shiúlann isteach, go dtabharfainnse fios gach aon ní di, meas óinsí atá agat orm, ab ea? D'fhreagraíos a cuid ceisteanna, a dúrt leat, sin rud eile ar fad.'

'Ó!'

to earn

'Agus maidir leis an jab, táim á thógaint chun airgead soirn nua **a thuilleamh**, sin uile. Ar aon tslí, tusa fé ndear é.'

'Cad é? Mise fé ndear é?'

'Na rudaí a dúrt léi.'

'Mise? Bhíos-sa ag obair.'

damage

'Ó bhís! Nuair a bhí an **díobháil** déanta.'

'Cén díobháil?'

that annoyed me

from heaven

'Ní cuimhin liom anois cad a dheinis, ach dheinis rud éigin an mhaidean san **a chuir an gomh orm**, nó b'fhéidir gurb é an oíche roimh ré féin é, n'fheadar. Agus bhí an mhaidean chomh gruama, agus an tigh chomh tóin-thar-ceann tar éis an deireadh seachtaine, agus an bille ESB tar éis teacht, nuair a bhuail sí chugam isteach lena liosta ceisteanna, cheapas gur anuas **ós na Flaithis** a tháinig sí chugam. Ó, an sásamh a fuaireas scaoileadh liom féin agus é thabhairt ó thalamh d'fhearaibh. Ó, an t-ualach a thóg sé dem chroí! Diabhail chruthanta a bhí iontu, dúrt, gach aon diabhal duine acu, bhíomar marbh riamh acu, dúrt, inár sclábhaithe bhíomar acu, dúrt. Cad ná dúrt! Na scéalta a chumas di! Níor cheapas riamh go raibh féith na cumadóireachta ionam.'

honest

'Agus chreid sí go rabhais ag insint na fírinne, go rabhais ag tabhairt freagra **macánta** ar gach aon cheist a chur sí?'

'Bhuel, ní raibh aon *lie detector* aici, is dóigh liom. N'fhaca é ar aon tslí. Ní déarfainn gurb é a cúram é, ní mhór dóibh síceolaí a bheith acu i mbun an jaib mar sin. Ó, chuir sí an cheist agus thugas-sa an freagra, agus sin a raibh air. Agus bhí cupa caife againn ansin, agus bhíomar araon lántsásta.'

'Ach ná feiceann tú ná fuil san ceart? Mná eile ag léamh torthaí mar seo. Ceathrú de mhná pósta na tíre míshásta? Cothóidh sé míshásta iontusan leis.'

their business

'Níl aon leigheas agamsa ar conas a chuireann siad rudaí sna páipéir. D'fhéadfaidís a rá go raibh trí ceathrúna de mhná na tíre sásta sona, ná féadfaidís, ach féach a ndúradar? Ach sé **a gcúramsan** an páipéar a dhíol, agus ní haon nath le héinne an té atá sona, sásta. Sé an té atá míshásta,

protesting

ag déanamh agóide, a gheibheann éisteacht sa tsaol so, ó chuile mheán cumarsáide. Sin mar atá: ní mise a chum ná a cheap. Aon ní amháin a cheapas féin a bhí bunoscionn leis an tsuirbhé, ná raibh a dóthain ceisteanna aici. Chuirfinnse a thuilleadh leo. Ní hamháin "an bhfuil tú sásta, ach an dóigh leat go mbeidh tú sásta, má mhaireann tú leis?"'

'Conas?'

'Na Sínigh fadó, bhí an ceart acu, tá's agat.'

'Conas?'

'Sa nós san a bhí acu, nuair a cailltí an fear, a bhean chéile a dhó ina theannta. Bhí ciall leis.'

'Na hIndiaigh a dheineadh san, nárbh ea?'

'Cuma cé acu, bhí ciall leis mar nós. Bhuel, cad eile atá le déanamh léi?' Tá gá le bean chun leanaí a chur ar an saol agus iad a thógaint, agus nuair a bhíd tógtha agus bailithe leo, tá gá léi fós chun bheith ag tindeáil ar an bhfear. Chuige sin a phós sé í, nach ea? Ach nuair a imíonn seisean, cén mhaith í ansan? *Redundant*! Tar éis a saoil. Ach ní fhaigheann sí aon *redundancy money*, ach pinsean beag suarach baintrí.'

'Ach cad a mheasann tú is ceart a dhéanamh?'

'Níl a fhios agam. Sa tseansaol, cuirtí i gcathaoir súgáin sa chúinne í ag riar seanchaíochta agus seanleigheasanna, má bhí sí mór leis an mbean mhic, nó

fighting and arguing

ag bruíon is ag achrann léi muna raibh, ach bhí a háit aici sa chomhluadar. Anois, níl faic aici. Sa tslí ar gach éinne atá sí. Bhí ciall ag na Sínigh. Meas tú an mbeadh fáil in aon áit ar an leabhar dearg san?'

'Cén leabhar dearg?'

'Le Mao? 'Dheas liom é léamh. 'Dheas liom rud éigin a bheith le léamh agam nuair ná geibhim an páipéar le léamh, agus nuair ná fuil éinne agam

a labhródh liom. Ach beidh mo jab agam sara fada. Eanáir, Feabhra, Márta, Aibreán, Bealtaine, Meitheamh; tá sé in am. Tá sé thar am. Dúirt sí go mbeadh sí i dteagbháil liom mí roimh ré. Ní théann aon leanbh thar dheich mí agus a dhícheall a dhéanamh … Is é sin má bhí leanbh i gceist riamh ná árasán ach oiread. B'fhéidir ná raibh sí pósta féin. B'fhéidir gur ag insint éithigh dom a bhí sé chun go mbeadh trua agam di, agus go bhfreagróinn a cuid ceisteanna. Agus chaitheas mo mhaidean léi agus bhí oiread le déanamh agam an mhaidean chéanna; níochán agus gach aon ní, ach shuíos síos ag freagairt ceisteanna di agus ag tabhairt caife di; agus gan aon fhocal den bhfírinne ag teacht as a béal! Bhuel, cuimhnigh air sin! Nach mór an **lúbaireacht** a bhíonn i ndaoine!'

dishonest

Lánúin cois tine tráthnóna.

An leanbh ina chodladh sa phram.

An fear ina chodladh fén bpáipéar.

An stéig feola ag díreo sa chistin.

An carr ag díluacháil sa gharáiste.

An bhean

Prioc preac

liom leat

ann as.

Tic toc an mhéadair leictrigh ag cuntas chuige na n-aonad.

Greannán den scéal

Cleachtadh scríofa

Féach ar an tsraith pictiúr seo bunaithe ar an scéal.
Inis scéal bunaithe ar na pictiúir seo.

- Breac síos trí abairt faoi gach pictiúr.
- Cum trí cheist bunaithe ar an tsraith pictiúr.

2

Achoimre ar an scéal

Tarlaíonn imeachtaí an scéil oíche amháin nuair a bhíonn fear céile agus bean chéile ina suí le chéile sa seomra suí. Seán is ainm don fhear ach ní thugtar ainm ar an mbean. Bíonn Seán ag obair i rith an lae agus nuair a thagann sé abhaile leanann sé air ag obair. Suíonn sé síos ar an gcathaoir agus osclaíonn sé an nuachtán. Ní thugann sé aird ar a bhean chéile. Nuair a bhíonn sí ag caint leis, ní thugann sé aon fhreagra uirthi seachas 'hu'.

Tugann Seán cuid den nuachtán di agus feiceann sí tuairisc ar shuirbhé a rinne sí i mí Eanáir. Tháinig bean chuig an doras maidin fhuar gheimhridh ag déanamh suirbhé. Tháinig sí isteach agus chaith siad an mhaidin ag caint agus ag gearán faoina gcuid fadhbanna. Tá an bhean tinn tuirseach den obair tí agus ba mhaith léi rud fiúntach a dhéanamh taobh amuigh den teach. Ní fhaigheann sí aon bhuíochas óna fear céile as a hiarrachtaí. Tugann sí aire don teach ach ní léiríonn Seán aon spéis ann. Éiríonn Seán feargach léi nuair a insíonn sí dó cad a dúirt sí sa suirbhé. Thug an bhean eolas pearsanta mar gheall ar an mbeirt acu don bhean eile a bhí ag déanamh an tsuirbhé. Míníonn sí gur thug sí an t-eolas breise don bhean mar go raibh trua aici di. Bhí an bhean eile ag iompar clainne agus ag iarraidh aistriú tí. D'iarr sí ar bhean Sheáin an post a dhéanamh nuair a bheadh sí ar shaoire mháithreachais. Cuireann an méid seo fearg ar Sheán arís mar níor mhaith leis a bhean a bheith ag dul ó dhoras go doras lena leanbh.

Ansin insíonn sí dó nach raibh sí ag insint na fírinne sa suirbhé. Bhí sí ar buile leis an mhaidin sin agus ní cuimhin léi anois cén fáth. Bhain sí taitneamh as a bheith ag gearán faoina fear céile. Labhraíonn sí ansin faoi na traidisiúin a bhí ag na Sínigh. Bhí sé de nós acu bean a dhó le corp a fir chéile. Ceapann sí ansin nach raibh aon tábhacht le saol na mná

pósta seachas aire a thabhairt d'fhear céile. Is ansin a thagann an smaoineamh chuici, b'fhéidir go raibh bean an tsuirbhé ag insint bréige di chun níos mó eolais a fháil uaithi. B'fhéidir go raibh sí ag lorg scéal suimiúil agus conspóideach uaithi. Críochnaíonn an scéal ansin leis an bhfear agus a bhean ina suí cois tine mar a bhí siad ag an tús.

A. Cleachtadh scríofa

(i) Athscríobh na habairtí seo a leanas i do chóipleabhar agus líon na bearnaí.

1. Is _____ é faoi shaol an duine phósta.
2. Ní thugann an fear céile _____ ar bith ar an mbean sa scéal.
3. Cuireann an méid seo _____ ar an mbean.
4. D'fhreagair sí ceisteanna sa _____ faoina saol.
5. Tháinig bean an tsuirbhé maidin amháin i mí _____.
6. Bhí trua _____ don bhean a bhí ag déanamh an tsuirbhé.
7. Thug sí lear mór _____ di nuair a bhí sí ag gearán.
8. Ní raibh a fear céile _____ léi ar chor bith.
9. Léirigh na _____ sa suirbhé nach raibh an ceathrú cuid de mhná pósta sásta lena saol.
10. Cheap sí ag an deireadh nach raibh bean an tsuirbhé _____ léi.

Eanáir • Aird • Staitisticí • Suirbhé • Aici • Sásta
Gearrscéal • Fearg • Eolais • Macánta

(ii) Fíor nó Bréagach?

1. Bhí trian de mhná pósta míshásta lena saol.
2. Insíonn sí an fhírinne sa suirbhé.
3. Réitíonn sí go maith lena fear céile.
4. Rinneadh an suirbhé i mí Feabhra.
5. Fuair bean Sheáin post ag déanamh suirbhéanna ag an deireadh.

Deis comhrá

Cum comhrá idir beirt charachtar ón scéal.
Roghnaigh ceann de na heachtraí seo a leanas.

- Comhrá idir Seán agus a bhean sa seomra suí ag tús an scéil
- Comhrá idir Seán agus a bhean nuair a léann sé an tuairisc sa pháipéar
- Comhrá idir bean Sheáin agus bean an tsuirbhé
- Comhrá idir Seán agus a bhean ag deireadh an scéil

Cíoradh an scéil 1: An téama

Obair ghrúpa

Ag obair i ngrúpaí de cheathrar, déanaigí machnamh ar théama an scéil. Roghnaígí trí théama ón liosta seo a mbainfeadh sibh úsáid astu le cur síos a dhéanamh ar théama an scéil. Insígí don rang cén fáth ar roghnaigh sibh na téamaí seo.

*Pósadh • Greann • Míshonas • Coimhlint • Grá
Saol na mná pósta • Saol leadránach • Saoirse • Cruachás*

Cleachtadh labhartha/scríofa

Ainmnigh clár teilifíse nó scannán ar bith ina léirítear fadhbanna an duine phósta. Scríobh achoimre ar an gclár nó scannán sin nó inis don rang faoi trí chur i láthair *PowerPoint* agus pléigh na cosúlachtaí idir an clár/scannán sin agus an scéal seo.

Ceist scrúdaithe agus freagra samplach

Cad é téama an scéil seo?

Baineann an scéal seo le pósadh. Tá Seán pósta le bean agus tá páiste amháin acu. Tá an chosúlacht air gur gnáththeaghlach iad. Líonann an bhean suirbhé ag déanamh taighde ar shaol an duine phósta sa lá atá inniu ann. Bhí argóint aici lena fear an mhaidin sin agus thapaigh sí an deis seo chun a fearg lena fear céile a nochtadh. Tá sí bréan den saol leadránach atá aici. Is bean tí í agus caitheann sí a laethanta ag obair sa teach, ag glanadh tí, ag ullmhú béilí agus ag tabhairt aire dá páiste óg. Insíonn sí do bhean an tsuirbhé nach bhfuil sí sásta lena pósadh. Ní thugann Seán aird ar bith uirthi agus ní dhéanann sé mórán cainte léi. Tugann sé freagraí aonsiollacha ar a cuid cainte: 'hu' a deir sé. Léiríonn sé nach bhfuil meas madra aige uirthi. Luann an bhean ansin na traidisiúin a bhíonn i gcultúir eile. Insíonn sí dó go raibh sé de nós ag na Sínigh an bhean a dhó le corp a fir chéile. Faighimid léargas ar shaol an duine phósta sa lá atá inniu ann, agus ar na deacrachtaí a eascraíonn as an saol seo.

Cleachtadh duitse!

Roghnaigh téama amháin, seachas an ceann atá thuas anseo, agus tabhair cuntas gairid ar a bhfuil sa scéal faoin téama atá roghnaithe agat.

Cíoradh an scéil 2: Na carachtair

Deis comhrá

Samhlaigh gur tusa comharsa bhéal dorais Sheáin agus a mhná céile. Cad a déarfá fúthu? An lánúin dheas iad?

Obair ghrúpa

Ag obair i ngrúpaí de cheathrar, déanaigí machnamh ar na carachtair Seán agus a bhean. Roghnaígí trí aidiacht ón liosta seo a mbainfeadh sibh úsáid astu le cur síos a dhéanamh ar na carachtair thuas. Insígí don rang cén fáth ar roghnaigh sibh na haidiachtaí seo.

*Míshona • Cineálta • Traidisiúnta • Ceanndána • Leadránach
Brónach • Grámhar • Dílis • Freagrach*

Carachtair an scéil

SEÁN		
	Fear traidisiúnta Drochbhéasach Leithleach	Is athair agus fear céile é. Téann sé amach ag obair gach lá agus fágann sé a bhean chéile sa bhaile ag tabhairt aire dá bpáiste óg. Bíonn sé drochbhéasach léi nuair nach ndeir sé aon rud seachas 'hu'. Bíonn a bhean ag iarraidh comhrá uaidh. Níl suim ar bith aige sa chomhrá mar tá sé ag léamh an pháipéir. Níl sé sásta nuair a deir a bhean go raibh sí ag smaoineamh ar phost a fháil, seachas an obair tí atá ar bun aici faoi láthair. Éiríonn sé feargach léi ansin.
BEAN SHEÁIN		
	Bean dhílis Faoi ghruaim Máthair mhaith	Is máthair agus bean tí í. Oibríonn sí go dian sa teach ag tabhairt aire don pháiste. Déanann sí an obair tí go léir agus níl sí sásta leis an ról seo. Deir sí sa suirbhé nach bhfuil sí sásta lena fear céile. Tá comhluadar dá haois féin ag teastáil uaithi agus sin an fáth go ndéanann sí an suirbhé. Ag deireadh an scéil deir sí le Seán go raibh sí ag insint bréag ach ceapaim go bhfuil sí faoi smacht éigin. Níl muinín aici aisti féin agus tá sí ag cur suas le hiompar Sheáin.

Ceist scrúdaithe agus freagra samplach

Cén carachtar is fearr leat sa scéal? Déan cur síos gairid air/uirthi.

Is fearr liom an bhean sa scéal seo. Tugtar léargas iontach dúinn uirthi agus ar a saol. Duine deas is ea í. Mothaím trua di mar níl sí sásta lena saol. Bíonn sí gnóthach agus faoi bhrú sa bhaile. Coimeádann sí an teach glan agus déanann sí an obair tí nuair a bhíonn a fear céile amuigh ag obair. Tugann sí aire mhaith don pháiste óg agus is léir nach mbacann Seán leis an bpáiste nuair a thagann sé abhaile. Níl caidreamh maith aici lena fear céile, ní bhíonn dlúthchomhrá eatarthu agus éiríonn Seán míshásta léi nuair a deir sí go bhfuil post mar bhean suirbhé ag teastáil uaithi. Ceapaim go bhfuil sí faoi smacht ag a céile agus bréan den saol atá aici. Níl meas ag na fir ar mhná pósta, dar léi.

Cleachtadh duitse!

Cén saghas duine é Seán? Déan cur síos gairid air agus inis cén fáth ar thaitin nó nár thaitin sé leat. Is leor dhá thath.

> **Cur chuige:** *Luaigh é a bheith leisciúil sa teach, tuairimí traidisiúnta aige, feargach, meas aige ar a bhean.*

Ag machnamh ar an scéal

Cad é do thuairim faoin scéal seo?

An maith leat é?

> Ní maith liom an scéal seo mar tá sé an-leadránach.

> Is maith liom an bhean sa scéal seo. Is máthair mhaith í.

> Cuireann an fear isteach orm mar is duine leisciúil agus leithleach é.

> Thaitin an scéal seo liom mar tá téama réalaíoch ann, míshonas i bpósadh.

> Níor thaitin críoch an scéil liom, críochnaíonn sé mar a thosaíonn sé.

Cleachtadh duitse!

Bain úsáid as na nótaí thuas agus freagair an cheist seo.

Ar thaitin an scéal seo leat? Tabhair dhá fháth le do fhreagra.

Obair ghrúpa

(i) Is iriseoir thú ag déanamh léirmheasa ar scannán bunaithe ar an scéal 'Dís'. Roghnaigh na haisteoirí is oiriúnaí agus stiúrthóir den scoth le bheith páirteach sa scannán.

(ii) Anois déanaigí dráma beag sa rang bunaithe ar an scéal seo. Is féidir na daltaí a roinnt i ngrúpaí agus beidh orthu an script scannánaíochta a scríobh.

2

Cur chuige:

Ainm: Dís   *Grádú:* 15   *Bliain:* 2012

Cén cineál scannáin atá i gceist? Scannán coiriúlachta / scannán drámatúil / scannán uafáis / scannán grá

Aisteoirí:

Stiúrthóir:

Plota: Tarlaíonn imeachtaí an scannáin i...

Pléann an scannán seo le...

Tugtar léargas dúinn ar shaol...

Éiríonn leis an stiúrthóir...

I mo thuairim is scannán iontach / den scoth é.
Molaim an scannán seo daoibhse.

Deis comhrá

Ag obair i mbeirteanna, pléigí na ceisteanna seo a leanas.

- Cad é an chuid is fearr leat sa scéal?
- Cad é an chuid is drámatúla sa scéal?
- An raibh deireadh an scéil sásúil?
- Cén sórt aidiachtaí a mbainfeá úsáid astu chun cur síos a dhéanamh ar bhean an tsuirbhé?

Cleachtadh scríofa

1. Is tusa an bhean sa scéal. Scríobh an téacsteachtaireacht a chuirfeá chuig Seán i rith an lae ag insint dó faoin gcineál maidine a bhí agat.
2. Is láithreoir teilifíse thú agus tá tú chun an bhean a chur faoi agallamh. Beidh sibh ag plé shaol na mná pósta. Breac síos cúig cheist a chuirfeá uirthi. Cuir iad ar do pháirtí ansin.

Cur chuige: *Luaigh ceisteanna ar nós an aontaíonn tú lam / an maith leat? / cad a cheapann…? / an dtaitníonn … leat?*

Ceisteanna scrúdaithe

1. Tabhair achoimre ar an scéal 'Dís' a bhfuil staidéar déanta agat air.
2. Déan cur síos ar dhá mhothúchán sa scéal seo.
3. Déan cur síos gairid ar an ngreann sa scéal seo.
4. Déan cur síos ar an ngaol idir Seán agus a bhean sa scéal seo.
5. Déan cur síos ar ghné amháin den scéal a thaitin leat agus ar ghné amháin eile nár thaitin leat.

Cleachtadh scríofa

Rinneadh suirbhé sa scéal seo bunaithe ar thuairimí mná tí na hÉireann. Líon isteach an suirbhé seo faoi thuairimí dhaoine óga ar chúrsaí idirlín.

2

Ainm an dalta:

Aois: 16 ☐   17 ☐   18 ☐

An bhfuil ríomhaire agat sa bhaile?

Tá ríomhaire agam ☐   Níl ríomhaire agam ☐

Cé chomh minic a úsáideann tú an t-idirlíon?

Uair a'chloig san oíche ☐

Uair a'chloig sa tseachtain ☐

Uair a'chloig sa mhí ☐

Cén fáth a úsáideann tú an idirlíon?

Obair oideachasúil ☐

Spraoi agus siamsaíocht ☐

Líonrú sóisialta ☐

Cad é do thuairim féin faoin idirlíon? _____

_____

_____

_____

Is é an buntáiste is mó a bhaineann leis an idirlíon ná

_____

Is é an mhíbhuntáiste is mó a bhaineann leis an idirlíon ná

_____

Dán faoi phósadh: Colscaradh

Fíricí faoin bhfile

```
◄ ► C ⌂ X  +  http://www.educate.ie/próifíl          Q
```

Ar líne
10:12am

Ainm: Pádraig Mac Suibhne
Bliain a bhreithe: 1942
Áit ar rugadh é: Ard an Rátha, Co. Dhún na nGall
Gairm bheatha: Múinteoir meánscoile, file agus gearrscéalaí é
Eolas suimiúil:
- Tá trí leabhar filíochta foilsithe aige.
- Is minic a scríobhann sé faoi chúrsaí an tsaoil ar shlí ghreannmhar.

Réamhobair

1. Smaoinigh ar an teideal ar dtús: 'Colscaradh'.
   An dtuigeann tú an teideal seo?
2. Cén fáth a bpósann lánúin?
3. Cad iad na cúiseanna a scarann daoine óna chéile?

Obair idirlín

Teigh ar an suíomh *www.filinagaeilge.tv* agus féach ar an físteip a bhaineann leis an dán seo. Pléigh an méid a d'fhoghlaim tú leis an rang.

⊙ Mír 2.7

2

Colscaradh

Shantaigh sé bean
i nead a chine
faoiseamh is gean
ar leac a thine,
aiteas is greann
i dtógáil clainne.

Shantaigh sí fear
is taobh den bhríste,
dídean is searc
is leath den chíste,
saoire thar lear
is meas na mílte.

Thángthas ar **réiteach**.
Scaradar.

He coveted

comfort and love

fun and joy

shelter and love

agreement
They separated

Leagan próis

Colscaradh

Theastaigh bean uaidh
ag ligint a scíthe cois tine
ag baint taitnimh as
saol na clainne

Theastaigh fear uaithi
ach leath den chumacht
teach deas
leath den airgid
laethanta saoire
agus stádas 's meas ó na comharsana

Ní raibh an dara rogha acu
ach scar óna chéile

Teachtaireacht an dáin

Tá an dán seo bunaithe ar phósadh idir bheirt atá an-difriúil. Is í an choimhlint téama an dáin seo. Bhí mianta difriúla ag an bhfear agus ag an mbean faoin saol pósta. Tá codarsnacht láidir sa dán idir mianta na beirte agus idir an saol traidisiúnta agus an saol nua-aimseartha. Bhí deighilt an-mhór idir an bhean agus an fear. Bhí an deighilt dolíonta. Ní raibh siad sásta teacht ar chomhréiteach. Scar siad ag an deireadh. Sa chéad véarsa, feicimid mianta an fhir. Ba mhaith leis pósadh traidisiúnta a bheith aige. Bhí saol pósta an fhir dírithe ar an gclann. Bhí íomhá thraidisiúnta aige den phósadh. Ba mhaith leis go mbeadh a bhean sa teach ag tabhairt aire do na páistí. Sa dara véarsa, feicimid mianta na mná. Ba mhaith leis an mbean pósadh nua-aimseartha a bheith aici. Ba mhaith léi rudaí eile freisin – neamhspleáchas agus stádas. Ba mhaith léi a cuid roghanna féin a dhéanamh. Bhí a mianta dírithe ar rudaí taobh amuigh den bhaile, ar nós laethanta saoire thar lear. Tá saibhreas agus maoin an tsaoil tábhachtach di. Shocraigh siad nach raibh siad ábalta fanacht le chéile. Bhí siad ródhifriúil. Scar siad.

A. Cleachtadh scríofa

(i) Athscríobh na habairtí seo a leanas i do chóipleabhar agus líon na bearnaí.

1. Is as _____ an file Pádraig Mac Suibhne.
2. Theastaigh bean _____ uaidh.
3. Tá dearcadh _____ ag an bhfear sa dán seo.
4. Tá saol _____ an-tábhachtach dó.
5. Theastaigh fear _____ uaithi.
6. Tá dearcadh _____ ag an mbean sa dán seo.
7. Tá _____ an-tábhachtach di.
8. Níl an bheirt acu _____ le chéile ar chor ar bith.
9. Bhí _____ mhór eatarthu agus níl aon réiteach ann.
10. _____ siad óna chéile mar gur theip ar an bpósadh.

*Scar • Nua-aimseartha • Sásta • Seanfhaiseanta • Thraidisiúnta
Difriúil • Meas • Deighilt • Clainne • Dún na nGall*

(ii) Fíor nó Bréagach?

1. Scríobh Pádraig Mac Suibhne an dán seo.
2. Tá an bhean agus an fear cosúil le chéile.
3. Ba mhaith leis an mbean freagracht agus neamhspleáchas a bheith aici.
4. Bhí an bhean sásta fanacht sa bhaile ag déanamh obair tí.
5. Scar siad óna chéile ag an deireadh.

B. Cleachtadh labhartha/scríofa

Cuir na ceisteanna seo ar an dalta in aice leat agus ansin scríobh na freagraí i do chóipleabhar.

1. Cár rugadh an file?
2. Cén chomparáid a dhéanann an file idir an fear agus an bhean?
3. An bhfuil an fear sásta leis an mbean sa dán seo?
4. An raibh an bhean seanfhaiseanta?
5. Luaigh na rudaí a shantaigh an bhean.
6. An bhfuil sí i ngrá leis an bhfear?
7. Cén sórt caidrimh atá acu sa dán seo?
8. Cé a scríobh an dán seo?
9. Cad atá níos tábhachtaí don fhear sa dán seo: bean le hairgead nó máthair mhaith dá pháistí?
10. Conas a thagann siad ar réiteach sa véarsa deireanach?

Cíoradh an dáin 1: An téama

Obair ghrúpa

Ag obair i ngrúpaí de cheathrar, déanaigí machnamh ar théama an dáin. Roghnaígí trí théama ón liosta seo a mbainfeadh sibh úsáid astu le cur síos a dhéanamh ar théama an dáin. Insígí don rang cén fáth ar roghnaigh sibh na téamaí seo.

Dúlra • Óige • Cairdeas • Coimhlint • Grá • Saol na lánúine Pósadh • Greann • Meas

Cleachtadh scríofa

Líon an ghreille seo a leanas leis na téamaí a roghnaigh tú thuas.

Téama	Sampla sa dán

Ceist scrúdaithe agus freagra samplach

Cad é príomhthéama an dáin seo?

Is é pósadh nua-aimseartha téama an dáin seo. Pléann an dán seo na mianta a bhí ag lánúin. Tá dhá dhearcadh ar an bpósadh sa dán agus tá siad an-difriúil lena chéile. Níl aon dabht go bhfuil an bheirt sa dán mí-oiriúnach dá chéile. Níl na rudaí céanna ag teastáil uathu. Ba mhaith leis an bhfear bean thraidisiúnta a phósadh a bheadh sásta ina ról mar bhean tí. Tá máthair mhaith dá pháistí ag teastáil uaidh. Ar an láimh eile, ba mhaith leis an mbean go mbeadh gach rud, a gcuid airgid san áireamh, cothrom idir í féin agus a fear céile. Tá laethanta saoire thar lear uaithi chomh maith. Ba mhaith léi go mbeadh meas ag na comharsana ar a fear céile. Tá stádas tábhachtach di. Tá díomá uirthi agus níl aon réiteach i ndán dóibh ach colscaradh.

Cleachtadh duitse!

Roghnaigh téama amháin, seachas an ceann atá anseo, agus tabhair cuntas gairid ar a bhfuil sa dán faoin téama atá roghnaithe agat.

Cíoradh an scéil 2: Na mothúcháin

Obair ghrúpa

Ag obair i ngrúpaí de cheathrar, déanaigí machnamh ar na mothúcháin sa dán seo. Roghnaígí trí mhothúchán ón liosta seo a mbainfeadh sibh úsáid astu le cur síos a dhéanamh ar mhothúcháin an fhile. Insígí don rang cén fáth ar roghnaigh sibh na mothúcháin seo.

Uaigneas • Meas • Trua • Áthas • Cumha
Brón • Grá • Díomá • Macántacht

Cleachtadh scríofa

Líon an ghreille seo a leanas leis na mothúcháin a roghnaigh tú thuas.

Mothúchán	Sampla sa dán

Ceist scrúdaithe agus freagra samplach

Cad é an mothúchán is treise sa dán seo?

Baineann an dán seo le cúrsaí grá, ach is é an díomá an mothúchán is treise ann. Phós beirt, fear traidisiúnta agus bean nua-aimseartha. Níl siad sásta le chéile mar taitníonn rudaí difriúla leo. Ba mhaith leis an bhfear bean thraidisiúnta a phósadh a bheadh sásta ina ról mar bhean tí. Tá máthair mhaith dá pháistí ag teastáil uaidh. Ar an láimh eile, ba mhaith leis an mbean go mbeadh gach rud, a gcuid airgid san áireamh, cothrom idir í féin agus a fear céile. Tá laethanta saoire thar lear uaithi chomh maith. Ba mhaith léi fear céile a mbeadh meas ag na comharsana air. Tá stádas tábhachtach di. Mothaíonn siad díomách agus níl aon réiteach i ndán dóibh ach colscaradh.

Cleachtadh duitse!

Roghnaigh mothúchán amháin, seachas an ceann atá anseo, agus tabhair cuntas gairid ar a bhfuil sa dán faoin mothúchán atá roghnaithe agat.

Stíl an fhile

Íomhánna / Codarsnacht

Baineann an file úsáid chliste as íomhánna chun na dearcthaí difriúla a chur os ár gcomhair. Tá codarsnacht mhór le feiceáil sa dán. Ba mhaith leis an bhfear socrú síos le bean thraidisiúnta chun clann a thógáil. Ba mhaith leis a bheith sa bhaile le clann shona agus a bhean ag tabhairt aire dóibh. Tá máthair mhaith dá pháistí ag teastáil uaidh. Feicimid a mhalairt ar fad leis an mbean. Tá tuairimí nua-aimseartha aici. Ní bheadh sí sásta mar bhean tí ag fanacht sa bhaile ag tógáil clainne. B'fhearr léi a bheith amuigh ag baint taitnimh as an saol. Is bean neamhspleách í agus is maith léi dul ar saoire. Tá an-difríocht idir an fear a phós sí agus an chaoi a bhfuil sé anois. B'fhéidir gur phós siad ró-óg agus nach bhfaca siad na tréithe seo ach anois níl siad sásta sa phósadh. Níl an dara rogha acu anois ach scaradh. Cuirtear na híomhánna in iúl go héifeachtach. Tá an chodarsnacht an-láidir sa dán agus cabhraíonn sí go mór le téama an dáin.

Na híomhánna is tábhachtaí sa dán
- Bean i nead a chine
- Aiteas is greann, i dtógáil clainne
- Shantaigh sí fear, is taobh den bhríste
- Dídean is searc, is leath den chíste

An teideal: Colscaradh

Is éifeachtach an teideal é seo mar is léir dúinn go bhfuil fadhbanna ag an lánúin phósta. Níl aon réiteach acu ar na fadhbanna seo agus socraíonn siad scaradh. Tá deacrachtaí eatarthu agus dearcthaí difriúla i leith an phósta, agus faoi dheireadh teipeann ar an bpósadh céanna.

ABC Ag machnamh ar an dán

Cad é do thuairim faoin dán seo?

An maith leat é?

> Ní maith liom an dán seo mar go bhfuil na daoine leithleach ann. Ní dhéanann siad iarracht glacadh le lochtanna an duine eile.

> Is maith liom na híomhánna i ngach véarsa.

> Thaitin an dán seo liom mar go bhfuil téama nua-aimseartha ann.

2

> Níor thaitin críoch an dáin seo liom. Tá sé brónach mar nach raibh siad ábalta teacht ar aon réiteach eile.

> Ní maith liom an friotal. Tá an friotal róchasta.

> Is maith liom na meafair atá ann. Cuireann siad mianta an fhir agus mianta na mná in iúl go héifeachtach.

Cleachtadh duitse!

Bain úsáid as na nótaí thuas agus freagair an cheist seo:

Ar thaitin an dán seo leat? Tabhair dhá fháth le do fhreagra.

Deis comhrá

Ag obair i mbeirteanna, pléigí an dán faoi na pointí seo a leanas:

- Cad é an chuid is fearr leat sa dán?
- An bhfuil an dán seo míréalaíoch *(unrealistic)* in áiteanna?
- Cén sórt aidiachtaí a mbainfeá úsáid astu chun cur síos a dhéanamh ar na daoine sa dán seo?

Cleachtadh scríofa

Is blagadóir thú. Scríobh nuashonrú *(update)* ar cholscaradh idir lánúin cháiliúil a chuirfeá ar do bhlag.

Cur chuige: *Luaigh cé hiad / cathain a phós siad / cén fáth ar scar siad óna chéile*

Ceisteanna scrúdaithe

1. Déan cur síos ar phríomhsmaointe an dáin seo.
2. Cad atá i gceist ag an bhfile sa véarsa deireanach?
3. Déan cur síos ar an atmaisféar sa dán.
4. An bhfuil teideal an dáin oiriúnach? Tabhair fáthanna le do fhreagra.
5. Tabhair dhá fháth ar thaitin an dán seo leat nó dhá fháth nár thaitin an dán seo leat.

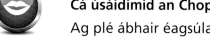

An Chopail san Aimsir Láithreach: 'Is'

Cá úsáidimid an Chopail?

Ag plé ábhair éagsúla sa bhéaltriail. Ag nochtadh tuairime agus ag déanamh ráitis – Is maith liom mo theaghlach. / Is múinteoir é m'athair. / Is ceantar iontach é Dún Droma.

Úsáidtear an chopail sa cheapadóireacht, go háirithe sa chomhrá agus sa ghiota leanúnach.

Is féidir tuairimí a nochtadh ar an bprós agus ar an bhfilíocht agus ceisteanna faoi na carachtair a fhreagairt ag baint úsáide as an gcopail.

An fhoirm cheisteach	An fhoirm dhearfach	An fhoirm dhiúltach
An múinteoir tú?	Is múinteoir mé	Ní múinteoir mé
An altra í?	Is altra í	Ní altra í
An Francach é?	Is Francach é	Ní Francach é
An Éireannaigh iad?	Is Éireannaigh iad	Ní Éireannaigh iad
An ceantar álainn é?	Is ceantar álainn é	Ní ceantar álainn é
An baile mór é?	Is baile mór é	Ní baile mór é
An maith leat?	Is maith liom	Ní maith liom

Féach ar na samplaí thuas. An dtugann tú an struchtúr faoi deara?

- Is _____ mé *I am…*
- Is _____ tú *you are…*
- Is _____ é *he is… / it is…* (tar éis ainmfhocal firinscneach)
- Is _____ í *she is… / it is…* (tar éis ainmfhocal baininscneach)
- Is _____ sinn *we are…*
- Is _____ sibh *you (pl) are…*
- Is _____ iad *they are…*

Ceacht 1

Aistrigh na habairtí seo a leanas go Gaeilge agus scríobh amach arís iad san fhoirm dhiúltach.

1. I am a student.
2. You are a doctor.
3. She is a teacher.
4. They are secretaries.
5. He is a vet.
6. They are guards.
7. I am an actor.
8. You are a dentist.
9. She is a waitress.
10. They are farmers.

Ceacht 2

Cén náisiúntacht a bhaineann leis na daoine seo a leanas?
Sampla: Is as Éirinn mé = Is Éireannach mé.

1. Is as an Iodáil é.
2. Is as an bhFrainc í.
3. Is as an nGearmáin mé.
4. Is as Meiriceá thú.
5. Is as an Spáinn é.
6. Is as an Astráil iad.

Ceacht 3

Aistrigh na habairtí seo a leanas go Gaeilge agus scríobh amach arís iad san fhoirm dhiúltach.

1. It is a massive city.
2. It is a small town in the countryside.
3. It is a tidy area, situated on the edge of the city.
4. It is a clean suburb.
5. It is a noisy area, especially at the weekend.

Ceacht 4

Féach ar na freagraí seo a leanas agus cum na ceisteanna a bhaineann leo.

1. Is ceantar maith é.
2. Is buachaill díograiseach é.
3. Ní dalta drochbhéasach í.
4. Is tír álainn í.
5. Ní foirgneamh mór é.

An Chopail san Aimsir Chaite: 'Ba'

Úsáidtear an fhoirm 'Ba' san Aimsir Chaite agus sa Mhodh Coinníollach.

An fhoirm cheisteach	An fhoirm dhearfach	An fhoirm dhiúltach
Ar mhúinteoir tú?	Ba mhúinteoir mé	Níor mhúinteoir mé
Ar dhochtúir maith í?	Ba dhochtúir maith í	Níor dhochtúir maith í
Ar pháiste iontach é?	Ba pháiste iontach é	Níor pháiste iontach é
Ar Ghearmánaigh iad?	Ba Ghearmánaigh iad	Níor Ghearmánaigh iad
Ar cheolchoirm mhaith í?	Ba cheolchoirm mhaith í	Níor cheolchoirm mhaith í
Ar bhaile mór é?	Ba bhaile mór é	Níor bhaile mór é
Ar thuras fada é?	Ba thuras fada é	Níor thuras fada é

- Féach ar na samplaí thuas. An dtugann tú an struchtúr faoi deara?

- Ba _____ mé *I was…*

- Ba _____ tú *you were…*

- Ba_____ é *he was… / it was…* (tar éis ainmfhocal firinscneach)

- Ba _____ í *she was… / it was…* (tar éis ainmfhocal baininscneach)

- Ba _____ sinn *we were…*

- Ba _____ sibh *you (pl) were…*

- Ba _____ iad *they were…*

Eisceachtaí: An chopail 'Ba' roimh ghuta agus F

Athraíonn an fhoirm **Ba** go **B'** roimh ghuta agus focail a thosaíonn le F + guta.

Samplaí: Ba amadán é ✗   B'amadán é ✓

Ba fhuar an oíche sin ✗   B'fhuar an oíche sin ✓

Ceacht 1

Aistrigh na habairtí seo a leanas go Gaeilge agus scríobh amach arís iad san fhoirm dhiúltach.

1. He was a student here last year.
2. It was a short trip on the plane.
3. They were a great team.
4. I was a great player before the accident.
5. She was a good singer.
6. You were a footballer.
7. It was a cold day in November.
8. He was a friendly boy.
9. She was a smart girl.
10. They were helpful teachers.

Ceacht 2

Aistrigh na habairtí seo a leanas go Gaeilge agus scríobh amach arís iad san fhoirm dhiúltach.

1. It was a clean city.
2. It was a small town in the countryside.
3. It was a busy area on the edge of the city.
4. It was a beautiful day.
5. It was a noisy area.

Ceacht 3

Féach ar na freagraí seo a leanas agus cum na ceisteanna a bhaineann leo.

1. Ba cheantar maith é.
2. Ba bhuachaill díograiseach é.
3. Níor dhalta drochbhéasach í.
4. Ba thír álainn í.
5. Níorbh fhoirgneamh mór é.

Páipéar scrúdaithe samplach

PÁIPÉAR 1: CEAPADÓIREACHT

A – GIOTA LEANÚNACH / BLAG – (50 marc)

Scríobh **giota** leanúnach nó **blag** (leathleathanach) ar cheann amháin de na hábhair seo.

(a) Cairde

(b) An t-idirlíon

(c) An deireadh seachtaine

B – SCÉAL – (50 marc)

Ceap **scéal** (leathleathanach) a mbeadh ceann **amháin** de na sleachta seo a leanas oiriúnach mar thús leis:

(a) Ní raibh mo thuismitheoirí sa bhaile an oíche sin agus d'eagraigh mé cóisir…

(b) D'oscail mé an nuachtán agus níor chreid mé a raibh ann...

C – LITIR / RÍOMHPHOST – (50 marc)

Tá do bhreithlá ag teacht agus beidh tú ocht mbliana déag d'aois. Beidh cóisir agat i do theach. Scríobh **an ríomhphost/litir** (leathleathanach) a chuirfeá chuig do chara ag tabhairt cuireadh dó/di teacht ag an gcóisir.

nó

Bhí tú ag an *Debs* le do chairde sa séú bliain. Scríobh **an ríomhphost/litir** (leathleathanach) a scríobhfá chuig do dhearthair atá ina chónaí thar lear ag insint dó faoin oíche a bhí agaibh.

D – COMHRÁ – (50 marc)

Is maith leat a bheith ag féachaint ar chláir réaltachta ar an teilifís ach ní aontaíonn do chara leat. Scríobh **an comhrá** (leathleathanach) a bheadh eadraibh.

nó

Fuair tú cuireadh ar Facebook dul chuig cóisir do charad agus ba mhaith leat dul ach níl d'athair/do mháthair sásta cead a thabhairt duit. Scríobh **an comhrá** (leathleathanach) a bheadh eadraibh.

PÁIPÉAR 2: CÚRSA LITRÍOCHTA

PRÓS

"Táim sa pháipéar…..Tusa , cén áit? N'fhacas-sa tú …" *Dís*

Tabhair achoimre ar an scéal seo. Luaigh na pointí seo:

 (i) Déan cur síos ar an mbean sa scéal.

 (ii) Luaigh an gaol a bhí aici lena fear céile.

 (iii) Cén fáth a raibh sí sa nuachtán?

 (iv) Cad a tharla an lá sin i mí Eanáir?

 (v) Cad a tharla ag deireadh an scéil?

 (vi) Luaigh fáth amháin ar/nár thaitin Seán leat.   (25 marc)

FILÍOCHT

 (i) (a) Cad a bhí ag teastáil ón bhfear sa dán 'Colscaradh'?

   (b) Cad a bhí ag teastáil ón mbean sa dán seo?

   (c) Cá bhfios duit nach raibh an lánúin sásta sa dán?

   (d) Cén réiteach a roghnaigh siad ag an deireadh?   (8 marc)

 (ii) Luaigh dhá mhothúchán atá sa dán. Déan cur síos, **i d'fhocail féin**,
    ar an dá mhothúchán sin sa dán.   (8 marc)

 (iii) An maith leat an dán seo? Cuir fáthanna le do fhreagra. (Is leor **dhá** fháth.)
          (9 marc)

Laochra s'againne inniu

3

SAN AONAD SEO FOGHLAIMEOIDH TÚ

G **Gramadach:** An Aimsir Láithreach

t **Tuiscint:** Conas tréithe an duine a aithint; conas focail agus nathanna a bhaineann le cúrsaí spóirt agus ceoil a aithint; conas cluastuiscintí agus léamhthuiscintí a bhaineann leis an ábhar a thuiscint.

💬 **Labhairt:** Conas eolas a thabhairt faoi do laochra comhaimseartha. Beidh tú in ann na cineálacha spóirt agus ceoil a ainmniú agus ceist a chur ar dhuine faoina chaitheamh aimsire.

✍ **Scríobh:** Conas píosaí faoi spórt agus ceol a scríobh agus sonraí pearsanta a bhreacadh síos ar shuíomhanna sóisialta.

📖 **Litríocht:** Prós: Oisín i dTír na nÓg
Filíocht: Mo Ghrá-sa (idir lúibíní)

Laochra s'againne inniu

Laochra: cad is brí leis an téarma seo, dar leat? An gcruthaíonn sé pictiúr de Superman nó Spiderman i d'aigne? Bhuel, cad faoi na laochra atá againn inniu? Na laochra spóirt, laochra ceoil agus laochra pearsanta atá againn go léir?

Deis comhrá

Ag obair i mbeirteanna, pléigí na pointí thíos:

- Cé hiad na laochra atá agat féin? Cén fáth?
- Cad iad na tréithe is mó a bhaineann leo?
- Cén t-éacht a rinne siad?
- Conas a mhothaíonn tú fúthu?

Cineál laochra

- Laoch polaitiúil (Sampla: Is laoch polaitiúil é Éamon de Valera.)
- Laoch spóirt
- Laoch ceoil
- Laoch ar son chearta an duine
- Laoch litríochta

Tréithe an laoich

- Ciallmhar
- Tuisceanach
- Sona
- Tacúil
- Neamhspleách
- Cneasta
- Cabhrach
- Díograiseach

- Freagrach
- Cróga
- Dílis
- Cliste
- Éirimiúil
- Fuinniúil
- Macánta

Tréithe eile a bhaineann le daoine

- Greannmhar
- Saonta
- Leithleach
- Grámhar
- Mí-aibí
- Craiceáilte
- Leisciúil
- Cantalach
- Fiosrach
- Glórach

- Béasach
- Ardnósach
- Éadmhar
- Cúthail
- Mímhacánta
- Meata
- Mín
- Gealgháireach
- Drochbhéasach

Cleachtadh labhartha

Féach ar na pictiúir seo agus abair cé na tréithe a bhaineann leis na daoine agus cén fáth?

3

Cleachtadh scríofa

(I) Cuir an tréith is oiriúnaí i ngach bearna.

1. Is peileadóir _____ é Robbie Keane
2. Is carachtar _____ é JD sa chlár *Scrubs*.
3. Is uachtarán _____ é Mícheál D. Ó hUiginn.
4. Is ceoltóir _____ í Rihanna.
5. Is láithreoir _____ í Oprah Winfrey.
6. Is galfaire _____ é Rory McIlroy
7. Is láithreoir _____ é Dermot O'Leary.
8. Is dornálaí _____ í Katie Taylor.
9. Is polaiteoir _____ é Bertie Ahern.
10. Is duine _____ í Cheryl Cole.

(II) Cén sórt duine tusa?

Scríobh cúig abairt fút féin ag déanamh cur síos ar do phearsantacht.
Bain úsáid as na haidiachtaí ag tús an aonaid.

Cleachtadh éisteachta ✪ *Mír 3.1*

Tá beirt déagóirí ag caint faoi dhalta nua ar scoil.
Éist leis an bpíosa seo agus freagair na ceisteanna.

1. Cén fáth ar tháinig an dalta nua chuig an scoil?
2. Cén t-ainm atá uirthi?
3. Cén saghas duine í, dar le Seán?
4. An aontaíonn Ailbhe leis?
5. Cén sórt daltaí atá sa rang Mata?

Na réaltaí

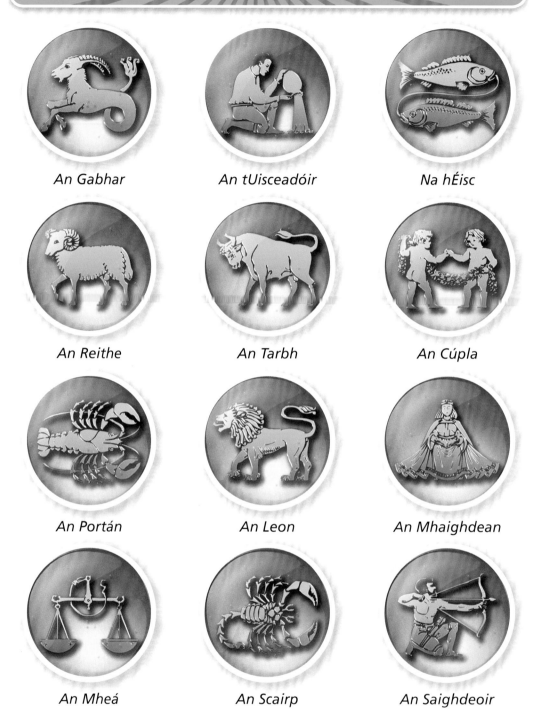

An Gabhar	An tUisceadóir	Na hÉisc
An Reithe	An Tarbh	An Cúpla
An Portán	An Leon	An Mhaighdean
An Mheá	An Scairp	An Saighdeoir

Cleachtadh scríofa

Cruthaigh na tuismeánna (*horoscopes*) don nuachtán áitiúil.

Scríobh cúpla abairt ag rá cén saghas duine agus tréithe a bhaineann le gach tuismeá.

An Tarbh: Is duine an-chairdiúil tú. Tá a lán cairde agat. Bíonn tú i gcónaí ag pleidhcíocht ach bí cúramach, níl gach duine timpeall ort dílis.

Cleachtadh éisteachta

🎧 *Mír 3.2*

Tá beirt daltaí ag plé na ndaoine cáiliúla a chuaigh i bhfeidhm orthu.
Éist leis na píosaí seo agus breac síos an t-eolas cuí.

Cuid A

Ainm an duine	
Giota eolais 1	
Giota eolais 2	
Giota eolais 3	

Cuid B

Ainm an duine	
Giota eolais 1	
Giota eolais 2	
Giota eolais 3	

Deis comhrá

Ag obair i mbeirteanna, freagraígí na ceisteanna seo a leanas:

- An bhfuil aithne agat ar na daoine thuasluaite?
- An aontaíonn tú le tuairimí na ndaltaí thuas? Tabhair fáthanna le do fhreagra.
- An féidir leat aon eolas breise a thabhairt faoi na daoine cáiliúla a luaitear?

Cúinne na fuaime

🎧 *Mír 3.3*

Tabhair an difríocht idir an fhoghraíocht anseo faoi deara.
Abair na samplaí os ard leis an rang.

Cróga		an-**ch**róga
Cancrach	➔	an-**ch**ancrach
Cairdiúil	➔	an-**ch**airdiúil
Callánach	➔	an-**ch**allánach
Cneasta	➔	an-**ch**neasta
Cóngarach	➔	an-**ch**óngarach

Caitheamh aimsire 1: Spórt

Tá iriseoir nuachtáin ag scríobh blag faoi spórt i saol an duine óig. Léigh an blag seo agus déan na cleachtaí ina dhiaidh.

http://www.educate.ie/blag

Spórt mar chaitheamh aimsire

are often heard,
lazier,
modern devices.

Is minic a chloistear scéalta faoi dhaoine óga an lae inniu. Deirtear go bhfuil siad ag éirí **níos leisciúla** agus go mbíonn siad tógtha le **gléasanna nua-aimseartha**. Is fíor nach bhfeiceann tú aon duine anois gan fón póca. Bíonn an gléas seo de shíor ina lámha acu. Deirtear go gcuireann siad a gcuid ama amú ag féachaint ar chláir teilifíse nuair atá an domhan ag dul tharstu. Ní aontaím leis sin: is é mo thuairim nach bhfuil daoine óga leisciúil ar chor ar bith.

Glacann cuid mhór acu páirt i gcluichí éagsúla. Is iomaí cineál spóirt atá ar fáil dóibh sa lá atá inniu ann. Ar scoil cuirtear béim ar chorpoideachas agus bíonn seans acu taithí a fháil ar chluichí foirne. Déanann daltaí scoile an-iarracht áit a fháil ar na foirne rugbaí, leadóige, peile agus haca ar scoil. Uaireanta, glacann siad páirt i níos mó ná sport amháin. Bíonn siad mar bhaill de na clubanna áitiúla, freisin, taobh amuigh den scoil. Imríonn siad peil Ghaelach nó iománaíocht mar shampla. Cuirtear **réimse leathan** spórt os a gcomhair, agus mar sin ní bhíonn aon leithscéal ag aon duine.

wide range

necessary skills

Níl aon cheist faoin tábhacht atá le spórt. Ba cheart go mbeadh ról lárnach ag an spórt i saol gach duine. Smaoinigh ar na buntáistí: d'fhéadfá a rá go dtugann sé deis do dhaoine óga a bheith aclaí agus sláintiúil. Cuireann daoine aithne ar dhaoine nua agus spreagtar cairdeas nuair a ghlacann siad páirt i spórt. Tugann sé deis do dhaoine bualadh le daoine eile. Foghlaimíonn daoine **scileanna riachtanacha**. Spreagann sé comhoibriú agus ceannaireacht i ndaoine óga. Creidim go rachaidh sé chun tairbhe dóibh sa todhchaí. Faigheann daoine sos ón obair agus ó bhrú na scrúduithe. Anuas air sin, tagann feabhas ar d'obair foghlama mar bíonn níos mó fuinnimh agat agus bíonn d'aigne níos soiléire. Cabhraíonn sé seo go mór sna scrúduithe freisin.

role models

Ní féidir a shéanadh go mbaintear taitneamh agus tairbhe as spórt. Spreagann sé an pobal i gcoitinne. Féach ar an éileamh a bhíonn ar thicéid do chluichí áitiúla ar fud na tíre. Leanann lucht tacaíochta na foirne áitiúla go fonnmhar agus is mór an meas atá ar na laochra áitiúla spóirt. Bíonn bród ag baint le cluichí áitiúla. Ní fhaigheann na himreoirí seo aon phá, imríonn siad don phléisiúr. Bíonn meas ag muintir na háite orthu. Is **eiseamláirí** iad na himreoirí spóirt sa lá atá inniu ann. Is breá le daoine óga a bheith ag déanamh aithrise ar na pearsana spóirt is fearr leo. Tugtar spreagadh dóibh an t-am ar fad.

Mar chríoch, tuairiscítear gur chóir dúinn leathuair ar a laghad a chaitheamh i mbun aclaíochta gach lá. Mar sin, má bhíonn am le spáráil agat déan roinnt aclaíochta nó imir spórt. Rachaidh sé chun tairbhe duit.

A. Deis comhrá

Ag obair i mbeirteanna, pléigí an sliocht faoi na pointí seo a leanas:

- An maith leat a bheith ag imirt spóirt?
- An aontaíonn tú leis an mblagadóir faoi thábhacht an spóirt? Cén fáth?
- Cén sórt scileanna a fhoghlaimíonn an duine?
- Conas a chabhraíonn spórt le d'obair foghlama?
- Cad í do thuairim féin faoin bpíosa seo?

B. Meaitseáil

1	aclaíocht	A	benefit
2	cairdeas	B	demand
3	brú	C	exercise
4	todhchaí	D	opportunity
5	leithscéal	E	friendship
6	éileamh	F	excuse
7	deis	G	pressure
8	tairbhe	H	future

C. Cleachtadh scríofa

(i) Athscríobh na habairtí seo i do chóipleabhar agus líon na bearnaí leis na focail thuas.

1. Bhí an-_____ ar thicéid don chluiche ceannais peile.
2. Bíonn _____ maith idir gach duine ar an bhfoireann.
3. Cuirtear _____ uafásach ar dhaltaí scoile na laethanta seo.
4. "Níl aon _____ agam, a mhúinteoir," arsa an dalta.
5. Tá _____ gheal i ndán dúinn, dar liom.
6. Bím i mbun _____ fhuinniúil sa pháirc áitiúil tar éis na scoile gach lá.
7. "Is iontach an _____ í seo do dhaoine óga," arsa an tAire.
8. Tá taitneamh agus _____ áirithe ag baint le spórt mar chaitheamh aimsire.

(ii) Cuir na focail/nathanna seo a leanas in abairtí.

1. is minic a chloistear	3. níos leisciúla	5. gléasanna
2. nua-aimseartha	4. scileanna riachtanacha	6. eiseamláirí

(iii) Aistrigh na habairtí seo a leanas go Gaeilge.

1. I would like more emphasis on P.E. in school these days.
2. I spend my free time watching TV programmes.
3. We got a place on the school basketball team this year.
4. The president shows great leadership.
5. I make a great effort in Irish class.
6. The coach inspires cooperation in us.
7. My school work improved last year.
8. Young people are always imitating their role models.

D. Deis comhrá

Ar bronnadh aon ghradam ort riamh?

Ar fhreastail tú riamh ar chluiche? Cá háit a raibh an cluiche seo?

An maith leat bheith ag féachaint ar spórt ar an teilifís?

An imríonn tú spórt go minic?

Cén fáth a dtaitníonn spórt leat?

Cén réalta spóirt is fearr leat? Cén fáth?

Cén spórt is fearr leat?

An imríonn tú ar fhoireann?

An bhfuil aon spórt ann nach maith leat?

An bhfuil suim agat i gcúrsaí spóirt?

Nóta don scrúdú: Ullmhaigh na ceisteanna seo don bhéaltriail agus ansin pléigh iad leis an dalta in aice leat.

Spórt i mo shaol

Imrím…

Peil Ghaelach

Rugbaí

Sacar

Iománaíocht

Cispheil

Haca

Leadóg

Galf

Leadóg bhoird

Scuais

Eitpheil

Téim...

ag rothaíocht

ag rith

ag tonnmharcaíocht/ag surfáil

ag marcaíocht

ag snámh

ag seoltóireacht

Mar chabhair

- Coimeádann sé aclaí mé.
- Is maith liom a bheith amuigh faoin aer úr.
- Is caitheamh aimsire folláin é.
- Bíonn seisiún traenála agam ar an Máirt óna ceathair go dtí a sé.
- Is cluiche corraitheach é.
- Is ball den chlub áitiúil mé.
- Déanann sé maitheas don chorp.
- Cabhraíonn sé le scileanna sóisialta.

A. Meaitseáil

Chuir tú agallamh ar dhalta nua sa rang ach tá na freagraí measctha suas. Meaitseáil na freagraí leis na ceisteanna.

Cad
is ainm
duit?

1	Cad is ainm duit?	A	Tá Corn Laighean buaite againn.
2	Cén saghas duine thú?	B	Déanaim traenáil ar an gCéadaoin agus ar an Satharn.
3	Cé chomh minic a imríonn tú spórt?	C	Is duine spórtúil mé. Bíonn an liathróid chispheile i gcónaí i mo lámha agam.
4	Cén saghas spóirt a thaitníonn leat?	D	Imríonn cúigear ar an bhfoireann.
5	Cé mhéad duine ar an bhfoireann?	E	Taitníonn gach cineál spórt liom ach is í cispheil an spórt is fearr liom gan dabht.
6	Cathain a bhíonn traenáil agatsa?	F	Imrím cluichí spóirt trí lá sa tseachtain.
7	Ar bhuaigh sibh aon rud fós?	G	Joe Ó Móráin is ainm dom.

B. Cleachtadh éisteachta

Tá beirt daltaí ag caint faoi ról an spóirt ina saol. Éist leis na píosaí seo agus líon na bearnaí.

Isobel ☉ Mír 3.4

Is mise Isobel Ní Chléirigh. Táim _____. Táim sa _____ bliain ar scoil. Is duine _____ mé agus imrím spórt an t-am ar fad. Caithim _____ uair gach lá ag traenáil. Bíonn mo mham ag gearán i gcónaí agus deir sí go gcaithim _____ ama ag imirt spórt. Ní éistim léi mar is mise captaen na foirne agus caithfidh mé a bheith réidh do chomórtas na gcontaetha i mbliana.

Marcus ☉ Mír 3.5

Marcus Ó Néill ag caint libh. Is _____ sacair mé. Tá mo mhuintir an-tógtha le spórt. Is _____ é mo dhaid agus bíonn sé i gcónaí ar an bpáirc cosúil liomsa. Tá mo dheartháir ar fhoireann _____ na hollscoile ag imirt peil Ghaelach. Bíonn _____ agam ar an Máirt agus ar an Aoine. Deir mo mham gur rugadh mé le _____ i mo lámha. Ba bhreá liom imirt ar fhoireann an chontae lá éigin.

Cleachtadh scríofa

Líon isteach an fhoirm iarratais seo. Ba mhaith leat post samhraidh mar chúntóir in ionad spóirt áitiúil.

IONAD SPÓIRT LEITIR CEANAINN

Foirm Iarratais

Ainm _____

Aois _____

Dáta breithe _____

Seoladh baile _____

Uimhir theileafóin _____

1. **Taithí oibre**

   _____

   _____

   _____

2. **Luaigh trí spórt a thaitníonn leat.**

   _____

   _____

3. **Cé chomh minic a imríonn tú spórt?**

   _____

4. **An bhfuil tú i do bhall d'aon chlub spóirt?**

   _____

   _____

5. **Cén fáth ar mhaith leat a bheith ag obair in ionad spóirt?**

   _____

   _____

Mícheál Ó Muircheartaigh

1. Rugadh Mícheál Ó Muircheartaigh lasmuigh den Daingean i 1930. D'fhreastail sé ar Choláiste Íosagáin i mBaile Bhuirne agus ar Choláiste Phádraig i mBaile Átha Cliath. Ní raibh raidió ar bith acu le linn a óige ach is cuimhin leis go maith an chéad uair a chuala sé **tráchtaireacht bheo** ar chluiche peile i 1939. Ón la sin bhí sé faoi gheasa ag an tráchtaire Mícheál Ó hEithir. Lean sé den mhúinteoireacht go dtí 1980 nuair a chuaigh sé ag obair go **lánaimseartha** le RTÉ. **Dá siúlfá an tír ní bhfaighfeá duine a déarfadh** nárbh é Mícheál Ó Muircheartaigh an tráchtaire spóirt is fearr dár chuala aon duine riamh.

2. Agus é ina mhac léinn i gColáiste Phádraig i 1949, bhí Raidió Éireann ag eagrú trialacha ag lorg duine a dhéanfadh tráchtaireacht i nGaeilge ar Chorn an Bhóthair Iarainn. Bhí air taispeántas a mhairfeadh cúig nóiméad a dhéanamh. Thug sé **sárthaispeántas**, ní amháin ag cur síos ar laoch na himeartha, Tadhg Hurley, a sháraigh aon ghaisce a rinne laochra móra na hiomána mar D.J. Carey, Nicky Rackard agus Christy Ring riamh ach chuir sé Bob, deartháir Thaidhg agus a dheirfiúr, a thagadh chuig trá Dhún Chaoin, in aithne don lucht éisteachta freisin.

3. Ba ar na cluichí mionúir a dhéanadh Mícheál tráchtaireacht as Gaeilge agus sheasadh sé sa bhearna bhaoil aon uair nach mbíodh Ó hEithir ar fáil. B'éigean do Mhícheál Ó hEithir éirí as an obair i 1980 agus ceapadh Ó Muircheartaigh go lánaimseartha ina áit. Glactar leis go raibh guth faoi leith aige agus stíl phearsanta nárbh fhéidir le haon tráchtaire eile aithris a dhéanamh air. **Stíl dhátheangach, neamhghnách**, spreagúil, oideachasúil agus ghreannmhar. Ba ghnáth leis imeacht ón gcluiche ar feadh soicind nó dhó le frídíní eolais faoin aintín, uncail, seanathair nó faoin tseanmháthair a thabhairt agus ansin bheifeá ar ais i lár an aicsin aige ar an toirt.

4. Is deacair **saineolaí spóirt** níos fearr ná Mícheál a fháil. Níl sé teoranta do chluichí Chumann Lúthchleas Gael amháin. Tá saineolas aige ar ghalf, lúthchleasaíocht, rugbaí, rásaíocht chapall agus ar chúnna. Lena chumas cainte is féidir leis scéal a insint ar bhealach taitneamhach a mheallann an lucht éisteachta. Is deas mar a chuireann sé síos ar eachtraí, ar tharluithe, ar ócáidí i rith a shaoil.

5. Chreid sé sa réamhullmhúchán roimh na gcluichí móra le go mbeadh atmaisféar na hócáide le blaiseadh pé áit ar domhan ina mbeadh daoine ag éisteacht. Lá na gcluichí móra, ba bhreá leis a bheith i bPáirc an Chrócaigh **le céad ghlaoch an choiligh**. Bíonn aithne aige ar na himreoirí agus tuigeann sé an teannas a bhíonn orthu. D'fhanadh sé féin neamhspleách ionas go bhféadfadh sé a ghnó a dhéanamh go foirfe. Is iontach go deo an fuinneamh atá aige fós ag aois na gceithre scór. (as *Foinse sa Rang*)

Foclóir

tráchtaireacht bheo *live commentary*

lánaimseartha *full time*

Dá siúlfá an tír ní bhfaighfeá duine a déarfadh
if you walked the country you wouldn't find anyone who would say

sárthaispeántas *excellent display*

Stíl dhátheangach, neamhghnách *unusual bilingual style*

Saineolaí spóirt *sports expert*

le céad ghlaoch an choiligh *at cockcrow*

A. Cuardaigh

An féidir leat na focail/nathanna seo a aimsiú i nGaeilge sa sliocht?

Attended • The first time • Student • He believed • Perfectly •

• Commentator • Snippets of information

B. Deis comhrá

Ag obair i mbeirteanna, pléigí an sliocht faoi na pointí seo a leanas:

- An bhfuil aithne agat ar Mhícheál Ó Muircheartaigh?
- An léiríonn sé an tsuim atá aige i gcúrsaí spóirt go héifeachtach?
- Cad a chiallaíonn an nath "stíl phearsanta [Mhíchíl]"?
- Cad é do thuairim féin faoin bpíosa seo?
- Ar mhaith leat a bheith i do thráchtaire spóirt?
  Cad iad na tréithe is tábhachtaí don phost?

3

C. Cleachtadh taighde

Téigí ar an idirlíon agus éist le píosa tráchtaireachta le Mícheál Ó Muircheartaigh. Nuair a bhíonn an píosa cloiste déanaigí plé ar an méid atá feicthe agaibh.

- Cén cluiche a bhí i gceist?
- Cén sórt cluiche a bhí ann?
- An raibh a stíl phearsanta le cloisteáil sa phíosa seo?
  Tabhair sampla amháin den stíl phearsanta seo.

D. Cleachtadh scríofa

Scríobh tráchtaireacht spóirt bunaithe ar an gcluiche sa phictiúr seo.
Tá lámh chúnta ar fáil in Aonad 8 (litir shamplach ar eachtra spóirt).

Cur chuige: *Luaigh an cluiche, an áit, cé a bhí ag imirt, an cluiche féin, an chéad scór, an toradh.*

Mar chabhair
- An cluiche ceannais *the final*
- Cluiche corraitheach a bhí ann gan amhras *it was an exciting game, without a doubt*
- Cath na gcontaetha! *battle of the counties!*
- Leataobhach *onesided*
- Fuair X cúl iontach *X got a great goal*
- Cúilín *point*
- Sa chéad leath/sa dara leath *in the first half/in the second half*
- Comhscór *equal score*
- I lár na páirce *in the middle of the field*
- Réiteoir *referee*
- Ní raibh aon chomparáid eatarthu ó thaobh cumais de *there was no comparison between them in terms of ability*

E. Ceisteanna scrúdaithe

1. (a) Cathain a rugadh Mícheál Ó Muircheartaigh? (alt 1)
2. (b) Cén fáth ar chuir sé suim sa tráchtaireacht? (alt 1)
3. Cad a bhí á lorg ag Raidió Éireann, dar leis an dara halt? (alt 2)
4. Conas a fuair sé post mar thráchtaire lánaimseartha? (alt 3)
5. Cén sórt eolais phearsanta a luaigh Mícheál nuair a
   bhí sé ag trácht? (alt 3)
6. Cá bhfios duit nach tráchtaire aontaobhach é? (alt 4)

F. Obair bheirte: rólghlacadh

Is láithreoir teilifíse tú agus tá tú chun Mícheál Ó Muircheartaigh a chur faoi agallamh. Ceap deich gceist a chuirfeá air. Cuir na ceisteanna ansin ar do pháirtí os comhair an ranga cosúil le seó cainte.

G. Cleachtadh éisteachta ☉ *Mír 3.6*

Tá beirt daltaí ag caint faoi chluiche éigin. Éist leis an gcomhrá seo agus freagair na ceisteanna.

1. Cén cluiche a bhí ar an teilifís aréir?
2. Cén comórtas a luaitear?
3. Ainmnigh an dá fhoireann a bhí ag imirt.
4. Cad a dúirt an tráchtaire faoin gcluiche?
5. Cén toradh a bhí ar an gcluiche?

Ceapadóireacht

Aiste

Scríobh giota leanúnach nó blag ar cheann amháin de na hábhair seo.

   (i)   Mo rogha pearsa spóirt
  (ii)   Draíocht an spóirt
 (iii)   Na Cluichí Oilimpeacha 2016 in Rio de Janeiro na Brasaíle

Comhrá

Críochnaigh an comhrá seo. Scríobh ceithre líne eile.

Ciarán: Dia duit, a Lucy, cén chaoi a bhfuil tú? An raibh tú ag traenáil aréir? Chuir me glao ort ach ní bhfuair mé aon fhreagra.

Lucy: Tá an ceart agat, a Chiaráin, bhí mé ag traenáil go dtí a hocht a chlog. Mar is eol duit, tá cluiche tábhachtach i ndán dom.

Ciarán: Ní thuigim cén fáth a bhfuil tú tógtha le spórt. Is cur amú ama é. Tá rudaí níos suimiúla le déanamh ar nós cluichí ríomhaire a imirt nó dul ar Facebook.

Lucy: _____

Ciarán: _____

Lucy: _____

Ciarán: _____

3

A. Deis comhrá

Ag obair i mbeirteanna, pléigí na ceisteanna seo a leanas:

- Cé hiad na daoine seo?
- An bhfuil aithne agat orthu?
- Cen saghas ceoil a sheinneann/chanann siad?
- An bhfuil aon eolas agat faoi shaol na ndaoine seo?

B. Obair bheirte

(i) Ag obair i mbeirteanna, féachaigí ar na cineálacha ceoil sa liosta seo a leanas agus ainmnígí ceoltóir amháin a bhaineann le gach saghas ceoil.

Popcheol • Snagcheol • Ceol clasaiceach • Rac-cheol • Ceol traidisiúnta Ceol tíre • Ceol rince • Rapcheol

(ii) An maith leat na ceoltóirí a d'ainmnigh do pháirtí? Cén fáth?

(iii) Roghnaigh trí uirlis cheoil ar mhaith leat a sheinm ón liosta seo agus tabhair an fáth. An bhfuil tú ábalta aon cheann a sheinm cheana féin?

Giotár

Pianó

Feadóg stáin

Bosca ceoil

Drumaí

Cláirseach

Bodhrán

Píb uillinn

C. Cleachtadh éisteachta

Donncha agus Áine ⊙ *Mír 3.7*

Tá beirt déagóirí ag caint faoi cheol.
Éist leis an bpíosa seo agus freagair na ceisteanna.

1. Cén sórt ceoil a thaitníonn le Donncha? Luaigh dhá chineál.
2. Cén uirlis a sheinneann sé faoi láthair?
3. Cén sórt ceoltóra é Johnny Cash dar le Donncha?
4. Cad a cheapann Áine faoi cheol Johnny Cash?
5. Cén saghas ceoil a thaitníonn le hÁine?

Máire ⊙ *Mír 3.8*

Tá Máire Ní Shé ag caintfaoin gceol ina saol.
Éist leis an bpíosa agus freagair na ceisteanna seo.

1. Cén saghas ceoil a bhaineann le muintir Uí Shé?
2. Cén uirlis a sheinneann athair Mháire?
3. Cé mhéad ama a chaitheann siad ag cleachtadh?
4. Conas a d'éirigh leo sa chomórtas náisiúnta le déanaí?
5. Cén ceoltóir is fearr le Máire?

D. Deis comhrá

> An bhfuil tú in ann uirlis cheoil a sheinm?

> Cén saghas ceoil is fearr leat?

> An bhfuil suim agat i gcúrsaí ceoil?

> An seinneann tú ceol go minic?

> Ar fhreastail tú riamh ar cheolchoirm? Cá háit?

> Cén sórt ceoil nach maith leat?

> An bhfuil tú i do bhall de bhanna ceoil?

> Cén banna ceoil is fearr leat?

> Cén réalta ceoil is fearr leat? Cén fáth?

> Cén fáth a dtaitníonn ceol leat?

Nóta don scrúdú: Ullmhaigh na ceisteanna seo
don bhéaltriail agus ansin pléigh iad leis an dalta in aice leat.

Cleachtadh scríofa

Líon isteach an fhoirm iarratais seo. Tá an-suim agat sa cheol agus ba mhaith leat post samhraidh a fháil mar freastalaí in Amharclann an O_2.

AMHARCLANN AN O_2, BÁILE ÁTHA CLIATH

Foirm Iarratais

Ainm   _____

Aois   _____

Dáta breithe   _____

Seoladh baile   _____

Uimhir theileafóin   _____

1. Taithí oibre

   _____

   _____

   _____

2. Luaigh trí shaghas ceoil a thaitníonn leat.

   _____

   _____

   _____

3. Cé chomh minic a dtéann tú chuig ceolchoirmeacha?

   _____

4. An bhfuil tú i do bhall d'aon ghrúpa ceoil?

   _____

   _____

5. Cén fáth ar mhaith leat a bheith ag obair in Amharclann an O_2?

   _____

   _____

   _____

An clár ceoil is fearr liom

Tá dalta Ardteistiméireachta ag scríobh blag ceoil. Léigh an blag seo agus déan na cleachtaí ina dhiaidh.

http://www.educate.ie/blag

An guth is láidre!

reality programmes

An bhfuil tú faoi gheasa ag **cláir réaltachta** ar nós *The Voice*? An dtéann tú a chodladh leis an gceol téama greanta i d'intinn? Mura bhfuil cloiste agat faoin gclár *The Voice* faoin am seo, cónaíonn tú ar phláinéad eile. Is iomaí clár réaltachta atá ar siúl ar an teilifís faoi láthair. Níl aon chlár thart faoi láthair atá ag fáil níos mó airde ná *The Voice*. Tosaíonn an

auditions

clár leis na **trialacha**. Cuirtear na hiomaitheoirí idir mhaith agus olc os ár gcomhair ansin. Ní fheiceann na moltóirí na hiomaitheoirí nuair a bhíonn siad ag canadh agus casann na moltóirí a gcathaoireacha nuair a thaitníonn iarracht an amhránaithe leo. De réir mar a leanann an clár ar aghaidh bíonn ar na hiomaitheoirí na hamhráin a chanadh beo os comhair an phobail gach uile sheachtain. Ag an bpointe seo, oibríonn na moltóirí lena bhfoireann agus cabhraíonn siad leo lena dteicníc agus lena rogha amhrán.

Freastlaíonn an clár ar dhaoine idir óg agus shean. Roinntear na hiomaitheoirí i gceithre ghrúpa agus bíonn moltóir amháin i gceannas ar gach grúpa. Bíonn trialacha ar siúl ar fud na tíre chun na hiomaitheoirí is fearr a roghnú. Tá lucht féachana ollmhór ag *The Voice*. Féachann na milliúin ar an gclár go rialta.

tears are easily shed

fierce conflict

Tá an-éileamh ar an duais. Bíonn na hiomaitheoirí san iomaíocht do chonradh taifeadta luachmhar. Is clár an-drámata é. **Titeann na deora go faíoch** nuair a theipeann ar iomaitheoir dul ar aghaidh chuig an gcéad bhabhta eile. Bíonn brú uafásach orthu na hamhráin a chanadh go foirfe gach seachtain os comhair na moltóirí agus an phobail, go háirithe ar an gclár ceannais. Bíonn **dianchoimhlint** idir na moltóirí freisin agus bíonn argóintí eatarthu uaireanta.

Craoltar an clár ar fud an domhain. Bíonn sraith Shasanach agus sraith Mheiriceánach ar siúl, agus ceann Éireannach freisin. Tá comhlachtaí ag déanamh a ndícheall chun urraíocht a dhéanamh ar an gclár. Caitheann siad lear mór airgid ar fhógraíocht i rith an tseó. Ná déan dearmad ar chumhacht an *X Factor* áfach. Tá an clár seo fós ag barr na gcairteacha. Is léiritheoir ceoil iontach é Simon Cowell, cruthaitheoir *X Factor*. Is fear gnó cumasach é freisin. Chruthaigh sé na comórtais *Pop Idol* sa Ríocht Aontaithe agus *American Idol* i Meiriceá. Ní strainséir é ó thaobh comórtais amhránaíochta de. Seachas an obair mar léiritheoir, bíonn sé ina mholtóir ar an gclár freisin. Bhain sé

cruel and insulting

cáil amach mar mholtóir **cruálach agus maslach**. Ní bhíonn sé ach ag insint na fírinne, dar leis féin. Is milliúnaí anois é atá ar mhuin na muice.

A. Deis comhrá

Ag obair i mbeirteanna, pléigí an blag seo faoi na pointí seo a leanas:

- An aontaíonn tú leis an mblagadóir faoin méid suime atá ag daoine sa chlár *The Voice*?
- Cad a chiallaíonn an nath "ní strainséir é Simon Cowell ó thaobh comórtais amhránaíochta de"?
- Ar mhaith leat dul ar na trialacha éisteachta?
- Cad é do thuairim féin faoin bpíosa seo?

B. Meaitseáil

Meaitseáil na focail seo ón sliocht leis an mBéarla.

1	Iomaitheoirí	A	Power
2	Trialacha	B	Perfectly
3	Lucht féachana	C	Advertising
4	Go rialta	D	Auditions
5	Go foirfe	E	Viewers
6	Moltóirí	F	Contestants
7	Cumhacht	G	Judges
8	Fógraíocht	H	Regularly

C. Cleachtadh scríofa

(i) Athscríobh na habairtí seo i do chóipleabhar agus líon na bearnaí leis na focail thuas.

1. Bhí na _____ an-chairdiúil leis an iomaitheoir.
2. Eagraíodh feachtas fuinnimh darb ainm ' _____ an duine aonair'.
3. Bíonn _____ ollmhór ag an gclár *Blue Bloods.*
4. Bím i mbun aclaíochta _____ chun a bheith sláintiúil.
5. Thosaigh na _____ ar an gcéad lá de mhí Mheán Fómhair.
6. Cosnaíonn _____ a lán airgid. Caitheann comhlachtaí na milliúin uirthi ar fud na cruinne.
7. Labhair an tUachtarán nuathofa _____ ar an ardán.
8. Bíonn _____ ó gach cearn den domhan páirteach sa chomórtas.

(ii) Cuir na focail/nathanna seo a leanas in abairtí.

1. faoi gheasa   3. greanta i d'intinn   5. cláir réaltachta
2. an-éileamh   4. lear mór airgid

(iii) Aistrigh na habairtí seo a leanas go Gaeilge.

1. There are students, both good and bad, in the class.
2. The judges are trying to choose the best competitors.
3. There is great demand for Lady Gaga's new album.
4. I love competing in the school sports day.
5. There is major conflict in the world today.

Amy Winehouse

1. Ba cheoltóir Sasanach Amy Winehouse. Ceoltóir eisceachtúil ab ea í, a raibh clú agus cáil uirthi. Fógraíodh i mí Iúil 2011 go bhfuair sí bás ina teach féin. Dúradh níos déanaí gur mhí-úsáid alcóil ba chúis lena bás. Ní raibh sí ach seacht mbliana is fiche ag an am. Tháinig deireadh lena saol róluath. Bhí **gairm bheatha** aici agus bhí an-tóir ar a cuid ceoil. Bhí a cuid oibre bunaithe ar mheascán seánraí, idir shnagcheol agus r'n'b. Fuair sí aitheantas criticiúil de bharr a tallainne. Lá brónach do ghaolta agus do chairde Amy ab ea an 26 Iúil nuair a d'fhreastail siad ar a sochraid.

2. **Eisíodh** a céad albam i mí Dheireadh Fómhair 2003. 'Frank' an t-ainm a bhí air agus bhí tionchar mór ag snagcheol ar na hamhráin ar an albam. Fuair an t-albam **léirmheasanna dearfacha**. Ba léir go raibh guth neamhghnách aici agus ina theannta sin, chruthaigh sí íomhá sho-aitheanta di féin. Fógraíodh go bhfuair sí ainmniúcháin do na gradaim BRIT agus bhí sí ag dul ó neart go neart. Dhá bhliain ina dhiaidh sin, tháinig a dara halbam amach. Bhí codarsnacht iontach le feiceáil ar an albam seo. Bhí tionchar mór ag bancheoltóirí na gcaogaidí agus na seascaidí uirthi nuair a bhí sí i mbun pinn. Chuaigh an t-albam 'Back to Black' go barr na gcairteacha sa Bhreatain agus bhain sé uimhir a dó amach ar an gcairt Billboard 200 i Meiriceá.

3. Bhí scéalta i gcónaí sna meáin faoi shaol príobháideach Amy Winehouse. Bhíodh a lán tuairiscí sna meáin faoina cuid fadhbanna drugaí. Ba léir ó na lirící go raibh go leor **ag cur isteach uirthi**. Bhí sí ag tógáil drugaí agus ag ól an iliomad alcóil agus ba mhór an tionchar a bhí acu seo ar a gairm, faraor. Bhí ceolchoirm aici i Londain agus bhí sí as a meabhair le halcól. Bhí sí maslach lena lucht éisteachta agus d'fhág cuid mhór acu an amharclann chun a míshástacht a léiriú. Cuireadh a ceolchoirmeacha eile don bhliain ar ceal. Cuireadh san ospidéal ansin í agus tháinig na céadta scéal amach ansin fúithi. Thug a comhlacht **rabhadh** di dul i ngleic leis na fadhbanna a bhí aici nó go gcuirfidís deireadh leis an gconradh.

4. Bhí suim ag an bpobal i saol pearsanta Amy Winehouse freisin. Ní dhearna sí cinntí cearta ar bith, dar leo. Bhí sí pósta le Blake FielderCivil ar feadh dhá bhliain agus tugadh colscaradh d'Amy i rith an tsamhraidh in 2009. Gaol **achrannach** a bhí eatarthu, gan dabht, agus bhídís i gcónaí ag troid le chéile. Dúirt sí in agallamh amháin go raibh an pósadh bunaithe ar dhrugaí. Bhí sí gafa le drugaí agus **mhaígh** a fear céile gurbh eisean a mheall Amy i dtreo drugaí crua.

5. Seachas an saol conspóideach a bhí aici, rinne sí a dícheall ar son grúpaí áirithe ina ceantar féin. Sheas sí i gcoinne feachtais bloc árasán a thógáil in aice le hionad ceoil ina ceantar féin. Tógadh grianghraf nochta di don iris 'Easy Living' chun tacaíocht a thabhairt don **Chumann Ailse Bhrollaigh**. Thug sí gúna ar iasacht don mhúsaem ceoil san O2, músaem nua ag ceiliúradh stair an cheoil sa Bhreatain. Níl aon dabht gur dhuine speisialta ab ea Amy Winehouse agus go raibh guth draíochtach, gleoite aici. Fanfaidh a saothair i gcuimhne a lucht leanúna go deo.

Foclóir

gairm bheatha *profession* • **Eisíodh** *was released* • **léirmheasanna dearfacha** *positive reviews*

ag cur isteach uirthi *bothering her* • **rabhadh** *warning* • **achrannach** *troublesome*

mhaígh *claimed* • **Chumann Ailse Bhrollaigh** *Breast Cancer Society*

A. Cuardaigh

An féidir leat na focail/nathanna seo a aimsiú i nGaeilge sa sliocht thíos?

*English • Rich and famous • Funeral • Influence • Announced
Nominations • Top of the charts • Reports • Celebrating*

B. Deis comhrá

Ag obair i mbeirteanna, pléigí an sliocht faoi na ceannteidil seo a leanas:

- An bhfuil aithne agat ar Amy Winehouse?
- An léiríonn an píosa seo go héifeachtach go bhfuil praghas le híoc ar cháil a bhaint amach?
- Cad a chiallaíonn an nath "Ní raibh na ceannlínte cineálta di", meas tú?
- Cad í do thuairim féin faoin bpíosa seo?
- Ar mhaith leat a bheith i do cheoltóir?

C. Obair idirlín

Téigí ar an idirlíon, agus roghnaígí físeán inar féidir amhrán Amy Winehouse a fheiceáil agus a chloisteáil. Nuair atá an píosa feicthe agaibh pléigí an méid a chonaic sibh sa rang.

D. Cleachtadh scríofa

1. Bhí neart samplaí d'aidiachtaí sa phíosa seo. Aimsigh cúig cinn acu agus ansin cuir in abairtí iad.
2. Tá an suíomh idirlín 'Fórsa Fuaime' ag lorg léirmheasanna ar albaim cheoil. Scríobh an t-alt a chuirfeá isteach ag déanamh léirmheasa ar do rogha albam ceoil.
   Cur chuige: Luaigh ainm an ghrúpa/albaim, eolas faoin ngrúpa, saghas ceoil ar an albam, tuairimí dearfacha, tuairimí diúltacha

Mar chabhair

- Taitneoidh an t-albam seo leat *you will like this album*
- Meascán de cheol tíre/phopcheol/shnagcheol/rac-cheol *a mix of country music/pop/jazz/rock*
- Tá X ar cheann de na grúpaí ceoil is mó le rá in Éirinn/ar domhan faoi láthair *X are one of the biggest groups in Ireland/in the world at the moment*
- Ceoltóirí eisceachtúla/iontacha *exceptional/great musicians*
- Tá an-mheas agam orthu *I have great respect for them*
- Na traiceanna ar an albam *the tracks on the album*
- Scoth an cheoil *the best of music*
- Beidh éisteoirí faoi gheasa *listeners will be under a spell*
- D'fhógair siad le déanaí *they announced recently*
- Mholfainn do gach duine an t-albam seo a cheannach *I would advise everyone to buy this album*

F. Ceisteanna scrúdaithe

1. (a) Cathain a fuair Amy Winehouse bás? (alt 1)
2. (b) Cad ba chúis lena bás? (alt 1)
3. Cad í an difríocht idir an dá albam a luaitear? (alt 2)
4. Tabhair dhá shampla den drochthionchar a bhí ag drugaí ar a saol. (alt 3)
5. Cén sórt pósta a bhí ag Amy le Blake FielderCivil? (alt 4)
6. Luaigh dhá shampla den obair mhaith a rinne Amy Winehouse ar son daoine eile. (alt 5)

G. Deis comhrá

Tá tú ag caint le do chara faoi do rogha ceoil. Is fearr leat popcheol ach is fearr le do chara cineál eile ceoil. Cum an comhrá a bheadh eadraibh.

H. Cleachtadh éisteachta ✆ *Mír 3.9*

Tá beirt daltaí ag caint le chéile. Éist leis an gcomhrá seo agus freagair na ceisteanna.

1. Cén gairm bheatha atá ag athair Mhíchíl?
2. Cén saghas ceoil a sheinneann sé?
3. An ball de ghrúpa éigin é?
4. Cad a dúirt Oisín faoin ngrúpa 'Rockies'?
5. Cá mbeidh an grúpa seo ag seinm ag an deireadh seachtaine?

Ceapadóireacht

Aiste

Scríobh giota leanúnach nó blag ar cheann amháin de na hábhair seo:

1. Is beag dea-shampla a thugann réaltaí ceoil an lae inniu don aos óg.
2. Draíocht an cheoil.
3. An ceoltóir is fearr liom.

Scéal

Ceap scéal (leathleathanach) a mbeidh an sliocht seo a leanas oiriúnach mar thús leis.

Fuair mé dhá thicéad don cheolchoirm Kings of Leon ó mo chara. Bhí ríméad agus gliondar croí orm… Tá lámh chúnta ar fáil in Aonad 8.

Réamhobair

3

(i) Féachaigí ar na pictiúir seo agus smaoinígí ar an scéal atá i ndán dúinn. Pléigí na pictiúir faoi na pointí seo a leanas.

- Ar chuala tú riamh faoi Oisín agus Niamh?
- Cá bhfuil an scéal suite?
- Cé atá mar charachtar lárnach sa scéal?
- An scéal nua-aimseartha é seo, dar leat? Mínigh do fhreagra.
- Cad a tharlóidh ag críoch an scéil, dar leat?

(ii) Ag obair i ngrúpaí, éistigí leis an amhrán 'Tír na nÓg' leis na Fíréin.

Tugann sé léargas dúinn ar an scéal seo. Scríobhaigí cúig mhír eolais ón amhrán seo.

Oisín i dTír na nÓg
curtha in eagar ag Niall Ó Dónaill

digging stones

Bhí trí chéad fear **ag baint chloch** i nGleann na Smól, gleann aoibhinn seilge na Féinne. Bhí buíon acu crom istigh faoin leac mhór agus gan dul acu a tógáil. Luigh sí anuas orthu go raibh siad á gcloí aici, agud cuid acu ag titim i laige. Chonaic siad chucu sa ghleann an fear mór álainn ar **each bhán**. Chuaigh duine de na maoir ina araicis.

white horse

'A ríghaiscigh óig,' ar seisean, 'tabhair tarrtháil ar mo bhuíon nó ní bheidh aon duine acu beo.'

'Is náireach le rá é nach dtig le neart bhur slua an leac sin a thógáil,' arsa an marcach. 'Dá mairfeadh Oscar, chuirfeadh sé d'urchar í thar mhullach bhur gcinn. Luigh sé anonn ar **a chliathán** deas agus rug ar an leac ina láimh. Le neart agus le lúth a ghéag chuir sé seacht bpéirse as a háit í.

his side

Bhris giorta an eich bháin le meáchan an urchair, agus sular mhothaigh an gaiscíoch bhí sé ina sheasamh ar a dhá bhonn ar thalamh na hÉireann. D'imigh an t-each bán chun scaoill air agus fágadh é féin ina sheanduine bhocht dhall i measc an tslua i nGleann na Smól.

old, grey wise man

Tugadh i láthair Phádraig Naofa é sa chill. B'iontach le gach uile dhuine an **seanóir chríon liath** a bhí os méid gach fir agus an rud a tharla dó. 'Cé thú féin, a sheanóir bhoicht?' arsa Pádraig 'Is mé Oisín i ndiaidh na Féinne,' ar seisean. 'Chaill mé mo dheilbh is mo ghnúis. Tá mé i mo sheanóir bhocht dhall, gan bhrí, gan mheabhair, gan aird.' 'Beannacht ort, a Oisín uasail,' arsa Pádraig. 'Ná bíodh gruaim ort fá bheith dall, ach aithris dúinn cad é mar mhair tú i ndiaidh na Féinne.' 'Ní hé mo bheith dall is measa liom,' arsa Oisín 'ach mo bheith beo i ndiaidh Oscair agus Fhinn. Inseoidh mé mo scéal dhaoibh, cé gur doiligh liom é.'

Ansin shuigh Oisín i bhfianaise Phádraig agus na cléire gur inis sé a scéal ar Thír na nÓg agus ar Niamh Chinn Óir a mheall ón Fhiann é. Maidin cheo i ndiaidh Chath Ghabhra bhí fuílleach áir na Féinne ag seilg fá Loch Léin. Níorbh fhada go bhfaca siad aniar chucu ar each bhán an marcach mná ab áille gnaoi. Rinne siad dearmad den tseilg le hiontas inti. Bhí **coróin ríoga** ar a ceann agus brat donn síoda a bhí buailte le réalta dearg óir á cumhdach go sáil. Bhí a gruaig ina duala buí óir ar sileadh léi agus a gormshúile mar dhrúcht ar bharr an fhéir.

royal crown

sorrow

brave

unrequited love

'Cé thú féin, a ríon óg is fearr maise agus gnaoi?' arsa Fionn 'Niamh Chinn Óir is ainm domh,' ar sise 'agus is mé iníon Rí na nÓg.' 'An é do chéile a d'imigh uait, nó cad é an **buaireamh** a thug an fad seo thú?' arsa Fionn 'Ní hé mo chéile a d'imigh uaim agus níor luadh go fóill le fear mé.' ar sise. 'Ach, a Rí na Féinne, tháinig mé le grá do do mhac féin, Oisín **meanmach** na dtréanlámh.' 'A iníon óg,' arsa Fionn, cad é mar a thug tú grá do mo mhacsa thar fhir bhreátha an tsaoil?' 'Thug mé **grá éagmaise** dó as an méid a chuala mé i dTír na nÓg fána phearsa agus fána mhéin,' arsa Niamh. Chuaigh Oisín é féin ina láthair ansin agus rug greim láimhe uirthi. 'Fíorchaoin fáilte romhat chun na tíre seo, a ríon álainn óg,' ar seisean.

spell

bending

'Cuirim **geasa** ort nach bhfulaingíonn fíorlaoch, a Oisín fhéil,' ar sise, 'mura dtaga tú ar ais liom go Tír na nÓg. Is í an tír is aoibhne faoin ghrian. Tá a crainn **ag cromadh** le toradh is bláth agus is fairsing inti mil is fíon. Gheobhaidh tú gach ní inti dá bhfaca súil. Ní fheicfidh tú meath ná éag is beidh mise go deo agat mar bhean.' 'Do dhiúltú ní thabharfaidh mé uaim,' arsa Oisín. 'Is tú mo rogha thar mhná an domhain, agus rachaidh mé le fonn go Tír na nÓg leat.'

to celebrate

Ansin chuaigh Oisín ar mhuin an eich bháin agus chuir Niamh Chinn Óir ar a bhéala. Rinne na Fianna an dís a **chomóradh** go béal na mara móire siar. 'A Oisín,' arsa Fionn, 'mo chumha thú ag imeacht uaim agus gan súil agam le do theacht ar ais go brách.'

many tears

Shíl na **deora frasa** anuas le grua Oisín agus phóg sé a athair go caoin. B'iomaí lá aoibhinn a bhí ag Fionn agus Oisín i gceann na Féinne fá réim, ag imirt fichille is ag ól, ag éisteacht cheoil is ag bronnadh séad. B'iomaí lá eile a bhí siad ag sealgaireacht i ngleannta míne nó ag treascairt laoch i ngarbhghleic. D'imigh a ghné d'Fhionn ar scaradh lena mhac. Chroith an t-each bán é féin chun siúil. Rinne sé trí seitreacha ar an tráigh agus thug a aghaidh siar díreach ar an fharraige le hOisín is le Niamh. Ansin lig na Fianna trí gártha cumha ina ndhiaidh.

Thráigh an mhínmhuir rompu agus líon na tonnta tréana ina ndiaidh. Chonaic siad grianáin lonracha faoi luí gréine ar a n-aistear. Chonaic siad an eilit mhaol ar léim lúith agus an gadhar bán á tafann. Chonaic siad an ainnir óg ar each dhonn ag imeacht ar bharr na toinne, úll óir ina deaslámh agus an marcach ina diaidh ar each bán le **claíomh chinn óir**.

goldhandled sword

fort
fight

Tháinig siad i dtír ag **dún** Rí na mBeo mar a raibh iníon an rí ina brá ag Fómhar Builleach. Chuir Oisín **comhrac** thrí oíche is thrí lá ar Fhómhar Builleach, gur bhain sé an ceann de agus gur lig saor iníon Rí na mBeo. Ansin ghluais siad leo thar an gharbhmhuir go bhfaca siad tír aoibhinn lena dtaobh, na machairí míne fá bhláth, na grianáin a cumadh as clocha solais, agus an dún rí a raibh gach dath ann dá bhfaca súil. Tháinig trí caogaid laoch ab fhearr lúth agus céad ban óg ab áille gnaoi **ina n-airicis**, agut tugadh le hollghairdeas iad chuig Rí agus chuig Banríon Thír na nÓg.

toward them

'Fáilte romhat, a Oisín mhic Fhinn,' arsa Rí na nÓg. 'Beidh do shaol buan sa tír seo agus beidh tú choíche óg. Níl aoibhneas dár smaoinigh croí air nach mbeidh agat, agus Niamh Chinn Óir go deo mar chéile.' Chaith siad fleá is féasta a mhair deich n-oíche is deich lá i ndún an rí, agus pósadh Oisín agus Niamh Chinn Óir. Is iomaí bliain a chaith siad fá aoibhneas i dTír na nÓg, gan **meath** ná éag ná easpa. Bhí beirt mhac acu a bhaist siad Fionn is Oscar orthu agus iníon álainn a dtug siad Plúr na mBan uirthi.

decline

Fá dheireadh smaoinigh Oisín gur mhaith leis Fionn agus na Fianna a fheiceáil arís. D'iarr sé an t-each bán ó Niamh go dtugadh sé cuairt ar Éirinn.

'Gheobhaidh tú sin, cé gur doiligh liom do ligean uaim,' arsa Niamh. 'Ach, a Oisín, cuimhnigh a bhfuil mé a rá! Má chuireann tú cos ar thalamh na hÉireann ní thiocfaidh tú ar ais go brách.'
'Ní heagal domh, a Niamh álainn,' ar seisean. 'Tiocfaidh mé slán ar ais ar an each bhán.'
'Deirim leat fá dhó, a Oisín, má thig tú anuas den each bhán, nach bhfillfidh tú **choíche** go Tír na nÓg.'

ever

Ná bíodh cian ort, a Niamh chaoin. Tiocfaidh mé slán ar ais go Tír na nÓg.' Deirim leat fá thrí, a Oisín, má ligeann tú uait an t-each bán éireoidh tú i do sheanóir chríon liath, gan lúth, gan léim, gan amharc súl. Níl Éire anois mar a bhí, agus ní fheicfidh tú Fionn agus na Fianna.'

D'fhág Oisín slán ag Niamh Chinn Óir, ag a dhís mhac agus ag a iníon. Chuaigh sé ar mhuin an eich bháin agus thug a chúl go **dubhach** le Tír na nÓg. Nuair a tháinig sé i dtír in Éirinn bhuail eagla é nach raibh Fionn beo. Casadh marcshlua air a chuir iontas ina mhéid agus ina ghnaoi, agus nuair a chuir sé ceist orthu an raibh Fionn beo nó ar mhair aon duine eile den Fhiann dúirt siad go raibh seanchas orthu ag lucht scéalaíochta. Bhuail tuirse agus cumha Oisín agus thug sé aghaidh ar Almhain Laighean. Ní fhaca sé teach Fhinn in Almhain. Ní raibh ina ionad ach **fliodh agus neantóg**. 'A Phádraig, sin duit mo scéal,' arsa Oisín. 'Nuair a fuair mé Almhain **folamh** thug mé m'aghaidh go dubhach ar ghnáthbhailte na Féinne. Ar theacht go Gleann na Smól domh thug mé tarrtháil ar an bhuíon gan bhrí agus chaill mé an t-each bán. Chaill mé mo lúth agus mo neart, mo dheilbh agus amharc mo shúl.' Cúis luaíochta do chumha, a Oisín, agus gheobhaidh tú Neamh dá bharr,' arsa Pádraig.

Thairg Pádraig ansin Oisín a choinneáil ar a theaghlach agus a thabhairt leis ar a thurais ar fud na hÉireann, óir bhí trua aige don tseanóir dhall agus ba mhaith leis seanchas an tseansaoil a fháil uaidh agus soiscéal Dé a theagasc dó i ndeireadh a aoise. **Thoiligh** Oisín dul leis mar gur shantaigh sé gach cearn agus gach baile ina mbíodh na Fianna a shiúl arís agus mar nach raibh lúth a choirp ná amharc a shúl aige le himeacht in aon áit leis féin, ná aon duine dá lucht aitheantais le fáil. Ansin tháinig a bproinn agus d'fhiafraigh Pádraig d'Oisín an rachadh sé chun an phroinntí mar aon le cách. 'Tabhair mo chuid bia agus mo leaba i leataobh domh,' arsa Oisín, óir ní **lucht comhaimsire** domh na daoine anois.'

depressed

*weeds and
nettles, empty*

agreed

acquaintances

Greannán den scéal

Féach ar an tsraith pictiúr seo bunaithe ar an scéal. Inis scéal bunaithe ar na pictiúir seo.

- Breac síos trí abairt ar gach pictiúr
- Cum trí cheist bunaithe ar an tsraith pictiúr

Achoimre ar an scéal

Is scéal béaloidis é 'Oisín i dTír na nÓg' agus is scéal mór grá na litríochta Gaeilge is ea é. Tosaíonn an cuntas seo le trí chéad fear ag iarraidh cloch a bhogadh ach níl siad in ann é a dhéanamh. Ansin feiceann siad fear óg dathúil ag teacht ar chapall bán. Stopann sé chun cabhrú leo agus nuair a chuireann sé cos ar thalamh na hÉireann, éiríonn sé an-chríonna láithreach. Buaileann sé le Naomh Pádraig agus insíonn sé a scéal dó.

Bhí Oisín agus na Fianna amuigh ag seilg nuair a chonaic siad bean álainn. Bhí dath an óir ar a cuid gruaige agus is as sin a fuair sí an t-ainm Niamh Chinn Óir. B'iníon Rí na nÓg í. Tháinig sí ar cuairt go hÉirinn mar chuala sí na scéalta faoin laoch Oisín. Nuair a leag siad súile ar a chéile den chéad uair, thit siad i ngrá ar an bpointe boise. Chuir sí Oisín faoi gheasa chun é a thabhairt ar ais go Tír na nÓg léi. Bhí brón an domhain ar athair Oisín, Fionn, mar gur thuig sé go mbeadh a mhac á fhágáil go deo. D'imigh Oisín agus Niamh le chéile ar an gcapall bán trasna na farraige.

Ar an mbealach, stop siad i ndún Rí na mBeo. Bhí a iníon gafa ag Fómhar Builleach. Caitheadh trí lá agus trí oíche ag troid leis chun an cailín a scaoileadh saor. Ba laoch cróga é Oisín agus bhuaigh sé an troid. Shroich siad Tír na nÓg, tír álainn, fhairsing, fhlúirseach. Ní éiríonn aon duine sean i dTír na nÓg. Bhí féasta mór ann chun a bhfilleadh a cheiliúradh. Bhí saol sona ag Oisín agus Niamh ann agus rugadh triúr páistí dóibh, beirt mhac agus iníon amháin.

Bhí saol maith ag Oisín i dTír na nÓg ach bhí cumha air nuair a smaoinigh sé ar an seansaol in Éirinn. Bhíodh sé ag smaoineamh ar a mhuintir agus ar a chairde agus thagadh brón air. Dúirt sé le Niamh gur mhaith leis dul abhaile uair amháin eile chun a mhuintir a fheiceáil. Bhí imní ar Niamh agus thug sí rabhadh faoi thrí dó gan a chos a chur ar thalamh na hÉireann. Nuair a shroich sé Éire, bhí an áit an-difriúil mar bhí na céadta bliain caite ag Oisín i dTír na nÓg.

Ní raibh duine ná deoraí le feiceáil. Bhí a áit chónaithe folamh agus thuig sé ansin go raibh na Fianna go léir marbh. Thaistil sé ar fud na tíre agus lá amháin tháinig sé ar Ghleann na Smól, an áit ar thit sé dá chapall. Mar a deirtear sa scéal, ag an bpointe seo éiríonn sé ina sheanfhear, liath agus dall. Bhí trua ag Naomh Pádraig dó agus thug sé aire dó. D'inis Oisín a scéalta dó go dtí go bhfuair sé bás.

Cleachtadh scríofa

(i) Athscríobh na habairtí seo a leanas i do chóipleabhar agus líon na bearnaí.

1. Tá 'Oisín i dTír na nÓg' ar cheann de na scéalta _____ is fearr.
2. Bhí trí chéad fear ag iarraidh _____ a bhogadh i nGleann na Smól.
3. Tháinig _____ ar chapall bán thar na cnoic.
4. Duine deas ab ea Oisín agus bhí sé sásta _____ leis na fir.
5. Níor éist Oisín le _____ Niamh "gan a chos a chur ar thalamh na hÉireann".
6. Bhí sé ina sheanfhear _____ nuair a leag sé cos ar an talamh.
7. Chaith _____ saol sona le Niamh agus a qclann i dTír na nÓg.
8. Ba léir go raibh _____ mór idir Oisín agus Niamh Chinn Óir.

Cloch • Niamh •Oisín • Grá • Dall • Cabhrú • Béaloidis • Rabhadh

(ii) Fíor nó Bréagach?

1. Bhí na fir in ann cloch mhór a bhogadh i nGleann na Smól.
2. Bhí na Fianna ag seilg i dTír na nÓg.
3. Thit Oisín ar an talamh mar gur bhris giorta an chapaill.
4. Scaoil Oisín Rí na mBeo saor nuair a throid sé le Fómhar Builleach.
5. Thug Niamh cúig rabhadh d'Oisín sular fhág sé Tír na nÓg.

(iii) Cuir na ceisteanna seo ar an dalta in aice leat agus ansin scríobh na freagraí i do chóipleabhar.

1. Cá raibh na Fianna ag seilg nuair a bhuail Oisín le Niamh?
2. Déan cur síos ar Niamh Chinn Óir ón méid atá ráite fúithi sa scéal.
3. Cén sórt áite í Tír na nÓg? Luaigh dhá rud fúithi.
4. Cén t-éacht a rinne Oisín i ndún Rí na mBeo?
5. Luaigh dhá rud faoin saol a bhí ag Oisín agus Niamh i dTír na nÓg.
6. Cén fáth ar shocraigh Oisín dul ar ais go hÉirinn?
7. Cén rabhadh a thug Niamh dó?
8. Cén fáth ar thit sé den chapall?
9. Cad a tharla nuair a thit sé den chapall?
10. Conas ar chaith sé a sheanaois in Éirinn?

Deis comhrá

Cum comhrá a bheadh idir beirt charachtar ón scéal. Roghnaigh ceann de na heachtraí seo a leanas.

- Comhrá idir Oisín agus Niamh nuair a bhuail siad le chéile ar dtús
- Comhrá idir Oisín agus Fionn nuair a bhí Oisín ag fágáil na tíre
- Comhrá idir Oisín agus Niamh nuair a bhí sé ag fágáil Thír na nÓg
- Comhrá idir Oisín agus Naomh Pádraig nuair a bhuail siad le chéile

Cíoradh an scéil 1: An téama

Obair ghrúpa

Ag obair i ngrúpaí de cheathrar, déanaigí machnamh ar théama an scéil. Roghnaígí trí théama ón liosta seo a mbainfeadh sibh úsáid astu le cur síos a dhéanamh ar théama an scéil. Insígí don rang cén fáth ar roghnaigh sibh na téamaí seo.

Béaloideas • Greann • Cairdeas • Laochas • Grá
Saol na lánúine pósta • Draíocht • Saoirse • Cruachás

3

Cleachtadh labhartha/scríofa

Ainmnigh leabhar nó scannán ar bith ina bhfuil laochra. Scríobh achoimre ar an leabhar nó scannán sin nó inis don rang faoi.

Ceist scrúdaithe agus freagra samplach

Cad é téama an scéil seo?

Scéal Fiannaíochta is ea é. Is gné fhíorthábhachtach é an laochas sna scéalta Fiannaíochta. Tugtar léargas dúinn ar shaol Oisín. Ba laoch cróga é. Chuala Niamh scéalta faoi agus bhí sé ar intinn aici casadh leis. Tháinig sí go hÉirinn de bharr an mhéid a chuala sí faoi. Bhí meas ag na Fianna ar Oisín agus bhí brón orthu nuair a d'fhág sé Éire. Feicimid sampla den laochas nuair a throid sé le Fómhar Builleach. Bhí iníon Rí na mBeo i ngéibheann agus rinne Oisín gaisce chun í a scaoileadh saor. Fear óg láidir ab ea é freisin. Bhí sé sásta rud ar bith a dhéanamh chun cabhrú le daoine. Feicimid an neart a bhí aige nuair a bhog sé an chloch mhór. Ní raibh na trí chéad fear in ann é a dhéanamh ach d'éirigh le hOisín. Feicimid a chrógacht tríd an scéal agus níl dabht ar bith gur laoch cróga láidir é Oisín.

Cleachtadh duitse!

Roghnaigh téama amháin, seachas an ceann atá anseo, agus tabhair cuntas gairid ar a bhfuil sa scéal faoin téama atá roghnaithe agat.

Cíoradh an scéil 2: Na carachtair

Deis comhrá

1. Samhlaigh gur tusa duine de na Fianna, cara le hOisín. Cad a déarfá faoi? Is duine _____ é…
2. Samhlaigh gur tusa duine de na daoine atá ina gcónaí i dTír na nÓg, cara le Niamh. Cad a déarfá fúithi? Is duine _____ í…

Obair ghrúpa

Ag obair i ngrúpaí de cheathrar, déanaigí machnamh ar na carachtair Oisín agus Niamh. Roghnaígí trí aidiacht ón liosta seo a mbainfeadh sibh úsáid astu le cur síos a dhéanamh ar na carachtair thuas. Insígí don rang cén fáth ar roghnaigh sibh na haidiachtaí seo.

Dathúil • Cineálta • Tuisceanach • Ceanndána • Misniúil
Brónach • Grámhar • Dílis • Freagrach

Carachtair an scéil

OISÍN	Mac le Fionn; Laoch cróga; Cara cabhrach; Uaigneach	Bhí mac ag Fionn mac Cumhaill, Taoiseach na bhFiann, agus Oisín ab ainm dó. Ba laoch cróga é ag an am. Chuala Niamh faoi ghaiscíocht Oisín agus tháinig sí go hÉirinn dá bharr sin. Léiríonn Oisín a chrógacht nuair a théann sé ag troid le Fómhar Builleach chun iníon Rí na mBeo a shábháil. Is duine cabhrach é freisin mar cabhraíonn sé leis na fir i nGleann na Smól chun an chloch a bhogadh. Thit uaigneas air ansin nuair a d'aithin sé nach raibh a chairde, na Fianna, fós beo. Bhí sé ina aonar ag taisteal timpeall na tíre agus is as sin a thagann an nath cainte 'Oisín i ndiaidh na Féinne', rud a deirtear faoi dhuine atá fágtha leo féin, gan cara ná comharsa.
NIAMH	Spéirbhean; Grámhar; Tuisceanach	Iníon Rí na nÓg ab ea í. Bean álainn ab ea í agus thit Oisín i ngrá léi láithreach nuair a chonaic sé í ag teacht ina threo ar a capall bán. Thit sí i ngrá le hOisín freisin agus mheall sí Oisín go Tír na nÓg. Thuig sí go raibh cumha ar Oisín i ndiaidh na Féinne agus thug sí a capall dó chun dul abhaile. Sular fhág sé, thug sí trí rabhadh dó a bheith cúramach agus gan cos a chur ar thalamh na hÉireann. Bhí sí croíbhriste nuair a d'fhág Oisín agus ní fhaca sí arís é.
NAOMH PÁDRAIG	Cineálta; Cabhrach; Naofa	Thit Oisín dá chapall nuair a bhí sé ag cabhrú leis na fir i nGleann na Smól. Bhí trua acu dó agus thug siad Oisín go dtí Naomh Pádraig. D'inis Oisín a scéal go léir dó. Bhí trua ag Naomh Pádraig dó agus bhí sé an-chineálta leis. Thug sé aire mhaith dó. Níor chuala Oisín faoi Íosa Críost riamh agus mhúin Naomh Pádraig soiscéal Dé dó.

Ceist scrúdaithe agus freagra samplach

Cén carachtar is fearr leat sa scéal? Déan cur síos gairid air/uirthi.

Is fearr liom an carachtar Oisín sa scéal seo. Tugtar léargas iontach dúinn air agus ar a shaol. Duine deas ab ea é. Chaith sé a óige ag seilg leis na Fianna agus bhí meas acu air. Bhí caidreamh maith aige leo agus lena athair, Fionn, go háirithe. Bhí sé amuigh leis na Fianna nuair a bhuail sé le Niamh Chinn Óir. D'athraigh a shaol ón am sin ar aghaidh. Chuaigh sé go Tír na nÓg léi ach bhí brón air an tír, a mhuintir agus a chairde a fhágáil. Feicimid a chrógacht ar an mbealach go Tír na nÓg nuair a throid sé ar feadh trí lá agus trí oíche le Fómhar Builleach. Tá trua agam d'Oisín ag deireadh an scéil. Léirigh sé an cumha a bhí air i ndiaidh na Féinne agus téann sé ar ais go hÉirinn. Cailleann sé a neart nuair a thiteann sé den chapall agus tagann aois air go tapa. Ní fheiceann sé Niamh, a pháistí ná Tír na nÓg arís.

Cleachtadh duitse!

Cén saghas duine í Niamh Chinn Óir? Déan cur síos gairid uirthi agus inis cén fáth ar thaitin (nó nár thaitin) sí leat. Is leor dhá fháth.

> **Cur chuige:** *Luaigh a háilleacht, caidreamh le hOisín, grá agus a clann, an saol i dTír na nÓg*

Ag machnamh ar an scéal

Cad é do thuairim faoin scéal seo?

An maith leat é?

Thaitin an scéal seo liom mar gur maith liom an téama atá ann – laochas.

Is maith liom an carachtar Oisín. Is laoch cairdiúil é.

Níor thaitin críoch an scéil liom. Tháinig seanaois ar Oisín agus fágadh é ina seanfhear dall ag an deireadh.

Is maith liom an gaol grámhar idir Oisín agus Niamh.

Cleachtadh duitse!

Bain úsáid as na nótaí thuas agus freagair an cheist seo:

Ar thaitin an scéal seo leat? Tabhair dhá fháth le do fhreagra.

Obair ghrúpa

Is iriseoir tú atá ag déanamh léirmheasa ar scannán bunaithe ar an scéal 'Oisín i dTír na nÓg'. Roghnaigh na haisteoirí is oiriúnaí agus stiúrthóir den scoth le bheith páirteach sa scannán.

Ansin, ag obair i ngrúpaí scríobhaigí script scannánaíochta agus cuirigí dráma beag i láthair sa rang bunaithe ar an scéal seo.

Cur chuige:

Ainm: Oisín i dTír na nÓg   *Grádú:* 15   *Bliain:* 2012

Cén cineál scannáin atá i gceist? Scannán coiriúlachta / scannán drámatúil / scannán uafáis / scannán grá

Aisteoirí:

Stiúrthóir:

Plota: Tarlaíonn imeachtaí an scannáin i … Pléann an scannán seo le … tugtar léargas dúinn ar shaol … éiríonn leis an stiúrthóir … i mo thuairim is scannán iontach/den scoth é. Molaim an scannán seo daoibhse.

Cleachtadh scríofa/labhartha

Tá an-tábhacht ag baint le logainmneacha sa scéal seo.
Faigh na logainmneacha a luaitear sa scéal.
Abair cén logainm a bhaineann leo seo a leanas.

- An áit ina raibh na Fianna ag seilg nuair a bhuail siad le Niamh Chinn Óir
- An áit a raibh Niamh Chinn Óir ina cónaí
- An áit ina raibh na fir ag iarraidh an chloch a bhogadh
- An áit ina raibh teach Fhinn Mhic Chumhail

Deis comhrá

Ag obair i mbeirteanna, pléigí na ceisteanna seo a leanas.

- Cén fáth ar thaitin scéalta mar seo le daoine fadó in Éirinn?
- Cad í an chuid is fearr leat sa scéal?
- Cén sórt aidiachtaí a mbainfeá úsáid astu chun cur síos a dhéanamh ar Thír na nÓg?
- Cad í an chuid is drámatúla sa scéal?
- An raibh críoch an scéil sásúil?

Cleachtadh scríofa

1. Is tusa Oisín. Scríobh an téacsteachtaireacht a chuirfeá chuig Niamh ag insint di nach mbeidh tú ag filleadh ar Thír na nÓg.
2. Is láithreoir teilifíse tú agus tá tú chun Naomh Pádraig a chur faoi agallamh. Beidh sibh ag plé chás Oisín. Breac síos cúig cheist a chuirfeá air. Cuir ar do pháirtí iad ansin.

Ceisteanna scrúdaithe

1. Tabhair achoimre ar an scéal 'Oisín i dTír na nÓg' a bhfuil staidéar déanta agat air.
2. Déan cur síos ar dhá mhothúchán atá sa scéal seo.
3. Cad é téama an scéil 'Oisín i dTír na nÓg'?
4. Déan cur síos ar Naomh Pádraig nó Fionn mar a léirítear iad sa scéal.
5. Déan cur síos ar ghné amháin den scéal a thaitin leat agus ar ghné amháin nár thaitin leat.

Dán faoi ghrá: Mo Ghrá-sa (idir lúibíní)

Fíricí faoin bhfile

http://www.educate.ie/próifíl

Ar líne
3:43pm

Ainm: Nuala Ní Dhomhnaill
Bliain a breithe: 1952
Áit ar rugadh í: Lancashire, Sasana
Gairm bheatha: File agus scríbhneoir
Eolas suimiúil:

- D'aistrigh sí go Fionntrá, ceantar i nGaeltacht Chiarraí, nuair a bhí sí cúig bliana d'aois.
- Chaith sí seacht mbliana sa Tuirc.
- Ta trí leabhar filíochta foilsithe aici.

Deis comhrá

Smaoinigh ar an teideal ar dtús: 'Mo Ghrá-sa (idir lúibíní)'.
An dtuigeann tú an teideal seo?

Lig ort féin go bhfuil tú i ngrá – céard iad na tréithe a bheadh tábhachtach i do pháirtí dar leat? Bain úsáid as na tréithe ag tús an Aonaid.

Obair idirlín

Teigh ar an suíomh *www.filinagaeilge.tv* agus féach ar an físteip a bhaineann leis an dán seo. Pléigh an méid a d'fhoghlaim tú leis an rang.

⊙ Mír 3.10

Mo Ghrá-sa (idir lúibíní)

Níl mo ghrá-sa
mar **bhláth na n-airní**   *like a blackthorn blossom*
a bhíonn i ngairdín
(nó ar chrann ar bith)

is má tá **aon ghaol** aige   *any relation*
le **nóiníní**   *daisies*
is as **a chluasa a fhásfaidh** siad   *will grow, his ears*
(nuair a bheidh sé **ocht dtroigh síos**)   *eight feet under*

ní haon ghlaise cheolmhar
iad a shúile
(táid **róchóngarach** dá chéile   *too close*
ar an gcéad dul síos)

is más slim é **síoda**   *silk*
tá **ribí** a ghruaige   *strands of hair*
(mar bhean dhubh Shakespeare)
ina **WIRE deilgní**   *thorny wires*

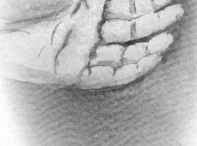

Ach is cuma sin.
Tugann sé dom
úlla
(is nuair a bhíonn sé **i ndea-ghiúmar**   *in a good mood*
caora fíniúna)   *grapes*

Leagan próis

Mo Ghrá-sa (idir lúibíní)

Níl mo leannán
cosúil le bláth
a fhásann i ngairdín
(nó ar chrann)

Níl aon chur amach aige ar nóiníní
ach b'fhéidir go mbeidh siad ag fás óna chluasa
nuair a bheidh sé san uaigh

Níl stíl gruaige iontach aige
tá sí ina sreang dheilgneach

Is cuma liom i ndáiríre
tugann sé úlla dom
agus uaireanta caora finiúna
nuair a bhíonn áthas air

Teachtaireacht an dáin

Tá an dán seo bunaithe ar shoinéad Shakespeare. Is dán grá é an dán seo ach ní gnáthdhán grá atá i gceist. Tá an file ag insint dúinn faoi thréithe a grá. Tá sí ag magadh faoi thréithe áirithe a grá ghil. Sna seandánta grá, mhol na filí a ngrá geal le samplaí d'áilleacht an dúlra.. Sa dán seo, déantar staidéar ar a mhalairt. Ní fear iontach dathúil é an fear seo agus deir an file nach bhfuil sé cosúil le háilleachtaí agus le hiontaisí an tsaoil.

Sa chéad véarsa deir sí nach bhfuil a grá dathúil cosúil le bláth a bheadh ag fás sa ghairdín. Sa dara véarsa ansin, deir an file nach bhfuil nasc idir an fear agus nóiníní seachas nuair a bheidh siad ag fás as a chluasa san uaigh. Sa tríú véarsa, foghlaimímid nach bhfuil a shúile cosúil le sruthán ceolmhar. Deir sí go bhfuil a shúile róchóngarach dá chéile. Sa cheathrú véarsa, bíonn sí ag caint faoina chuid gruaige. Níl stíl ghruaige fhaiseanta aige. Níl a ghruaig ródheas dar léi, insíonn sí dúinn go bhfuil sé cosúil le sreang dheilgneach. Sa véarsa deireanach, tugtar nóta dóchais dúinn.

Tá sí ag moladh a grá den chéad uair. Níl sí buartha nach bhfuil a grá dathúil mar is duine deas agus smaointeach é. Tugann sé úlla di agus, uaireanta, caora fíniúna. Is meafar iad seo don aire a thugann an fear di. Is léir go bhfuil sí i ngrá leis i ndáiríre agus nach bhfuil sí ach ag magadh faoin mbéim a chuirtear ar thréithe fisiciúla an duine sna seandánta grá.

Cleachtadh scríofa

(i) Athscríobh na habairtí seo a leanas i do chóipleabhar agus líon na bearnaí.

1. Rugadh an file Nuala Ní Dhomhnaill i _____.

2. Tá an _____ ag déanamh cur síos ar a grá.

3. Is _____ é an dán seo ag magadh faoi na seandánta grá.

4. Níl an _____ dathúil, dar leis an bhfile.

5. Ní fheictear _____ deasa den fhear seo sa dán.

6. Níl a chuid _____ ródheas.

7. Níl a _____ tarraingteach.

8. Is _____ léi faoi thréithe fisiciúla i ndáiríre.

9. Tá sí an _____ leis an bhfear de bharr an aire a thugann sé di.

10. Tuigeann sí ag an deireadh go bhfuil a _____ níos tábhachtaí.

> *pharsantacht • Sasana • aoir • tógtha • shúile • gruaige*
> *file • fear • íomhánna • cuma*

(ii) Fíor nó bréagach?

1. Scríobh Nuala Ní Dhomhnaill an dán seo.
2. Tá an fear chomh deas le bláthanna.
3. Tá grá nósmhar le feiceáil sa dán seo.
4. Tá nóiníní ag fás as cluasa an fhir sa dán seo.
5. Is léir go bhfuil an file i ngrá lena fear.

(iii) Cuir na ceisteanna seo ar an dalta in aice leat agus ansin scríobh na freagraí i do chóipleabhar.

1. Cár rugadh an file a scríobh an dán seo?
2. Cén chomparáid a dhéanann an file idir an fear agus na hairní?
3. Cá bhfásfaidh na nóiníní?
4. An bhfuil súile foirfe ag an bhfear?
5. An maith leis an bhfile gruaig a grá?
6. Luaigh na rudaí a thugann an fear di.
7. An bhfuil an file i ngrá leis an bhfear?
8. An léiríonn an dán seo grá nósmhar?
9. Cé a scríobh an dán ar a bhfuil an dán seo bunaithe?
10. Cad atá níos tábhachtaí don fhile sa dán seo: cuma fhisiciúil nó pearsantacht?

Cíoradh an dáin 1: An téama

Obair ghrúpa

Ag obair i ngrúpaí de cheathrar, déanaigí machnamh ar théama an dáin. Roghnaígí trí théama ón liosta seo a mbainfeadh sibh úsáid astu le cur síos a dhéanamh ar théama an dáin. Insígí don rang cén fáth ar roghnaigh sibh na téamaí seo.

Dúlra • Óige • Cairdeas • Caoineadh • Grá • Saol na lánúine pósta Iontas • Greann • Meas

Cleachtadh scríofa

Líon an ghreille seo leis na téamaí a roghnaigh sibh thuas.

Téama	Sampla sa dán

Ceist scrúdaithe agus freagra samplach

Cad é príomhthéama an dáin seo?

Grá is téama don dán seo. Scríobh Nuala Ní Dhomhnaill dán greannmhar ag cur síos ar a leannán. Is léir go bhfuil grá mór aici dá fear cé nach bhfuil sé iontach dathúil. Déanann sí cur síos ar a thréithe fisiciúla ach níl an cur síos nósmhar. De ghnáth sa dán grá, deir an file go bhfuil a grá dathúil nó álainn. Caithfidh mé a rá go bhfuil sí macánta ar a laghad. Ní fear an-dathúil é agus deir an file nach bhfuil sé cosúil le háilleacht an dúlra.

Níl sé dathúil cosúil le bláth ag fás sa ghairdín. Níl súile deasa aige – tá siad róchóngarach dá chéile. Insíonn sí dúinn go bhfuil a ghruaig cosúil le sreang dheilgneach. Sa véarsa deireanach, tá sí ag moladh a grá den chéad uair. Níl sí buartha nach bhfuil a grá dathúil mar is duine lách agus cineálta é.

Cleachtadh duitse!

Roghnaigh téama amháin, seachas an ceann atá anseo, agus tabhair cuntas gairid ar a bhfuil sa dán faoin téama atá roghnaithe agat.

Cíoradh an scéil 2: Na mothúcháin

Obair ghrúpa

Ag obair i ngrúpaí de cheathrar, déanaigí machnamh ar na mothúcháin sa dán seo. Roghnaígí trí mhothúchán ón liosta seo a mbainfeadh sibh úsáid astu le cur síos a dhéanamh ar mhothúcháin an fhile. Insígí don rang cén fáth ar roghnaigh sibh na haidiachtaí seo.

Uaigneas • Meas • Trua • Áthas • Cumha • Brón
Grá • Déistin • Macántacht

3

Cleachtadh scríofa

Líon an ghreille seo leis na mothúcháin a roghnaigh sibh thuas.

Mothúchán	Sampla sa dán

Ceist scrúdaithe agus freagra samplach

Cad é an mothúchán is treise sa dán seo?

Pléann an dán seo le cúrsaí grá agus is é grá an mothúchán is treise sa dán. Cé go bhfuil sí ag magadh faoina grá, tá sé ríshoiléir ag deireadh an dáin go bhfuil an file i ngrá leis i ndáiríre. Faireann sí ar gach rud faoi agus déanann sí cur síos magúil ar a thréithe fisiciúla. Ní fear iontach dathúil é agus deir an file nach bhfuil sé cosúil le háilleacht an dúlra. Níl sé dathúil cosúil le bláth ag fás sa ghairdín. Níl súile deasa aige – tá siad róchóngarach dá chéile. Insíonn sí dúinn go bhfuil a ghruaig cosúil le sreang dheilgneach. Sa véarsa deireanach, tá sí ag moladh a grá den chéad uair. Níl sí buartha nach bhfuil a grá dathúil mar is duine cneasta agus dea-chroíoch é. Tugann sé aire mhaith di. Is léir go bhfuil grá mór aici dó.

Cleachtadh duitse!

Roghnaigh mothúchán amháin seachas an ceann atá anseo agus tabhair cuntas gairid ar a bhfuil sa dán faoin mothúchán atá roghnaithe agat.

Stíl an fhile

Íomhánna

Baineann an file úsáid chliste as íomhánna chun tréithe a leannáin a chur in iúl dúinn. Cuireann sí a thréithe i gcomparáid le nithe sa nádúr. Feictear íomhánna rómánsúla faoi leannán dathúil de ghnáth. Léiríonn sí a lochtanna go soiléir sa dán seo. Bíonn na híomhánna greannmhar. Deir sí nach bhfuil sé dathúil ná álainn cosúil le bláth. Is féidir linn an fear seo a shamhlú leis na híomhánna atá ann. Cuirtear iad in iúl dúinn go héifeachtach. Thaitin na híomhánna go mór liom.

> **Na híomhánna is tábhachtaí sa dán**
> - Nóiníní ag fás as a chluasa
> - Súile róchóngarach dá chéile
> - Gruaig chasta ar nós sreinge deilgní
> - Úlla agus caora fíniúna

An teideal: Mo Ghrá-sa (idir lúibíní)

Is léir ón teideal go bhfuil an file ag magadh faoina leannán. Tuigimid ón teideal nach bhfuil sí cinnte faoina leannán. Cuireann na lúibíní in iúl dúinn nach dán grá nósmhar atá i gceist.

Ag machnamh ar an dán

Cad é do thuairim faoin dán seo?

An maith leat é?

> Níor thaitin an dán seo liom. Tá na híomhánna áiféiseach.

> Ní maith liom an dán seo mar tá sé seanfhaiseanta. B'fhearr liom dánta nua-aimseartha.

> Is maith liom an grá atá ag an bhfile dá leannán.

> Thaitin an dán seo liom mar go bhfuil téama maith ann.

> Is maith liom an íomhá sa véarsa deireanach.

> Ní maith liom an friotal. Tá an friotal róchasta.

Cleachtadh duitse!

Bain úsáid as na nótaí thuas agus freagair an cheist seo:

Ar thaitin an dán seo leat? Tabhair dhá fháth le do fhreagra.

Deis comhrá

Ag obair i mbeirteanna, pléigí na ceisteanna seo a leanas:

- An bhfuil an dán seo míréalaíoch (*unrealistic*) in áiteanna?
- Cén sórt aidiachtaí a mbainfeá úsáid astu chun cur síos a dhéanamh ar an bhfear sa dán seo?
- Cad í an chuid is fearr leat sa dán?

Cleachtadh scríofa

Tarraing pictiúr den fhear sa dán seo bunaithe ar na rudaí a deir an file faoi.

Ceisteanna scrúdaithe

1. Déan cur síos ar phríomhsmaointe an dáin seo.
2. Cad atá i gceist ag an bhfile sa véarsa deireanach?
3. Déan cur síos ar an atmaisféar atá sa dán.
4. An bhfuil teideal an dáin oiriúnach? Tabhair fáthanna le do fhreagra.
5. Tabhair dhá fháth ar/nár thaitin an dán seo leat.

An ghramadach i gcomhthéacs

An Aimsir Láithreach

Cá úsáidimid an Aimsir Láithreach?

Ag plé rudaí a dhéanann tú gach lá, gach deireadh seachtaine, gach samhradh. Is féidir an tsraith pictiúr a fhreagairt san aimsir láithreach.

Úsáideann tú an aimsir láithreach leis an gceapadóireacht, go háirithe an giota leanúnach.

Is féidir ceisteanna ar an bprós agus ar an bhfilíocht a fhreagairt san aimsir láithreach.

Briathra rialta

Grúpa 1: An chéad réimniú

Féach ar na samplaí thíos. An dtugann tú an riail faoi deara?

Leathan	Caol
Glan = glan**aim**	Cuir = cuir**im**
Féach = féach**ann** tú	Fill = fill**eann** tú
Dún = dún**ann** sé	Úsáid = úsáid**eann** sé
Tóg = tóg**ann** sí	Éist = éist**eann** sí
Ól = ól**aimid**	Bris = bris**imid**
Fág = fág**ann** sibh	Caill = caill**eann** sibh
Fan = fan**ann** siad	Bain = bain**eann** siad

- Cuirtear '-ann' tar éis briathra leathana (seachas le sinn, cuirtear '-aimid' ann)
- Cuirtear '-eann' tar éis briathra caola (seachas le sinn, cuirtear '-imid' ann)

Úsáidtear 'Ní' san fhoirm dhiúltach

Ní dh**ú**nann siad an doras. (+ séimhiú 'h')

Ní ólann sé alcól. (ní chuirtear an séimhiú ar bhriathra a thosaíonn le guta)

Úsáidtear 'An' san fhoirm cheisteach

An **g**caitheann tú éide scoile? (+ urú)

An éisteann tú le ceol? (ní chuirtear an urú roimh bhriathra a thosaíonn le guta)

Ceacht 1

Tá dalta ag caint faoi ghnáthlá scoile. Líon na bearnaí leis an mbriathar is oiriúnaí ón liosta thíos.

1. _____ doirse na scoile gach maidin ag leathuair i ndiaidh a seacht.
2. _____ le mo chairde ag geata na scoile ag timpeall a hocht a chlog.
3. _____ an leabharlann ansin chun ár n-obair bhaile a chríochnú.
4. _____ mo leabhair i mo mhála agus dúnaim an taisceadán
5. _____ le chéile go dtí na ranganna nuair a bhuaileann an cloigín.

Siúlaimid • Buailim • Cuirim • Úsáidimid • Osclaíonn

Ceacht 2

Cuir na briathra seo a leanas in abairtí.

1. Féachaimid   2. Ólaim   3. Dúnann siad   4. Fillimid   5. Úsáideann tú

Ceacht 3

Freagair na ceisteanna seo san aimsir láithreach.

1. An mbaineann tú úsáid as an idirlíon go minic?
2. An gcaitheann tú mórán ama ag staidéar san oíche?
3. An dtógann tú an bus chun na scoile gach lá?
4. An mbuaileann tú le do chairde ag an deireadh seachtaine?
5. An éisteann tú le ceol ar MTV nó ar an raidió?

Ceacht 4

Anois cum cúig cheist agus tabhair do do pháirtí iad.
Bíodh comhrá agaibh bunaithe orthu.

Grúpa 2: An dara réimniú

Féach ar na samplaí thíos. An dtugann tú an riail faoi deara?

Leathan	Caol
Ceannaigh = ceann**aím**	Éirigh = éir**ím**
Fiafraigh = fiafr**aíonn** tú	Dúisigh = dúis**íonn** tú
Athraigh = athr**aíonn** sé	Bailigh = bail**íonn** sé
Tosaigh = tos**aíonn** sí	Oibrigh = oibr**íonn** sí
Ordaigh = ord**aímid**	Imigh = im**ímid**
Diúltaigh = diúlt**aíonn** sibh	Coinnigh = coinn**íonn** sibh
Cabhraigh = cabhr**aíonn** siad	Smaoinigh = smaoin**íonn** siad

- Cuirtear "-aíonn" tar éis briathra leathana (seachas le sinn, cuirtear "-aímid".)

- Cuirtear "-íonn" tar éis briathra caola (seachas le sinn, cuirtear "-ímid".)

3

Ceacht 1

Tá dalta ag caint faoi ghnáth-Shatharn a bhíonn aici. Líon na bearnaí leis an mbriathar is oiriúnaí ón liosta thíos.

1. _____ go moch ar maidin mar go mbíonn traenáil agam.
2. _____ m'athair bricfeasta dom; uibheacha agus ispíní de ghnáth.
3. _____ an cleachtadh ansin ag a naoi sa chlub áitiúil.
4. _____ súil ghéar ar an liathróid nuair a bhím ag imirt sa pháirc.
5. _____ an traenáil ansin timpeall a haon déag.

Críochnaíonn • Coinním • Dúisím • Tosaíonn • Ullmhaíonn

Ceacht 2

Cuir na briathra seo a leanas in abairtí:

1. Bailím
2. Fiafraímid
3. Aistríonn siad
4. Oibrímid
5. Ceannaím

Ceacht 3

Freagair na ceisteanna seo san aimsir láithreach.

1. An éiríonn tú luath ag an deireadh seachtaine?
2. An dtaitníonn ceol traidisiúnta leat?
3. An gcabhraíonn tú le do thuismitheoirí leis an obair tí?
4. An mbailíonn an múinteoir do chóipleabhar gach seachtain?
5. An ordaíonn tú bia Síneach de ghnáth?

Ceacht 4

Anois cum cúig cheist agus tabhair do do pháirtí iad.
Bíodh comhrá agaibh bunaithe orthu.

Briathra neamhrialta

Briathar	Aimsir Láithreach	
Bí	Bím Bíonn Bímid Ní bhíonn	An mbíonn tú?
Abair	Deirim Deir Deirimid Ní deir	An ndeir tú?
Beir	Beirim Beireann Beirimid Ní bheireann	An mbeireann?
Clois	Cloisim Cloiseann Cloisimid Ní chloiseann	An gcloiseann tú?
Déan	Déanaim Déanann Déanaimid Ní dhéanann	An ndéanann tú?
Faigh	Faighim Faigheann Faighimid Ní fhaigheann	An bhfaigheann tú?
Téigh	Téim Téann Téimid Ní théann	An dtéann tú?
Tar	Tagaim Tagann Tagaimid Ní thagann	An dtagann tú?
Tabhair	Tugaim Tugann Tugaimid Ní thugann	An dtugann tú?
Feic	Feicim Feiceann Feicimid Ní fheiceann	An bhfeiceann tú?
Ith	Ithim Itheann Ithimid Ní itheann	An itheann tú?

Ceacht 1

Tá dalta ag caint faoi ngnáthoíche a bhíonn aige tar éis na scoile.
Líon na bearnaí leis an mbriathar is oiriúnaí ón liosta thíos.

1. _____ abhaile ar an mbus tar éis na scoile.
2. _____ suas an staighre agus athraím m'éadaí.
3. _____ ár ndinnéar le chéile sa seomra bia.
4. _____ cabhair do mo thuismitheoirí leis na soithí.
5. _____ m'obair bhaile ansin sa seomra staidéir.

Ithimid • Tagaim • Déanaim • Tugaim • Téim

Ceacht 2

Cuir na briathra seo a leanas in abairtí.

1. Faighim
2. Dímid
3. Téim
4. Cloiseann siad
5. Feicim

Ceacht 3

Freagair na ceisteanna seo san aimsir láithreach.

1. An itheann tú sa bhialann Shíneach de ghnáth?
2. An ndéanann tú mórán staidéir ag an deireadh seachtaine?
3. An bhfaigheann tú airgead póca?
4. An mbíonn tú gnóthach i rith na seachtaine?
5. An dtéann tú thar lear gach samhradh?

Ceacht 4

Cum cúig cheist leis na briathra seo agus tabhair do do pháirtí iad.
Bíodh comhrá agaibh bunaithe orthu.

1. Cuir
2. Déan
3. Buail
4. Ceannaigh
5. Imigh

Cleachtadh scríofa

Léigh an píosa seo ar ghnáthlá i saol an pheileadóra agus líon na bearnaí.

_____ go moch ar maidin timpeall a sé a chlog. Bíonn cith agam ansin. _____ bricfeasta sláintiúil, torthaí agus leite de ghnáth. _____ gloine sú oráiste agus gloine nó dhó d'uisce. _____ buidéal uisce liom ansin sa charr nuair a thiománaim chuig an ionad spóirt. _____ traenáil agam ar an bpáirc. _____ leis na buachaillí eile agus _____ an seisiún traenála timpeall a naoi a chlog. Déanaimid druileanna ar an bpáirc agus bíonn sé deacair go leor. Nuair a théim abhaile ansin san iarnóin _____ a luí ar an tolg ar feadh uaire. Bíonn dinnéar agam sa trathnóna.

tógaim • bíonn • éirím • ólaim • téim • buailim • tosaíonn • ithim

Léigh an píosa seo ar ghnáthlá i saol an cheoltóra agus líon na bearnaí.

Is saol gnóthach é gan dabht. _____ go luath gach maidin. _____ ar mo shlí go dtí an stiúideo timpeall a hocht. Ag an stiúideo _____ le mo bhainisteoir agus an t-inealltóir ceoil. Tosaím ag cleachtadh aon amhrán nua a thugtar dom. _____ na hamhráin nua arís agus arís chun iad a dhéanamh foirfe. _____ an t-inealltóir taifeadta agus ansin _____ sé an píosa ceoil ar ais dom. _____ ar an mbóthar ansin ag déanamh fógraíochta. Caithim uair nó dhó ar sheónna raidió ag caint leis na láithreoirí. _____ cuairt ar na siopaí ceoil ansin chun dlúthdhioscanna a shíniú. Cuirim tuíteanna ar mo chuntas Twitter ag tabhairt eolais do mo chuid leantóirí.

dúisím • tosaím • buailim • canaim • déanann • seineann • téim • tugaim

Páipéar scrúdaithe samplach

PÁIPÉAR 1: CEAPADÓIREACHT

A – GIOTA LEANÚNACH / BLAG – (50 marc)

Scríobh **giota** leanúnach nó **blag** (leathleathanach) ar cheann amháin de na hábhair seo.

(i) Duine cáiliúil a thaitníonn go mór liom.

(ii) Is aoibhinn liom spórt.

(iii) An saol a bhíonn ag réaltaí ceoil.

B – SCÉAL – (50 marc)

Ceap **scéal** (leathleathanach) a mbeidh ceann **amháin** de na sleachta seo a leanas oiriúnach mar *thús* leis:

(i) Shéid an réiteoir an fheadóg. Ba bheag nár thit mé i laige…

nó

(ii) Tháinig an lá faoi dheireadh. Bhí an rang ag cur ceoldráma 'We Will Rock You' ar siúl...

C – LITIR / RÍOMHPHOST – (50 marc)

(i) Chuaigh tú ar thuras rothaíochta ag an deireadh seachtaine. Scríobh **an litir/ríomhphost** (leathleathanach) a chuirfeá chuig do chara ag insint dó/di faoin turas agus faoi na rudaí a rinne tú.

nó

(ii) Fuair tú iPod nua ó do thuismitheoirí don Nollaig. Scríobh **an litir/ríomhphost** (leathleathanach) a chuirfeá chuig do chara ag insint dó/di faoin iPod agus faoi conas ar chaith tú saoire na Nollag.

D – COMHRÁ – (50 marc)

(i) D'oscail club oíche nua i do cheantar le déanaí. Bhí tú ann aréir ach ní raibh do chara ann. Scríobh **an comhrá** (leathleathanach) a bheadh eadraibh.

nó

(ii) Ba mhaith leat dul go dtí na Cluichí Oilimpeacha le do chairde an samhradh seo ach níl d'athair (nó do mháthair) sásta cead a thabhairt duit. Scríobh **an comhrá** (leathleathanach) a bheadh eadraibh.

PÁIPÉAR 2: CÚRSA LITRÍOCHTA

PRÓS

"Is mise Oisín i ndiaidh na Féinne ar seisean. Chaill mé mo dheilbh agus mo ghnúis …"
Oisín i dTír na nÓg

Tabhair achoimre ar an scéal seo. Luaigh na pointí seo:
 (i) Déan cur síos ar Oisín.
 (ii) Luaigh an gaol a bhí aige le Niamh Chinn Óir.
 (iii) Déan cur síos ar an turas go Tír na nÓg.
 (iv) Cén fáth ar tháinig sé abhaile ag deireadh an scéil?
 (v) Cad a tharla nuair a chuir sé a chos ar thalamh na hÉireann?
 (vi) Luaigh fáth **amháin** ar/nár thaitin Niamh leat.   (25 marc)

FILÍOCHT

 (i) (a) Cén cineál duine í an file sa dán 'Mo Ghrá-sa (idir lúibíní)'?
     (b) Déan cur síos ar an dúlra sa dán seo.
     (c) Cá bhfios duit go raibh sí i ngrá leis an bhfear?
     (d) Cad a thugann an fear di?   (8 marc)

 (ii) Luaigh an téama atá sa dán.
     Déan cur síos, **i d'fhocail féin**, ar an téama sin sa dán.   (8 marc)

 (iii) An maith leat an dán seo? Cuir fáthanna le do fhreagra.
     (Is leor **dhá** fháth.)   (9 marc)

Íomhánna Scoile

Mo Thréimhse ar Scoil

4

SAN AONAD SEO FOGHLAIMEOIDH TÚ

G **Gramadach:** An Aimsir Fháistineach

t **Tuiscint:** Conas focail agus nathanna a bhaineann le saol na scoile agus cúrsaí ollscoile a aithint; conas cluastuiscintí agus léamhthuiscintí a bhaineann leis an ábhar a thuiscint.

💬 **Labhairt:** Conas eolas a thabhairt faoi do scoil féin agus faoi d'ábhair scoile. Beidh tú in ann na príomháiseanna atá le fáil sa scoil a ainmniú agus ceist a chur ar dhuine faoina scoil féin.

✎ **Scríobh:** Conas píosaí faoi shaol na scoile a scríobh agus sonraí pearsanta a bhreacadh síos ar shuíomhanna sóisialta.

📖 **Litríocht:** Prós: An Lasair Choille
Filíocht: Géibheann

An scoil féin

> Táim ag freastal ar **ghairmscoil**. Tá sí suite i lár an bhaile.

> Táim ag freastal ar an g**clochar** áitiúil. **Scoil chailíní** atá i gceist.

> Is maith liom mo scoil féin. Is **scoil chuimsitheach** í.

> Freastlaím ar **Ghaelscoil**. Is maith an rud é mar go n-úsáidim an Ghaeilge amháin sa rang.

> Is aoibhinn liom mo scoil. Is **coláiste** é ar imeall an bhaile. **Scoil bhuachaillí** atá i gceist.

> Táim ag freastal ar Choláiste Mhuire. **Meánscoil** mheasctha is ea í. Dunaíodh an scoil sa bhliain 1972.

 Deis comhrá

Tá tú sa séú bliain anois agus ar tí an scoil a fhágáil. Cén chomhairle a chuirfeá ar na daltaí nua atá ag teacht isteach sa chéad bhliain?

Mar chabhair

- Conas a mhothaigh tú ar an gcéad lá anseo?
- An difríocht idir an scoil anois agus ansin
- Na múinteoirí ab fhearr leat i rith na tréimhse
- Rudaí suimiúla a rinne tú i rith na tréimhse
- Turais scoile
- Scrúduithe
- An idirbhliain

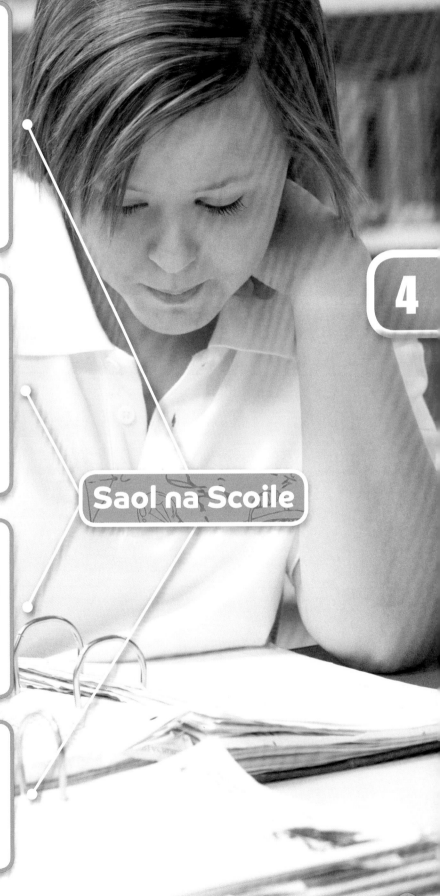

Bíonn naoi rang againn gach lá ar scoil seachas ar an gCéadaoin nuair a bhíonn leathlá againn.

Tosaíonn na ranganna ag a ceathrú chun a naoi.

Tá go leor rialacha anseo.

Níl cead againn fón póca a úsáid ar scoil/smideadh a chaitheamh.

Tá cosc ar ghruaig dhaite/ar fháinní cluaise.

4

Eagraítear imeachtaí i rith na bliana sa scoil.

Imeachtaí spóirt

Ceolchoirmeacha

Ceoldrámaí

Seachtain na Gaeilge

Turas thar lear

Malartú scoile

Saol na Scoile

Tá/Níl caidreamh maith idir na múinteoirí agus na daltaí.

Múinteoir 1: cineálta – díograiseach – bríomhar – cairdiúil – cabhrach

Múinteoir 2: cantalach – dian – neamhchúntach – searbhasach – míchairdiúil

Is scoil mhór nua-aimseartha í. Tógadh foirgneamh nua seacht mbliana ó shin.

Is scoil bheag sheanaimseartha í. Tógadh an foirgneamh seachtó bliain ó shin.

Áiseanna ar scoil

Is maith liom an scoil mar go bhfuil neart áiseanna ann.

Ní maith liom an scoil mar go bhfuil easpa áiseanna ann.

Páirc sacair

Páirc haca

Cúirt chispheile

Cúirt leadóige

Leabharlann

Saotharlann

Ceaintín

Halla staidéir

Seomraí ranga

Seomra ríomhairí

Teangalann

Oifig an phríomhoide

Deis comhrá

Bíodh comhrá agat le do pháirtí faoi na rudaí a thaitníonn leat agus na rudaí nach dtaitníonn leat faoin scoil seo.

Ábhair scoile

Táim ag déanamh sé ábhar/ seacht... ocht... naoi n-ábhar

ÁBHAIR PHRAITICIÚLA

Eacnamaíocht Bhaile

Ealaín

Staidéar Foirgníochta

An Ghrafaic Dhearaidh agus Chumarsáide

Innealtóireacht

ÁBHAIR GHNÓ

Gnó

Cuntasaíocht

Eacnamaíocht

TEANGACHA

Gaeilge

Béarla

Fraincis

Spáinnis

Gearmáinis

Seapáinis

Iodáilis

Sínis

Araibis

Rúisis

Ábhair Scoile

4

ÁBHAIR EOLAÍOCHTA

Bitheolaíocht

Ceimic

Fisic

Matamaitic Fheidhmeach

ÁBHAIR ACADÚLA EILE

Matamaitic

Tíreolaíocht

Stair

Is fearr liom an t-ábhar X mar go bhfuil sé suimiúil agus go ndéanann an múinteoir a d(h)ícheall chun na daltaí a spreagadh.

Taitníonn an t-ábhar X liom mar go bhfuil sé taitneamhach agus go n-eagraíonn an múinteoir imeachtaí spéisiúla dúinn.

Ní maith liom an t-ábhar Y mar go gcuireann an múinteoir a lán brú orainn agus ní chreidfeá an méid obair bhaile a thugtar dúinn.

Ní thaitníonn an t-ábhar Y liom mar nach dtuigim é. Tá sé casta agus ní mhíníonn an múinteoir an t-ábhar go soiléir.

Deis comhrá

Cuir ceist ar an duine in aice leat faoi na hábhair a thaitníonn agus nach dtaitníonn leis/léi.

Cleachtadh scríofa

(i) **Freagair na ceisteanna seo agus cuir tic sa bhosca a oireann duitse. Pléigí na habairtí ansin sa rang.**

Tuairim	Aontaím	Aontaím go láidir	Ní aontaím	Seafóid
Is scoil iontach í an scoil seo.				
Cuireann na múinteoirí brú uafásach orainn.				
Tá éide scoile deas againn anseo.				
Tá béim rómhór ar an spórt sa scoil seo.				
Tá áit lárnach ag an teicneolaíocht sa scoil seo.				

(ii) **Aistrigh na habairtí seo a leanas go Gaeilge.**
1. I am attending the local secondary school and my sister is attending the Gaelscoil.
2. It is a modern school and was built three years ago.
3. We have to be present at 8:30 and classes start at 8:50.
4. The principal is strict with this rule and he stands at the door from 8:30.
5. The music teacher organised the musical 'We Will Rock You' this year.
6. Seachtain na Gaeilge was also a huge success this year.
7. The Irish teachers are lively and we have good fun with them.
8. The Mathematics teachers are cranky all the time.

(iii) **Déan liosta de na háiseanna scoile atá anseo agus déan cur síos ar an úsáid a bhaintear as na háiseanna sin.**

Sampla: Tá linn snámha againn anseo agus téim ag snámh ann i rith an ranga corpoideachais.

(iv) **Roghnaigh trí ábhar a thaitníonn leat agus trí ábhar nach dtaitníonn leat. Cuir fáthanna le do fhreagra.**

Cleachtadh éisteachta ☉ *Mír 4.1*

Tá beirt déagóirí ag caint faoi shaol na scoile.
Éist leis an bpíosa seo agus freagair na ceisteanna.
1. Cé mhéad ábhar a dhéanann Maria?
2. Cén t-ábhar is fearr léi?
3. Cén fáth a dtaitníonn an t-ábhar seo léi?
4. Cad a deir Eoin faoin múinteoir eolaíochta?
5. Cad a deir Maria faoin tsaotharlann eolaíochta?

Mo Chlár Ama

Deis comhrá

Féach ar an gclár ama seo. Cuir cúig cheist ar do pháirtí faoin gclár ama seo.

Sampla: Cén t-am a mbíonn Gaeilge agat ar an Luan?

Am	Dé Luain	Dé Máirt	Dé Céadaoin	Déardaoin	Dé hAoine
8:50	Gaeilge	Gnó	Stair	Matamaitic	Gaeilge
9:30	Béarla	Spáinnis	Tíreolaíocht	Béarla	Gnó
10:10	Matamaitic	Gnó	Gaeilge	Stair	Béarla
10:50	Matamaitic	Béarla	Eacnamaíocht Bhaile	Tíreolaíocht	Tíreolaíocht
11:25	Sos	Sos	Sos	Sos	Sos
11:45	Ealaín	Matamaitic	Ríomhaireacht	Corpoideachas	Spáinnis
12:25	Ealaín	Gaeilge	Spáinnis	Corpoideachas	Spáinnis
1:05	Lón	Lón	Lón	Lón	Lón
1:45	Stair	Tíreolaíocht	Béarla	Eacnamaíocht Bhaile	Stair
2:25	Gnó	Creideamh	Eacnamaíocht Bhaile	Gaeilge	Ealaín
3:05	Gaeilge	Creideamh	Mata	Creideamh	Ealaín

4

Cleachtadh scríofa

Déan amach do chlár ama féin anois i nGaeilge.

Cleachtadh éisteachta ☉ *Mír 4.2*

Tá Ciarán ag caint le Marcus faoina chlár ama nua don bhliain.
Éist leis an bpíosa seo agus freagair na ceisteanna.

1. Cad é an chéad rang a bhíonn ag Ciarán ar an Luan?
2. Cén t-am a bhíonn sos aige?
3. Cad é an rang deireanach a bhíonn aige ar an gCéadaoin?
4. Cén t-am atá Stair aige ar an Aoine?
5. Cá fhad a mhaireann am lóin?

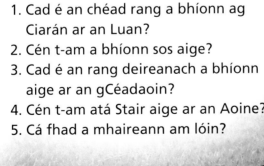

An bhfuil tú idir dhá chomhairle faoi láthair faoi chúrsaí ollscoile? Is dócha go bhfuil an fhoirm CAO líonta amach agat cheana féin. Bíonn daltaí ar fud na tíre ag smaoineamh ar an gcúrsa is oiriúnaí dóibh. Tá rogha leathan idir na cúrsaí atá ar fáil i réimse mór institiúidí tríú leibhéal.

Obair bheirte: rólghlacadh

Féachaigí ar an bhfógra seo. Ag obair i mbeirteanna, déanaigí rólghlacadh sa rang. Glacfaidh dalta amháin ról an scoláire a dteastaíonn uaidh/uaithi freastal ar an gcúrsa agus glacfaidh an dalta eile ról rúnaí na hOllscoile.

An ndéanfaidh mé printíseacht?

Cén cúrsa oiliúna a oirfidh dom?

An ndéanfaidh mé céim nó dioplóma?

Céim B.A. sa Léann Daonna

Bunriachtanais iontrála: Grad C3 in dhá ábhar Ardleibhéil. Grád D sna hábhair eile

Iarratas: Caithfidh tú foirm CAO a líonadh amach sa ghnáthbhealach

ÁBHAIR LE ROGHNÚ SA CHÉIM

- Béarla
- Gaeilge
- Stair
- Matamaitic
- Tíreolaíocht
- Fraincis
- Oideachas Reiligiúnach
- Ceol

FAD AN CHÚRSA: CÚRSA TRÍ BLIANA

Mar chabhair

An inseofá dom le do thoil… *would you please tell me…*

Ba mhaith liom eolas breise a fháil faoi… *I would like to get more information on…*

Cén t-eolas atá agat faoi… *what information do you have about…*

Cleachtadh scríofa

Faigh eolas faoin gcúrsa ar mhaith leat a dhéanamh tar éis an scoil a fhágáil. Luaigh na bunriachtanais agus cúpla rud faoi na hábhair a bheadh le déanamh agat.

Cleachtadh éisteachta ✪ Mír 4.3

Tá Tommy agus Sorcha ag caint faoi chúrsaí ollscoile. Éist leis an gcomhrá seo agus líon na bearnaí.

Tommy A Shorcha, ar líon tú isteach an _____ CAO fós?

Sorcha Rinne mé é _____ ó shin.

Tommy Cad a scríobh tú síos mar do chéad _____?

Sorcha Roghnaigh mé cúrsa _____ a dhéanamh in Ollscoil Mhá Nuad.

Tommy An ag magadh atá tú? Roghnaigh mise an cúrsa céanna.

Sorcha Ar fheabhas! Tá súil agam go n-éireoidh linn anois sna _____.

Tommy Cé mhéad pointe a chaithfimid a fháil san _____ arís?

Sorcha Léigh mé ar an suíomh idirlín gur chóir dúinn _____ pointe a fháil ar a laghad.

Tommy Tá an ceart agat. Is cuimhin liom anois é. Tá na pointí an_____, nach bhfuil?

Sorcha Tá, caithfimid na _____ a dhéanamh anois agus gheobhaimid na pointí, le cúnamh Dé.

Tá dalta ag scríobh blag faoi obair bhaile agus staidéar. Léigh an blag seo agus déan na cleachtaí ina dhiaidh.

http://www.educate.ie/blag

Tús maith leath na hoibre

Obair bhaile – an nath is uafásaí san fhoclóir! Is fuath liom bheith ag déanamh obair bhaile mar táimid **cráite aici** faoi láthair. Is dalta Ardteistiméireachta mé agus tá na múinteoirí ag cur brú uafásach orainn go léir. Tugann na múinteoirí obair bhaile dúinn gach uile oíche ach ní smaoiníonn siad ar an staidéar atá le déanamh againn. Moltar trí huaire san oíche a chaitheamh ag staidéar ach ní thagaim abhaile go dtí leathuair tar éis a sé an chuid is mó den am. Táim ar fhoireann cispheile na scoile agus bíonn traenáil againn tráthnóna. Ceapaimid nach bhfuil **dóthain ama** againn chun gach rud a dhéanamh. Nuair a bhíonn mo dhinnéar ite agam agus m'obair bhaile críochnaithe, bíonn sé beagnach a naoi a chlog. Níl sé ceart ná cóir dúinne trí huaire a chaitheamh ag staidéar ansin. Bheinn scriosta. Sin an fáth go dtagann daltaí ar scoil agus iad leath ina gcodladh. Mura ndéanaim an obair bhaile faighim obair bhreise agus faoi mar a fheiceann tú, is **fáinne fí** é. Is dalta díograiseach mé, dar liom, agus táim **ag déanamh mo dhíchill** pointí arda a fháil san Ardteistiméireacht. Cuireann **rás na bpointí** brú uafásach ar dhaltaí na hÉireann. Caithfimid a lán staidéir a dhéanamh chun sé chéad pointe a fháil. Tá éileamh ar na háiteanna san ollscoil i mbliana de bharr an chúlú eacnamaíochta. Nuair a bhíonn cúlú ag leathadh ar fud na tíre, féachann daoine ar shaol na hollscoile mar an rogha is fearr. Níl poist ann dóibh, mar sin caithfidh siad ardcháilíochtaí a bhaint amach. Cruthaíonn sé seo comórtas ollmhór idir dhaltaí i scoileanna Éireannacha. Tá an rialtas i mbun cainteanna anois chun an córas oideachais a athrú. Tuairiscítear go bhfuil sé i gceist ag an rialtas **córas measúnaithe leanúnaigh** a chur i bhfeidhm. Is maith an rud é, dar liom, mar bhainfeadh sé den mhéid oibre a bheadh le déanamh againn in aon scrúdú amháin. Ach an ar mhaithe leis an dalta a bheidh na hathruithe seo? Neosfaidh an aimsir!

tortured by it

enough time

vicious circle, doing my best, the points race

continuous assessment system

A. Deis comhrá

Ag obair i mbeirteanna, pléigí an blag faoi na pointí seo a leanas.

- Cén sórt saoil atá ag daltaí scoile, de réir an tsleachta seo?
- Conas a léiríonn an sliocht go bhfuil brú uafásach ar dhaltaí scoile?
- An aontaíonn tú leis an mblagadóir faoi thábhacht an mheasúnaithe leanúnaigh? Cén fáth?

B. Cleachtadh scríofa

(i) Meaitseáil na focail seo ón sliocht leis an mBéarla.

1	Díograiseach	A	Almost
2	Ardcháilíochtaí	B	Terrible pressure
3	Moltar	C	Dedicated/enthusiastic/diligent
4	Faoi láthair	D	Fair
5	Foireann	E	At present
6	Brú uafásach	F	High qualifications
7	Cóir	G	Team
8	Beagnach	H	It is advised

(ii) Athscríobh na habairtí seo i do chóipleabhar agus líon na bearnaí leis na focail thuas.

1. Tá sé i gceist agam _____ a bhaint amach nuair a théim ar ollscoil.

2. Bhí sé _____ meán oíche nuair a chuaigh mé a chodladh aréir.

3. Is múinteoir _____ í Bean Uí Shé.

4. _____ níos mó béime a chur ar chleachtadh cainte sa rang Gaeilge.

5. Caithim uair nó dhó ag staidéar gach oíche _____ .

6. Níl an córas oideachais _____ in Éirinn, dar liom.

7. _____ peile den chéad scoth iad Tottenham Hotspur.

8. Cuireann an múinteoir _____ orainn an t-am ar fad.

(iii) Cuir na focail/nathanna seo a leanas in abairtí.

1. cráite ag   3. dóthain ama   5. ag déanamh mo dhíchill

2. fáinne fí   4. rás na bpointí

(iv) Aistrigh na habairtí seo a leanas go Gaeilge.

1. We are tortured by the amount of homework we get every evening.

2. I don't have enough time to play sport this year.

3. We were advised to spend 3 hours studying every night.

4. I was half asleep in class yesterday after a busy night doing homework.

5. There is great competition between the students in our Irish class.

6. I am doing my best in the mathematics class at present.

7. The government has to do something about the education system here.

8. I think continuous assessment is a great idea.

 # Óige na hÉireann Inniu – Sonas d'ainneoin na Géarchéime

1. Cad is cúis leis an sonas i saol na n-óg in Éirinn? Lena bhfuil de dhrochscéalta thart faoin **tobchliseadh geilleagrach**, faoin dífhostaíocht agus **faoi chaimiléireacht** na bpolaiteoirí, is deacair a shamhlú gur as an méid seo a spreagtar aon chineál sonais sa chroí óg. Baineann **dearfacht** agus sonas le haos óg na hÉireann fós, áfach. Ní bhíonn an ghruaim chéanna orthu faoi chúrsaí agus a bhíonn ar an nglúin níos sine. D'fhéadfá a rá nach mbíonn na cúiseanna buartha céanna acu agus atá ag an nglúin rompu.

2. Bhí scéal an chúpla óg Jedward ar cheann de na scéalta ba dhearfaí a bhí i nuacht na hÉireann le fada. Lena ndearcadh dearfach féin agus leis an oiread airde a bhain siad amach don tír sa chomórtas Eoraifíse 2011, measaim féin gur iontach an rud atá á dhéanamh acu d'Éirinn. Ar an ardán i nDüsseldorf, spreag siad **mórtas** agus bród in óige na hÉireann as a dtír féin agus is iomaí **meangadh gáire** a spreag siad sa bhaile. Ní raibh an sórt seo misnigh ná dóchais feicthe ag an óige le fada agus is cinnte nár mhothaigh siad a leithéid faoina dtír féin le caimiléireacht a bpolaiteoirí agus le fadhbanna geilleagracha na tíre.

3. Is dócha gur rud mór eile a chuireann sonas i gcroí an aosa óig inniu ná saol na hollscoile. **Táthar ag rá le fada** an lá gur fearr na laethanta scoile ná aon tréimhse eile i saol an duine agus is dócha gurbh fhearr fós na laethanta ollscoile dóibh siúd a mbíonn an deis acu freastal uirthi. Níl aon amhras nach ionann cúrsaí do chách ach sa mhéid atá feicthe agamsa le blianta beaga anuas in ollscoileanna, is mór an sonas atá le baint as saol na hollscolaíochta ag an duine óg. Baineann idir ghné oideachais agus ghné shóisialta le saol an choláiste tríú leibhéal. Áit é inar féidir leis an duine óg cuid mhaith a fhoghlaim faoin saol mór agus faoi féin mar dhuine chomh maith leis an méid a

fhoghlaimeoidh sé faoin rogha **earnáil oibre**. Chomh maith leis an méid sin, is deis mhór foghlamtha ó thaobh an oideachais é, ar ndóigh, inar féidir leis an duine óg neart a fhoghlaim faoin tslí bheatha ar mhaith leis a bhaint amach ar ball.

4. Is mór an trua nach mbeidh an deis ag gach duine óg dul ar an ollscoil anois agus an tóin tite as an saol. Más féidir in aon chor é mholfainn do dhaltaí meánscoile an deis a thapú dul ar aghaidh chuig an ollscoil. Is fearr an sonas ná an saibhreas agus beidh neart ama ann don obair i rith an tsaoil fhada. Thairis sin, **mholfainn don rialtas machnamh** go géar ar chinntí maidir le táillí ollscoile a thabhairt isteach agus ar an méid iomlán atá á bhaint acu ón gcóras oideachais, ó na bunscoileanna ar aghaidh. Tuigimid uile go bhfuil an tír **ina ciseach le fiacha** ach ní mór cuimhneamh ar thábhacht na hóige agus a mbaineann leis an sonas agus an dearfacht sa mhéid a tharlóidh amach anseo.

(bunaithe ar alt as *Beo!*, Eagrán 122 le Lisa Nic an Bhreithimh)

Foclóir

faoi chaimiléireacht na bpolaiteoirí *about the corruption of politicians*
tobchliseadh geilleagrach *economic crash* • **dearfacht** *positivity* • **mórtas** *pride*
• **meangadh gáire** *smile* • **táthar ag rá le fada** *it has been said for a long time*
earnáil oibre *working sector* • **machnamh** *reflect*
mholfainn don rialtas *I would advise the government*
ina ciseach le fiacha *in a mess with debt*

A. Cuardaigh

An féidir leat na focail/nathanna seo a aimsiú i nGaeilge sa sliocht thíos?

happiness • young people of Ireland • unemployment • stage • career Eurovision Song Contest • opportunity • university life • university fees

B. Deis comhrá

Ag obair i mbeirteanna, pléigí an blag faoi na pointí seo a leanas:

- Cad is cúis le sonas i saol na n-óg in Éirinn, dar leat?
- Conas a léiríonn an píosa seo go bhfuil oideachas tríú leibhéal tábhachtach do dhaoine?
- An aontaíonn tú leis an mblagadóir faoin méid a deir sí faoi Jedward?
- Cad í do thuairim féin faoin bpíosa seo?

C. Ceisteanna

1. Luaigh dhá chonstaic atá ag daoine óga, dar leis an gcéad alt.
2. Cén fáth ar thug an t-údar ardmholadh do Jedward sa dara halt?
3. Cad atá i gceist ag an údar nuair a deir sí "Baineann idir ghné oideachais agus ghné shóisialta le saol an choláiste tríú leibhéal"?
4. Cad a mholann an t-údar do dhaltaí meánscoile in alt 4?
5. Cad a mholann an t-údar don rialtas in alt 4?

4

 An Múinteoir Gaeilge Draíochta

1. Is beag duine nár chuala riamh faoin aisteoir Éireannach Brendan Gleeson. Aisteoir **rathúil**, ildánach é. Uair amháin, chonacthas é mar an **choirpeach** cáiliúil The General agus ansin bhí sé le feiceáil mar Gharda sa scannán is déanaí. Ní haon ionadh go bhfuil an-tóir ar an bhfear seo de bharr a chuid aisteoireachta, ach, suimiúil go leor, níor chas sé ar an aisteoireacht go dtí go raibh sé 34 bliana d'aois. Creid é nó ná creid, ba mhúinteoir Gaeilge é tráth. Bhí sé ag múineadh ar feadh deich mbliana sular éirigh sé as an bpost. Chaith sé tréimhse ag múineadh i Meánscoil Naomh Seosamh, i Ráth Eanaigh agus tréimhse eile i gColáiste Belcamp, Baile Ghrifín. Ba iad Gaeilge, Matamaitic, Béarla agus Corpoideachas na hábhair a bhí idir lámha aige ag an am.

2. Fiú agus é i mbun aisteoireachta, bhí a chuid scileanna múinteoireachta úsáideach dó. Ghlac sé páirt sa tsraith 'Harry Potter' mar mhúinteoir cosanta in aghaidh na n-ealaíon dorcha. Is meantóir é don phríomhcharachtar, Harry Potter. Múineann sé scileanna draíochta áisiúla do na daltaí. Fuair Brendan Gleeson páirt Mad-Eye Moody sa bhliain 2005 agus cuirtear os ár gcomhair é sa cheathrú scannán de shraith 'Harry Potter'. Bhí a pháistí ar bís leis an gcinneadh a rinne sé glacadh leis an bpáirt seo. Bhí áthas an domhain orthu nuair a d'inis sé an nuacht dóibh.

3. Bhí suim mhór ag Brendan i gcúrsaí oideachais nuair a bhí sé ag fás aníos. D'oibrigh sé go dian nuair a bhí sé ag freastal ar an meánscoil. Thaitin an léitheoireacht go mór leis, go háirithe na **téacsanna clasaiceacha**. Bhí sé an-tógtha le leabhair agus ba mhinic a bhíodh sé ag léamh taobh amuigh den rang. Bhí an-suim aige sa stair. D'fhreastail sé ar an gColáiste Ollscoile, Baile Átha Cliath. Bhain sé céim Ealaíon amach agus ba í sin an chéad chéim aige le dul le múinteoireacht. Is Gaeilgeoir é agus is cainteoir líofa Gaeilge é. Ní dhéanann sé neamhaird ar a **oidhreacht** ná ar a theanga dhúchais. Ghlac sé páirt i roinnt gearrscannán Gaeilge. Faoi láthair tá a ghearrscannán 'Cáca Milis' ar an gcúrsa Ardteistiméireachta. Scannán iontach is ea é, a stiúir Jennifer Keegan.

4. Taitníonn an cultúr traidisiúnta leis freisin agus tá suim aige i gceol traidisiúnta. Seinneann sé an fhidil agus feictear a chuid tallainne sa scannán 'Michael Collins', áit a raibh sé ag seinm ceoil i mír amháin den scannán. Cloistear giota ceoil uaidh ar albam beo Altan, a eisíodh in 2009. Ba é 'The Guard', a eisíodh in 2011 agus inar ghlac Gleeson an phríomhpháirt, an scannán Éireannach ba rathúla riamh. Sa scannán seo, glacann sé ról an gharda agus bíonn sé ag obair ar chás na ndrugaí. Tarlaíonn imeachtaí an scannáin i nGaeltacht Chonamara. Tugann sé inspreagadh d'aisteoirí Éireannacha sa tír seo an rud is ansa leo a bhaint amach, ach ag an am céanna, léiríonn sé go bhfuil áit lárnach ag an oideachas i saol an duine freisin.

Foclóir

rathúil *successful* • **coirpeach** *criminal*
téacsanna clasaiceacha *classical texts* • **oidhreacht** *heritage*

A. Cuardaigh

An féidir leat na focail/nathanna seo a aimsiú i nGaeilge sa sliocht thíos?

Acting • Period (of time) • Series • Magical • Decision
Native language • Fiddle • Interest • Inspiration

B. Deis comhrá

Ag obair i mbeirteanna, pléigí an sliocht faoi na pointí seo a leanas:
- An bhfuil aithne agat ar an aisteoir seo?
- Conas a léiríonn an píosa go raibh suim aige sa léitheoireacht?
- Cad í do thuairim féin faoin bpíosa seo?
- Ar mhaith leat a bheith i do mhúinteoir Gaeilge cosúil le Brendan Gleeson?

C. Ceisteanna scrúdaithe

1. (a) Cathain a thosaigh Brendan Gleeson ag aisteoireacht? (alt 1)
   (b) Cá fhad a chaith sé ag múineadh sular éirigh sé as an bpost? (alt 1)
2. Conas a mhothaigh a chlann nuair a fuair sé páirt sa scannán Harry Potter? (alt 2)
3. (a) Cén caitheamh aimsire a bhí aige nuair a bhí sé ag fás aníos? (alt 3)
   (b) Cá ndeachaigh sé tar éis an mheánscoil a fhágáil? (alt 3)
4. Cén caighdeán Gaeilge atá aige? (alt 4)
5. (a) Cén bhaint atá aige le gearrscannáin Ghaeilge? (alt 4)
   (b) Conas a bhfuil a fhios againn go raibh suim aige i gcúrsaí ceoil? (alt 4)

4

Féachaigí ar na pictiúir seo agus smaoinígí ar an dráma atá i ndán dúinn. Pléigí na pictiúir faoi na pointí seo a leanas.

- Cén sórt tinnis atá ar an seanfhear?
- Cén sórt caidrimh atá idir na fir?
- Cén tábhacht a bhaineann leis an mbean sa dráma?
- Cad a tharlóidh ag críoch an dráma, dar leat?

An Lasair Choille

Caitlín Maude & Mícheál Ó hAirtnéide

Suíomh: Tá dhá sheomra ar an ardán. Tá leaba i seomra amháin agus is seanchistin é an seomra eile. Tá Micil sa leaba i seomra amháin agus tá Séamas sa gcistin. **Tá cás éin ar crochadh** sa gcistin agus lasair choille istigh ann. Tá Séamas ag caint le Binncheol (an lasair choille) agus ó am go chéile déanann sé **fead** leis an éan.

bird cage hanging, whistle

Séamas: A Bhinncheoil! 'Bhinncheoil! (*Fead*) Cas poirtín dom. Tá tú an-chiúin inniu. Ní fhéadfadh aon údar bróin a bheith agat sa teach seo. Tú te **teolaí** agus neart le n-ithe agat. (*Fead*) Seo, cas port amháin.

warm and cosy

Micil: As ucht Dé ort, a Shéamais, agus éist leis an éan sin, nó an gceapann tú go dtuigeann sé thú?

Séamas: Á, mhuis, ní raibh mé ach ag caint leis. Shíl mé go raibh tú i do chodladh.

Micil: Cén chaoi a bhféadfainn codladh sa teach seo agus do leithéidse d'amadán **ag bladaireacht** in ard do ghutha.

chattering regret

Séamas: Tá **aiféala** orm.

Micil: Tá, má tá. Tabhair aníos an t-airgead anseo chugam.

Séamas: Tá go maith. (*Téann sé suas chuige*) Tá tuilleadh i mo phóca agam.

Micil: Cuir sa sciléad uilig é.

Séamas: 2, 3, 4 agus sé pinne – a dhiabhail, ní hea.

Micil: Seo, déan deifir.

Séamas: 5, a 1 2 3 4 5 6 7 8, agus sé pinne.

Micil: £9 – £10 – £11 – is mór an t-ionadh go raibh an ceart agat. Dhá phunt eile is beidh mé in ann an carr asail a cheannacht ó Dhúgán. Sin é an uair a dhéanfas mé an t-airgead. Meas tú, cé mhéad lucht móna atá agam faoi seo?

Séamas: Deich gcinn nó b'fhéidir tuilleadh.

Micil: Móin bhreá í. Ba cheart go bhfaighinn dhá phunt an lucht uirthi. Sin scór. Slám deas airgid. Tabhair dom peann is páipéar.

Séamas: Tá go maith. (*Téann síos*) A Bhinncheoil, poirtín amháin (*Fead*) A Mhicil! (*Torann sa seomra*)

Micil: A Shéamais, 'Shéamais! Tá mé gortaithe.

Séamas: Go sábhála Mac Dé sinn céard d'éirigh dhuit? Cén chaoi ar thit tú as an leaba? Maróidh tú thú féin.

Micil: Ó! (*Osna*) Tá an t-airgead ar fud an urláir.

Séamas: Ná bac leis an airgead. Fan go gcuirfidh mé isteach sa leaba thú. 'Bhfuil tú gortaithe?

Micil: Tá mé ceart. Tá mé ceart. Cruinnigh suas an t-airgead go beo. Breathnaigh isteach faoin leaba. 'Bhfuil sé agat? Chuile phinn?

Séamas: Tá. Tá. B'fhearr duitse aire a thabhairt duit féin. Céard a dhéanfá dá mbeinnse amuigh?

Micil: Imigh leat síos anois. Tá mé ceart. (*Téann Séamas síos leis an sciléad.*)

Séamas: Thit sé as a leaba, a Bhinncheoil. Nach air a bhí an t-ádh nach raibh mé amuigh? (*Fead*) Féach a bhfuil d'airgead againn.

Micil: Ach an éistfidh tú leis an airgead? Ach ar ndóigh tá sé chomh maith dom a bheith ag caint leis an tlú.

Séamas: A dhiabhail, a Mhicil, céard a dhéanfas muid leis?

Micil: Nár dhúirt mé leat cheana go gceannóinn carr asail leis?

Séamas: Ach leis an scór a dhéanfas tú ar an móin?

Micil: Nach mór a bhaineann sé dhuit?

Séamas: Ní raibh mé ach á fhiafraí díot.

Micil: Céard tá ort anois? Céard tá ag gabháil trí do cheann cipín anois?

Séamas: Dheamhan tada. (*Stad*) Bhí braith orm imeacht.

Micil: Imeacht. Imeacht cén áit?

Séamas: Go Sasana.

Micil: Go Sasana! Céard sa diabhal a thabharfadh thusa go Sasana? Níl gnó ar bith acu d'amadáin i Sasana.

Séamas: Ach shíl mé...

nonsense

Micil: Ach shíl tú. Céard a shíl tú? Cé a bhí ag cur na **seafóide** sin i do cheann?

Séamas: Bhí mé ag caint leis an mBúrcach inné.

Micil: Hu! Coinnigh leis an mBúrcach, a bhuachaill, is beidh tú ceart. Ach céard a dhéanfása i Sasana?

Séamas: Is dóigh nach ndéanfainn mórán ach...

cripple

Micil: Nuair a fhiafrós siad díot céard a bhí tú a dhéanamh sa mbaile céard a bheas le rá agat? 'Bhí mé ar aimsir ag **cláiríneach**.' Níl seanduine thall ansin ag iarraidh an dara péire cos agus lámh. Agus sin a bhfuil ionatsa. Níl éirim sciortáin ionat. Ní bhfaighidh tú an dara duine a inseos duit le 'chuile shórt a dhéanamh, mar a dhéanaimse. Ar ndóigh ní choinneoidh aon duine eile thú ach mé féin.

Séamas: Tá a fhios agam. Ní raibh mé ach ag caint.

Micil: Bhuel, ná bíodh níos mó faoi anois. Nach bhfuil muid sona sásta anseo? Gan aon duine ag cur isteach ná amach orainn.

Séamas: Tá a fhios agam, ach ba mhaith liom rud éigin a dhéanamh as mo chonlán féin.

Micil: Choíche, muis, ní dhéanfaidh tusa aon rud as do chonlán féin. Ach an fhad a bheas mise anseo le comhairle a thabhairt duit ní rachaidh tú i bhfad amú.

Séamas: Déanfaidh tusa mo chuid smaoinimh dhom. B'in é atá i gceist agat.

Micil: Is maith atá a fhios agat, nach bhfuil tú in ann smaoineamh a dhéanamh dhuit féin. Déanfaidh mise an smaoineamh dhuit. Beidh mise mar cheann agat.

Séamas: Is beidh mise mar chosa is mar lámha agatsa. B'in é é!

blame, injustice

Micil: Céard atá ort, a Shéamais? Tá tú dhá bhliain déag anseo anois. Ar chuir mise **milleán** nó bréag nó **éagóir** ort riamh sa bhfad sin?

Séamas: Níor chuir. Níor chuir. Níor chuir, ach dúirt an Búrcach...

Micil: Ná bac leis an mBúrcach. Níl a fhios aigesean tada fút. Níl a fhios aige go mbuaileann na fits thú. Céard a dhéanfá dhá mbuailfeadh siad siúd thú thall i Sasana?

Séamas: Níor bhuail siad le fada an lá anois mé.

Micil: Hu! Bhuailfeadh siad siúd thú, an uair is lú a mbeadh súil agat leo.

Séamas: Ní raibh mé ach ag rá. Ní raibh mé dáiríre. Tá a fhios agat go maith nach bhféadfaidh mé gabháil in aon áit. Bheidís uilig ag gáire fúm.

lack of limbs

Micil: Nach bhfuil tú ceart go leor anseo? Mar a chéile muid. Beirt chláiríneach. **Easpa géag** ormsa agus easpa meabhrach ortsa. Ach ní bheidh aon duine ag gáirí fúinn anseo.

Séamas: Tá aiféala orm. Nach seafóideach an mhaise dom é ar aon chaoi? Ar ndóigh, ní bheadh tada le déanamh ag aon duine liomsa.

Micil: Déan dearmad air. Cuir an clúdach ar an scillidín agus leag suas é.

Séamas: Níl aon chall clúdaigh air.

Micil: Tuige nach mbeadh? Nach bhfuil sé beagnach ag cur thar maoil? (*Tógann Séamas trí nó ceathair de chlúdaigh as an gcófra. Titeann ceann. Titeann siad uilig.*) Céard sin? Céard tá tú a dhéanamh anois?

Séamas: Thit an clúdach.

Micil: As ucht Dé ort agus cuir an clúdach ar an sciléad!

Séamas: Cé acu an ceann ceart?

Micil: Ní ann ach aon cheann ceart amháin.

Séamas: Thóg mé cúpla ceann as an bpreas. Ní raibh a fhios agam cérbh é an ceann ceart.

Micil: Bain triail as cúpla ceann eile.

Séamas: Tá siad róbheag.

Micil: Tá ceann acu ceart.

Séamas: Ní gá é a chlúdach, a Mhicil. Tá a fhios agat go maith nach bhfuil mé in ann aon rud mar seo a dhéanamh.

Micil: Déan iarracht agus ná bí i do pháiste. Nach gcuirfeadh duine ar bith clúdach ar sciléad?

trembling

Séamas: Ach níl a fhios agam cé acu. A Mhuire anocht! Tá **creathaí** ag teacht orm. Tá mé réidh!

Micil: Agus tusa an fear a bhí ag gabháil go Sasana!

Séamas: Éist liom. Éist liom. (*Sos*)

Micil: Fág ansin é mar sin.

Séamas: (*Sos – ansin labhraíonn le Binncheoil.*) Níl smid asat anocht. Céard tá ort? (*Fead*) A Mhicil!

Micil: Céard é féin (*Leath ina chodladh*)

Séamas: Cuirfidh mé síos an tae?

Micil: Tá sé róluath. Ná bac leis go fóill.

Séamas: Cén uair a gheobhas muid an carr asail?

Micil: Nuair a bheas an tairgead againn.

Séamas: An mbeidh mise ag gabháil go Gaillimh leis?

Micil: Beidh má bhíonn tú sách staidéarach. (*Sos*)

Séamas: Scór punt! Slám breá. A Mhicil!

Micil: Céard sin? Is beag nach raibh mé i mo chodladh.

Séamas: Codail mar sin. (*Fead*) A Mhicil!

Micil: Céard tá ort anois?

Séamas: Áit mhór í Sasana?

Micil: Bíodh beagán céile agat. Gabh i leith anseo chugam. Breathnaigh isteach sa scáthán sin. An dtuigfidh tú choíche nach mbeidh ionat ach amadán thall ansin? Ní theastaíonn uathu ansin ach fir atá in ann obair a dhéanamh, agus obair chrua freisin. Chomh luath is a labhraíonn duine leatsa tosaíonn tú **ag déanamh cnaipí**.

*making
mistakes*

Séamas: Ní raibh mé ach ag rá.

Micil: Síos leat anois agus bíodh beagán céille agat. Bí ciúin nó ní bhfaighidh mé néal codlata.

Séamas: Tá go maith. (*Sos*)

Micil: A Shéamais!

Séamas: Is ea.

Micil: Ná tabhair aon aird ormsa. Ar mhaithe leat a bhím.

Séamas: Tá sé ceart go leor. Ní raibh mé ach ag iarraidh a bheith ag caint le duine éigin.

Micil: Cuir na smaointe díchéillí sin faoi Shasana as do cheann. Níl tú ach do do chur féin trína chéile.

Séamas: Tá a fhios agam. Téirigh a chodladh dhuit féin anois. (*Sos*) A Bhinncheoil, tá tú chomh balbh le breac. Cas barra nó dhó. Fuar atá tú? Tabharfaidh mé gráinne mine chugat. (*Fead*) Seo, cas port. (*Buailtear an doras*) Gabh isteach. (*Míoda isteach*)

Míoda: Dia anseo.

Séamas: Go mba hé dhuit.

Míoda: Go méadaí Dia sibh agus an mbeadh greim le n-ithe agaibh? Tuige an bhfuil tú ag breathnú orm mar sin?

Séamas: Ar ndóigh ní tincéara thú? Ní fhaca mé do leithéid de chailín riamh cheana.

Míoda: Sílim gur fearr dom a bheith ag gabháil sa gcéad teach eile.

Séamas: Ná himigh, ná himigh. Ní dhéanfaidh mise tada ort. Ach ní cosúil le tincéara thú.

Míoda: Is maith atá a fhios agamsa céard atá ort.

Séamas: Ní leagfainnse lámh ort, a stór. A Bhinncheoil, an bhfaca tú a leithéid riamh cheana? A haghaidh bhog bhán. As Gaillimh thú?

Míoda: Leat féin atá tú anseo?

Séamas: Is ea. Ní hea. Tá Micil sa seomra. Tá sé ar an leaba. As Gaillimh thú.

Míoda: Ní hea.

Séamas: Ní faoi ghaoth ná faoi bháisteach a tógadh thusa.

Míoda: Ní hea. Is beag díobh a chonaic mé riamh. (*Go hobann*) Meas tú an dtabharfá cabhair dom?

Séamas: Tuige? Céard a d'éirigh dhuit?

you would tell on me

Míoda: Dá n-inseoinn mo scéal duit b'fhéidir go **sceithfeá orm**.

Séamas: Ní sceithfinn.

Míoda: (*Osna*) Níor ith mé greim le dhá lá ná níor chodail mé néal ach an oiread.

Séamas: Ach céard a d'éirigh dhuit? Cá bhfuil do mhuintir?

Míoda: Inseoidh tú orm má insím duit é.

Séamas: Ní inseoidh mé do dhuine ná do dheoraí é.

Míoda: Buíochas le Dia go bhfuil trua ag duine éigin dom.

Séamas: Déanfaidh mé a bhféadfaidh mé dhuit. Inis do scéal.

fleeing

Míoda: Tá mé **ag teitheadh** ó m'athair.

Séamas: Ag teitheadh ó t'athair? Cérb as thú?

Míoda: As Baile na hInse. Is é m'athair an tIarla – Iarla Chonnacht.

Séamas: Iarla Chonnacht! Tháinig tú an t-achar sin uilig leat féin.

Míoda: (*Go searbh*) D'éirigh mé tuirseach den 'Teach Mór' is de na daoine móra.

Séamas: Fear cantalach é d'athair?

Míoda: Ní hea ná ar chor ar bith. Níor dhúirt sé focal riamh liom a chuirfeadh brón ná fearg orm. Ach níor lig sé thar dhoras riamh mé.

Séamas: 'Bhfuil sé sean?

with joy

Míoda: Ceithre scór. Sin é an fáth a raibh sé chomh ceanúil orm. Tá a fhios aige gur gearr uaidh agus ní raibh aon rud eile aige **le haiteas** a chur ar a chroí. Níor lig sé as a amharc riamh mé. D'fheicinn aos óg an bhaile ag gabháil chuig an gcéilí agus mé i mo sheasamh i bhfuinneog mhór an pharlúis agus an brón agus an doilíos ag líonadh i mo scornach.

Séamas: Ach nach raibh neart le n-ithe agus le n-ól agat? Céard eile a bhí uait?

Míoda: Bhí ach cén mhaith a bhí ann. Ba chosúil le héinín lag i ngéibheann mé. Cosúil leis an éinín sin ansin.

Séamas: Tá Binncheol lántsásta anseo. Nach bhfuilir, a Bhinncheoil? Ach céard a dhéanfas tú anois?

concert

Míoda: Níl a fhios agam, ach ní rachaidh mé ar ais chuig an gcaisleán ar aon chaoi. Cé go mbeidh dinnéar mór agus **coirm cheoil** ann anocht. Beidh na boic mhóra uilig ann faoi éide is faoi sheoda áille soilseacha. Ach ní bheidh an dream óg ann. Ní bheidh sult ná spórt ná suirí ann. Fir mhóra, le boilg mhóra, leath ina gcodladh le tinneas óil.

Séamas: Beidh do mháthair uaigneach.

Míoda: Níl aon mháthair agam. Is fada an lá básaithe í. Dá mbeadh deirfiúr nó dearthair féin agam.

Séamas: Ní hionadh go raibh t'athair chomh ceanúil ort is gan aige ach thú.

Míoda: Ach dhearmad sé go raibh mo shaol féin amach romham agus gur orm féin a bhí é a chaitheamh. Cén mhaith, cén mhaith a bheith beo mura bhféadfaidh tú a dhéanamh ach ithe agus ól? Tá mé ag iarraidh rud éigin níos fearr a dhéanamh dhom féin agus bualadh amach faoin saol.

Séamas: (*Go simplí*) Níos fearr! Ní fhéadfá mórán níos fearr a dhéanamh, ná a bheith i t'iníon ag Iarla Chonnacht.

Míoda: B'fhearr staid ar bith ná an staid ina raibh mé.

Séamas: Íosfaidh tú rud éigin? Tá tú caillte leis an ocras.

Míoda: Tá mé ceart go fóillín. Is mó an tuirse ná an t-ocras atá orm. Suífidh mé síos scaithimhín mura miste leat.

Séamas: Suigh. Suigh. Cén t-ainm atá ort?

Míoda: Míoda

Séamas: Míoda! Nach deas, Séamas atá ormsa.

Míoda: Ainm breá d'fhear breá.

Séamas:	Tá sé maith go leor. Binncheol atá air féin.
Míoda:	Ó, a leithéid d'ainm álainn! (*Sos*)
Séamas:	Cá rachaidh tú anois?
Míoda:	Níl a fhios agam. Go Sasana b'fhéidir.
Séamas:	Go Sasana? Ach ní fhéadfá a ghabháil ann leat féin.
Míoda:	Dar ndóigh níl le déanamh ag duine ach gabháil go Baile Átha Cliath agus bualadh ar an mbád ag Dún Laoghaire.
Séamas:	Is ní bheidh leat ach thú féin?
Míoda:	Nach liom féin a bhain mé amach an áit seo is nach beag a bhain dom. Ach tá easpa airgid orm.
Séamas:	Nach bhféadfá a ghabháil go Gaillimh is jab a fháil?

half the district

Míoda:	Faraor nach bhféadfainn. Tá **leath na dúiche** ar mo thóir ag m'athair cheana féin. Má bheirtear orm, beidh mo chaiscín déanta. Caithfidh mé filleadh ar an gcarcair sin de chaisleán. Ná fága mé an teach seo beo más sin é atá i ndán dom.
Séamas:	Go sábhála Dia sinn, ná habair é sin, ach céard a dhéanfas tú ar chor ar bith?
Míoda:	Ná bíodh imní ar bith ort fúmsa. Nuair a bheas mo scíth ligthe agam, buailfidh mé bóthar arís, téadh sé olc, maith dom. (*Sos*) Cén sórt éin é sin?
Séamas:	Lasair choille.
Míoda:	Nach mór an spórt é? Go deimhin, is mór an náire é a choinneáil i ngéibheann mar sin. Nach mb'fhearr i bhfad dó a bheith saor amuigh faoin spéir?

rud ar bith

Séamas:	Níorbh fhearr dó muis. Níl **sioc ná seabhac** ag cur isteach air anseo. (*Sos*) Gléas ceoil é sin agat. An bhfuil tú in ann casadh?
Míoda:	Táim. Is minic a chaith mé an tráthnóna uilig ag casadh do m'athair sa bparlús. Bratacha boga an urláir, coinnleoirí óir is 'chuile shórt ann. Cé nár thaitnigh sé liom beidh sé tairbheach anois.
Séamas:	Cén chaoi?
Míoda:	Nach bhféadfadh mé corrphort a chasadh i leataobh sráide má chinneann orm – gheobhainn a oiread is a choinneoidh mé ar aon chaoi.
Séamas:	Ní bheidh ortsa é sin a dhéanamh. Nach bhfuil scoil ort? Gheobhfása post in oifig go héasca? Ní bheidh ortsa gabháil ó dhoras go doras.
Míoda:	Is dóigh gur fíor duit é. Ach cén fáth a mbeifeása ag bacadh liom? Níl ionam ach strainséara.
Séamas:	Ní hea, ná ar chor ar bith. Seanchairde muid le deich nóiméad. Ní fhaca mé cailín taobh istigh den doras seo riamh cheana agus riamh i mo shaol, ní fhaca mé do leithéidse de chailín.
Míoda:	Ach, is beag an chabhair a fhéadfas tú a thabhairt dom, a Shéamais. Dhá mhéad míle bóthair a fhéadfas mé a chur idir mé féin agus Baile na hInse, is ea is fearr. Agus casfaidh mé ceol i leataobh sráide má chaithim...

Séamas: Ní chaithfidh tú, ná choíche, a stór. (*Sos*) Cas port dom. B'fhéidir go dtosódh Binncheol féin nuair a chloisfeadh sé thú.

Míoda: Ní maith liom thú a eiteach ach ní ceol a bheas ann ach giúnaíl. Céard a chasfas mé?

Séamas: Rud ar bith.

Míoda: Céard faoi seo? (*Port sciobtha*)

Micil: A Shéamais! Céard é sin?

Míoda: Cé atá ag caint?

Séamas: Níl ann ach Micil. Tá sé sa leaba. Tá cailín anseo, a Mhicil.

Micil: Céard tá uaithi?

Séamas: Greim le n-ithe.

Micil: Níl ár ndóthain againn dúinn féin, ní áirím do 'chuile chailleach bóthair is bealaigh dá mbuaileann faoin doras.

Séamas: Ní cailleach ar bith í,

Micil: Céard eile atá inti! Tabhair an doras amach di.

Míoda: Imeoidh mé. Ná lig anuas é.

Séamas: Ara, níl sé in ann siúl.

Micil: M'anam, dá mbeinn, ní bheinn i bhfad ag tabhairt bóthair duit.

Séamas: Ach ní tincéara í, a Mhicil. Nach í iníon Iarla Chonnacht í?

Micil: Iníon Iarla Chonnacht! Chreidfeá an diabhal é féin. Cuir ar an tsráid í, a deirim.

Séamas: Tá sí ag teitheadh óna hathair. Tá siad **á tóraíocht**.

Micil: Gabh aníos anseo, a iníon Iarla Chonnacht, go bhfeicfidh mé thú.

Míoda: Ní rachaidh mise sa seomra.

searching for her

Micil: Céard sa diabhal a bheadh iníon Iarla Chonnacht a dhéanamh ag imeacht ag casadh ceoil ó dhoras go doras?

Míoda: Mura gcreidfidh tú mé tá sé chomh maith dhom a bheith ag imeacht.

Séamas: Ná himigh. Cá rachaidh tú anocht? Fan scaithimhín eile.

Micil: Ní ar mhaithe liomsa ná leatsa a thaobhaigh sí sin muid ar chor ar bith. Iníon Iarla Chonnacht! Go dtuga Dia ciall duit.

Míoda: Ní raibh uaim ach greim le n-ithe.

Micil: Tháinig tú isteach ag goid, a raicleach. Coinnigh súil uirthi, a Shéamais. Ghoidfeadh a leithéid sin an tsúil as do cheann.

Séamas: Muise, éist leis an gcréatúr bocht. Tá ocras agus fuacht uirthi.

Micil: A Shéamais, a Shéamais, an t-airgead! Cá bhfuil sé?

Séamas: Ar an gcófra?

Micil: Cén áit ar an gcófra?

Séamas: Sa sciléad. 'Deile?

Micil: Dún do chlab is ná cloiseadh sí thú!

Míoda: Caithfidh sé go bhfuil an diabhal is a mháthair ann leis an gcaoi a bhfuil tú ag caint.

Séamas: Tá aon phunt déag ann.

Micil: Dún do chlab mór, a amadáin!

mocking you

Míoda: Ná bac leis sin. **Ag magadh fút** atá sé. Níl sé ach ag iarraidh searbhónta a dhéanamh díot. 'Chuile shórt a dhéanamh dhósan is gan tada a dhéanamh dhuit féin.

Séamas: Ach níl mé in ann aon rud a dhéanamh, a Mhíoda.

Míoda: Ná bíodh seafóid ort. Déarfaidh sé sin leat nach bhfuil tú in ann rud a dhéanamh, ionas go gcoinneoidh sé anseo thú ag freastal air. Agus, cé leis an t-aon phunt déag sin?

Séamas: Le Micil.

Míoda: Le Micil! Cé a shaothraigh é? An cláiríneach sin?

Séamas: Ní hé. Mise.

Míoda: Nach leatsa mar sin é? Níl baint dá laghad ag Micil dó.

Micil: Cuir amach í.

Míoda: Tá sé in am agatsa a bheith i t'fhear, agus mórán de do shaol á chur amú ag tabhairt aire don tseanfhear sin.

Séamas: Níl a fhios agam céard a dhéanfas mé.

Míoda: Mura bhfuil a fhios agatsa é, tá a fhios agamsa é. Seo é do sheans. Tá an bheirt againn sáinnithe i ngéibheann ar nós an lasair choille sin. Tabharfaidh an t-aon phunt déag sin go Sasana muid.

Séamas: Go Sasana! Is ea!

Micil: As do mheabhair atá tú, a Shéamais! Ní fhágfá anseo liom féin mé th'éis a ndearna mé dhuit riamh?

Séamas: Níl a fhios agam. Ba mhaith liom imeacht.

Míoda: Má ba mhaith féin tá an ceart agat. Nach fearr i bhfad dó sin a bheith thoir i dTeach na   mBocht ná a bheith ag cur do shaoilse amú.

Séamas: An dtiocfása in éineacht liom, a Mhíoda? Ní imeoinn asam féin.

Míoda: Thiocfainn gan amhras.

Micil: A Shéamais!

Míoda: D'éireodh thar barr linn. Gheobhadsa post breá thall ansiúd agus d'fhéadfá gabháil i do rogha áit agus do rogha rud a dhéanamh.

Micil: Ní fheicfidh tú aon amharc uirthi sin arís go brách má thugann tú di an t-airgead. Sin a bhfuil uaithi sin.

Séamas: Ach, céard tá uaitse? Mo chosa is mo lámha? Mo shaol fré chéile.

Micil: Tá tú meallta aici cheana féin.

Míoda: Níl uaim ach an fear bocht a ligean saor uaitse. Bhí orm mé féin a scaoileadh saor ón ngéibheann cheana. Seanduine ag iarraidh beatha is misneach duine óig a phlúchadh. Ní **óinseach** ar bith mise. Tá an deis againn anois agus bainfidh muid leas as. Tá saol nua amach romhainn agus luach saothair an ama atá caite.

fool

Séamas: Tá mé ag gabháil go Sasana, a Mhicil.

Micil: Ar son anam do mháthar, a Shéamais!

Séamas: Tá mé ag iarraidh rud éigin a dhéanamh ionas nach mbeidh daoine ag gáirí fúm.

Míoda: Cé a dhéanfadh gáirí faoi fhear breá?

Séamas: An gceapfása gur fear breá mé, a Mhíoda? Ní dhéanfása gáirí fúm?

Míoda: Tuige a ndéanfainn? Tá mé ag inseacht na fírinne. (*Torann sa seomra*)

Micil: A Shéamais. a Shéamais!

Séamas: Thit sé as an leaba.

Micil: Gabh i leith, a Shéamais. Gabh i leith.

Míoda: Ara, lig dó. Ag ligean air féin atá sé sin go bhfeicfidh sé an bhfuil máistreacht aige ort fós.

Séamas: Gabhfaidh mé suas chuige.

Míoda: Ná téirigh. Lig dó. Bíodh aige.

Séamas: Ní fhéadfaidh mé é a fhágáil 'na luí ar an urlár. An bhfuil tú gortaithe?

Micil: Ar ndóigh, ní imeoidh tú, a Shéamais? Ní fhágfá anseo liom féin mé. An t-airgead! Fainic an t-airgead.

Míoda: Go deimhin, ní leagfainnse méar ar do chuid seanairgid lofa.

Micil: Ardaigh aníos mé. Cuir 'mo shuí suas mé, ní bheinn in ann tada a dhéanamh de t'uireasa.

Míoda: Ach, dhéanfadh Séamas togha gnó de d'uireasa-sa.

Séamas: Éist leis, a Mhíoda.

Micil: Is fearr an aithne atá agamsa ortsa ná atá ag aon duine ort. Ag magadh fút a bheas siad. Titfidh an t-anam asat 'chuile uair a dhéanfas tú botún. Beidh an domhan mór ag faire ort. Níl anseo ach mise agus ní bheidh mise ag magadh fút.

Míoda: Is maith atá a fhios agat go bhfuil an cluiche caillte agat, a sheanchláirínigh lofa. Éist leis. Lig dó a thuairim féin a bheith aige.

Micil: Tá a fhios agat go maith, a Shéamais, go bhfuil mé ag inseacht na fírinne. Níl maith ná maoin leat ná ní bheidh go deo. Níl meabhair ar bith ionat. Cuireann an ruidín is lú trína chéile thú. Fan anseo, áit nach gcuirfear aon aird ort.

Séamas: Níl a fhios agam, a Mhicil, ach ar ndóigh, tá an ceart agat. Níl maith ná maoin liom.

under control

Míoda: Stop ag caint mar sin. Fear breá láidir thú. Dhéanfá rud ar bith dá ndéanfá iarracht. Breathnaigh, tá ár ndóthain dár saol curtha amú againn **faoi bhois an chait** ag amadáin nach gcuirfeadh smacht ar mhada beag. Seanfhear agus cláiríneach. Níl tada cearr leatsa. Dhéanfása rud ar bith.

Séamas: Meas tú?

Micil: Má imíonn tú ní ligfidh mé taobh istigh den doras arís choíche thú.

Míoda: Thoir i dTeach na mBocht da chóir duitse a bheith le fiche bliain.

Séamas: Bíonn togha lóistín ann ceart go leor, a Mhicil. B'fhearr an aire a thabharfaidís duit ná mise. Gheobhfá 'chuile shórt ann!

Micil: B'fhearr liom a bheith in ifreann! Ná fág liom féin mé! Ar son anam do mháthar!

Séamas: Mura nimím anois ní imeoidh mé go deo. B'fhéidir gurb é an seans deireanach é.

Micil: Níl aon mhaith dhomsa a bheith ag caint mar sin. Imigh! Imigh!

Míoda: D'imeodh sé ar aon chaoi.

Micil: An imeodh?

Míoda: Céard a dhéanfadh sé dá bhfaighféasa bás? Fágtha leis féin is é ag ceapadh nach raibh maith ná maoin leis. Dún suas anois. Tabhair freagra ar an gceist má tá tú in ann.

Séamas: Tá cion agam ort, a Mhicil. Níl aon rud i t'aghaidh agam. Ach tá mé tuirseach den áit seo.

Micil: Ní chuirfidh mise níos mó comhairle ort.

Séamas: Beidh mé ag imeacht mar sin. Tabharfaidh mé liom an t-airgead.

Míoda: Míle moladh le Dia, tháinig misneach duit sa deireadh.

Séamas: Meas tú gur ceart dom é?

Míoda: Má imíonn tú beidh a fhios agat sin.

Séamas: Ach ní raibh mé amuigh faoin saol cheana riamh.

Míoda: Níl sa saol ach daoine. Cuid acu ar nós Mhicil. Cuid acu ceart go leor. Éireoidh thar barr leat. Má tá fúinn imeacht tá sé chomh maith dhúinn tosú ag réiteach. Céard a thabharfas tú leat?

Séamas: Níl agam ach a bhfuil ar mo chraiceann. Ar ndóigh, ní chaithfidh muid imeacht fós?

Míoda: Caithfidh muid. Gheobhaidh muid marcaíocht go Gaillimh fós.

Séamas: An dtabharfaidh muid Binncheol linn?

Míoda: Ní thabharfaidh. Bheadh sé sa mbealach.

Séamas: Céard faoi Mhicil? Caithfidh muid a inseacht do dhuine éigin go bhfuil sé anseo leis féin.

Míoda: Ar ndóigh, buaileann duine éigin isteach anois is arís.

Séamas: Beidh siad ag teacht leis an mbainne ar maidin.

Míoda: Cén chlóic a bheas air go dtí sin? Seo, cá bhfuil do chóta?

Séamas: Sa seomra.

Míoda: Déan deifir. Faigh é.

Séamas: Níl mé ag iarraidh gabháil sa seomra.

Míoda: Ara, suas leat. Ná bíodh faitíos ort roimhe sin. B'fhéidir go dtosódh sé ag báisteach.

Séamas: Tá go maith, a Mhicil, sílim go bhfuil an ceart agam. A Mhicil, mura labhróidh tú liom, mar sin, bíodh agat. Cén áit i Sasana a rachas muid?

Míoda: Londain.

Séamas: Nach mór an gar dom tusa a bheith liom, a Mhíoda. Ní dheachaigh mé ag taisteal riamh cheana. (Osna) Meas tú an mbeidh sé ceart go dtí amárach leis féin?

Míoda: Déan dearmad air anois. Ní fheicfidh tú arís go brách é.

Séamas: Is dóigh nach bhfeicfead.

Míoda: Téanam. 'Bhfuil tú réidh?

Séamas: Tá, ach ní imeoidh muid fós.

Míoda: Mura n-imeoidh, beidh aiféala ort. Téanam go beo. Céard atá ort?

Séamas: Níl a fhios agam. B'fhéidir nach dtiocfainn ar ais go deo.

Míoda: Mura dtaga féin, ní dochar é sin.

Micil: Ná himigh, a Shéamais.

Séamas: Caithfidh mé, a Mhicil.

Micil: Caillfear i dTeach na mBocht mé.

Míoda: Is gearr uait ar aon chaoi.

Micil: Fágfaidh mé agat an teach is an talamh ar ball má fhanann tú.

Séamas: Cén mhaith ar ball?

Micil: Fágfaidh mé agat anois é.

Séamas: Níl aon mhaith dhuit a bheith ag caint. Tá bean anseo agus bean dheas – nach gceapann gur amadán mé. Ar mhaithe leat féin a choinnigh tú anseo mé. Is beag an imní a bhí ort fúmsa riamh.

Micil: Admhaím gur beag a d'fhéadfainn a dhéanamh asam féin, ach cá bhfuil an dara duine a choinneodh thusa? Fuist, a bhean, tagann fits air. Céard a dhéanfas tú ansin?

Míoda: A Shéamais!

Séamas: Níor tháinig na fits orm riamh ó bhí mé i mo pháiste.

Míoda: Téanam! Cá bhfios dúinn nach bhfuil fir an Tí Mhóir sa gcomharsanacht?

Séamas: Fan scaithimhín eile. Gheobhaidh muid marcaíocht go Gaillimh go héasca.

Míoda: Cá gcuirfidh muid an t-airgead? Aon phunt déag!

Micil: Sin a bhfuil uaithi sin. Mar a chéile í féin agus 'chuile bhean eile. Coinneoidh siad leat a fhad is atá do phóca teann.

Míoda: Éist do bhéal thusa! (*Buailtear an doras*) Ó!

Séamas: Fir an Tí Mhóir!

Míoda: Stop! S-S-shhhhh!

Guth: (*Amuigh*) A Mhíoda, Mhíoda!

Míoda: Ná habair tada.

Guth: (*Fear isteach*) A Mhíoda!

Séamas: Cé thú féin?

Fear: Cá raibh tú ó mhaidin? Is dóigh nach bhfuil sciúrtóg faighte agat?

Séamas: A Mhíoda, cé hé féin?

Fear: Is mór an t-ádh ort, a bhuachaill, nó thabharfadh mise crigín faoin gcluais duit. Ceapann tú go bhféadfaidh tú do rogha rud a dhéanamh le cailín tincéara?

Séamas: A Mhíoda!

Míoda: Dún do bhéal, a amadáin!

Séamas: Tincéara thú.

Míoda: Ar ndóigh, ní cheapann tú gurb é seo Iarla Chonnacht agat?

Séamas: Ach dúirt tú...

Míoda: Dúirt mé – 'deile, céard eile a déarfainn, nuair a cheap amadán gur bean uasal a bhí ionam? 'Ar ndóigh, ní tincéara thú!' Há! Há! Há!

Fear: Gabh abhaile, a óinseacháin, chuig do champa – áit a rugadh is a tógadh thú.

Míoda: Níl ionam ach tincéara, a Shéamais, nach bhfuil in ann rud ar bith a dhéanamh ach goid is bréaga.

Séamas: Céard faoi Shasana?

Míoda: Sasana! Brionglóid álainn ghlórmhar! Níl gnó dhíom ach in áit amháin – sa gcampa. Tá mé chomh dona leat féin. Fan le do sheanchláiríneach.

Fear: Déan deifir. Ná bac le caint. Tá bóthar fada amach romhainn.

Míoda: (*Ag gabháil amach*) Iníon Iarla Chonnacht. Há! Há! Há! A amadáin! Há!

Fear: Ba chóir duit náire a bheith ort. Murach leisce a bheith orm, chuirfinnse néal ort. Ag coinneáil Mhíoda go dtí an tráth seo. Ag déanamh óinseach di.

Séamas: Ach dúirt sí –

Fear: Dúirt sí! Ise ba chiontach. Cé a chreidfeadh tincéara? Agatsa atá an ceart mo léan. Go maithe Dia dhuit é. (*Imíonn*)

Séamas: (*Stad*) A Bhinncheoil! Rinne sí amadán díom.

Micil: Anois, tá a fhios agat é, is níl aon ghá dhomsa é a rá leat.

Séamas: Tá a fhios agam é.

Micil: Rinne sí amadán críochnaithe dhíot.

Séamas: Rinne. Ach, ar bhealach, ní dhearna. D'oscail sí mo shúile dhom. 'Bhfuil a fhios agat cén fáth ar choinnigh tusa mise anseo, ag sclábhaíocht duit, agus cén fáth a gcoinníonn an tincéara sin Míoda agus cén fáth a gcoinnímse Binncheol? Inseoidh mise dhuit cén fáth. Mar tá muid uilig go truamhéalach. Tá muid mar 'tá muid. Tá tusa i do chláiríneach agus bhí tú ag iarraidh cláiríneach a dhéanamh díomsa freisin. Agus, tá an tincéara ag iarraidh Míoda a choinneáil ina chuid salachair agus ina chuid **brocamais** féin. Agus coinnímse Binncheol i ngéibheann ionas go mbeidh sé chomh dona liom féin. Ceapaim, má cheapaim, go maródh an sioc is an seabhac é dá ligfinn saor é – ach níl ansin ach **leithscéal**. Ach, ní i bhfad eile a bheas an scéal mar sin. (*Éiríonn. Imíonn amach leis an gcás. Sos.*)

litter

excuse

Micil: A Shéamais, cá raibh tú?

Séamas: Scaoil mé amach Binncheol. Agus an bhfuil a fhios agat céard é féin – chomh luath is a d'oscail mé an doras **sciuird sé** suas i mbarr an chrainn mhóir agus thosaigh sé ag ceol.

he rushed

Micil: 'Bhfuil tú ag imeacht, a Shéamais, nó ar athraigh tú t'intinn.

Séamas: Is ait an mac an saol. Ní bheadh a fhios agat céard a tharlódh fós. Tiocfaidh athrú ar an saol – orainne agus ar 'chuile shórt. Ach ní bheidh Binncheol ná éan ar bith i ngéibheann sa gcás sin arís go brách. (*Tógann suas an cás.*)

Brat anuas.

Greannán den dráma

Féach ar an tsraith pictiúr seo bunaithe ar an dráma. Inis scéal bunaithe ar na pictiúir seo.

- Breac síos trí abairt faoi gach pictiúr.
- Cum trí cheist bunaithe ar an tsraith pictiúr.

Achoimre ar an dráma

Tarlaíonn imeachtaí an dráma i dteach faoin tuath. Bhí Séamas agus Micil ina gcónaí le chéile. Ba chláiríneach é Micil agus thug Séamas aire mhaith dó. Ní raibh Micil ábalta aon rud a dhéanamh dó féin agus mar sin bhí sé ag brath go hiomlán ar Shéamas. Cheapfá go mbeadh Micil fíorbhuíoch de as an gcabhair ach tá an chosúlacht air nach raibh mórán measa aige ar Shéamas. Rinne Séamas gach rud timpeall an tí agus chaith sé a chuid ama ag díol móna. Thuill Séamas a lán airgid do Mhicil. Bhí éan sa teach mar pheata ag Séamas. Bhíodh sé i gcónaí ag caint leis. Níor chan an t-éan ar chor ar bith. Ní raibh Séamas róchliste agus ní raibh muinín aige as féin.

Ba mhaith le Séamas dul go Sasana ach dúirt Micil leis nach mbeadh ar a chumas dul ann. Lá amháin tháinig cailín óg go dtí an doras. Míoda ab ainm di agus cheap Séamas go raibh sí go hálainn. Dúirt sí gurb iníon Iarla Chonnacht í agus gur theith sí óna hathair. Níor thaitin Míoda le Micil. D'aithin sé go raibh sí ina tincéir. D'oscail Míoda súile Shéamais i dtaobh na saoirse agus neamhspleáchais. D'iarr Míoda ar Shéamas dul go Sasana léi. Bhí eagla ar Mhicil go n-imeodh Séamas. D'impigh sé ar Shéamas gan an teach a fhágáil. Ba léir go raibh Séamas níos láidre anois. Bhí sé i gceist acu éalú le chéile ach tháinig athair Mhíoda go dtí an doras. Thosaigh Míoda agus a hathair ag magadh faoi Shéamas. D'fhág siad an teach ansin. Fágadh Séamas sa teach le Micil, ach fear an-difriúil ab ea é anois. Bhí níos mó muiníne aige as féin. Ag deireadh an dráma, scaoil Séamas an t-éan Binncheol saor. Is meafar é don athrú atá tagtha ar aigne an fhir óig.

A. Ceisteanna

Athscríobh na habairtí seo a leanas i do chóipleabhar agus líon na bearnaí.

1. Bhí Séamas _____ le Micil.
2. Rinne Séamas gach rud do Mhicil gan aon _____ a fháil uaidh.
3. Bhí peata _____ acu sa teach. _____ ab ainm dó.
4. Níor _____ an t-éan nuair a labhair Séamas leis.
5. Tháinig _____ go dtí an teach agus d'oscail sí súile Shéamais.
6. Ba mhaith le Míoda dul go _____ le Séamas.
7. Bhí eagla ar Mhicil go mbeadh sé fágtha ina _____.
8. Bhí gach carachtar sa dráma seo _____ de shaghas éigin.

*I ngéibheann • éin • Míoda • ina chónaí • aonar • bhuíochas
chan • Binncheol • Sasana*

B. Fíor nó Bréagach?

1. Ba dhuine lagmhisniúil é Séamas.
2. Fear óg 25 bliana d'aois ab ea Séamas.
3. Bhí sé i gceist ag Micil dul go Sasana le Míoda.
4. B'iníon Iarla Chonnacht í Míoda.
5. Níor ligeadh Binncheol saor ag an deireadh.

C. Deis comhrá

Cuir na ceisteanna seo ar an dalta in aice leat agus ansin scríobh na freagraí i do chóipleabhar.

1. Cá fhad a raibh Séamas ina chónaí le Micil?
2. Cén sórt oibre a dhéanadh Séamas do Mhicil?
3. Cá raibh an lasair choille?
4. Cén fáth nach raibh aon mhuinín ag Séamas as féin?
5. Cén tír a raibh Séamas ag smaoineamh ar thaisteal ann?
6. Cérbh í Míoda i ndáiríre?
7. Cén fáth ar tháinig Míoda go dtí an teach?
8. Cén tuairim a bhí ag Micil faoi Mhíoda?
9. Cad a tharla nuair a tháinig athair Mhíoda?
10. Cad a rinne Séamas nuair a d'fhág Míoda an teach?

D. Obair bheirte: rólghlacadh

Ag obair i mbeirteanna, déanaigí rólghlacadh sa rang. Glacfaidh dalta amháin ról Shéamais agus glacfaidh dalta eile ról Mhicil. Bíodh comhrá agaibh le chéile ag dul trí na rudaí a dúradh sa dráma.

Cíoradh an dráma 1: An téama

Obair ghrúpa

Ag obair i ngrúpaí de cheathrar, déanaigí machnamh ar théama an dráma. Roghnaígí trí théama ón liosta seo a mbainfeadh sibh úsáid astu le cur síos a dhéanamh ar théama an dráma. Insígí don rang cén fáth ar roghnaigh sibh na téamaí seo.

*feall • greann • saint • dóchas • gliceas • daoirse
fuath • saoirse • mímhacántacht*

Cleachtadh labhartha/scríofa

Roghnaigh eipeasóid de shraith teilifíse nó scannán ar bith a bhfuil an téama céanna aige leis an dráma seo. Scríobh achoimre ar an gclár nó scannán sin nó inis don rang faoi – déan cur i láthair *PowerPoint* faoi agus pléigh na cosúlachtaí idir an eipeasóid sin agus an dráma.

Ceist scrúdaithe agus freagra samplach

Cad é téama an dráma seo?

Baineann an dráma seo leis an tsaoirse agus an daoirse. Bhí gach carachtar sa dráma seo ag fulaingt ar bhealach éigin. Bhí siad go léir i ngéibheann agus ar thóir na saoirse. Bhí Séamas faoi smacht ag Micil agus ba mhaith leis a bheith saor. Rinne sé gach rud dó agus theastaigh uaidh dul go Sasana ach chuir Micil deireadh leis an smaoineamh seo nuair a thosaigh sé ag magadh faoi. Ba mhaith le Micil a bheith saor ó thinneas. Bhí brón air faoi bheith ina luí sa leaba agus rinne sé iarracht Séamas a choimeád faoi smacht. Is dócha go raibh sé ag iarraidh é a chur i ngéibheann cosúil lena shaol féin. Ba mhaith le Míoda a bheith saor óna hathair. D'inis sí do Shéamas go raibh an iomarca cumhachta ag a hathair agus nár thug sé aon saoirse di. Bhí an t-éan Binncheol i ngéibheann freisin. Is siombail/meafar é an t-éan den phian a mhothaigh na carachtair uile. Scaoileadh an t-éan saor ag an deireadh agus ceapaim go raibh níos mó neamhspleáchais ag Séamas ansin.

Cleachtadh duitse!

Roghnaigh téama amháin, seachas an ceann atá anseo, agus tabhair cuntas gairid ar a bhfuil sa dráma faoin téama atá roghnaithe agat.

Cíoradh an dráma 2: Na carachtair

Deis comhrá

Samhlaigh go bhfuil tusa i do chónaí in aice le Séamas agus Micil.
Cad a déarfá fúthu?

Obair ghrúpa

Ag obair i ngrúpaí de cheathrar, déanaigí machnamh ar na carachtair Séamas, Micil agus Míoda. Roghnaígí trí aidiacht ón liosta seo a mbainfeadh sibh úsáid astu le cur síos a dhéanamh ar na carachtair thuas. Insígí don rang cén fáth ar roghnaigh sibh na haidiachtaí seo.

*saonta • míchineálta • cairdiúil • greannmhar • amaideach
mímhacánta • leithleach • santach • fiosrach*

Na carachtair

MICIL		
	Glic Leithleach Santach	Is cláiríneach é Micil. Seanfhear é a chónaíonn le Séamas. Is duine leithleach é mar tá Séamas ina sclábhaí aige. Déanann sé gach rud dó agus ní ghabhann Micil buíochas ar bith leis. Is duine glic é freisin mar déanann sé dúshaothrú *(exploitation)* ar Shéamas. Bíonn sé i gcónaí ag magadh faoi. Duine santach is ea é freisin mar ní thugann sé aon airgead do Shéamas don obair a dhéanann sé dó.
SÉAMAS		
	Saonta Cineálta Lagintinneach	Fear óg é Séamas. Cónaíonn sé le Micil. Cláiríneach is ea Micil agus déanann Séamas gach rud dó. Díolann sé móin agus déanann sé an obair tí go léir freisin. Duine saonta é freisin mar ligeann sé do dhaoine lagmhisneach a chur air. Bíonn Micil agus Míoda ag magadh faoi sa dráma. Duine lagintinneach is ea é mar níl aon mhuinín aige as féin. Ba mhaith leis saol níos fearr a bheith aige ach ní thapaíonn sé an deis.
MÍODA		
	Cliste Glic Mímhacánta	Tincéir í Míoda ach ligeann sí uirthi gurb iníon Iarla Chonnacht í. Tuigeann sí go bhfuil Séamas saonta agus insíonn sí bréaga dó. Creideann sé gach rud a deir sí. Is duine glic í mar tá sí ag iarraidh airgead Shéamais a chaitheamh. Léiríonn sí a fíorphearsantacht ag an deireadh. Bíonn sí cruálach le Séamas nuair a thagann a hathair.

Ceist scrúdaithe agus freagra samplach

Cén carachtar is fearr leat sa dráma? Déan cur síos gairid air/uirthi.

Is fearr liom an carachtar Séamas. Is maith liom an t-athrú a thagann air ag deireadh an dráma. Tosaíonn an dráma le fear óg saonta ina chónaí le Micil atá ina chláiríneach. Déanann sé gach rud dó agus díolann sé móin dó freisin. Is duine cineálta é mar déanann sé an obair tí go léir agus ní fhaigheann sé aon bhuíochas ó Mhicil. Níl aon mheas ag Micil air ach an oiread. Is dócha go mothaíonn sé trua do Mhicil. Tá éan aige i gcás agus ba mhaith leo beirt a bheith saor. Tá siad i ngéibheann faoi leith. Tagann an tincéir Míoda lá amháin agus athraíonn gach rud sa teach. Insíonn sí bréaga do Shéamas agus creideann sé gach rud. Bíonn sé i gceist ag Séamas dul go Sasana léi. Tagann sé chun solais, áfach, nach raibh sé i gceist ag Míoda dul leis agus go raibh sí ag magadh faoi. Fágann sí an teach. Tagann athrú mór ar mheon Shéamais ag an deireadh. Tá níos mó muiníne aige as féin agus is léir gur duine difriúil anois é. Tá níos mó neamhspleáchais aige agus níl sé faoi smacht Mhicil a thuilleadh.

Cleachtadh duitse!

Cén saghas duine é Micil? Déan cur síos gairid air agus luaigh cén fáth ar thaitin (nó nár thaitin) sé leat. Is leor dhá fháth.

Cur chuige: *Luaigh é a bheith cruálach, míchumasach, níl sé buíoch de Shéamas, impíonn sé air fanacht*

Ag machnamh ar an dráma

Cad é do thuairim faoin dráma seo?

An maith leat é?

> Ní maith liom an cur síos sa dráma. Ní tharlaíonn aon rud drámatúil ann.

> Ní maith liom carachtar Mhicil. Duine cruálach is ea é. Maslaíonn sé Séamas de shíor.

> Is maith liom an carachtar Séamas. Is duine cineálta é. Tá sé go deas le Micil.

> Is maith liom an dráma seo mar gur dráma cuimiúil é.

> Ní maith liom an dráma seo mar nach raibh sé suimiúil ar chor ar bith.

> Is maith liom an meafar sa dráma. Is siombail é Dinnsheol (an t-éan) den tsaoirse.

Cleachtadh duitse!

Ar thaitin an dráma seo leat? Cuir dhá fháth le do fhreagra.

Obair ghrúpa

Is iriseoir tú atá ag déanamh léirmheasa ar scannán bunaithe ar an dráma 'An Lasair Choille'. Roghnaigh na haisteoirí is oiriúnaí agus stiúrthóir den scoth le bheith páirteach sa scannán.

Ansin, ag obair i ngrúpaí scríobhaigí script scannánaíochta agus cuirigí dráma beag i láthair sa rang bunaithe ar an dráma seo.

Cur chuige:

Ainm: An Lasair Choille   *Grádú:* 15   *Bliain:* 2012

Cén cineál scannáin atá i gceist? Scannán coiriúlachta / scannán drámatúil / scannán uafáis / scannán grá

Aisteoirí:

Stiúrthóir:

Plota: Tarlaíonn imeachtaí an scannáin i ... pléann an scannán seo le ... tugtar léargas dúinn ar shaol ... éiríonn leis an stiúrthóir ... i mo thuairim is scannán iontach/den scoth é. Molaim an scannán seo daoibhse.

Cleachtadh labhartha/scríofa

Ainmnigh leabhar nó scannán ar bith ina bhfuil na téamaí céanna.
Scríobh achoimre ar an leabhar nó scannán sin nó inis don rang faoi.

Deis comhrá

Ag obair i mbeirteanna, pléigí na ceisteanna seo a leanas:

- Cén léargas a fhaighimid ar shaol daoine atá faoi mhíchumas sa dráma seo?
- Cén sórt aidiachtaí a mbainfeá úsáid astu chun cur síos a dhéanamh ar Bhinncheol?
- Cad í an chuid is fearr den dráma, dar leat?
- An raibh deireadh an dráma sásúil, dar leat?
- Conas a léiríonn an dráma na téamaí seo: easpa sonais; easpa smachta; easpa saoirse?

Cleachtadh scríofa

1. Is tusa Míoda. Scríobh an téacsteachtaireacht a chuirfeá chuig d'athair ag insint dó nach mbeidh tú ag filleadh abhaile.
2. Is láithreoir teilifíse tú agus tá tú chun Séamas a chur faoi agallamh. Beidh sibh ag plé a cháis. Breac síos cúig cheist a chuirfeá air. Cuir iad ar do pháirtí ansin.

Ceisteanna scrúdaithe

1. Tabhair achoimre ar an dráma 'An Lasair Choille' a bhfuil staidéar déanta agat air.
2. Déan cur síos ar dhá mhothúchán atá sa dráma seo, dar leat.
3. Cad é téama an dráma 'An Lasair Choille'?
4. An bhfuil teideal an dráma oiriúnach? Cuir fáthanna le do fhreagra.
5. Déan cur síos ar ghné amháin den dráma 'An Lasair Choille' a thaitin leat agus gné amháin nár thaitin leat.

Dán faoi smacht agus easpa saoirse: Géibheann

Ar líne
7:12pm

http://www.educate.ie/próifíl

Ainm: Caitlín Maude
Bliain a breithe: 1941
Áit ar rugadh í: Ros Muc, Co. na Gaillimhe
Gairm bheatha: Múinteoir, file agus drámadóir.
Eolas suimiúil:

- Fuair sí bás sa bhliain 1982 den ailse.
- Chaith sí tréimhse mar iriseoir, freisin.
- Bhí clú agus cáil uirthi mar amhránaí.

Deis comhrá

- Smaoinigh ar an teideal ar dtús: 'Géibheann'. An dtuigeann tú an teideal seo?
- Cad faoi a bhfuil an file ag caint? Maidir le hainmhithe a bhíonn sa zú, déan liosta de na haidiachtaí a shamhlófá a úsáidfidh an file chun cur síos a dhéanamh orthu.

Obair idirlín

Teigh ar an suíomh *www.filinagaeilge.tv* agus féach ar an fístéip a bhaineann leis an dán seo. Pléigh an méid a d'fhoghlaim tú leis an rang.

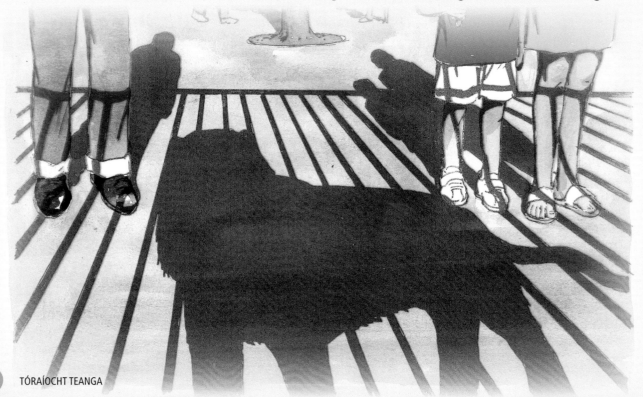

Mír 4.4

Géibheann

Ainmhí mé

ainmhí **allta**   *wild*
as na **teochreasa**   *tropics*
a bhfuil **cliú agus cáil**   *renown and fame*
ar mo **scéimh**   *beauty*

chroithfinn crainnte na coille
tráth
le **mo gháir**   *my roar*

ach anois
luím síos
agus breathnaím **trí leathshúil**   *through one eye*
ar an gcrann **aonraic** sin thall   *solitary, lone*

tagann na céadta daoine
chuile lá

a dhéanfadh rud ar bith
dom
ach mé a ligean amach

Leagan próis

Géibheann

Is ainmhí fiáin mé
as na teochreasa
agus tá clú agus cáil ar
m'áilleacht

Bhí mé ábalta na crainn a chroitheadh le mo bhúir
nuair a bhí mé sna teochreasa
ach anois
bím i mo luí i gcónaí
ag féachaint ar an gcrann sin
trí leathshúil

Tagann go leor daoine
gach uile lá

lán sásta gach rud a dhéanamh dom
ach mé ligint saor.

Teachtaireacht an dáin

Tá an dán seo bunaithe ar shaol ainmhí sa zú – leon is dócha. Is meafar é an t-ainmhí freisin do shaol an fhile. Tá an leon i ngéibheann sa zú. B'ainmhí fiáin é uair amháin agus é saor sna teochriosanna. Bhí cumhacht aige agus bhí clú agus cáil ar a áilleacht. B'ainmhí bródúil é mar go raibh sé láidir agus bhí glór láidir aige freisin. Tá saol an-difriúil aige anois agus é ina chónaí sa zú. Níl cumhacht ná láidreacht aige a thuilleadh. Luíonn sé ar an talamh, a spiorad briste, ag féachaint trí leathshúil. Níl aon rud le feiceáil ach crann amháin in aice leis. Íomhá an-difriúil is ea í sin i gcomparáid leis na coillte ina mbíodh sé ag rith tráth. Níl sé sásta leis an saol atá aige. Ba mhaith leis a bheith saor arís ach ní scaoilfidh aon duine saor é.

Cleachtadh scríofa

(i) Athscríobh na habairtí seo a leanas i do chóipleabhar agus líon na bearnaí.

1. Scríobh _____ an dán seo.
2. B'_____ cumhachtach é an leon tráth.
3. Bhí saol _____ aige nuair a bhí sé saor.
4. Bhí an t-ainmhí _____ as féin mar go raibh sé álainn agus cumhachtach.
5. Chroithfeadh sé na _____ lena ghlór láidir.
6. Tá sé ina chónaí anois sa _____.
7. Ba mhaith leis _____ ach níl i ndán dó ach an daoirse..
8. Is fuath leis an cineál _____ atá aige anois ina aonar.
9. Is _____ é an t-ainmhí do shaol an fhile.
10. Dán _____ é an dán seo.

zú • fáthchiallach • saoirse • saoil • ainmhí • Caitlín Maude bródúil • meafar • bríomhar • crainn

(ii) Fíor nó bréagach?

1. Tá ainmhí ag caint sa dán seo.
2. Ní raibh sé sásta lena shaol sna teochriosanna.
3. Tá daoirse ag teastáil uaidh.
4. B'ainmhí álainn é a raibh clú agus cáil ar a áilleacht.
5. Ba mhaith leis a bheith ina chónaí i ngairdín na n-ainmhithe.

(iii) Cuir na ceisteanna seo ar an dalta in aice leat agus ansin scríobh na freagraí i do chóipleabhar.

1. Cén sórt saoil a bhí ag an leon sna teochriosanna?
2. Cén cháil a bhí ar an leon san fhiántas?
3. An raibh an t-ainmhí cumhachtach tráth?
4. Cá bhfuil an t-ainmhí le feiceáil anois?
5. An dtaitníonn an saol atá aige anois leis? Cén fáth?
6. Cad atá le feiceáil sa chás ag an ainmhí?
7. Cad atá ag teastáil ón ainmhí anois?
8. Cé mhéad duine a thagann gach lá?
9. Cad a dhéanann na cuairteoirí?
10. Cén pictiúr a fhaighimid den ainmhí ag deireadh an dáin?

4

Cíoradh an dáin 1: An téama

Obair ghrúpa

Ag obair i ngrúpaí de cheathrar, déanaigí machnamh ar théama an dáin. Roghnaígí trí fhocal ón liosta seo a mbainfeadh sibh úsáid astu chun cur síos a dhéanamh ar théama an dáin. Insígí don rang cén fáth ar roghnaigh sibh na téamaí seo.

dúlra • cáil • saol an ainmhí • smacht • grá • saoirse fuinneamh • daoirse • meas

Cleachtadh scríofa

Líon an ghreille seo leis na téamaí a roghnaigh sibh thuas.

Téama	Sampla sa dán

Ceist scrúdaithe agus freagra samplach

Cad é príomhthéama an dáin seo?

Is í an easpa saoirse príomhthéama an dáin seo. Is léir go bhfuil an leon faoi bhrón anois. Úsáideann an file íomhánna deasa sa dán. Ainmhí fiáin is ea an t-ainmhí sa dán. Sa chéad leath den dán cuirtear ainmhí láidir, cumhachtach agus álainn os ár gcomhair. Is cuimhin leis an uair a bhí sé saor sna coillte. Feicimid cumha an ainmhí agus é ag déanamh cur síos ar a shaol san fhoraois. Feictear codarsnacht ghlan idir an saol sna teochriosanna agus an saol leadránach sa zú. Tógadh an t-ainmhí as a thimpeallacht nádúrtha agus cuireadh i ngéibheann sa zú é. Sa dara leath, tá an t-ainmhí sa zú. Tá an leon gan fuinneamh, é ina luí faoi chrann agus na céadta daoine ag féachaint air. Is dán fáthchiallach é. Is é mo thuairim go bhfuil an file ag smaoineamh ar a saol féin. Bhí sí tinn ina saol féin. Bhí ailse uirthi agus fuair sí bás den ailse ar deireadh.

Cleachtadh duitse!

Roghnaigh téama amháin, seachas an ceann atá anseo, agus tabhair cuntas gairid ar a bhfuil sa dán faoin téama atá roghnaithe agat.

Cíoradh an dáin 2: Na mothúcháin

Obair ghrúpa

Ag obair i ngrúpaí de cheathrar, déanaigí machnamh ar mhothúcháin an fhile. Roghnaígí trí fhocal ón liosta seo a mbainfeadh sibh úsáid astu le cur síos a dhéanamh ar mhothúcháin an fhile. Insígí don rang cén fáth ar roghnaigh sibh na haidiachtaí seo.

uaigneas • meas • trua • fearg • frustrachas • brón
bród • díomá • éadóchas

Cleachtadh scríofa

Líon an ghreille seo leis na mothúcháin a roghnaigh sibh thuas.

Mothúchán	Sampla sa dán

4

Ceist scrúdaithe agus freagra samplach

Cad é an mothúchán is treise sa dán seo?

Pléann an dán seo saol an ainmhí sa zú. Is é brón an mothúchán is treise sa dán. Is cuimhin leis an ainmhí an saol a bhí aige nuair a bhí sé saor. Bhí cáil ar a áilleacht. Bhí faitíos ar na hainmhithe eile roimh a chumhacht. Bhí saol foirfe aige ag rith tríd an bhfiántas. Rí na foraoise ab ea é. Tá saol an-difriúil aige anois. Cónaíonn sé sa zú agus tá sé i ngéibheann. Ní thaitníonn an saol atá aige leis anois. B'fhearr leis a bheith ina thimpeallacht nádúrtha. Tá frustrachas air mar nach scaoilfidh na cuairteoirí saor é. Níl aon rud le feiceáil aige ach crann amháin.
Tá a spiorad briste agus níl sé ábalta ach leathshúil a oscailt.
Mothaím trua don ainmhí bocht agus don drochchás ina bhfuil sé.

Cleachtadh duitse!

Roghnaigh mothúchán amháin, seachas an ceann atá anseo agus tabhair cuntas gairid ar a bhfuil sa dán faoin mothúchán atá roghnaithe agat.

Stíl an fhile

Íomhánna

Baineann an file úsáid chliste as íomhánna chun saol an ainmhí a chur in iúl dúinn. Is éifeachtach an léiriú é seo agus is féidir liom saol an ainmhí bhoicht a shamhlú. Sa chéad véarsa, feicimid an t-ainmhí agus níl cíos, cás ná cathú air. Tá sé ag baint taitnimh as an tsaoirse. Tá cáil air mar ainmhí láidir agus cumhachtach. Is féidir leis na crainn a chroitheadh lena ghlór. Tá cáil air freisin mar ainmhí álainn. Sa dara véarsa luann an file go bhfuil sé sa zú anois. Níl an fuinneamh céanna aige. Níl sé sásta lena shaol ar chor ar bith. Féachann sé ar na cuairteoirí trí leathshúil. Tá a spiorad agus a dhínit briste. Tá sé i ngéibheann agus tá saoirse ag teastáil uaidh. Cuirtear na híomhánna in iúl go héifeachtach agus taitníonn siad go mór liom. Tá an chodarsnacht an-láidir sa dán idir an tsaoirse agus an daoirse. Cabhraíonn na híomhánna go mór le forbairt an téama sa dán.

> **Na híomhánna is tábhachtaí sa dán**
> - An t-ainmhí fiáin saor sna teochriosanna
> - An t-ainmhí álainn
> - An t-ainmhí láidir ag croitheadh crann lena ghlór
> - An t-ainmhí sa zú ag féachaint ar chrann amháin
> - Daoine ag féachaint ar an ainmhí agus é i ngéibheann

An teideal: Géibheann

Is éifeachtach an teideal é seo mar tuigimid go díreach cad atá i gceist. Léiríonn sé an saol atá ag an ainmhí bocht. Tá an t-ainmhí i bpríosún agus ag fulaingt. Ní oireann an saol seo dó ar chor ar bith. Is teideal simplí é atá an-oiriúnach don téama.

Ag machnamh ar an dán

Cad í do thuairim faoin dán seo?

An maith leat é?

Ní maith liom an friotal. Tá an friotal róchasta.

Ní maith liom an dán seo mar go bhfuil sé an-bhrónach. Mothaím trua don ainmhí.

Is maith liom an cur síos a fhaighimid ar shaol an ainmhí nuair a bhí sé saor.

Is maith liom na híomhánna atá i ngach véarsa.

4

Níor thaitin an dán seo liom. Bhí brón orm ag léamh faoin ainmhí bocht i ngéibheann.

Thaitin an dán seo liom mar go bhfuil téama suimiúil ann.

Cleachtadh duitse!

Ar thaitin an dán seo leat? Cuir dhá fháth le do fhreagra.

Deis comhrá

Ag obair i mbeirteanna, pléigí na ceisteanna seo a leanas:

- Cad í an chuid is fearr leat sa dán?
- Cén chodarsnacht a fheicimid i saol an ainmhí sa dán seo?
- Cén sórt aidiachtaí a mbainfeá úsáid astu chun cur síos a dhéanamh ar ainmhithe i ngéibheann?
- Cén tábhacht a bhaineann le pearsantú sa dán?

Ceisteanna scrúdaithe

1. Déan cur síos ar phríomhsmaointe an dáin seo.
2. Cad atá i gceist ag an bhfile sa véarsa deireanach?
3. Déan cur síos ar an atmaisféar atá sa dán.
4. An bhfuil teideal an dáin oiriúnach, dar leat? Cuir fáthanna le do fhreagra.
5. Luaigh dhá fháth ar/nár thaitin an dán seo leat.

An Aimsir Fháistineach

Cá úsáidimid an Aimsir Fháistineach?

Ag plé rudaí a dhéanfaidh tú amárach, ag an deireadh seachtaine seo chugainn, an samhradh seo chugainn.

Úsáideann tú an Aimsir Fháistineachsa cheapadóireacht, go háirithe sa ghiota leanúnach agus sa chomhrá.

Is féidir ceisteanna áirithe ar an bprós agus ar an bhfilíocht a fhreagairt san Aimsir Fháistineach.

Briathra rialta

Grúpa 1: An chéad réimniú

- Cuirtear '-faidh' tar éis briathra leathana (seachas le sinn, cuirtear '-faimid' ann)
- Cuirtear '-fidh' tar éis briathra caola (seachas le sinn, cuirtear '-fimid' ann)

Leathan	Caol
Glan = glan**faidh** mé	Cuir = cuir**fidh** mé
Féach = féach**faidh** tú	Fill = fill**fidh** tú
Dún = dún**faidh** sé	Úsáid = úsáid**fidh** sé
Tóg = tóg**faidh** sí	Éist = éist**fidh** sí
Ól = ól**faimid**	Bris = bris**fimid**
Fág = fág**faidh** sibh	Caill = caill**fidh** sibh
Fan = fan**faidh** siad	Bain = bain**fidh** siad

Úsáidtear 'Ní' san fhoirm dhiúltach

Ní dhún**faidh** siad an doras. (+ séimhiú 'h')

Ní ól**faidh** sé alcól. (ní chuirtear an séimhiú ar bhriathra a thosaíonn le guta)

Úsáidtear 'An' san fhoirm cheisteach

An gcaith**fidh** tú d'éide scoile amárach? (+ séimhiú 'h')

An éist**fidh** tú le ceol ag an deireadh seachtaine? (ní chuirtear an séimhiú ar bhriathra a thosaíonn le guta)

Ceacht 1

Tá dalta ag caint faoi na rudaí a dhéanfaidh sé amárach.
Líon na bearnaí leis an mbriathar is oiriúnaí ón liosta thíos.

1. _____ cupán tae ag a leathuair i ndiaidh a seacht anocht.
2. _____ le mo chairde ag geata na scoile timpeall a hocht a chlog.
3. _____ an leabharlann ansin chun ár n-obair bhaile a chríochnú.
4. _____ mo leabhair i mo mhála agus dúnfaidh mé an taisceadán.
5. _____ le chéile go dtí na ranganna nuair a bhuailfidh an cloigín.

Siúlfaimid • Buailfidh mé • Cuirfidh mé • Úsáidfimid • Ólfaidh mé

Ceacht 2

Cuir na briathra seo a leanas in abairtí.

1. Féachfaimid
2. Ólfaidh mé
3. Dúnfaidh siad
4. Fillfimid
5. Úsáidfidh tú

Ceacht 3

Freagair na ceisteanna seo san aimsir fháistineach.

1. An mbainfidh tú úsáid as an idirlíon ag an deireadh seachtaine?
2. An gcaithfidh tú mórán ama ag staidéar Dé Máirt?
3. An dtógfaidh tú an bus ar scoil ar maidin?
4. An mbuailfidh tú le do chairde ag an deireadh seachtaine?
5. An éistfidh tú le ceol ar MTV oíche amárach?

Ceacht 4

Anois cum cúig cheist agus tabhair do do pháirtí iad.
Bíodh comhrá agaibh bunaithe orthu.

Grúpa 2: An dara réimniú

- Cuirtear '-óidh' tar éis briathra leathana (seachas le sinn, cuirtear '-óimid' ann)
- Cuirtear '-eoidh' tar éis briathra caola (seachas le sinn, cuirtear '-eoimid' ann)

Leathan	Caol
Ceannaigh = ceann**óidh** mé	Éirigh = éir**eoidh** mé
Fiafraigh = fiafr**óidh** tú	Dúisigh = dúis**eoidh** tú
Athraigh = athr**óidh** sé	Bailigh = bail**eoidh** sé
Tosaigh = tos**óidh** sí	Oibrigh = oibr**eoidh** sí
Ordaigh = ord**óimid**	Imigh = im**eoimid**
Diúltaigh = diúlt**óidh** sibh	Coinnigh = coinn**eoidh** sibh
Cabhraigh = cabhr**óidh** siad	Smaoinigh = smaoin**eoidh** siad

Ceacht 1

Tá dalta ag caint faoin Satharn. Líon na bearnaí leis an mbriathar is oiriúnaí ón liosta thíos.

1. _____ go moch ar maidin mar beidh traenáil agam.
2. _____ m'athair bricfeasta dom; uibheacha agus ispíní.
3. _____ an cleachtadh ansin ag a naoi sa chlub áitiúil.
4. _____ súil ghéar ar an liathróid nuair a bheidh mé ag imirt sa pháirc.
5. _____ an traenáil ansin timpeall a haon déag.

Críochnóidh • Coinneoidh mé • Dúiseoidh mé • Tosóidh • Ullmhóidh

Ceacht 2

Cuir na briathra seo a leanas in abairtí.

1. Baileoidh mé   3. Fiafróidh sé   5. Aistreoidh siad
2. Oibreoimid   4. Ceannóidh mé

Ceacht 3

Freagair na ceisteanna seo san aimsir fháistineach.

1. An éireoidh tú go luath ag an deireadh seachtaine?
2. An mbainfidh tú taitneamh as an samhradh i mbliana?
3. An gcabhróidh tú le do thuismitheoirí leis an obair tí ag an deireadh seachtaine?
4. An mbaileoidh an múinteoir do chóipleabhar amárach?
5. An ordóidh tú bia Síneach Dé Sathairn?

Ceacht 4

Anois cum cúig cheist agus tabhair do do pháirtí iad.
Bíodh comhrá agaibh bunaithe orthu.

Briathra neamhrialta

Briathar	Aimsir Fháistineach			
Bí	Beidh	Beimid	Ní bheidh	An mbeidh tú?
Abair	Déarfaidh	Déarfaimid	Ní déarfaidh	An ndéarfaidh tú?
Beir	Béarfaidh	Béarfaimid	Ní bhéarfaidh	An mbéarfaidh tú?
Clois	Cloisfidh	Cloisfimid	Ní chloisfidh	An gcloisfidh tú?
Déan	Déanfaidh	Déanfaimid	Ní dhéanfaidh	An ndéanfaidh tú?
Faigh	Gheobhaidh	Gheobhaimid	Ní bhfaighidh	An bhfaighidh tú?
Téigh	Rachaidh	Rachaimid	Ní rachaidh	An rachaidh tú?
Tar	Tiocfaidh	Tiocfaimid	Ní thiocfaidh	An dtiocfaidh tú?
Tabhair	Tabharfaidh	Tabharfaimid	Ní thabharfaidh	An dtabharfaidh tú?
Feic	Feicfidh	Feicfimid	Ní fheicfidh	An bhfeicfidh tú?
Ith	Íosfaidh	Íosfaimid	Ní íosfaidh	An íosfaidh tú?

4

Ceacht 1

Tá dalta ag caint faoina imeachtaí tar éis na scoile amárach.
Líon na bearnaí leis an mbriathar is oiriúnaí ón liosta thíos.

1. _____ abhaile ar an mbus tar éis na scoile.
2. _____ suas an staighre agus athróidh mé m'éadaí.
3. _____ ár ndinnéar le chéile sa seomra bia.
4. _____ cabhair do mo thuismitheoirí leis na soithí.
5. _____ m'obair bhaile ansin sa seomra staidéir.

Íosfaimid • Tiocfaidh mé • Déanfaidh mé • Tabharfaidh mé • Rachaidh mé

Ceacht 2

Cuir na briathra seo a leanas in abairtí.

1. Gheobhaidh mé
2. Beimid
3. Rachaidh mé
4. Cloisfidh siad
5. Feicfidh mé

Ceacht 3

Freagair na ceisteanna seo san aimsir fháistineach.

1. An íosfaidh tú sa bhialann Shíneach ag an deireadh seachtaine?
2. An ndéanfaidh tú mórán staidéir ag an deireadh seachtaine?
3. An bhfaighidh tú airgead póca ó do thuismitheoirí?
4. An mbeidh tú gnóthach i rith na seachtaine?
5. An rachaidh tú thar lear an samhradh seo chugainn?

Ceacht 4

Cum cúig cheist leis na briathra seo agus tabhair do do pháirtí iad.
Bíodh comhrá agaibh bunaithe orthu.

1. Tabhair
2. Goid
3. Buail
4. Mothaigh
5. Fill

Páipéar scrúdaithe samplach

PÁIPÉAR 1: CEAPADÓIREACHT

A – GIOTA LEANÚNACH / BLAG – (50 marc)

Scríobh **giota** leanúnach nó **blag** (leathleathanach) ar cheann amháin de na hábhair seo.

(i)   Is aoibhinn beatha an scoláire.

(ii)   An scoil.

(iii)   An córas oideachais.

B – SCÉAL – (50 marc)

Ceap **scéal** (leathleathanach) a mbeidh ceann **amháin** de na sleachta seo a leanas oiriúnach mar *thús* leis.

(i)   Bhí mé ag fanacht taobh amuigh d'oifig an phríomhoide…

nó

(ii)   "Tá dalta nua sa rang," arsa an príomhoide. "Is as Meiriceá é…

C – LITIR / RÍOMHPOST – (50 marc)

(i)   D'aistrigh tú go dtí ceantar nua faoin tuath. Ní thaitníonn an scoil nua leat. Scríobh **an litir/ ríomhphost** (leathleathanach) a chuirfeá chuig do chara ag insint dó/di mar gheall air sin.

nó

(ii)   Tá tú tar éis an scoil a fhágáil. Scríobh **an litir/ríomhphost** (leathleathanach) a chuirfeá chuig an múinteoir is fearr a bhí agat ag gabháil buíochas leis/léi as an tsárobair a dhéanann sé/sí.

D – COMHRÁ – (50 marc)

(i)   Ba mhaith le do thuismitheoirí go rachfá chuig an ollscoil tar éis na hArdteistiméireachta ach ní theastaíonn sé sin uaitse. Scríobh **an comhrá** (leathleathanach) a bheadh eadraibh.

nó

(ii)   Tháinig do thuairisc scoile abhaile tar éis na réamhscrúuithe agus níl d'athair (nó do mháthair) sásta ar chor ar bith. Scríobh **an comhrá** (leathleathanach) a bheadh eadraibh.

PÁIPÉAR 2: CÚRSA LITRÍOCHTA

PRÓS

"Ní bheidh Binncheol ná éan ar bith i ngéibheann sa gcás sin arís go brách…" *An Lasair Choille*

Tabhair achoimre ar an dráma seo. Luaigh na pointí seo:

 (i)   Déan cur síos ar Shéamas sa dráma seo.
 (ii) Luaigh an gaol a bhí aige le Micil.
 (iii) Déan cur síos ar Mhíoda.
 (iv) Cén fáth ar tháinig athar Mhíoda go dtí an teach ag deireadh an dráma?
 (v)   Cad a tharla nuair a d'fhág Míoda an teach?
 (vi) Cén tábhacht atá ag baint le Binncheol sa dráma seo?   (25 marc)

FILÍOCHT

 (i)   (a) Cén sórt ainmhí atá i gceist sa dán Géibheann?
       (b) Déan cur síos ar an dúlra sa dán seo.
       (c) Cá bhfios duit nach raibh an t-ainmhí sásta sa zú?
       (d) Cad ba mhaith leis an ainmhí?   (8 marc)

 (ii) Luaigh an téama atá sa dán. Déan cur síos, **i d'fhocail féin**, ar an téama sin sa dán.   (8 marc)

 (iii) An maith leat an dán seo? Cuir fáthanna le do fhreagra. (Is leor **dhá** fháth.)   (9 marc)

Saibhreas

5

SAN AONAD SEO FOGHLAIMEOIDH TÚ

G **Gramadach:** An Modh Coinníollach

t **Tuiscint:** Conas focail agus nathanna a bhaineann le gairmeacha beatha agus cúrsaí airgid a aithint; conas cluas- agus léamhthuiscintí a bhaineann leis an ábhar a thuiscint.

💬 **Labhairt:** Conas eolas a thabhairt faoi phoist agus faoi sao airgead a shaothrú. Beidh tú in ann ceist a chur ar dhuine faoi chúrsaí fostaíochta. Beidh tú in ann labhairt faoin gcúlú eacnamaíochta agus faoi shaibhreas sa tír.

✒ **Scríobh:** Conas píosaí faoi ghairmeacha beatha a thaitníonn leat agus curriculum vitae a scríobh i nGaeilge.

📚 **Litríocht:** Prós: Hurlamaboc

Ag saothrú airgid

Ba mhaith le tromlach na ndaoine sa saol seo a bheith saibhir agus tá a fhios againn go n-eascraíonn saibhreas as obair chrua. Caithfimid poist a fháil chun caighdeán maith maireachtála a chaomhnú. Níl aon rud saor in aisce sa domhan seo, mar a déarfá.

Nuair a fhéachaimid ar na daoine is cáiliúla ar domhan, is deacair a shamhlú go raibh poist chrua agus leadránacha acu tráth, ach bhí! An raibh a fhios agat go raibh Lady Gaga ag obair mar fhreastalaí sula raibh cáil uirthi? Bhí uirthi laethanta fada a chaitheamh ag freastal ar chustaiméirí i mbialann ghnóthach i Nua Eabhrac.

Cleachtadh labhartha

Roghnaigh triúr cáiliúil agus déan cur síos ar an bpost a bhí acu sular bhain siad clú agus cáil amach. Is féidir eolas a thail ar an idirlíon ar dtus.

Gairmeacha beatha

Meaitseáil an post leis an bpictiúr cuí. An féidir leat a rá cad a dhéanann na daoine seo?

A

B

C

D

E

F

G

H

I

5

☐ Ailtire	☐ Feirmeoir	☐ Meicneoir
☐ Altra	☐ Fiaclóir	☐ Rúnaí
☐ Bainisteoir	☐ Freastalaí	☐ Stiúrthóir
☐ Cócaire	☐ Innealtóir	☐ Taighdeoir
☐ Dochtúir	☐ Iriseoir	☐ Tiománaí tacsaí
☐ Fear gnó/bean ghnó	☐ Láithreoir	☐ Tógálaí

Mar chabhair

Briathra úsáideacha

- Oibríonn
- Déanann
- Tiomáineann
- Taistealaíonn
- Scríobhann
- Réitíonn

- Deisíonn
- Léann
- Fáiltíonn
- Cuireann ... i láthair

Cén sórt cáilíochtaí atá de dhíth do na poist thuas?

Teastas	*certificate*
Dioplóma	*diploma*
Céim	*degree*
Teangacha iasachta	*foreign languages*
Líofacht sa Ghaeilge	*fluency in Irish* (Gaeilge líofa *fluent Irish*)
Ardchaighdeán Gaeilge	*high standard of Irish*
Scileanna rúnaíochta	*secretarial skills*
Taithí riaracháin	*administrative experience*
Taithí ríomhaireachta	*computer experience*

A. Cleachtadh scríofa

(I) Roghnaigh duine de na daoine fásta i do shaol: do mháthair, d'athair nó gaol éigin. Scríobh píosa ar a s(h)aol oibre. Luaigh an sórt oibre a dhéanann siad, an áit a mbíonn siad ag obair agus cúpla cúram atá orthu.

(ii) An ndearna tú taithí oibre nuair a bhí tú san idirbhliain? Scríobh blag bunaithe ar an tréimhse a chaith tú i mbun taithí oibre. (Mura ndearna tú taithí oibre, samhlaigh go ndearna tú é.)

B. Meaitseáil

Meaitseáil na poist thíos leis an mBéarla.

A	Tréidlia	1	Civil servant
B	Fisiteiripeoir	2	Barrister
C	Síceolaí	3	Auctioneer
D	Dearthóir	4	Psychologist
E	Státseirbhíseach	5	Vet
F	Abhcóide	6	Pilot
G	Píolóta	7	Physiotherapist
H	Ceantálaí	8	Designer

C. Cleachtadh éisteachta ☉ *Mír 5.1*

Éist leis an bhfógra seo agus freagair na ceisteanna.

1. Cén comhlacht a chuir an fógra seo amach?
2. Cén post atá ar fáil?
3. Luaigh rud amháin is gá a bheith ag duine don phost seo.
4. Cá bhfuil an post seo ar fáil?
5. Conas a chuirfeá isteach ar an bpost seo?

Poist thábhachtacha sa tsochaí

Tá na daoine seo ag caint faoina bpoist. Is poist thábhachtacha iad.
Léigh na píosaí agus líon isteach na bearnaí.

Aodhán Ó Loinsigh is ainm dom. Is _____ dóiteáin mé. Bhí
cinneadh déanta agam faoin am a bhí mé i mo dhéagóir go mbeinn i
mo chomhraiceoir dóiteáin. Caithfidh tú a bheith aclaí agus, ar ndóigh,
_____ don phost seo. Is í crógacht an _____ is tábhachtaí d'aon
chomhraiceoir dóiteáin. Gach uair a chloisimid an rabhchán, bíonn a fhios
againn go bhfuilimid i mbaol ann. Cónaím i Leitir Ceanainn agus tá an
stáisiún dóite gnóthach go leor ach is fíor a rá go mbíonn lucht múchta
dóiteáin níos _____ sna cathracha móra. Is post _____ agus
contúirteach é. Cuireann daoine fios ar an mbriogáid dóiteáin nuair a
bhíonn tine nó timpiste ann. Cuireann sé isteach orainn nuair a ghlaonn
amadáin orainn ag pleidhcíocht.

gnóthaí • dúshlánach • tréith • láidir • comhraiceoir

5

Aoife Ní Thuama is ainm dom. Is altra mé. Is post _____ é mar bím ag
obair sa roinn timpiste agus _____. Ní fhaighim sos fiú ag an deireadh
seachtaine. Ní chreidfeá an méid daoine a thagann isteach agus roinnt
díobh ag _____ fola. Rinne mé _____ i gColáiste na Tríonóide seacht
mbliana ó shin. Is maith liom mo phost cé go bhfuil sé dian. Caithfidh mé
a admháil go bhfuil na coinníollacha crua agus go bhfuil na huaireanta
oibre míshóisialta. Is duine _____ mé agus is maith liom bheith ag
déileáil le daoine. Is rud maith é a bheith ag cabhrú le daoine agus ag
cur daoine ar a suaimhneas.

céim • foighneach • sileadh • deacair • éigeandála

Síle Ní Dhuibhir is ainm dom. Is múinteoir _____ mé. Táim ag obair i
meánscoil Naomh Sheosaimh le fiche bliain anuas. Tá na _____ oibre
ag athrú lá i ndiaidh lae. Tá líon na ndaltaí ag méadú sna ranganna.
Is minic a chloistear faoi na laethanta saoire a fhaigheann múinteoirí
agus ní _____ aon duine ar na huaireanta fada a chaithimid ag ceartú
cóipleabhar, ag déanamh nótaí agus ag pleanáil don lá dár gcionn. Tá saol
na scoile an-_____ na laethanta seo. Bíonn na daltaí drochbhéasach linn
agus bíonn leithscéalta acu an t-am ar fad nuair a fhágann siad a n-obair
bhaile sa bhaile. Is maith liom mo phost ach ní féidir a _____ gur post
dúshlánach é.

shéanadh • difriúil • coinníollacha • Gaeilge • smaoiníonn

Ag lorg poist

An ndeachaigh tú sa tóir ar phost páirtaimseartha riamh?

Folúntas d'iriseoir nua leis an nuachtán Foinse

An t-iarrthóir: duine dícheallach le hardchaighdeán G...
Taithí de dhíth
Scileanna ríomhaireachta
Íoctar tuarastal bunaithe ar thaithí agus cáilíochtaí an...
...huig: An Bainisteoir Pearsanra, Foinse, An Caisleán, C...
Tuilleadh eolais: 091 2355425

Fógra sa nuachtán nó ar líne   *Foirm iarratais/curriculum vitae*   *Ag dul faoi agallamh*

Curriculum Vitae

Nuair atá tú ag cur isteach ar phost ar bith caithfidh tú curriculum vitae a chur le chéile.

Féach ar an sampla seo agus scríobh ceann duit féin.

> Peadar Ó Gríofa, 12 Baile na hAbhann, Co. Chill Chainnigh
> Fón: 056 22211   Ríomhphost: aodhan44@eircom.net
>
> Dáta Breithe: 16 Feabhra 1998
>
> **OIDEACHAS**
> Scoil Naomh Áine, Co. Cill Chainnigh; Meánscoil Naomh Pádraig, Co. Chill Chainnigh
>
> **TORTHAÍ AN TEASTAIS SHÓISEARAIGH**
>
> | Ábhar | Leibhéal | Torthaí |
> |---|---|---|
> | Gaeilge | Gnáth | A |
> | Béarla | Gnáth | B |
> | Matamaitic | Ard | B |
> | Fraincis | Ard | C |
> | Tíreolaíocht | Ard | B |
> | Stair | Gnáth | D |
> | Ealaín | Ard | A |
>
> **TAITHÍ OIBRE**
> Freastalaí
> Bialann Uí Shé, An Phríomhshráid, Co. Chill Chainnigh.
> Bhí mé ag freastal ar na custaiméirí, ag obair leis an airgead agus ag cabhrú sa chistin uaireanta.
>
> **CAITHEAMH AIMSIRE**
> Tá suim mhór agam sa spórt. Is ball de chlub leadóige mé. Imrím leadóg faoi dhó sa tseachtain. D'imir mé rugbaí ar scoil freisin. Fuair mé áit ar fhoireann na scoile. Is maith liom bheith ag léamh chomh maith. Taitníonn leabhair uafáis liom.
>
> **TEISTIMÉIREACHTAÍ Ó:**
> An tUasal Ó Dochartaigh
> Príomhoide: Meánscoil Naomh Pádraig   Fón: 056 333561

A. Obair bheirte

(i) Roghnaigh duine cáiliúil a bhfuil meas agat air/uirthi agus scríobh amach CV bunaithe air/uirthi. Fág an t-ainm ar lár agus iarr ar do pháirtí an t-ainm a thomhas.

(ii) Fuair tú cuireadh dul faoi agallamh do phost. Déanaigí rólghlacadh sa rang ina nglacann dalta amháin ról an iarrthóra agus dalta eile ról an bhainisteora. Cumaigí an comhrá a bheadh eadraibh.

B. Cleachtadh scríofa

(i) Chonaic tú an fógra seo ar líne ag lorg duine chun oibriú mar iriseoir leis an nuachtán seachtainiúil 'Foinse'. Scríobh litir/ríomhphost chuig an mbainisteoir ag cur isteach ar an bpost sin. Féach ar lth 337 chun cabhrú leat le struchtúr.

Folúntas d'iriseoir nua leis an nuachtán Foinse

An t-iarrthóir: duine dícheallach le hardchaighdeán Gaeilge

Taithí de dhíth

Scileanna ríomhaireachta

Íoctar tuarastal bunaithe ar thaithí agus cáilíochtaí an duine

Iarratais chuig: An Bainisteoir Pearsanra, Foinse, An Caisleán, Co. na Gaillimhe

Tuilleadh eolais: 091 2355425

5

(ii) Fuair tú an post seo. Scríobh ríomhphost chuig do chara ag insint dó/di faoin gcéad lá ag obair leis an nuachtán.

C. Cleachtadh éisteachta

(i) Éist leis an gcomhrá seo agus freagair na ceisteanna. *Mír 5.2*

1. Cén post ba mhaith le Seán?
2. Cad é an rud is fearr faoin bpost seo dar leis?
3. Cén tuairim a bhí ag Adele faoin bpost seo?
4. Cén ghairm bheatha ba mhaith léi sa todhchaí?
5. Cén sórt coinníollacha oibre a bhaineann leis an bpost seo?

(ii) Éist leis an bhfógra seo agus freagair na ceisteanna. *Mír 5.3*

1. Cá bhfuil ceanncheathrú Sony suite?
2. Cén post a luaitear san fhógra seo?
3. Cé air a bhfuil an fógra seo dírithe?
4. Cén sórt duine atá á lorg acu?
5. Cén dáta a luaitear leis an litir iarratais?

Bill Cullen: an printíseach bunaidh

1. Saolaíodh Bill Cullen ar an bhfichiú lá de mhí na Bealtaine 1964. Rugadh agus tógadh é i gCnoc an tSamhraidh, Baile Átha Cliath. Ceantar bocht a bhí ann ag an am. Ba é an páiste ba shine é as ceithre pháiste dhéag sa chlann. Ní raibh saibhreas aige ina shaol nuair a bhí sé ag fás aníos. Ba ghnáth i rith na tréimhse sin go mbíodh muintir na háite ag comhoibriú le chéile. Bhí **stainnín** ag a mháthair agus thosaigh Bill ag cabhrú léi nuair a bhí sé sé bliana d'aois. Ba dhíoltóirí iad ar an margadh. Bhíodh siad ag díol torthaí agus bláthanna. Shocraigh sé dul amach ag obair nuair a bhí sé trí bliana déag d'aois. Bhí obair lánaimseartha aige ar an margadh ón am sin ar aghaidh. Bhí **caighdeán maireachtála** níos fearr á lorg aige dó féin agus dá mhuintir.

mBaile Átha Cliath de bharr na hoibre a rinne sé le déagóirí faoi mhíbhuntáiste.

2. Bhí cinneadh déanta aige faoin am sin go mbeadh sé ina fhear gnó. Chuige sin fuair sé post mar theachtaire le Waldens Ford Dealer. Níor thuill sé ach punt amháin gach seachtain ach bhí air airgead a thuilleamh dá mhuintir. Léirigh Bill an fonn oibre a bhí air agus d'oibrigh sé go crua ar son an chomhlachta. **Ceapadh** é mar ardstiúrthóir deich mbliana i ndiaidh dó tosú ag obair sa chomhlacht. Ba léir gur bhainisteoir díograiseach agus fear nuálach é. Bhí scileanna ceannaireachta den scoth aige. Bhunaigh Bill Cullen an comhlacht gluaisteán Fairlane agus tuairiscítear gurbh é an díoltóireacht Ford ba mhó in Éirinn a bhí ann. I 1986, chuaigh sé i ngleic le dúshlán eile. Fuair sé **saincheadúnas** Renault ón gcomhlacht Waterford Crystal.

3. Ceapadh é mar dhíoltóir oifigiúil leis an saincheadúnas SsangYong in Éirinn. Anuas air sin is duine flaithiúil é. Ghlac sé ról deonach san eagras Fondúireacht Óige na hÉireann. Rinne sé a lán oibre leo agus ceapadh mar uachtarán é i 1996. Foilsíodh a dhírbheathaisnéis 'It's a Long Way from Penny Apples' in 2002, agus thug sé an t-airgead go léir don eagras carthanachta seo. Is iomaí duais a bronnadh air; i 1998 fuair sé gradam an Ardmhéara i

4. Is sraith teilifíse é *The Apprentice*. Cuireadh tús leis an gclár seo sna Stáit Aontaithe in 2004. Sa chlár sin, cuireann sé dhuine dhéag isteach ar phost leis an bh**fiontraí** agus milliúnaí Donald Trump. Comórtas a bhí i gceist i ndáiríre ach bhí orthu tascanna áirithe a dhéanamh gach seachtain. Ní haon saoire a bhí ann do na hiomaitheoirí. Chaith siad trí mhí faoi bhrú, i gcomórtas le chéile. D'athraigh próiseas na n-iomaitheoirí, ní raibh siad saonta ná soineanta ag deireadh an chomórtais. Chuir siad suas leis na coinníollacha craiceáilte seo mar bhí duais $250,000 ar fáil agus post ar feadh bliain amháin leis an bhfear gnó Donald Trump.

5. Tháinig leagan den chlár *The Apprentice* go hÉirinn ansin. Cuireadh é ar ár scáileán den chéad uair ar an 22 Meán Fómhair 2008. B'é Bill Cullen an chead cheannaire ar an gclar *The Apprentice* in Éirinn. Fuair an buaiteoir áit ar fhoireann Bill ag obair leis an Glencullen Group. Bhí tuarastal €100,000 ag mealladh na n-iomaitheoirí chuig an gcomórtas. Beidh Bill Cullen ar cheann de na chéad turasóirí sa spás nuair a ghlacfaidh sé suíochán ar spáseitleán an fhiontraí Richard Branson. Is léir go bhfuil suim ag Bill Cullen i modhanna taistil agus tá a shúile socraithe ar an spástaisteal.

Foclóir

Stainnín *stall* • **Caighdeán maireachtála** *standard of living*
Ceapadh *was appointed* • **Saincheadúnas** *franchise* • **Fiontraí** *entrepreneur*

A. Cuardaigh

An féidir leat na focail/nathanna seo a aimsiú i nGaeilge sa sliocht seo?

Born • Poor area • Cooperating • Sellers • Market • General director
Autobiography • Contestants • Salary • Version

B. Deis comhrá

Ag obair i mbeirteanna, pléigí an sliocht faoi na pointí seo a leanas:

- Conas a léiríonn an píosa seo gur fear gnó díograiseach é Bill Cullen?
- An bhfaca tú aon sraith den chlár *The Apprentice*?
- Cad í do thuairim féin faoin bpíosa seo?
- Ar mhaith leat a bheith i do bhean nó i d'fhear gnó? Cén fáth?
- Ar mhaith leat dul ar spáseitleán Richard Branson? Cén fáth?

C. Ceisteanna

1. (a) Cathain a rugadh Bill Cullen?
   (b) Cén sórt taithí oibre a bhí aige agus é ag fás aníos? (alt 1)

2. Luaigh dhá shampla den saol oibre a bhí aige tar éis an chéad phost a bhí aige le Waldens Ford Dealers. (alt 2)

3. (a) Cad a rinne sé ar son Fhondúireacht Óige na hÉireann?
   (b) Ainmnigh an duais a fuair sé sa bhliain 1998. (alt 3)

4. (a) Breac síos dhá rud faoin gclár *The Apprentice*.
   (b) Cén fáth a gcuireann na hiomaitheoirí suas leis na coinníollacha deacra ar an seó? (alt 4)

5. (a) Cén duais a chuir Bill Cullen ar fáil do na hiomaitheoirí?
   (b) Cén bhaint atá ag Bill Cullen le Richard Branson? (alt 5)

5

Costas na Sláinte?

Tá iriseoir ag scríobh blag bunaithe ar an seanfhocal 'Is fearr an tsláinte ná na táinte'. Léigh an blag seo agus déan na cleachtaí ina dhiaidh.

http://www.educate.ie/blag

Is fearr an tsláinte ná na táinte

Bíonn daoine ag caint faoi chúrsaí airgid na laethanta seo níos minice ná mar a bhí siad riamh. Is minic a chloistear go bhfuil daoine saibhre ag éirí níos saibhre agus daoine bochta ag éirí níos boichte. Ní féidir a shéanadh go bhfuil an focal 'airgead' **ar bharr ghob gach duine**. Caithfimid stopadh agus smaoineamh. Is beag tairbhe is féidir a bhaint as airgead gan sláinte mhaith a bheith ag duine. Is ábhar conspóideach é sláinte an duine. Tá níos mó rudaí **ag bagairt ar** ár sláinte sa lá atá inniu. Tá lucht leighis i gcónaí ag tabhairt rabhadh dúinn faoi ghalair éagsúla agus iarrtar orainn a bheith cúramach faoinár n-aiste bia.

on the tip of everyone's tongue

threatening

An bhfuil sé fíor a rá go bhfuil muintir na hÉireann ag éirí níos leisciúla? Is cúis imní an méid **otrachta** atá le feiceáil i measc na n-óg. Léiríonn staitistic i ndiaidh staitistice go bhfuil daoine óga sa tír seo ag éirí níos raimhre. Ní itheann siad dada ach **bia beagmhaitheasa** mífholláin agus caitear an iomarca ama gan faic a dhéanamh, nuair ba chóir dóibh aclaíocht éigin a dhéanamh. Caithfidh aos óg na hÉireann a bheith níos eolaí faoi chúrsaí sláinte. Eascraíonn an-chuid fadhbanna sláinte as drochaiste bia, agus beidh drochthodhchaí le tinneas agus galair i ndán dóibh siúd nach bhfuil sláintiúil agus iad óg.

obesity

junk food

Tar éis Oíche Chinn Bhliana gach bliain, bímid ag gealladh go mbeimid níos aclaí agus níos sláintiúla don bhliain úr. Tá borradh mór ar an éileamh atá ar eagraíochtaí cosúil le Weight Watchers. Is beag baile in Éirinn anois nach bhfuil ionad Weight Watchers ann. Tá nasc, ar ndóigh, idir cothú an duine agus sláinte an duine, agus sin an tslí a gcabhraíonn na heagraíochtaí seo le daoine. Ní rud nua í an ghluaiseacht seo, ní gá ach sracfhéachaint a thabhairt ar leabhar sláinte agus léifidh tú an rud céanna. Má itheann tú bia folláin agus má chaitheann tú fiche nóiméad, ar a laghad, gach lá i mbun aclaíochta, beidh tú chomh folláin le breac.

Tagann tuairiscí faoi aistí bia nuálacha amach lá i ndiaidh lae. Caithfidh daoine a bheith cúramach faoi na haistí nuálacha seo mar go gcuireann na daoine a chailleann meáchan suas arís é laistigh de chúpla bliain, agus go deimhin is minic a chuireann siad níos mó meáchain suas ná mar a chaill siad uaireanta. Is iomaí scéal a chloistear faoi mhainicíní ag staonadh an t-am ar fad ionas go gcaillfidh siad meáchan. Bíonn na híomhánna de mhná óga tanaí ag cur brú ar dhéagóirí ar fud an domhain. Déanann siad iarracht aithris a dhéanamh ar na daoine seo. Bíonn siad ag cloí le haistí bia dochta, d'fhonn a bheith chomh caol le gáinne. Níl sé sláintiúil, ar ndóigh, agus mura dtugann siad aire dá sláinte, tá baol ann go dtiocfaidh galar éigin orthu. Ba mhaith liom críoch a chur leis an bpíosa seo leis an gcomhairle seo, déan iarracht **stíl shláintiúil mhaireachtála** a choimeád.

healthy lifestyle

A. Deis comhrá

Ag obair i mbeirteanna, pléigí an sliocht thuas faoi na pointí seo a leanas.

- Conas a léiríonn an sliocht seo go bhfuil sláinte an duine óig i mbaol?
- An aontaíonn tú leis an mblagadóir faoi thábhacht na sláinte? Cén fáth?
- Cén sórt bia ba cheart dúinn a ithe? An féidir leat cúpla bia a lua?
- Conas atá an córas sláinte sa tír seo?
- Cad í do thuairim féin faoin bpíosa seo?

B. Cleachtadh scríofa

(i) Meaitseáil na focail seo ón sliocht leis an mBéarla.

1	Folláin	A	*Bad diet*
2	Drochaiste bia	B	*Exercise*
3	Cothú	C	*Healthy*
4	Aistí bia nuálacha	D	*Warning*
5	Meáchan	E	*Nutrition*
6	Aclaíocht	F	*Advice*
7	Rabhadh	G	*Innovative diets*
8	Comhairle	H	*Weight*

(ii) Athscríobh na habairtí seo i do chóipleabhar agus líon na bearnaí leis na focail thuas.

1. Rinne mo mham sáriarracht _____ a chailleadh tar éis na Nollag.
2. Bíonn trácht go minic ar _____ na laethanta seo.
3. Tá _____ an-tábhachtach agus caithfimid a bheith aireach faoi.
4. Tugann dochtúirí _____ do dhaoine faoin gcontúirt a bhaineann le drochaiste bia.
5. Tá baint mhór ag _____ le saol an lúthchleasaí.
6. Tugann mo thuismitheoirí _____ dom i gcónaí faoi mo mheácha n.
7. Ní duine _____ tú má itheann tú sceallóga gach oíche.
8. Bhí _____ ag na daoine bochta sna meánaoiseanna san Eoraip.

5

(iii) Cuir na focail/nathanna seo a leanas in abairtí.

1. ar bharr ghob gach duine   3. ag bagairt ar   5. otracht
2. stíl shláintiúil mhaireachtála   4. bia seafóideach

(iv) Aistrigh na habairtí seo a leanas go Gaeilge.

1. Health matters are an issue of concern at present.
2. Children are suffering major health problems in the third world.
3. Little benefit is associated with sitting on the couch watching TV.
4. Is it true to say that the people of Ireland are healthier than ever?
5. I hope there is a bright future ahead of the people of Ireland.
6. There is great demand for health books and magazines.
7. Some cultures have a tradition of fasting.
8. Try to keep time in your life for exercise.

C. Deis comhrá

Nóta don scrúdú: Ullmhaigh na ceisteanna seo don bhéaltriail agus ansin pléigh iad leis an dalta in aice leat.

5

Obair ghrúpa

Ag obair i ngrúpaí de cheathrar, pléigí na pointí seo a leanas.

Cén sórt fadhbanna a eascraíonn as an gcúlú eacnamaíochta? Cad iad an dá rud is mó atá le feiceáil in Éirinn inniu, dar leat?

Mar chabhair

- Ráta dífhostaíochta *rate of unemployment*
- Íocóirí cánach *taxpayers*
- An méid comhlachtaí atá ag dúnadh *the amount of factories closing*
- Poist i mbaol *jobs in danger*
- Leas sóisialach *social welfare*
- Luach na dtithe ag titim *value of houses falling*

Éire inniu
– Éire ar strae

'Ní bhíonn in aon rud ach seal' mar a deir an seanfhocal. D'éag an Tíogar Ceilteach thar oíche agus tháinig athrú mór ar shaol an ghnáthdhuine sa tír seo agus fágadh sinn san fhaopach. **Chailleamar go léir guaim orainn féin** agus sinn faoi gheasa an tsaibhris. Tráth dá raibh, bhíomar ar an idirlíon ag ordú saoire thar lear, éadaí galánta agus **giuirléidí** nua. Bhí neart post ar fáil sa tír agus bhí pá ard ag oibrithe i ngach earnáil. Tá cuma an-difriúil ar an tír anois. Tá **tírdhreach gruama** le feiceáil in áiteanna anois le **eastáit fholmha**. Níl tógálaithe in ann a gcuid tithe daora a dhíol na na bainc a **aisíoc** agus chaill go leor daoine a bpoist mar thoradh air seo. Tháinig méadú mór ar an ráta dífhostaíochta go gairid ina dhiaidh sin. Is cúis imní é an ráta dífhostaíochta. Níl an dara rogha ag óganaigh na hÉireann ach dul ar imirce. Téann cuid mhaith daoine ar imirce nuair a theipeann orthu post a fháil. Téann an chuid is mó díobh go Sasana agus go dtí an Astráil. Ní maith an rud é don tír daoine óga cáilithe a bheith ag fágáil na tíre. Is fadhb mhór í an bhochtaineacht in Éirinn inniu. Tá deacrachtaí ag a lán daoine bia a cheannach fiú. Bíonn scuaine fhada ag iarraidh dól a fháil ón rialtas. Is fíor a rá go bhfuil an tír seo imithe ar strae anois. Caithfimid ceachtanna a fhoghlaim ón **ngéarchéim eacnamaíochta**. Caithfidh an gnáththomhaltóir a bheith ciallmhar faoi chúrsaí airgid. Tá dualgas ar an rialtas scéimeanna a bhunú chun fostaíocht a spreagadh sa tír. Tá na polaiteoirí ag déanamh **gealtaí áiféiseacha**, ach tá sé thar am acu anois rud éigin fiúntach a dhéanamh. Nach n-aontaíonn tú?

we lost the run of ourselves

gadgets

gloomy landscape empty apartments, repay

economic crisis,

outrageous promises

A. Ceisteanna

1. Cén sórt nósanna siopadóireachta a bhí ag muintir na hÉireann tráth?
2. Cén sórt cuma atá ar an tír anois?
3. Luaigh an fhadhb atá ag na tógálaithe faoi láthair.
4. Cad é an toradh a bhíonn ag dífhostaíocht?
5. Ainmnigh dhá thír chuig a dtéann daoine óga chun post a lorg?
6. Cén chomhairle a thugtar don ghnáththomhaltóir?
7. Cén dualgas atá ar an rialtas maidir leis an gcúlú eacnamaíochta?

B. Cleachtadh éisteachta

Éist leis an bpíosa seo agus freagair na ceisteanna.

1. Cad a tharla i gcathair na Gaillimhe ag an deireadh seachtaine?
2. Cathain a fuair na hoibrithe an nuacht?
3. Cé mhéad duine a chaill a bpost?
4. Luaigh dhá rud faoin monarcha.
5. Cad a dúirt an bainisteoir faoin méid dífhostaíochta atá sa cheantar?

Is glas iad na cnoic i bhfad uainn!

Is cuid de stair na tíre í an imirce. Is cuimhin liom fhéin mo dhearth"air agus mo dheirfiúr ag fágaint sna hochtóidí. Bhíomar uaigneach ach ag an am gcéanna bhí a fhios againn go raibh an lá sin ag teacht. Ba rud dearfach é a bheith ag dul go tír eile. Saol nua a thosnú agus rudaí nua a fheiscint agus a thriail.

Caithfidh tú cuimhneamh nach raibh aon Skype ná ríomhphost ann gan trácht ar textáil. Is cuimhin liom a bheith thíos sa Daingean le mo mháthair ag cur na bpíosaí móra 50 pingin i líne ar bhosca an fhóin agus iad ag titim isteach ar nós na báistí i mí Eanáir. Is ar éigean go raibh fón i dtithe an uair sin. Thagadh litreacha gach seachtain.

Ag féachaint ar an gclár teilifíse Departure Day roinnt seachtainí ó shin ar RTÉ, thug sé léargas duairc ar an imirce. Níl aon dabht ach go raibh na scéalta seo uafásach. Mam sa bhaile agus a croí briste. Bhí caint ar laethanta maithe agus fuílleach oibre, oícheanta óil is craice. Mardi gras gach aon oíche, agus bhí sé mar seo, ag féachaint siar bhí gach aon lá breá.

Bhí ceamara san aerfort acu chomh maith agus daoine ag fágaint teachtaireachtaí, an chuid is mó acu feargach, agus an Rialtas ag fáil an chuid is measa de. Chaithfeá tuiscint dóibh; fear amháin ag fágaint a bhean is a chlann chun dul ag obair chun airgead a chur abhaile. Tagann Sasana 1953 isteach im cheann. Ní fhaca Dia fhéin an ceann seo ag teacht cheapfainn.

Do leaideanna óga, caithfidh siad féachaint air go dóchasach. Tuigim go bhfuil sé deacair ach is tús nua dóibh é. Tír nua, saol nua agus am leis an domhan a fheiscint. Tiocfaidh rudaí i gceart sa tír seo aríst, má thránn an taoide caithfidh sí líonadh aríst, sin an nádúr.

Bunaithe ar alt as *Foinse* le Daithí Ó Sé

Ceisteanna

1. Conas a mhothaigh an t-údar nuair a bhí a dhearthháir agus dheirfiúr ag dul ar imirce?
2. Conas a rinne sé teagmháil leo nuair a bhí siad thar lear?
3. Luaigh an t-ábhar a bhí sa chlár 'Departure Day'.
4. Cén sórt teachtaireachtaí a bhí le feiceáil san aerfort?
5. Cén moladh a thugtar do leaideanna óga?

 Rath agus Rúin

1. Murar chuala tú trácht ar an gclár *Revenge* faoin tráth seo, is as pláinéad eile thú. Rinneadh trí shraith den chlár seo cheana féin agus ní haon ionadh go bhfuil an-tóir air. Tá go leor gradam buaite ag an gclár. Is sraithchlár Meiriceánach é agus tarlaíonn imeachtaí an scéil sna Hamptons. Áit shaibhir fhlúirseach iad na Hamptons a dtéann na céadta Meiriceánach ar cuairt ann gach samhradh. Craoladh é den chéad uair i mí Mheán Fómhair 2011. Rinneadh athnuachan ar an gclár an bhliain ina dhiaidh sin i gcomhair an dara sraith. Tá sé ag dul ó neart go neart ón am sin.

2. Glacann Emily VanCamp an príomhról, Emily Thorne, sa chlár. Tuairiscítear go raibh ionadh an domhain uirthi nuair a chuir na léiritheoirí glaoch uirthi faoin ról. Ghlac sí leis an deis láithreach agus níor bhotún é. Sa chlár ceannaíonn sí teach nua sna Hamptons ach tá stair aici lena comharsana béal dorais. Tá rún mór aici – tá sí tagtha anseo chun eolas a bhailiú faoi dhúnmharú a hathar agus díoltas a bhaint amach ar na daoine atá ciontach. Cuireadh a hathair i bpríosún go héagórach agus d'eagraigh ceann de na comharsana atá aici dúnmharú a hathar. Ar an mbealach, tagann go leor eolais chun solais faoina hathair agus níl sí cinnte faoin bplean atá aici ag an deireadh.

3. Is as Ceanada í Emily VanCamp ó dhúchas. Thosaigh sí ar shlí na haisteoireachta nuair a bhí sí ina déagóir. Bhí réimse leathan ról aici agus ba iad na róil sna cláir 'Everwood' agus *Brothers and Sisters* a tharraing clú agus cáil uirthi. Tugadh páirt di sna scannáin uafáis 'The Ring' agus 'The Ring 2'. Bhí an-tóir ar na scannáin seo ar fud na cruinne. Ba é an stiúideo ABC a rinneadh réalta mhór di nuair a thug siad ról Emily Thorne di sa bhliain 2011. Aithnítear í anois i measc óg agus aosta de bharr an róil.

4. Tá na blianta de thaithí ag Madeleine Stowe ag aisteoireacht. Glacann sí ról Victoria Grayson ar an gclár 'Revenge'. Bean tí agus péiceallán (*socialite*) í. Tá clú uirthi mar 'bhanríon na

Hamptons'. Is máthair láidir í agus tá saol na clainne tábhachtach di. Coimeádann sí smacht ar a teaghlach. Tá stádas i measc na gcomharsan tábhachtach di freisin. Tá sí pósta le Conrad Grayson, a fear céile ar an gclár. Is teaghlach saibhir iad agus tá siad an-tógtha le cúrsaí airgid. Is bean chruálach í Victoria Grayson agus dhéanfadh sí rud ar bith chun a stádas agus a cumhacht a chaomhnú.

5. Tá rún éigin ag gach duine ar an gclár. Déanann siad go léir iarracht a saol príobháideach a choimeád faoi cheilt. Tá na carachtair ag déileáil le fadhbanna pearsanta agus is é eolas an t-earra is luachmhaire ar thránna áille na Hamptons. Tá an chuma ar an áit gur ceantar suaimhneach é, áit chun do scíth a ligean, ach, mar is eol do chách, ní mar a shíltear a bhítear ar na cláir seo. Cad a tharlóidh do na carachtair? Feicfear as seo amach.

Foclóir

athnuachan renewal • **tuairiscítear** it is reported • **go héagórach** unjustly • **stádas** status • **a chaomhnú** to preserve • **earra** commodity

A. Cuardaigh

An féidir leat na focail/nathanna seo a aimsiú i nGaeilge sa sliocht seo?

Series • American • Neighbours • Producers • Revenge • Rich • Beaches

B. Deis comhrá

Ag obair i mbeirteanna, pléigí an sliocht faoi na pointí seo a leanas:

- An bhfaca tú an clár seo riamh? An maith leat é?
- An bhfuil saol difriúil ag na daoine saibhre sa domhan meas tú?
- Cad é do thuairim féin faoin bpíosa seo?
- Ar mhaith leat dul go dtí na Hamptons? Cén fáth?

C. Ceisteanna

1. (a) Conas a léirítear dúinn gur éirigh go maith leis an gclár Revenge?

   (b) Luaigh dhá rud faoin gclár seo. (alt 1)

2. Cén rún atá ag Emily Thorne ar an gclár? (alt 2)

3. Breac síos dhá rud faoi na róil a bhí ag Emily VanCamp. (alt 3)

4. Luaigh dhá thréith a bhaineann le Victoria Grayson ar an gclár. (alt 4)

5. Déan cur síos ar na Hamptons mar a léirítear ar an gclár iad, dar leis an bpíosa. (alt 5)

5

Réamhobair

Féach ar na pictiúir seo agus smaoinigh ar an scéal atá i ndán dúinn.

Pléigh na pictiúir sa rang faoi na pointí seo a leanas:

- Cén sórt duine í an bhean sa scéal seo, meas tú?
- An gceapann tú go bhfuil saol deas ag an teaghlach seo?
- Cad a chiallaíonn an seanfhocal 'Ní mar a shíltear a bhítear'?
- Cén tuairim atá agat anois faoin scéal seo?

Hurlamaboc
– Caibidil 1: Fiche Bliain Faoi Bhláth

Éilís Ní Dhuibhne

Ruán

Fiche bliain ó shin a pósadh Lisín agus Pól.

occasion

Bheadh an **ócáid** iontach á ceiliúradh acu i gceann seachtaine. Bhí an teaghlach ar fad ag tnúth leis. Sin a dúirt siad, pé scéal é.

usually

'Beidh an-lá go deo againn!' a dúirt Cú, an mac ab óige. Cuán a bhí air, i ndáiríre, ach Cú a thugadar air **go hiondúil**. Bhí trí bliana déag slánaithe aige.

'Beidh sé *cool*,' arsa Ruán, an mac ba shine. Ocht mbliana déag a bhí aige siúd. Níor chreid sé go mbeadh an cóisir *cool*, chreid sé go mbeadh sé *crap*. Ach bhí sé de nós aige an rud a bhí a mháthair ag iarraidh a chloisint a rá léi. Bhí an nós sin ag gach duine.

the celebration

Agus bhí Lisín sásta. Bhí a fhios aici go mbeadh **an ceiliúradh** go haoibhinn, an fhéile caithréimeach, mar ba chóir di a bheith. Caithréim a bhí bainte amach aici, dar léi. Phós sí Pól nuair nach raibh ann ach ógánach anabaí, gan maoin ná uaillmhian. Ag obair i siopa a bhí sé ag an am.

ignorant

Ise a d'aithin na féidearthachtaí a bhí sa bhuachaill **aineolach** seo. Agus anois fear saibhir, léannta a bhí ann, fear a raibh meas ag cách air, ardfhear. Teach breá aige, clann mhac, iad cliste agus dathúil.

Bhí a lán le ceiliúradh acu.

Maidir leis an gcóisir féin, bhí gach rud idir lámha aici – bhí sí tar éis gloiní agus fíon a chur ar ordú sa siopa fíona; bhí an reoiteoir lán le píóga agus ispíní agus bradán agus arán **lámhdhéanta** den uile shórt. Bhí an dara reoiteoir tógtha ar cíos aici – is féidir é seo a dhéanamh, ní thuigfeadh a lán daoine é ach thuig Lisín, b'in an saghas í – agus bhí an ceann sin líonta freisin, le rudaí deasa le hithe. Rudaí milse den chuid is mó de, agus rudaí nach raibh milis ach nach raibh i Reoiteoir a hAon. Dá mbeadh an lá go breá bheadh an chóisir acu amuigh sa ghairdín, agus boird agus cathaoireacha le fáil ar iasacht aici ó na comharsana. Agus mura mbeadh an lá go breá bhí an teach mór go leor do **na haíonna** ar fad. Bhí gach rud ann glan agus néata agus álainn: péint nua ar na ballaí, snas ar na hurláir, bláthanna sna prócaí.

handmade

the guests

Mar a bhí i gcónaí, sa teach seo. Teach Mhuintir Albright. Teach Lisín.

Bean tí den scoth a bhí i Lisín. Bhí an teach i gcónaí néata agus álainn, agus ag an am céanna bhí sí féin néata agus álainn. De ghnáth is rud amháin nó rud eile a bhíonn i gceist ach **níorbh amhlaidh a bhí i gcás** Lisín.

it wasn't the case with

'Ní chreidfeá go raibh do mháthair pósta le fiche bliain,' a dúirt an tUasal Mac Gabhann, duine de na comharsana, le Ruán, nuair a tháinig sé go dtí an doras lá amháin chun glacadh leis an gcuireadh chuig an gcóisir. 'Agus go bhfuil stócach mór ar do nós féinig aici mar mhac! Tá an chuma uirthi gur cailín óg í.'

'*Yeah*,' arsa Ruán, gan mórán díograise. Ach b'fhíor dó. Bhí an chuma ar Lisín go raibh sí ina hógbhean fós. Bhí sí tanaí agus bhí gruaig fhada fhionn uirthi. Bhuel, bhí an saghas sin gruaige ar na máithreacha go léir ar an mbóthar seo, Ascaill na Fuinseoige. Bóthar fionn a bhí ann, cé go raibh na fir dorcha: dubh nó donn, agus, a bhformhór, liath. Ach ní raibh gruaig liath ar bhean ar bith, agus rud ab iontaí fós ná sin ní raibh ach bean amháin dorcha ar an mbóthar – Eibhlín, máthair Emma Ní Loingsigh. Ach bhí sise aisteach ar mhórán bealaí. Ní raibh a fhios ag aon duine conas a d'éirigh léi teach a fháil ar an mbóthar. Bhí na mná eile go léir fionn, agus dathúil agus faiseanta, b'in mar a bhí, bhí caighdeán ard ar an mbóthar maidir leis na cúrsaí seo, ní bheadh sé de **mhisneach** ag bean ar bith dul amach gan smideadh ar a haghaidh, agus éadaí deasa uirthi. Fiú amháin agus iad ag rith amach leis an mbruscar bhíodh gúnaí oíche deasa orthu, agus an ghruaig chíortha go néata acu, ionas go dtuigfeadh na fir a bhailigh an bruscar gur daoine deasa iad, cé nár éirigh siad in am don bhailiúchán uaireanta. Ach bhí rud éigin sa bhreis ag Lisín orthu ar fad. Bhí sí níos faiseanta agus níos néata ná aon duine eile. I mbeagán focal, bhí sí foirfe.

courage

praise and encouragement,

quite, cheerful

staring

lecturer

plenty, invested

organised

Lig Ruán osna ag smaoineamh uirthi. Bhí grá aige dá mháthair. Níor thuig sé cén fáth gur chuir sí lagmhisneach air an t-am ar fad, nuair nár thug sí dó ach moladh. **Moladh agus spreagadh**.

'Inseoidh mé di go mbeidh tú ag teacht. Beidh áthas uirthi é sin a chloisint.' Dhún sé an doras, **cuibheasach** tapa. Bhí rud éigin faoin uasal Mac Gabhann a chuir isteach air. Bhí sé cairdiúil agus **gealgháireach**, agus ba mhinic grinnscéal de shaghas éigin aige. Ach bhí súile géara aige, ar nós na súl a bhíonn ag múinteoirí. Fiú amháin agus é ag caint ag an doras bhí na súile sin **ag stánadh** ar Ruán, agus an chuma orthu go raibh xghathú á dhéanamh acu ar a raibh laistigh dá intinn agus ina chroí.

Bean thanaí, dhathúil, ghealgháireach, bean tí iontach, agus ag an am céanna bhí a lán rudaí eile ar siúl ag Lisín. Ní raibh post aici. Cén fáth go mbeadh? Bhí ag éirí go sármhaith le Pól; bhí sé ina **léachtóir** san ollscoil, i gcúrsaí gnó, ach ní sa chomhthéacs sin a rinne sé a chuid airgid, ach ag ceannach stoc ar an Idirlíon. Bhí sé eolach agus cliste agus ciallmhar, agus bhí **raidhse** mór airgid aige um an dtaca seo, agus é go léir **infheistithe** sa chaoi is nach raibh air mórán cánach a íoc. Bhí árasáin agus tithe aige freisin, anseo is ansiúd ar fud na hEorpa, agus cíos á bhailiú aige uathu.

Ní raibh gá ar bith go mbeadh Lisín ag dul amach ag obair. Mar sin d'fhan sí sa bhaile, ach bhí sí gnóthach, ina ball de mhórán eagraíochtaí agus clubanna: clubanna a léigh leabhair, clubanna a rinne dea-obair ar son daoine bochta, clubanna a **d'eagraigh** léachtaí ar stair áitiúil agus geolaíocht áitiúil agus litríocht áitiúil, agus faoi conas do ghairdín a leagan amach ionas go mbeadh sé níos deise ná gairdíní na gcomharsan nó do theach a mhaisiú ionas go mbeadh do chairde go léir ite le formad. Murar leor sin, d'fhreastail sí ar ranganna teanga – Spáinnis, Rúisis, Sínis, Seapáinis. Bhí suim aici i scannáin agus i ndrámaí. Ní raibh sí riamh díomhaoin agus ba bhean spéisiúil í, a d'fhéadfadh labhairt ar aon ábhar ar bith faoin ngrian.

Dáiríre.

Greannán den scéal

Féach ar an tsraith pictiúr seo bunaithe ar an scéal.
Inis scéal bunaithe ar na pictiúir seo.

- Breac síos trí abairt ar gach pictiúr.
- Cum trí cheist bunaithe ar an tsraith pictiúr.

Achoimre ar an scéal

Tarlaíonn imeachtaí an scéil i mbruachbhaile i ndeisceart Bhaile Átha Cliath. Tá teaghlach – muintir Albright – ina gcónaí ar Ascaill na Fuinseoige: Lisín (an mháthair), Pól (an t-athair) agus beirt mhac (Cuán agus Ruán). Tá na deartháireacha fós ar scoil. Tá Cuán trí bliana déag d'aois agus tá Ruán ocht mbliana déag d'aois. Tá saol an rachmais ag gach duine in Ascaill na Fuinseoige. Tá na daoine seo saibhir agus tá an chuma chéanna orthu. Tá na mná tí go léir álainn le gruaig fhionn. Caitheann siad éadaí deasa agus ní théann siad amach taobh amuigh den doras gan smideadh.

Tá an scéal dírithe ar bhean amháin agus ar a saol. Lisín is ainm di. Tá sí foirfe: ard, tanaí le gruaig fhada fhionn. Is duine néata í agus coimeádann sí gach rud sa teach glan. Níl post gairmiúil aici – is bean tí í. Tá sí gnóthach taobh amuigh den teach. Caitheann sí níos mó ama lena clubanna agus eagraíochta ná lena clann. Glacann sí páirt i ranganna teanga. Foghlaimíonn sí gach teanga ó Spáinnis go Seapáinis. Níl dlúthchaidreamh aici lena mac Ruán. Déanann sé iarracht labhairt léi ach ní éisteann sí lena thuairimí. Bíonn sí i gcónaí ag tabhairt moltaí dó faoina ghairm bheatha.

Tá Lisín agus Pól ag ceiliúradh fiche bliain a bpósta. Tá Lisín ag eagrú gach rud don chóisir idir bhia agus mhaisiúcháin. Deir a mac go mbeidh an chóisir 'cool' ach níl sé ach ag magadh. Tagann an tUasal Mac Gabhann chuig an doras. Tosaíonn sé ag caint le Ruán. Molann sé áilleacht Lisín. Ní maith le Ruán an tUasal Mac Gabhann.

Tá bean amháin ina cónaí in aice leo darb ainm Eibhlín. Ní bhacann na mná eile léi mar nach bhfuil sí cosúil leo. Tá gruaig dhonn uirthi agus níl sí chomh faiseanta leis na mná eile.

Bhuail Lisín le Pól nuair a bhí sé ag obair i siopa áitiúil. Is léir gur duine údarásach í Lisín mar d'aithin sí an bua a bhí ag Pól. Mhol sí dó dul ar an gcoláiste agus is léachtóir ollscoile é anois. Shaothraigh sé a chuid airgid as stoc a dhíol ar an idirlíon mar ní raibh mórán airgid le saothrú sa mhúinteoireacht. Tá saol maith ag muintir Albright ach an bhfuil sé chomh deas agus a cheapfá i ndáiríre?

A. Cleachtadh scríofa

(i) Athscríobh na habairtí seo a leanas i do chóipleabhar agus líon na bearnaí.

1. Cónaíonn muintir Albright ar Ascaill na _____.
2. Tá Pól agus Lisín ag _____ fiche bliain a bpósta.
3. Rinne Lisín an _____ go léir don chóisir sa teach.
4. Cónaíonn bean darb ainm _____ le gruaig dhonn ar an mbóthar.
5. Ní _____ na mná eile léi mar go bhfuil sí difriúil.
6. Is duine gnóthach í Lisín mar tá a lán _____ uirthi taobh amuigh den teach.
7. Foghlaimíonn sí _____ nuair a bhíonn am le spáráil aici.
8. Ligeann Ruán _____ as nuair a thugann Lisín moladh dó.
9. Bhí Pól ag obair i _____ áitiúil nuair a bhuail Lisín leis.
10. Is _____ é Pól agus díolann sé stoc ar an idirlíon.

stocbhroicéir • labhraíonn • siopa • t-ullmhúchán • osna
Fuinseoige • teangacha • ceiliúradh • cúraimí • Eibhlín

(ii) Fíor nó Bréagach?

1. Is duine dathúil í Lisín.
2. Cónaíonn muintir Albright faoin tuath.
3. Is máthair Emma Ní Loingsigh í Eibhlín.
4. Bhí Pól ag obair i mbialann nuair a bhuail Lisín leis den chéad uair.
5. Bheadh cóisir ar siúl i dteach Lisín an oíche sin.

(iii) Cuir na ceisteanna seo ar an dalta in aice leat agus ansin scríobh na freagraí i do chóipleabhar.

1. Cén fáth a bhfuil Lisín ag eagrú cóisire?
2. Cá bhfuil Lisín agus Pól ina gcónaí?
3. Cé mhéad duine atá sa teaghlach?
4. Cén sórt ullmhúcháin a rinne Lisín don chóisir?
5. Cén sórt oibre a dhéanann Pól faoi láthair?
6. Cén tuairim a bhí ag na comharsana eile faoi Eibhlín Ní Loingsigh?
7. An réitíonn Ruán agus a mháthair le chéile?
8. Luaigh na teangacha atá á bhfoghlaim ag Lisín.
9. Conas a chaitheann Lisín a cuid ama?
10. Cén sórt duine é an tUasal Mac Gabhann?

B. Obair bheirte: rólghlacadh

Ag obair i mbeirteanna, déanaigí rólghlacadh sa rang. Glacfaidh dalta amháin ról Lisín agus glacfaidh dalta eile ról carachtair eile. Bíodh comhrá agaibh le chéile ag dul trí na rudaí a tharla sa scéal.

Cíoradh an scéil 1: An téama

Obair ghrúpa

Ag obair i ngrúpaí de cheathrar, déanaigí machnamh ar théama an scéil. Roghnaígí trí théama ón liosta seo a mbainfeadh sibh úsáid astu le cur síos a dhéanamh ar théama an scéil. Insígí don rang cén fáth ar roghnaigh sibh na haidiachtaí seo.

Saol teaghlaigh • Greann • Ábharachas • Foirfeacht • Gliceas • Taisteal Flúirse airgid • Lucht an rachmais • Saibhreas

Cleachtadh labhartha/scríofa

Ainmnigh eipeasóid de shraith teilifíse nó scannán ar bith a bhfuil an téama céanna aige leis an scéal seo. Scríobh achoimre ar an gclár nó scannán sin nó inis don rang faoi – déan cur i láthair *PowerPoint* agus pléigh na cosúlachtaí idir an insint sin agus an scéal.

Ceist scrúdaithe agus freagra samplach

Cad é téama an scéil seo?

Baineann an scéal seo le lucht an rachmais. Is teaghlach meánaicmeach iad muintir Albright. Tá neart airgid acu. Cónaíonn siad in eastát deas ina bhfuil tithe galánta. Coimeádann Lisín an teach glan agus néata. Tá sí ag déanamh na n-ullmhúchán don chóisir. Beidh Lisín agus Pól ag ceiliúradh fiche bliain pósta. Tá an fíon ordaithe aici agus bia de gach saghas sa reoiteoir. Mhaisigh sí an teach don chóisir. Tá an íomhá sheachtrach an-tábhachtach di. Is léachtóir ollscoile é Pól agus díolann sé stoc ar mhargaí ar an idirlíon. Sin é an chaoi a dtuilleann sé tromlach a chuid airgid. Tá árasáin agus tithe scaipthe ar fud na hEorpa aige agus bailíonn sé cíos uathu. Tá saol bog ag Lisín – ní oibríonn sí. Caitheann sí a cuid ama ag freastal ar chlubanna agus ar ranganna teanga. Léiríonn an sliocht seo nach ionann saibhreas agus sonas. Is fíor go bhfuil a lán airgid ag muintir Albright ach níl caidreamh maith eatarthu.

Cleachtadh duitse!

Roghnaigh téama amháin, seachas an ceann atá anseo, agus tabhair cuntas gairid ar a bhfuil sa scéal faoin téama atá roghnaithe agat.

5

Cíoradh an scéil 2: Na carachtair

Deis comhrá

Samhlaigh gur tusa comharsa bhéal dorais Lisín agus Phóil. Cad a déarfá fúthu? An lánúin dheas iad?

Obair ghrúpa

Ag obair i ngrúpaí de cheathrar, déanaigí machnamh ar na carachtair Lisín agus Pól. Roghnaígí trí aidiacht ón liosta seo a mbainfeadh sibh úsáid astu le cur síos a dhéanamh ar na carachtair. Insígí don rang cén fáth ar roghnaigh sibh na haidiachtaí seo.

*Uaillmhianach • Cineálta • Cairdiúil • Gealgháireach
Amaideach • Foirfe • Grámhar • Gnóthach • Fiosrach*

Na carachtair

LISÍN		
	Uaillmhianach Bródúil Gnóthach	Is duine uaillmhianach í Lisín. Tá ábharachas tábhachtach di agus caitheann sí a lán airgid ag maisiú an tí. Coimeádann sí gach rud glan agus néata. Tá sí bródúil agus ní théann sí amach gan smideadh. Gléasann sí in éadaí deasa. Níl post aici ach tá sí gnóthach ina saol ina ainneoin sin. Caitheann sí a cuid ama ag foghlaim teangacha agus tá sí ina ball de chlubanna éagsúla.
PÓL		
	Éirimiúil Gnóthach Rathúil	Is léir gur fear éirimiúil é Pól. Bhí sé ag obair i siopa nuair a bhuail sé le Lisín. Ba léir go raibh sé uaillmhianach mar is léachtóir ollscoile é anois. Oibríonn sé go dian agus is fear gnó é gan dabht. Thuill sé a chuid airgid ag obair ar na stocmhargaí. Tá ag éirí go maith leis ina shaol gairmiúil agus tá árasáin agus tithe aige, scaipthe ar fud na hEorpa. Soláthraíonn sé dá theaghlach trí chíos a bhailiú ar na tithe agus árasáin seo.

Ceist scrúdaithe agus freagra samplach

Cén carachtar is fearr leat sa scéal? Déan cur síos gairid air/uirthi.

Is fearr liom an carachtar Ruán. Is gnáthdhéagóir ocht mbliana déag d'aois é. Mothaím trua dó mar níl caidreamh maith aige lena mhuintir. Ní féidir leis an fhírinne a insint dá mháthair. Deir sé go mbeadh an chóisir 'cool' ach tá sé ag insint bréige. Cuireann Lisín brú air an t-am ar fad. Bíonn sí i gcónaí ag tabhairt moladh dó. Ní bhacann a thuismitheoirí leis ná lena dheartháir Cuán mar go mbíonn siad an-ghnóthach ina saol féin.

Cleachtadh duitse!

Cén saghas duine í Lisín? Déan cur síos gairid uirthi agus inis cén fáth ar thaitin nó nár thaitin sí leat. Is leor dhá fháth.

> **Cur chuige:** *Luaigh gur chuir sí lagmhisneach ar Ruán, baothghalántacht, i gceannas, tógtha le rudaí fánacha.*

5

Ag machnamh ar an scéal

Cad í do thuairim faoin scéal seo?

An maith leat é?

> Thaitin an scéal seo liom mar gur scéal réalaíoch é.

> Níor thaitin an carachtar an tUasal Mac Gabhann liom. Duine neamhghnách é.

> Is maith liom an carachtar Lisín. Is duine údarásach agus uaillmhianach í.

> Ní maith liom an cur síos sa scéal. Is scéal leadránach é, dar liom. Ní raibh sé suimiúil ar chor ar bith.

Cleachtadh duitse!

Bain úsáid as na nótaí thuas agus freagair an cheist seo.

Ar thaitin an scéal seo leat? Cuir dhá fháth le do fhreagra.

Obair ghrúpa

Is iriseoir tú atá ag déanamh léirmheasa ar scannán bunaithe ar an scéal 'Hurlamaboc'. Roghnaigh na haisteoirí is oiriúnaí agus stiúrthóir den scoth le bheith páirteach sa scannán.

Ansin, ag obair i ngrúpaí scríobhaigí script scannánaíochta agus cuirigí dráma beag i láthair sa rang bunaithe ar an scéal seo.

Cur chuige:

Ainm: Hurlamaboc   *Grádú:* 15   *Bliain:* 2013

Cén cineál scannáin atá i gceist? Scannán coiriúlachta / scannán grinn / scannán drámatúil / scannán uafáis / scannán grá

Aisteoirí:

Stiúrthóir:

Plota: Tarlaíonn imeachtaí an scannáin i ... Pléann an scannán seo le ... tugtar léargas dúinn ar shaol ... éiríonn leis an stiúrthóir ... i mo thuairim is scannán iontach/den scoth é. Molaim an scannán seo daoibhse.

Cleachtadh scríofa/labhartha

1. Is comharsa tú le Lisín agus Pól. Bhí tú ag an gcóisir nuair a bhí siad ag ceiliúradh chomóradh fiche bliain a bpósta. Scríobh ríomhphost chuig do chara ag insint dó/di faoi imeachtaí na cóisire.

2. Léiríonn an sliocht seo cuntas aontaobhach ar shaol an duine atá ina chónaí i ndeisceart. Bhaile Átha Cliath. An fíorléargas é ar an saol seo, dar leat?

Deis comhrá

Ag obair i mbeirteanna, pléigí na ceisteanna seo a leanas:

Cén léargas a fhaighimid ar shaol an duine shaibhir?

Cad í an chuid is greannmhaire sa scéal?

Cad í an chuid is fearr leat sa scéal?

Cén sórt aidiachtaí a mbainfeá úsáid astu chun cur síos a dhéanamh ar an eastát ina gcónaíonn Lisín?

An raibh deireadh an scéil sásúil?

5

Ceisteanna scrúdaithe

1. Tabhair achoimre ar an ngearrscéal 'Hurlamaboc' a bhfuil staidéar déanta agat air.

2. Déan cur síos ar dhá mhothúchán atá sa scéal seo, dar leat.

3. Cad é téama an scéil 'Hurlamaboc?

4. An bhfuil teideal an scéil oiriúnach? Cuir fáthanna le do fhreagra.

5. Déan cur síos ar ghné amháin den scéal 'Hurlamaboc' a thaitin leat agus gné amháin nár thaitin leat.

An Modh Coinníollach

Cá n-úsáidimid an Modh Coinníollach?

Ag plé rudaí a dhéanfá an bhliain seo chugainn agus cad a dhéanfá dá mbeifeá i do thaoiseach, i d'uachtarán, srl. Cuirtear an cheist seo 'cad a dhéanfá dá mbuafá an crannchur náisiúnta?' ar dhaltaí go minic freisin

Úsáideann tú an modh coinníollach leis an gceapadóireacht, go háirithe sa chomhrá.

Is féidir ceisteanna ar an bhfilíocht a fhreagairt sa mhodh coinníollach.

Briathra rialta

Grúpa 1: An chéad réimniú

Úsáidimid na foircinn (deirí) seo tar éis briathra leathana

-fainn	-fadh sé/sí	-fadh sibh
-fá	-faimis	-faidís

Úsáidimid na foircinn (deirí) seo tar éis briathra caola

-finn	-feadh sé/sí	-feadh sibh
-feá	-fimis	-fidís

Leathan	Caol
Glan = ghlanfainn	Cuir = chuirfinn
Féach = d'fhéachfá	Fill = d'fhillfeá
Dún = dhúnfadh sé	Úsáid = d'úsáidfeadh sé
Tóg = thógfadh sí	Éist = d'éistfeadh sí
Ól = d'ólfaimis	Bris = bhrisfimis
Fág = d'fhágfadh sibh	Caill = chaillfeadh sibh
Fan = d'fhanfaidís	Bain = bhainfidís

Úsáidtear 'Ní' san fhoirm dhiúltach

Ní dhúnfainn an doras. (+ séimhiú 'h')

Ní ólfadh sé alcól. (ní chuirtear an séimhiú ná an 'd' ar bhriathra a thosaíonn le guta tar éis 'ní')

Úsáidtear 'An' san fhoirm cheisteach

An gcaithfeá d'éide scoile dá mbeadh rogha agat? (+ urú)

An éistfeá le ceol ag an deireadh seachtaine? (ní chuirtear an t-urú ná an 'd' ar bhriathra a thosaíonn le guta tar éis 'an')

Ceacht 1

Tá dalta ag caint faoi conas mar a chaithfeadh sé lá saor ón scoil. Líon na bearnaí leis an mbriathar is oiriúnaí ón liosta thíos.

1. _____ sa leaba ar maidin.
2. _____ le mo chairde ag an gcrosbhóthar.
3. _____ go dtí an baile mór chun dlúthdhiosca a cheannach.
4. _____ an tráthnóna i dteach mo charad.
5. _____ leis an dlúthdhiosca nua le mo chairde ansin.

Shiúlfaimis • Bhuailfinn • D'éistfinn • Chaithfinn • D'fhanfainn

Ceacht 2

Cuir na briathra seo a leanas in abairtí.

1. D'fhéachfaimis
2. D'ólfainn
3. Dhúnfadh
4. D'fhillfidís
5. D'úsáidfinn

Ceacht 3

Freagair na ceisteanna seo sa mhodh coinníollach.

1. An mbainfeá úsáid as an idirlíon ar scoil?
2. An gcaithfeá mórán ama ag déanamh staidéir i rith na seachtaine?
3. An dtógfá an bus ar scoil ar maidin?
4. An mbuailfeá le do chairde ag an deireadh seachtaine?
5. An éistfeá le ceol ar an raidió?

Ceacht 4

Anois cum cúig cheist agus tabhair do do pháirtí iad. Bíodh comhrá agaibh bunaithe orthu.

Grúpa 2: An dara réimniú

Úsáidimid na foircinn (deirí) seo tar éis briathra leathana

óinn	ódh sé/sí	ódh sibh
ófá	óimis	óidís

Úsáidimid na foircinn (deirí) seo tar éis briathra caola

eoinn	eodh sé/sí	eodh sibh
eofá	eoimis	eoidís

Leathan	Caol
Ceannaigh = cheannóinn	Éirigh = d'éireoinn
Fiafraigh = d'fhiafrófá	Dúisigh = dhúiseofá
Athraigh = d'athródh sé	Bailigh = bhaileodh sé
Tosaigh = thosódh sí	Oibrigh = d'oibreodh sí
Ordaigh = d'ordóimis	Imigh = d'imeoimis
Diúltaigh = dhiúltódh sibh	Coinnigh = choinneodh sibh
Cabhraigh = chabhróidís	Smaoinigh = smaoineoidís

Ceacht 1

Tá dalta ag caint faoi Shatharn a bheadh aici sa samhradh.
Líon na bearnaí leis an mbriathar is oiriúnaí ón liosta thíos.

1. _____ go moch ar maidin mar go mbeadh traenáil agam.
2. _____ m'athair bricfeasta dom; uibheacha agus ispíní.
3. _____ an cleachtadh ansin ag a naoi sa chlub áitiúil.
4. _____ súil ghéar ar an liathróid nuair a bheinn ag imirt sa pháirc.
5. _____ an traenáil ansin timpeall a haon déag.

Chríochnódh • Choinneoinn • Dhúiseoinn • Thosódh • D'ullmhódh

Ceacht 2

Cuir na briathra seo a leanas in abairtí.

1. Bhaileoinn
2. D'oibreoimis
3. D'fhiafródh
4. Cheannóinn
5. D'aistreoidís

Ceacht 3

Freagair na ceisteanna seo sa mhodh coinníollach.

1. An éireofá go luath ag an deireadh seachtaine?
2. An gceartófá na botúin i do chóipleabhar?
3. An gcabhrófá le do thuismitheoirí leis an obair tí?
4. An mbaileodh an múinteoir do chóipleabhair?
5. An ordófá bia Síneach ar an Satharn?

Ceacht 3

Anois cum cúig cheist agus tabhair do do pháirtí iad. Bíodh comhrá agaibh bunaithe orthu.

Briathra neamhrialta

BRIATHAR	Bí	Abair	Beir	Clois
	Bheinn	Déarfainn	Bhéarfainn	Chloisfinn
	Bheifeá	Déarfá	Bhéarfá	Chloisfeá
	Bheadh sé/sí	Déarfadh sé/sí	Bhéarfadh sé/sí	Chloisfeadh sé/sí
AN MODH COINNÍOLLACH	Bheimis	Déarfaimis	Bhéarfaimis	Chloisfimis
	Bheadh sibh	Déarfadh sibh	Bhéarfadh sibh	Chloisfeadh sibh
	Bheidís	Déarfaidís	Bhéarfaidís	Chloisfidís
	Ní bheadh	Ní déarfadh	Ní bhéarfadh	Ní chloisfeadh
	An mbeadh?	An ndéarfadh?	An mbéarfadh?	An gcloisfeadh?

BRIATHAR	Déan	Faigh	Téigh	Tar
	Dhéanfainn	Gheobhainn	Rachainn	Thiocfainn
	Dhéanfá	Gheofá	Rachfá	Thiocfá
	Dhéanfadh sé/sí	Gheobhadh sé/sí	Rachadh sé/sí	Thiocfadh sé/sí
AN MODH COINNÍOLLACH	Dhéanfaimis	Gheobhaimis	Rachaimis	Thiocfaimis
	Dhéanfadh sibh	Gheobhadh sibh	Rachadh sibh	Thiocfadh sibh
	Dhéanfaidís	Gheobhaidís	Rachaidís	Thiocfaidís
	Ní dhéanfadh	Ní bhfaigheadh	Ní rachadh	Ní thiocfadh
	An ndéanfadh?	An bhfaigheadh?	An rachadh?	An dtiocfadh?

BRIATHAR	Tabhair	Feic	Ith
	Thabharfainn	D'fheicfinn	D'íosfainn
	Thabharfá	D'fheicfeá	D'íosfá
	Thabharfadh sé/sí	D'fheicfeadh sé/sí	D'íosfadh sé/sí
AN MODH COINNÍOLLACH	Thabharfaimis	D'fheicfimis	D'íosfaimis
	Thabharfadh sibh	D'fheicfeadh sibh	D'íosfadh sibh
	Thabharfaidís	D'fheicfidís	D'íosfaidís
	Ní thabharfadh	Ní fheicfeadh	Ní íosfadh
	An dtabharfadh?	An bhfeicfeadh?	An íosfadh?

Ceacht 1

Tá dalta ag caint faoi cad a dhéanfadh sé tar éis na scoile. Líon na bearnaí leis an mbriathar is oiriúnaí ón liosta thíos.

1. _____ abhaile ar an mbus tar éis na scoile.
2. _____ suas an staighre agus d'athróinn m'éadaí.
3. _____ ár ndinnéar le chéile sa seomra bia.
4. _____ cabhair do mo thuismitheoirí leis na soithí.
5. _____ m'obair bhaile ansin sa seomra staidéir.

D'íosfaimis • Thiocfainn • Dhéanfainn • Thabharfainn • Rachainn

Ceacht 2

Cuir na briathra seo a leanas in abairtí.

1. Gheobhainn
2. Chloisfinn
3. Bheinn
4. D'fheicfinn
5. Rachadh

Ceacht 3

Freagair na ceisteanna seo sa mhodh coinníollach.

1. An íosfá sa bhialann Shíneach?
2. An ndéanfá mórán staidéir ag an deireadh seachtaine?
3. An bhfaigheadh do dheartháir óg airgead póca ó do thuismitheoirí?
4. An mbeifeá gnóthach i rith na seachtaine?
5. An rachadh sibh thar lear an samhradh seo?

Ceacht 4

Cum cúig cheist leis na briathra seo agus tabhair do do pháirtí iad.

Bíodh comhrá agaibh bunaithe orthu.

1. Tar
2. Feic
3. Faigh
4. Téigh
5. Clois

An ticéad agus an t-ádh!

Suíonn muintir na hÉireann le chéile os comhair teilifíse nuair a bhíonn duaischiste mór sa Chrannchur Náisiúnta. Is minic a bhfeictear fógraí móra nuair a bhíonn an 'Euromillions' ag dul tairiscint €100,000,000.

Cad a dhéanfá...?

> Rachainn thar lear go dtí an Fhrainc chun feabhas a chuir ar mo chuid fraincise.

> Cheannóinn teach mór galánta i Malibu.

> Rachainn go dtí Nua Eabhrac ar thuras siopadóireachta.

> Cheannóinn árasán nua ar chósta na Spáinne.

> Chaithfinn bliain ag taisteal timpeall an domhain. Thabharfainn cuairt ar mo ghaolta san Astráil.

> Cheannóinn Ferrari do mo dhaid.

> D'íocfainn na fiacha atá ag mo thuismitheoirí.

> Chuirfinn roinnt de i dtaisce sa bhanc.

> D'éagróinn cóisir do mo chlann uile.

> Chuirfinn roinnt de i dtaisce sa bhanc.

5

Deis comhrá
- Abair le do phairtí cad a dhéanfá da mbuafá an Chrannchur Náisiúnta?
- Cad a cheannófa dod thuismitheoirí?
- Cad a cheannófá le €50 díreach anois?
- Cá rachfá da mbeadh an t-airgead agat?

Páipéar scrúdaithe samplach

PÁIPÉAR 1: CEAPADÓIREACHT

A – GIOTA LEANÚNACH / BLAG – (50 marc)

Scríobh **giota** leanúnach nó **blag** (leathleathanach) ar cheann amháin de na hábhair seo.

(i) Dá mbuafainn an crannchur náisiúnta.

(ii) Airgead póca.

(iii) An cineál saoil a bheadh agam tar éis na hArdteistiméireachta.

B – SCÉAL – (50 marc)

Ceap **scéal** (leathleathanach) a mbeidh ceann **amháin** de na sleachta seo a leanas oiriúnach mar *thús* leis.

(i) Níor thaitin an taithí oibre seo liom ar chor ar bith…

nó

(ii) Bhí iontas an domhain orm nuair a chonaic mé na huimhreacha ar an teilifís…

C – LITIR / RÍOMHPHOST – (50 marc)

(i) Tá post samhraidh agat i siopa áitiúil agus taitníonn an post leat. Scríobh **an litir/ríomhphost (leathleathanach) a scríobhfá chuig do chara ag insint dó/di faoi do nuacht.**

nó

(ii) Chaith tú coicís ag obair ar fheirm d'uncail. Scríobh **an litir/ríomhphost** (leathleathanach) a scríobhfá chuig do chara ag insint dó/di faoi na rudaí atá ar siúl agat ann.

D – COMHRÁ – (50 marc)

(i) Ba mhaith leat cúrsa ollscoile a dhéanamh tar éis na hArdteistiméireachta ach b'fhearr le do chara post a fháil díreach tar éis na hArdteistiméireachta. Scríobh **an comhrá** (leathleathanach) a bheadh eadraibh.

nó

(ii) Ba mhaith leat post páirtaimseartha a fháil ach níl d'athair (nó do mháthair) sásta cead a thabhairt duit. Scríobh **an comhrá** (leathleathanach) a bheadh eadraibh.

PÁIPÉAR 2: CÚRSA LITRÍOCHTA

PRÓS

"Fiche bliain ó shin a pósadh Lisín agus Pól …" *Hurlamaboc*

Tabhair achoimre ar an scéal seo. Luaigh na pointí seo:

(i) Déan cur síos ar Phól sa scéal seo.

(ii) Luaigh an gaol atá aige le Lisín.

(iii) Déan cur síos ar chomharsana Lisín.

(iv) Conas a chaitheann Lisín a ham saor?

(v) Cén sórt gaoil atá ag Lisín le Ruán?

(vi) Cén fáth ar/nár thaitin Ruán leat? Cuir fáthanna le do fhreagra.   (25 marc)

5

Bíonn siúlach scéalach!

6

SAN AONAD SEO FOGHLAIMEOIDH TÚ

G **Gramadach:** Céimeanna Comparáide na hAidiachta

t **Tuiscint:** Conas focail agus nathanna a bhaineann le tíortha agus náisiúntachtaí a aithint; conas cluastuiscintí agus léamhthuiscintí a bhaineann leis an ábhar a thuiscint.

💬 **Labhairt:** Conas eolas a thabhairt faoi do rogha laethanta saoire agus faoin turasóireacht. Beidh tú in ann fadhbanna a bhaineann leis an timpeallacht a ainmniú agus ceist a chur ar dhuine faoina laethanta saoire.

✍ **Scríobh:** Conas píosaí faoi do laethanta saoire a scríobh agus sonraí pearsanta a bhreacadh síos ar shuíomhanna sóisialta.

📖 **Litríocht:** Prós: Seal i Neipeal
Filíocht: An Spailpín Fánach

Dá mbuafainn an Crannchur Náisiúnta, rachainn thar lear amárach. Níl aon dabht faoi sin. Thaistealóinn (rachainn ag taisteal) ó thuaidh agus ó dheas. Rachainn thar an Aigéan Atlantach nó fiú thar an Aigéan Indiach. Tá an-suim agam i dtaisteal agus táim fiosrach faoi na tíortha eile ar domhan.

An tAontas Eorpach

Cá bhfuil na tíortha seo a leanas?
Cuir ar an léarscáil seo iad.

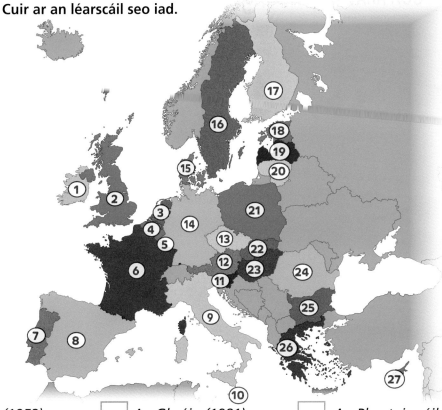

	An Bheilg (1952)		An Ghréig (1981)		An Phortaingéil (1986)
	An Bhulgáir (2007)		An Iodáil (1952)		An Ríocht Aontaithe (1973)
	An Chipir (2004)		An Ísiltír (1952)		An Rómáin (2007)
	An Danmhairg (1973)		An Laitvia (2004)		Poblacht na Seice (2004)
	An Eastóin (2004)		An Liotuáin (2004)		An tSlóivéin (2004)
	Éire (1973)		Lucsamburg (1952)		An tSlóvaic (2004)
	An Fhionlainn (1995)		Málta (2004)		An Spáinn (1986)
	An Fhrainc (1952)		An Ostair (1995)		An tSualainn (1995)
	An Ghearmáin (1952)		An Pholainn (2004)		An Ungáir (2004)

Deis comhrá

Ag obair i mbeirteanna, pléigí an léarscáil thuas faoi na pointí seo a leanas:

- Ar thug tú cuairt riamh ar cheann ar bith de na tíortha ar an liosta thuas? Inis do do pháirtí faoi.
- Ar mhaith leat dul go dtí ceann de na tíortha atá ar an liosta? Cén fáth?
- An bhfuil aithne agat ar aon duine ó na tíortha atá ar an liosta?
- Cén tír is fearr leat? Cén fáth?
- An féidir leat príomhchathracha na dtíortha san Aontas Eorpach a ainmniú?

Máistreacht teanga

Tír	Teanga	Náisiúntacht
An Spáinn	Spáinnis	Spáinneach
An Iodáil	Iodáilis	Iodálach
An Ghréig	Gréigis	Gréagach
An Fhrainc	Fraincis	Francach
An Ghearmáin	Gearmáinis	Gearmánach

Ár dtír álainn féin – Féach anois ar na foirmeacha éagsúla chun 'Ireland' a rá.

Éire: Is maith liom mo thír dhúchais, Éire an t-ainm atá uirthi.

Éirinn: Cónaím in Éirinn nó Is as Éirinn mé.

Éireann: Is duine de mhuintir na hÉireann mé.

Cleachtadh scríofa

(i) Athscríobh na habairtí seo agus cuir an náisiúntacht cheart sa bhearna.

Sampla: Is Éireannach é Bono.

1. Is _____ é Thierry Henry.
2. Is _____ é Rafael Nadal.
3. Is _____ í Heidi Klum.
4. Is _____ é Daniel Craig.
5. Is _____ í Marion Cotillard.

(ii) Aistrigh na habairtí seo a leanas go Gaeilge.

1. I saw the Eiffel tower when I was in France last year.
2. I love Italian food. There is an Italian restaurant in my village.
3. The people of Ireland are very friendly.
4. We enjoy the hot weather in Spain every summer.
5. Michael Collins was a famous Irish soldier.
6. I speak fluent French and German.
7. Welcome to Ireland, home of James Joyce.
8. Aphrodite was one of the Greek gods. She was the god of love and beauty.

Taisteal agus laethanta saoire

Cleachtadh scríofa

Féach ar an bhfógra seo. Ba mhaith leat dhá thicéad a chur in áirithe don tsaoire seo. Cum comhrá idir tusa agus an gníomhaire taistil bunaithe ar an bhfógra seo.

An bhfuil tú sa tóir ar an ngrian nó ag iarraidh blaiseadh de chultúr nua?

Tóg nóiméad anois chun an fógra seo a léamh.

Cósta na Spáinne: áit iontach ar an Meánmhuir

Seachtain sosa 18 - 25 Aibreán

Óstán ceithre réalta cois farraige, leathuair an chloig ón aerfort

Trá álainn le gaineamh órga

Bialanna de gach saghas

Clubanna oíche

Suíomhanna stairiúla

Saoire chultúrtha

Radhairc áitiúla áille

Praghas speisialta le lacáiste nua san áireamh: €400

Tuilleadh eolais: 021 235 54213. Bí ag caint linn!

Mar chabhair

- An inseofá dom, le do thoil… *would you please tell me…*
- Ba mhaith liom … a chur in áirithe *I would like to book…*
- Cén t-eolas atá agat faoi… *what information do you have about…*

Cleachtadh scríofa

Chuir athair Mháirtín ticéid in áirithe don tsaoire seo. Líon na bearnaí sna píosaí seo a leanas a d'uaslódáil Máirtín ar an Satharn.

http://www.facebook.com

Dé Sathairn 12:00

Shroich mé an áit cúpla uair an chloig ó shin. Cuireadh moill ar an _____ de bharr na haimsire in Éirinn. Ní chreidfeá an _____ idir an aimsir in Éirinn agus sa Spáinn. Nuair a d'fhágamar an t-aerfort in Malaga, bhí an ghrian ag lonrú anuas orainn.

Dé Sathairn 13:15

Chuamar ar an mbus leis na _____ eile go dtí an t-óstán. Óstán ceithre _____ é atá suite in aice na farraige. Tá radhairc _____ ó gach ceann de na seomraí atá againn. Chuamar ar aghaidh go dtí an trá ansin. Táim i mo luí anois ar an ngaineamh. Tá súil agam go bhfaighidh mé dath na gréine.

Dé Sathairn 18:00

_____ turas báid dúinn san iarnóin. Chuamar amach ar an bhfarraige agus bhaineamar taitneamh as na spóirt uisce. Bhí mé ag _____ agus ag snámh. Táimid sa bhialann anois os comhair an óstáin. Fan go gcloise tú na ceoltóirí áitiúla. Tá siad ag seinm anseo sa chúinne. Beidh mé ag _____ na fístéipe níos déanaí.

Dé Sathairn 21:30

Táim ag ullmhú chun dul go dtí an dioscó. Thug mo thuismitheoirí _____ dom gan a bheith amuigh ródhéanach. Bíonn rialacha acu i gcónaí, fiú nuair a bhím ar saoire. Táim ag tnúth go mór leis an tsaoire tar éis na hArdteistiméireachta chun _____ ó mo thuismitheoirí. Anuas air sin, beimid go léir ag iarraidh sos a thógáil tar éis na scrúduithe, nach mbeidh?

6

*tumadh • eitleán • rabhadh • éalú • dhochreidte
réalta • turasóirí • eagraíodh • difríocht • uaslódáil*

Deis comhrá

Féach ar an tsraith pictiúr seo bunaithe ar shaoire sa Fhrainc. Inis scéal bunaithe ar na pictiúir seo do do pháirtí.

Cleachtadh scríofa

Lig ort go bhfuil tú ar saoire sa Fhrainc. Tá tusa ar dhuine de na daoine atá sa tsraith pictiúr thuas. Shroich tú an Fhrainc inniu. Scríobh sonraí ar láithreán líonraithe shóisialta bunaithe ar na pictiúir.

Cleachtadh éisteachta ✆ *Mír 6.1*

Bhí Tommy agus a mhuintir ar saoire san Iodáil le déanaí. Tá sé ar an bhfón ag caint lena chara faoi. Éist leis an gcomhrá seo agus líon na bearnaí.

Tommy   Haigh, a Shorcha.

Sorcha   Bhuel, conas a bhí an tsaoire san Iodáil? Inis dom gach rud faoi.

Tommy   Ní chreidfeá an _____ le feiceáil.

Sorcha   Ó i ndáiríre? Cén rud ab fhearr a bhí le _____?

Tommy   Ar an gcéad lá thugamar cuairt ar _____ Duomono. Radharc den _____ a bhí ann, gan amhras.

Sorcha   Iontach, ar thóg tú _____?

Tommy   Ar ndóigh, agus tá pictiúir againn den áras ceoldrámaíochta _____.

Sorcha   Cathair an_____ is ea Milano freisin nach ea? An raibh sé costasach _____ a dhéanamh?

Tommy   Is ea, bhuel níor cheannaigh mé mórán rudaí seachas cúpla _____.

Sorcha   Táim in éad leat. Táim ag tnúth go mór le mo shaoire san _____ i gceann seachtaine. Seolfaidh mé _____ chugat. Slán anois, a Thomáis.

Bímid i gcónaí ag gearán faoin aimsir in Éirinn agus is minic nach mbíonn mórán de dhifríocht idir na séasúir, i ndáiríre. Is minic go mbíonn an samhradh chomh fuar leis an ngeimhreadh!

6

Cleachtadh scríofa

Féach ar na pictiúir thuas agus déan cur síos ar an gcineál aimsire atá iontu. Cén sórt aimsire a bhíonn againn in Éirinn i rith na bliana? Scríobh cúig abairt faoin gcineál aimsire a bhíonn sna séasúir éagsúla. Tá nathanna áisiúla ar an aimsir ar lth 343

Deis comhrá

Ag obair i mbeirteanna, pléigí an saghas aimsire a d'oirfeadh do na daoine seo a leanas:

- Feirmeoir sa gheimhreadh
- Iascaire
- Rothaí ag glacadh páirte sa Tour de France
- Teaghlach ar shaoire sciála
- Turasóirí ag campáil

An féidir an aimsir in Éirinn a thuar?

1. Bímid cráite bliain i ndiaidh bliana de dheasca na drochaimsire geimhriúla. Cuireann an drochaimsir isteach go mór ar thurasóirí, iascairí, feirmeoirí, orainn go léir. **Is beag lá** i rith an gheimhridh nach mbíonn báisteach ann nó níos measa fós, sioc agus sneachta. Is cuma cén áit a mbíonn tú i ndáiríre, níl **éalú** ón aimsir. Is fíor a rá áfach, go mbíonn an aimsir níos fliche ar chósta an iarthair de bharr an Atlantaigh. Tá éifeacht mhór ag an Aigéan Atlantach ar an **aeráid**, go háirithe idir Dún na nGall agus Ciarraí. Bíonn tionchar ag teacht an uisce ar aeráid na tíre.

2. Gach bliain titeann go leor báistí fiú le linn an tsamhraidh. Is rud coitianta é scéalta faoi thuillte a fheiceáil ar an nuacht. Feictear stoirmeacha ó cheann ceann na tíre. Bíonn talamh na hÉireann faoi uisce agus déantar damáiste an-mhór d'fheirmeacha agus do thithe ar fud na tíre. Bíonn ar dhaoine teitheadh óna dtithe. Réabann na haibhneacha amach thar a mbruacha. Déantar scrios ar na bailte in aice leo. Bíonn éifeacht ag na tuillte ar an tseirbhís uisce sna ceantair. Bhí muintir na Gaillimhe ag brath ar bhuidéil uisce tamall ó shin nuair a chlis ar an gcóras uisce. Níorbh fhéidir leis an gcomhairle contae an fhadhb **a láimhseáil** ag an am.

3. Ní féidir a shéanadh go gcuireann an drochaimsir isteach go mór ar chúrsaí taistil. Leagtar crainn agus dúntar bóithre nuair a bhíonn stoirmeacha ann. Bíonn an trácht níos measa nuair a bhíonn báisteach ann. Tógann gach mac máthar an gluaisteán nuair a bhíonn sé ag cur báistí go trom. Bíonn tranglaim thráchta tráchta coitianta agus cuireann siad frustrachas ar dhaoine. Nuair a bhíonn an aimsir fuar sa gheimhreadh cuirtear turas farantóireachta **ar ceal**, go háirithe idir Éirinn agus Albain. Ní scéal difriúil é maidir le heitiltí. Bíonn brú ar thurasóirí nuair a bhíonn orthu fanacht san aerfort de bharr drochaimsire.

4. Tuairiscítear lá i ndiaidh lae go bhfuil cúrsaí aimsire ag athrú. Tá an tearma 'téamh domhanda' i mbéal an phobail níos mó ná riamh. Deir na heolaithe go mbeidh tubaistí nádúrtha níos coitianta agus go mbeidh an domhan ag éirí níos teo. Is dócha go gcuireann an fhíric faoin teocht níos airde áthas ar **lucht adhartha** na gréine ach caithfimid a bheith cúramach faoin ngrian. Is rud contúirteach é an ghrian. Rinneadh **taighde** ar éifeacht na gréine ar thinnis dhaonna. Tá baint idir galair cosúil le hailse agus na **gathanna na gréine**. Dá léifeá na fíricí scanrúla seo, ní rachfá amach gan cosaint gan chosaint ó neart lóis ghréine.

5. Nuair a smaoiníonn tú ar an téarma '**téamh domhanda**' cén tuairim a thagann isteach i d'aigne? Teas, teas agus teas. Ach ní fíor a rá gurb é an teas an t-aon fhadhb amháin a bhaineann le téamh domhanda. Athrú aimsire atá i gceist ach athrú chun donais. Beidh an aimsir róthe uair amháin agus rófhuar uair eile. Beidh stoirmeacha níos coitianta agus tarlóidh tubaistí nádúrtha níos minice. **Tá gá le** pleanáil don todhchaí agus ní foláir don rialtas polasaí a chur i bhfeidhm chun an fhadhb seo a laghdú. Ní ar na **saineolaithe** amháin atá an fhreagracht. Caithfimidne ár ndícheall a dhéanamh ar son an chomhshaoil freisin.

Foclóir

is beag lá *there are few days* • **Éalú** *escape* • **aeráid** *climate*
a láimhseáil *to handle* • **ar ceal** *cancelled* • **lucht adhartha** *worshippers*
taighde *research* • **gathanna na gréine** *sun rays* • **téamh domhanda** *global warming*
tá gá le *there is a need for* • **saineolaithe** *experts*

A. Cuardaigh

An féidir leat na focail/nathanna seo a aimsiú i nGaeilge sa sliocht seo?

Tourists • Changing • Getting hotter • Dangerous • Temperature
Floods • More often • Government

B. Deis comhrá

Ag obair i mbeirteanna, pléigí an sliocht faoi na pointí seo a leanas:

- Conas a léiríonn an píosa seo go bhfuil an aimsir tábhachtach do dhaoine i gcoitinne nó do dhaoine áirithe?
- An aontaíonn tú leis an mblag faoi thionchar an athraithe aimsire ar mhuintir na hÉireann?
- Cad í do thuairim féin faoin bpíosa seo?
- Ar mhaith leat a bheith i do mheitéareolaí? Cén fáth?

C. Ceisteanna scrúdaithe

1. (a) Luaigh grúpa amháin daoine a chuireann spéis san aimsir.
   (b) Cén tionchar atá ag an Aigéan Atlantach ar aimsir
   na hÉireann? (alt 1)
2. Cén dochar a dhéanann tuillte in Éirinn? Luaigh dhá rud. (alt 2)
3. Conas a chuireann an aimsir isteach ar chúrsaí taistil? (alt 3)
4. Cén fáth a ndeirtear gur rud contúirteach é an ghrian? (alt 4)
5. Cad is féidir leis an rialtas a dhéanamh faoi fhadhb
   an chomhshaoil? (alt 5)

6

D. Cleachtadh éisteachta ⊙ *Mír 6.2*

Éist le réamhaisnéis na haimsire anois. Éist leis na píosaí seo agus breac síos trí ghiota eolais fúthu.

Cuid 1

Ceantar	Tuaisceart na hÉireann
Giota eolais 1	
Giota eolais 2	
Giota eolais 3	

Cuid 2

Ceantar	Deisceart na hÉireann
Giota eolais 1	
Giota eolais 2	
Giota eolais 3	

Turasóireacht in Éirinn

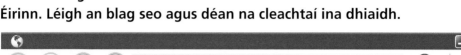

Tá iriseoir ag scríobh léirmheasa ar thionscadal na turasóireachta in Éirinn. Léigh an blag seo agus déan na cleachtaí ina dhiaidh.

http://www.educate.ie/blag

Fáilte Ireland
National Tourism Development Authority

economic recession

established

from near and far

connection

monastery

suits, to promise

Tá an **cúlú eacnamaíochta** ag cur isteach ar gach duine na laethanta seo. Ní féidir páipéar nuachta a oscailt gan scéal a léamh faoin droch-chás ina bhfuil an tír seo. Ní nach ionadh ón méid seo nach bhfuil airgead ag mórán daoine chun dul ag taisteal. **Bunaíodh** Fáilte Éireann sa bhliain 2003. Is í Fáilte Éireann an eagraíocht atá i gceannas ar thurasóireacht in Éirinn. Tá siad ag déanamh a ndíchill turasóirí a mhealladh chugainn. Músclaíonn siad suim i ndaoine **ó chian is ó chóngar** chun teacht chuig an tír seo. Tá dúshlán mór i ndán don eagraíocht mar ní féidir a shéanadh go bhfuil líon na dturasóirí laghdaithe le blianta beaga anuas.

Ná déan dearmad ar an tábhacht a bhaineann le laethanta saoire. Faightear sos ó bhrú an tsaoil agus níl áit ar bith níos fearr chun saoire a chaitheamh ann ná Éire. Cén fáth a dtiocfá anseo? Tír álainn is ea Éire agus is oileán í chomh maith. Tuigtear, dá bharr sin, go bhfuil an fharraige timpeall orainn agus is mór an buntáiste é seo. Tá cáil dhomhanda ar na tránna áille atá againn. Má tá suim agat san iascaireacht, glac an deis dul ag iascach ar ár lochanna. Fanann na turasóirí i dtithe lóistín agus sna hóstáin, rud a chabhraíonn go mór leis an ngeilleagar áitiúil. Socraíonn a lán turasóirí cuairt a thabhairt ar Éirinn. Tagann na mílte ó na Stáit Aontaithe go háirithe. Tá **nasc** láidir againn le pobal Mheiriceá. Is breá leo teacht anseo chun blaiseadh de chultúr na hÉireann. Tá cultúr saibhir na hÉireann mealltach mar go bhfuil éagsúlacht ag baint leis. Tá íomhá mhistiúil tuillte ag an tír seo. Is cuma pé áit sa tír a roghnaítear mar ionad saoire, is iomaí **mainistir** agus ardeaglais atá le feiceáil ann. Glacann a lán turasóirí an deis chun Leabhar Cheanannais a fheiceáil i gColáiste na Tríonóide. Má shiúlann tú trí Bharra an Teampaill, i mBaile Átha Cliath, cloistear canúintí difriúla agus feictear turasóirí ó gach cearn den domhan. Bíonn siad i measc mhuintir na hÉireann, ag baint taitnimh as an gcultúr. Cathair bhríomhar is ea Baile Átha Cliath agus is féidir ceol draíochtach a chloisteáil ag teacht amach ó na tithe tábhairne.

Oireann an tír seo do gach duine ar mhórán bealaí, ach an t-aon rud amháin nach bhfuil ar ár gcumas a chur faoinár smacht ná an aimsir. Ní féidir linn **a ghealladh** go mbeidh laethanta grianmhara ann ach tá neart rudaí le déanamh nach mbraitheann ar an aimsir. Is féidir an radharc tíre a fheiceáil, spóirt éagsúla a imirt ar na páirceanna áitiúla agus galf a imirt ar chúrsaí gailf atá ar comhchéim leis na cinn atá scaipthe ar fud na hEorpa. Anuas air sin, bíonn bialanna deasa i ngach áit le bia traidisiúnta Éireannach iontu. Bíonn seans ag daoine blaiseadh de chócaireacht de dhéantús baile. Sula bhfágtar an tír seo, moltar Cloch na Blarnan a phógadh i gCorcaigh le blas na nÉireannach a fháil ansin. Nach aoibhinn a bheith in ann a rá gur tír álainn í Éire chun saoire a chaitheamh inti. Is beag duine nach n-aontódh leis an tuairim seo.

A. Deis comhrá

Ag obair i mbeirteanna, pléigí an sliocht thuas faoi na pointí seo a leanas:

- Cén sórt saoire atá á tairiscint sa tír seo, de réir an tsleachta seo?
- Cén sórt rudaí dearfacha *(positive)* atá á dtairiscint sa tír seo?
- An bhfuil an turasóireacht tábhachtach in Éirinn? Cén fáth?
- Ní luaitear na míbhuntáistí a bhaineann leis an turasóireacht. An féidir leat cúpla ceann díobh a lua?
- Cad í do thuairim féin faoin bpíosa seo?

B. Cleachtadh scríofa

(i) Meaitseáil na focail seo ón sliocht leis an mBéarla.

1	Radharc tíre	A	*Magical*
2	Mealltach	B	*Reduced*
3	Draíochtach	C	*Bad state*
4	Laghdaithe	D	*Tourists*
5	Taisteal	E	*Organisation*
6	Droch-chás	F	*Travel*
7	Turasóirí	G	*Scenery*
8	Eagraíocht	H	*Enticing*

(ii) Athscríobh na habairtí seo i do chóipleabhar agus líon na bearnaí leis na focail thuas.

1. Chruthaigh siad pictiúr _____ den tír seo san fhógra.
2. Ní chreidfeá an _____ atá le feiceáil ó mo sheomra san óstán.
3. Bunaíodh an _____ charthanúil sa bhliain 1945.
4. Tagann _____ go hÉirinn chun saoire mhaith a chaitheamh inti.
5. Ba bhreá liom dul ag _____ an samhradh seo chugainn.
6. Cuireann _____ na tíre uafás orm.
7. Ní féidir a shéanadh go bhfuil líon na bpost _____ le blianta beaga anuas.
8. Ceapaim go seinneann Sharon Shannon ceol _____ ar an mbosca ceoil.

(iii) Cuir na focail/nathanna seo a leanas in abairtí.

1. cúlú eacnamaíochta   3. bunaíodh   5. ó chian is ó chóngar
2. mainistir   4. oireann

(iv) Aistrigh na habairtí seo a leanas go Gaeilge.

1. Unemployment is upsetting the people of Ireland.
2. It is no wonder that Ireland is a great holiday destination.
3. Many people can be seen enjoying Ireland's beaches during the summer.
4. There is a big challenge ahead of me next June.
5. Don't forget your homework.
6. We cannot promise perfect weather here in Ireland.
7. The enticing beautiful beaches here are a great advantage.
8. Do your homework before you leave the house.

C. Obair idirlín

Is tuairisceoir tú don iris 'Taisteal Inniu'. Roghnaigh cathair éigin san Eoraip agus ullmhaigh tuairisc uirthi chun cur i láthair a dhéanamh.

Cur chuige:
Ainm na cathrach/an tír ina bhfuil an chathair
Rudaí atá le feiceáil ansin
Imeachtaí/rudaí atá le déanamh ann
An cineál aimsire a bhíonn ann
Gnéithe dearfacha eile

D. Deis comhrá

An rachfá ar ais go dtí an áit?

Ar thug tú cuairt ar aon áit eile in Éirinn riamh?

Inis dom faoi thaisteal go dtí an áit.

Cén sórt daoine a bhí ann?

Déan cur síos ar na rudaí a rinne tú ann.

Cad a déarfá faoi thionscal na turasóireachta in Éirinn?

Déan cur síos ar an mbia a bhí ann.

An ndeachaigh tú ar saoire thar lear riamh?

Cad iad na suíomhanna cáiliúla a chonaic tú?

Cá ndeachaigh tú?

Conas mar a bhí an aimsir?

Nóta don scrúdú: Ullmhaigh na ceisteanna seo don bhéaltriail agus ansin pléigh iad leis an dalta in aice leat.

An comhshaol

Aibhneacha	Lochanna	Na héisc	An t-aer
Bláthanna	Na sléibhte	Na héin	Na cnoic
Farraigí	Na crainn	An cine daonna	

Deis comhrá

Ag obair i mbeirteanna, pléigí an t-ábhar seo faoi na pointí seo a leanas:

- Cén truailliú a dhéantar ar na rudaí ar an liosta thuas? Cad iad an dá rud is mó a dhéanann dochar don chomhshaol, dar leat?
- Cad iad na hiarmhairtí (*consequences*) a bhaineann le hathrú aeráide?
- Samhlaigh gur tusa an tAire Comhshaoil. Cad iad na rudaí a dhéanfá chun an comhshaol a chaomhnú?

Mar chabhair

- Fuinneamh in-athnuaite *renewable energy*
- Forbairt inbhuanaithe *sustainable development*
- Athchúrsáil *recycling*
- Brú a chur ar cheannairí an domhain *put pressure on world leaders*
- Cumhacht gaoithe *wind power*
- Bruscar *refuse, rubbish*
- Eisilteach ó mhonarchana *effluent from factories*
- Deatach/toitcheo *smoke/fog*
- Truailliú núicléach *nuclear pollution*
- Ceimiceáin áirithe *certain chemicals*
- Astuithe *emissions*
- Téamh domhanda *global warming*
- Triomach *drought*
- Tinte coille *forest fires*
- Dífhoraoisiú *deforestation*
- Oighearchaidhpeanna ag leá *ice caps melting*
- Báisteach aigéadach *acid rain*
- Tubaistí nádúrtha *natural disasters*

Cleachtadh scríofa

Cad iad na rudaí a d'fhéadfá a dhéanamh chun an fhadhb a laghdú? Scríobh píosa a chuirfeá sa nuachtán áitiúil. Téigh ar an suíomh www.seai.ie chun eolas breise a fháil.

Cleachtadh éisteachta ☉ *Mír 6.3*

Tá Liam ag caint faoi scannán a chonaic sé le déanaí. Éist leis an bpíosa seo agus freagair na ceisteanna.

1. Cad is ainm don scannán a luaitear?
2. Ar thaitin an scannán le Liam?
3. Cad í an fhíric ba scanrúla a bhí sa scannán?
4. Cad a cheapann Imelda faoin ábhar seo?
5. Cad a mholann Imelda do Liam a dhéanamh?

An Titanic

1. Oíche chinniúnach ab ea an ceathrú lá déag de mhí Aibreáin 1912. Fanfaidh imeachtaí na hoíche sin inár gcuimhne go deo. Chuaigh an línéar paisinéirí RMS Titanic go tóin poill amach ó chósta thoir Mheiriceá Thuaidh. Ba línéar paisinéirí de chuid an chomhlachta White Star Line é an RMS Titanic. Tógadh an long **shuntasach** seo i longchlós Harland and Wolff i mBéal Feirste. Ar a céad turas idir Southampton agus cathair Nua-Eabhrac, bhuail an Titanic cnoc oighir. **Chuaigh sí go tóin poill** agus **bádh** os cionn míle go leith duine, idir phaisinéirí agus chriú. Rinneadh **comóradh** ar an oíche sin i mBéal Feirste i mBéal Feirste, céad bliain i ndiaidh na tubaiste. Thosaigh an comóradh áfach, ar an aonú lá is tríocha de mhí na Bealtaine 2011. Díreach ag 12.13i.n., scaoileadh spréach amach san aer mar chomóradh ar an dáta ar seoladh den chéad uair í.

2. Ar an séú lá de mhí Aibreáin 2012, d'eisigh an stiúrthóir clúiteach James Cameron a scannán 'Titanic' arís chun an tubaiste a chomóradh. Scannán 3D a bhí i gceist an t-am seo. Nuair a tháinig an scannán ar an scáileán mór den chéad uair bhuaigh sé 11 ghradam Oscar. Fuair sé **aitheantas criticiúil** ar gach taobh den Atlantach. Thuill an scannán beagnach $2 bhilliún. Ba é seo an chéad scannán a thuill billiún dollar. Ní haon ionadh go raibh cáil ar an scannán seo mar chuaigh Cameron go dtí raic na loinge. Thaifead sé píosaí scannáin den raic chun a chur sa scannán. Ní fhaca aon duine pictiúir den long ón am a d'aimsigh an **taiscéalaí** Robert Ballard í den chéad uair.

3. Ba phálás ar uisce í an Titanic gan amhras. Caitheadh na milliúin uirthi chun na paisinéirí saibhre a chur ar a suaimhneas. Bhí seomraí maisithe d'ardchaighdeán uirthi. Bhí ornáideachas i seomraí na chéad aicme. Bhí soilse criostail ar crochadh i ngach áit. Cuireadh troscán costasach sna seomraí. Shiúladh na paisinéirí den chéad aicme ar chairpéid chostasacha go dtí na príomhsheomraí bia agus bhíodh an bia den chéad scoth. Bhí giomnáisiam, linn snámha, leabharlann, gruagaire agus fiú cúirt cruaise ar an long. Bhí sé le maíomh ag an gcomhlacht White Star go raibh **teicneolaíocht shárfhorbartha** ar bord. Bhí córas cumarsáide nua-aimseartha ann. Bhí ardaitheoir ar gach leibhéal. Dúradh nach bhféadfadh Dia féin í a chur go tóin poill. An t-aon locht a bhí ar an long ná nach raibh go leor bád tarrthála ann do na paisinéirí.

4. Oíche fhuar i lár an earraigh agus bhí gach duine ar bord na loinge Titanic ag leanúint ar aghaidh mar ba ghnách, beag beann ar an tubaiste a bhí i ndán dóibh. Bhuail sí cnoc oighir timpeall meán oíche. Tugadh deis níos fearr do na paisinéirí saibhre ón gcéad aicme teacht slán agus bádh níos mó de na paisinéirí bochta sa tríú haicme. Bádh captaen na loinge E.J. Smith in éineacht lena long nuair a chuaigh an long go grinneall an Atlantaigh. Rinne an banna ceoil iarracht sólás a thabhairt do na paisinéirí. Thosaigh siad ag seinm ceoil ar dheic na loinge agus níor stad siad go dtí an nóiméad deireanach. Bádh timpeall míle sé chéad duine an oíche sin ar an long is cáiliúla ag an am. Fuair an **marthanóir** deireanach, Millvina Dean, bás i mí na Bealtaine 2009. Bhí sí seacht mbliana is nócha d'aois. Fuair sí bás ina teach féin in Southampton, an chéad chaladh a bhí ag an RMS Titanic, nuair a sheol sí den chéad uair agus den uair dheireanach freisin.

Foclóir

suntasach *remarkable* • **chuaigh sí go tóin poill** *she sank* • **bádh** *drowned*
comóradh *commemoration* • **aitheantas criticiúil** *critical acclaim*
taiscéalaí *explorer* • **teicneolaíocht shárfhorbartha** *advanced technology*
marthanóir *survivor*

A. Cuardaigh

An féidir leat na focail/nathanna seo a aimsiú i nGaeilge sa sliocht seo?

Passenger liner • Shipyard • Director • Earned • Wreck • Footage

B. Deis comhrá

Ag obair i mbeirteanna, pléigí an píosa faoi na pointí seo a leanas:

- An raibh a fhios agat cheana féin faoin tubaiste seo? An bhfaca tú an scannán le James Cameron?
- Conas a léiríonn an píosa seo an tragóid dhaonna?
- Cad a chiallaíonn an nath san alt "Nach bhféadfadh Dia féin í a chur go tóin poill"?
- Cad í do thuairim féin faoin bpíosa seo?
- Ar mhaith leat dul ar thuras ar long phaisinéirí? Cá háit ar mhaith leat dul ar an long?

C. Cleachtadh scríofa

Lig ort go raibh tú i d'oibrí raidió ar an Titanic. Bhí tú ag seoladh teachtaireachtaí práinne ag lorg cabhrach. Scríobh trí theachtaireacht a chuirfeása.

> **Cur chuige:** *Luaigh cad a tharla, cá bhfuil sibh, cabhair ag teastáil.*

D. Ceisteanna scrúdaithe

1. (a) Cén fáth ar oíche chinniúnach é an ceathrú lá déag de mhí Aibreán 1912?

   (b) Cén sórt comórtha a rinneadh? Luaigh dhá rud. (alt 1)

2. Luaigh dhá rud a léiríonn go ndearna an scannán *Titanic* brabús mór. (alt 2)

3. Cén fáth a luaitear Robert Ballard sa dara halt? (alt 2)

4. (a) Déan cur síos ar an ornáideachas a bhí ag baint leis an Titanic.

   (b) Luaigh an t-aon locht amháin a bhí ar an long. (alt 3)

5. (a) Cé mhéad duine a bádh an oíche sin?

   (b) Cérbh í Millvina Dean? (alt 4)

E. Obair bheirte: rólghlacadh

Is láithreoir teilifíse tú agus tá tú chun marthanóir ón Titanic a chur faoi agallamh. Ceap deich gceist a chuirfeá air. Cuir na ceisteanna ansin ar do pháirtí os comhair an ranga cosúil le seó cainte.

Deis comhrá

**Féach ar na pictiúir seo agus smaoinigh ar an scéal atá i ndán dúinn.
Pléigh na pictiúir faoi na pointí seo a leanas:**

- Cén tír ina bhfuil an turasóir seo ar saoire?
- Cén sórt margaidh atá ar siúl idir na fir?
- Cén sórt daoine iad na fir anseo?
- Cad a tharlóidh ag críoch an scéil, dar leat?

Obair ghrúpa

Ag obair i ngrúpaí, téigí ar an idirlíon agus faigh eolas faoi Neipeal.
Cuirigí eolas le chéile ag cur síos ar Neipeal i dtaobh tíreolaíochta,
daoine, cultúir agus turasóireachta. Cuirigí 10 bpointe sa phíosa. Léirígí
bhur gcuid oibre os comhair an ranga ansin, mar shampla mar chur i
láthair *PowerPoint* nó mar óráid.

Seal i Neipeal

Cathal Ó Searcaigh

overweight

I ndiaidh domh an dinnéar a chríochnú agus mé ar tí babhta léitheoireachta
a dhéanamh, tháinig fear beag, **beathaithe** isteach chugam, gnúis dhaingean
air, a thóin le talamh. Sheas sé, a dheireadh leis an tine gur thug sé róstadh
maith dá mhásaí.

large hands

roguish

Ansin tharraing sé cathaoir chuige féin agus theann isteach leis an tine, a
lámha crágacha spréite os a choinne, ag ceapadh teasa. Bhí sé do mo
ghrinniú an t-am ar fad lena shúile beaga **rógánta**. Níl mórán le himeacht
ar an diúlach seo, arsa mise liom féin. Ansin thosaigh an cheastóireacht,
tiubh agus crua. Cén tír as a dtáinig mé? Cad é mar a shaothraigh mé mo
chuid? An raibh bean agam? An raibh **cúram teaghlaigh** orm? An raibh
Éire **rachmasach**? An raibh sé éasca cead isteach a fháil chun na tíre? An
raibh cairde agam i Neipeal? An Críostaí a bhí ionam? An raibh gnó de mo
chuid féin agam sa bhaile? An raibh mé ag tabhairt **urraíochta** d'aon duine

*family
responsibility,
wealthy,
sponsorship*

i Neipeal? Cad é an méid airgid a chaithfinn sa tír seo? An de bhunadh saibhir mé i mo thír féin? Ós rud é nach raibh mórán muiníne agam as cha dtug mé dó ach **breaceolas** agus bréaga, agus tuairimí leathcheannacha.

Bhí **gaol gairid** aige le bean an tí agus sin an fáth a raibh sé ag fanacht ansin. Bhí sé ar a bhealach ar ais go Kathmandu, áit a raibh lámh aige i ngníomhaíochtaí éagsúla, a dúirt sé: cairpéid, seálta pashmina, earraí páipéir. Bhí an tuile shí as a bhéal agus é **ag maíomh** as a ghaisce gnó. Ar ndóigh, bhí daoine ceannasacha ar a chúl ach sin ráite ní raibh cosc dár cuireadh ina shlí riamh nár sháraigh sé. Duine acu seo a bhí ann, a dúirt sé, a bhí ábalta rud ar bith a chur chun somhaoine dó féin. Dá thairbhe sin agus an **dóchas dochloíte** a bhí ann **ó dhúchas** rith an saol leis. Bhí an dá iarann déag sa tine aige i dtólamh, arsa seisean, mórchúis ina ghlór, ach bíodh thíos thuas, ar uair na cruóige rinne seisean cinnte de go ndéantaí cibé obair a bhí le déanamh ar an sprioc. Fear **faobhair** a bhí ann ina óige, arsa seisean, ag ligean gothaí troda air féin go bródúil. Bhí an fuinneamh sin chomh géar is a bhí ariamh, a dúirt sé, ach anois bhí sé i bhfearas aige i gcúrsaí gnó. Bhí an-chuid earraíochta ar siúl aige sna ceantair seo fosta, a dúirt sé. Bhí fir phaca aige a théann thart ag díol éadaigh i mbailte scoite an tsléibhe, bhí mná ag cniotáil dó cois teallaigh, bhí dream eile ann a dhéanann páipéar dó. Bhí cuma an ghustail ceart go leor ar an chóta throm clúimh agus ar na bróga sléibhe de scoth an leathair a bhí á gcaitheamh aige. Ligfinn orm féin go raibh mé bog go bhfeicfinn cad é mar a bhí sé ag brath buntáiste a ghlacadh orm. Thairg mé buidéal leanna a cheannach dó agus ba eisean nár dhiúltaigh an deoch. Cha raibh an buidéal ina lámh aige i gceart gur ól sé a raibh ann d'aon slog cíocrach amháin. D'ofráil mé an dara buidéal dó agus ach oiread leis an chéad cheann char chuir sé suas dó.

lucky

destiny,
investment,
worthwhile
return

act of trust

'Nach **ádhúil** gur casadh ar a chéile sinn', a dúirt sé agus é ag cothú na tine le tuilleadh adhmaid chonnaidh. 'Seo lá ár leasa' arsa seisean agus é do mo ghrinniú lena shúile beaga santacha. Bhí a fhios aige chomh luath is a leag sé súil orm, a dúirt sé, gurb é **ár gcinniúint** é a bheith i mbeartas páirte lena chéile. Ba mhór ab fhiú domh suim airgid a **infheistiú** láithreach sa chomhlacht déanta páipéir a raibh dlúthbhaint aige leis. Bheadh **toradh fiúntach** ar an infheistíocht seo gan aon dabht sa chruth go mbeadh ciste airgid fá mo choinne i gcónaí nuair a d'fhillfinn ar Neipeal. De réir mar a bhí sé ag téamh leis an racht ceana seo, mar dhea, bhí sé ag tarraingt níos clósáilte domh ionas go raibh greim láimhe aige orm faoin tráth seo. Níor ghá, ar ndóigh, an socrú beag seo a bhí eadrainn a chur faoi bhráid an dlí. B'amaideach baoth dúinn airgead a chur amú ar shéala an dlíodóra. Conradh an chroí a bheadh ann, arsa seisean go dúthrachtach, ag teannadh a ghreama ar mo lámh. **Gníomh muiníne**. Ba leor sin agus an trust a bhí eadrainn. Bhí sé ag féachaint orm go géar go bhfeicfeadh sé an raibh an chaint leataobhach seo ag dul i bhfeidhm orm. Shíl sé go raibh mé somheallta agus go dtiocfadh leis suí ar mo bhun agus ceann siar a chur orm. Bhí taithí aige, déarfainn, an ceann is fearr a fháil ar dhaoine. 'Dá gcreidfeá ann' mar a deireadh na seanmhná sa bhaile fadó 'chuirfeadh sé cosa crainn faoi do chuid cearc'. Ní raibh smaoineamh dá laghad agam dul i bpáirtíocht leis an tslíodóir seo.

debt

Ní rachainn fad mo choise leis. Is mairg a thaobhódh lena chomhairle. Ach lena choinneáil ar bís cha lig mé a dhath orm féin. Shuigh mé ansin go stuama, smaointeach, amhail is dá mbeadh gach focal dá chuid ag dul i gcion orm. I rith an ama seo bhí Ang Wong Chu agus Pemba ar a gcomhairle féin sa chisteanach, gach scairt cheoil acu féin agus ag bean an tí. Nuair a d'ordaigh mé an tríú buidéal leanna don tslogaire seo bhí a chuid airgid féin, a dúirt sé chóir a bheith reaite i ndiaidh dó díolaíocht a thabhairt dá chuid oibrithe anseo sna cnoic, ach in Kathmandu dhéanfadh sé **an comhar** a íoc liom faoi thrí. Thug Ang Wong Chuu i leataobh mé agus cuma an-tógtha air. Is cosúil gur chuir bean an tí leid ina chluas go raibh an fear istigh do mo dhéanamh go dtí an dá shúil. D'iarr sé orm gan baint ná páirt a bheith agam leis agus ar a bhfaca mé ariamh gan mo shúil a thógáil de mo sparán. Dúirt mé leis nach raibh baol ar bith go nglacfadh an breallán lámh orm. Sa chluiche seo, gheall mé dó, bheadh an cúig deireanach agamsa. Bhí sé i bhfách go mór le dul isteach liom chun an tseomra le mé a chosaint ar chrúba an fhir istigh ach d'éirigh liom é a chur ar a shuaimhneas agus a sheoladh ar ais chun na cisteanadh. Bhí mise ag gabháil a imirt mo chuid cnaipí ar **mo chonlán féin**. Ba léir go raibh lúcháir ar an bhfear mé a fheiceáil ag teacht ar ais. Shocraigh sé mo chathaoir san áit ba theolaí an teas. Shoiprigh sé na cúisíní go cúramach. 'Cé mhéad airgid atá i gceist?' arsa mise **go bladarach** nuair a bhí mo ghoradh déanta agam. Tháinig loinnir aoibhnis ina ghnúis. Shíl sé go raibh leis. 'Braitheann sin ort féin ach thabharfadh míle dollar seasamh maith duit sa ghnó. I do leith féin atá tú á dhéanamh.' Bhí sé spreagtha. Chrom sé síos le séideog a chur sa tine. Chuir sé luaith ar fud na háite le méid a dhíograise. Bhí mé ag baint sásaimh as an chluichíocht chlúide seo. 'An leor banna béil' arsa mise go ceisteach, amhras i mo ghlór, 'mar urrús in aghaidh caillteanais?' Bhí eagla air go raibh mé ag éirí doicheallach, ag tarraingt siar. Phreab sé aniar as a chathaoir agus chaith sé a dhá lámh thart orm go cosantach 'Ná bíodh imní ar bith ort taobhú liom' ar seisean go muiníneach. 'Nach bhfuil mise chomh saor ó smál le gloine na fuinneoige sin.' Frámaithe sa ghloine bhí ceathrú gealaí **ag glinniúint** i bhfuacht na spéire, í chomh faobhrach le béal corráin.

my own way

flattering

sparkling

'Féach isteach i mo shúile i leith is gur fuinneoga iad,' arsa seisean, 'agus tchífidh tú gur duine nádúrtha mé ó dhúchas. Bí cinnte nach ndéanfainn a dhath ach an t-ionracas le duine'. Bhí sramaí lena shúile ar an mhéad is a bhí siad ar leathadh aige os mo chomhair in iúl is go n-amharcfainn síos isteach i nduibheagán a dhúchais is go gcreidfinn go raibh sé **gan choir, gan chlaonadh**. D'amharc mé idir an dá shúil air agus mé ag rá liom féin, 'Ní rachaidh leat, a dhiúlaigh'. Leis an tsaothar anála a bhí air bhí na ribí fionnaidh ina ghaosán ar tinneall. Faoin am seo bhí sé siúráilte go raibh mé faoina anáil aige. 'Tabharfaidh mé suim airgid duit anois,' arsa mise go saonta, amhail is dá mbeadh muinín iomlán agam as. 'Agus an chuid eile in Kathmandu má bhíonn obair na comhlachta sásúil'.

without fault

cheap

Shamhlófá nár tháinig lá dá léas ach é. Bhí sé sna flaithis bheaga le lúcháir. Bhí sé do mo bheannú ionas go mba sheacht fearr a bheinn an bhliain seo chugainn. Bhí fhios agamsa go raibh slam de lire **beagluachacha** na hIodáile sáite i leataobh agam le fada i dtóin mo mhála droma. D'aimsigh mé iad láithreach agus chuntas mé amach lab nótaí díobh go mórluachach go raibh lán a chráige aige. Shíl sé go raibh a shaint de mhaoin nuair a chonaic sé na nótaí ag carnadh ina bhois. Ádhúil go leor, cha raibh fhios aige, ach oiread lena thóin, cé chomh beagthairbheach agus a bhí a stór lire.

yawning

Chomh luath agus a bhí an t-airgead istigh i gcúl a dhoirn aige, thosaigh sé **ag méanfach** agus ag ligean air féin go raibh néal codlata ag teacht air. Thabharfadh sé a sheoladh i Kathmandu agus sonraí iomlána an chomhlachta domh ar maidin ach anois, bhí an codladh ag fáil bua air agus chaithfeadh sé an leabaidh a bhaint amach láithreach. I ndiaidh dó mé a mholadh is a mhóradh thug sé na sála leis chun na leapa. Ba seo oíche a bhí chun a shástachta. Chodlódh sé go sámh. Ní sparán trom croí éadrom.

smile

Bhí **aoibh an gháire** orm gur thit mé i mo chodladh. Is fuath liom an míchothrom a dhéanamh le duine ar bith ach d'fhóir sé i gceart don chneámhaire seo. Bhaintí

worthless bundle

croitheadh ceart as nuair a chuirfí ar a shúile i mbanc nó i mbiúró in Kathmandu nach raibh ina charnán lire ach **sop gan luach**. Beidh sé ag téamh ina chuid fola agus ag éirí de thalamh le fearg nuair a thuigfear dó gur buaileadh bob air.

Ar ndóigh, bhí sé ar shiúl nuair a d'éirigh mé ar maidin. Bhain sé na bonnaí as le bánú an lae a dúirt bean an tí. Bhí broid air le bheith ar ais in Kathmandu. Bhí leoga! Cé go raibh sé gaolta léi, a dúirt sí, is beag dáimh a bhí aici leis. Cha raibh ann ach **slíomadóir** agus b'fhearr léi gan é a bheith ag

hypocrite

teacht faoin teach ar chor ar bith. Bhí seal i bpríosún déanta aige as a bheith ag déanamh slad ar iarsmaí beannaithe na dteampall agus á ndíol le turasóirí. Cha raibh fostaíocht ar bith aige, a dúirt sí, agus bhí an t-iomrá amuigh air gur ar bhuirgléireacht a bhí sé ag teacht i dtír. Bhí sé tugtha don ól ó bhí sé óg, a dúirt sí, agus chuir sé críoch fhliuch ar ar **shaothraigh** sé riamh. Tá bean agus

earned

páistí aige ach bhí siad scartha óna chéile ón uair a cúisíodh é as gadaíocht agus ar gearradh téarma príosúin air.

Greannán den scéal

Féach ar an tsraith pictiúr seo bunaithe ar an scéal. Inis scéal bunaithe ar na pictiúir seo.

- Breac síos trí abairt ar gach pictiúr.
- Cum trí cheist bunaithe ar an tsraith pictiúr.

6

Achoimre ar an scéal

Tarlaíonn imeachtaí an scéil oíche amháin nuair a bhí fear in óstán i Neipeal. Bhí an t-údar ag taisteal timpeall na tíre ag an am. Bhí sé ina shuí cois tine ag deireadh an lae ag baint taitnimh as an teas. Tháinig fear beag ramhar isteach agus shuigh sé in aice leis. Thosaigh siad ag caint le chéile ach bhí an fear ramhar an-fhiosrach. Bhí sé ag cur ceisteanna air ar luas lasrach. Ba léir go raibh sé ag lorg eolais faoi airgead an údair. Bhí an t-údar cúramach leis agus níor thug sé eolas ceart dó mar nach raibh muinín aige as. Thosaigh an fear ramhar ag caint faoi féin ansin.

D'inis sé dó gur fear gnó é agus go raibh gaol aige le bean an tí. Cheap an t-údar go raibh cuma shaibhir air mar bhí sé gléasta in éadaí costasacha. Chaith siad tamall ag ól agus rinne an fear ramhar iarracht an dallamullóg a chur ar an údar. Dúirt sé go raibh deis infheistíochta aige don údar. Mhaígh sé go mbeadh seans aige a lán airgid a thuilleamh. Bhí sé ag lorg an údair mar pháirtí ina chomhlacht páipéir. Bhí an margadh corrach (*unreliable*) mar nach raibh sé sásta conradh a thabhairt dó. Conradh croí a bheadh i gceist. Rinne an t-údar gáire beag mar thuig sé cén cineál duine a bhí ag caint leis. Lig sé air gur chreid sé an cladhaire seo. Chuaigh an t-údar go dtí an beár arís agus thug cara le bean an tí rabhadh dó gan airgead a thabhairt don fhear eile.

Dúirt an t-údar go raibh sé ciallmhar agus go raibh sé chun cleas a imirt ar an bhfear eile. Shuigh sé síos arís leis an bhfear ramhar. Rinne an fear seo iarracht infheistíocht a fháil arís. Mhaígh sé gur fear macánta é agus gan imní a bheith air. D'aontaigh an t-údar leis agus dúirt sé go dtabharfadh sé airgead dó. Thug sé carn mór lire don fhear ach níorbh fhiú mórán iad. Ní raibh an fhíric seo ar eolas ag an bhfear. Bhí gáire mór ar a aghaidh mar cheap sé go raibh bob buailte aige ar an údar. A mhalairt ar fad a bhí fíor. Chuaigh an fear ramhar a chodladh ansin. Nuair a d'éirigh an t-údar an mhaidin dár gcionn bhí an fear ramhar imithe lena chuid airgid. Bhí áthas air nuair a smaoinigh sé ar an bhfear ag dul isteach sa bhanc. Bheadh náire air nuair a fuair sé amach gur beag luach a bhí ag baint leis na nótaí airgid.

A. Cleachtadh scríofa

(i) Athscríobh na habairtí seo a leanas i do chóipleabhar agus líon na bearnaí.

1. Bhí an fear ag fanacht i dteach _____ i Neipeal.
2. Bhí an t-údar Cathal Ó Searcaigh ag _____ ar fud na tíre.
3. Fear _____ é an t-údar ón méid atá ráite sa scéal.
4. D'imir sé _____ ar an bhfear ramhar.
5. Fear gan _____ é an fear seo mar bhí sé ag iarraidh bob a imirt ar an údar.
6. Dúirt an fear ramhar go raibh a lán _____ aige.
7. Bhí cuma _____ air. Bhí sé ag caitheamh éadaí costasacha.
8. Ag an deireadh, bhí an lámh in _____ ag an údar.

Uachtar • Taisteal • Comhlachtaí • Ciallmhar
Shaibhir • Choinsias • Lóistín • Cleas

(ii) Fíor nó Bréagach?

1. Is duine saonta é an t-údar.
2. Ní raibh aon chomhrá idir na fir cois tine.
3. Bhí an t-údar ar cuairt in Éirinn.
4. Bhí an fear ramhar pósta le bean an tí.
5. Thug an t-údar a chuid airgid go léir don fhear eile.

(iii) Cuir na ceisteanna seo ar an dalta in aice leat agus ansin scríobh na freagraí i do chóipleabhar.

1. Cá raibh an t-údar ar saoire nuair a bhuail sé leis an bhfear eile?
2. Cén chaoi a raibh an fear in aice leis gléasta?
3. Cén sórt oibre a dhéanann an fear seo?
4. Cad a bhí ag teastáil ón bhfear seo?
5. Ar éirigh leis an bhfear dallamullóg a chur ar an údar?
6. Cé mhéad infheistíochta a bhí ag teastáil ón bhfear?
7. Cad a dúirt an fear ramhar leis chun an t-údar a chur ar a shuaimhneas?
8. Cá raibh an fear ramhar ag dul ar maidin?
9. Cén fáth ar thug sé lire dó?
10. Cad a dúirt bean an tí faoin bhfear ramhar leis an údar?

B. Obair bheirte: rólghlacadh

Ag obair i mbeirteanna, déanaigí rólghlacadh sa rang. Glacadh dalta amháin ról an údair agus glacadh dalta eile ról an fhir ghnó.
Bíodh comhrá agaibh le chéile ag dul trí na rudaí a dúradh sa scéal.

Cioradh an scéil 1: An téama

Obair ghrúpa

Ag obair i ngrúpaí de cheathrar, déanaigí machnamh ar théama an scéil. Roghnaígí trí théarma ón liosta seo a mbainfeadh sibh úsáid astu le cur síos a dhéanamh ar théama an scéil. Insígí don rang cén fáth ar roghnaigh sibh na téamaí seo.

*Feall • Greann • Cairdeas • Foréigean • Gliceas
Taisteal • Fuath • Saoirse • Mímhacántacht*

Ceist scrúdaithe agus freagra samplach

Cad é téama an scéil seo?

Baineann an scéal seo le feall agus mímhacántacht. Tá an t-údar Cathal Ó Searcaigh ag cur síos ar thréimhse a chaith sé i Neipeal. Sliocht as a dhírbheathaisnéis (*autobiography*) féin atá ann. Nuair a bhuail an fear beag ramhar leis an údar, is léir go raibh sé mímhacánta. Rinne sé iarracht airgead a fháil uaidh. Bhí an fear beag ag maíomh as féin agus as a ghaiscí. Bhí sé ag iarraidh íomhá de shaibhreas a chruthú chun an t-údar a mhealladh. Lig an t-údar air gur chreid sé na scéalta agus thug sé airgead dó. Ní raibh luach ag baint leis na nótaí airgid. Thug sé lire dó agus cheap an fear beag go raibh an lámh in uachtar aige. Ba dhuine glic é an t-údar agus d'imir sé feall ar an bhfear beag. Filleann an feall ar an bhfeallaire, mar a deir an seanfhocal.

Cleachtadh duitse!

Roghnaigh téama amháin, seachas an ceann atá anseo, agus tabhair cuntas gairid ar a bhfuil sa scéal faoin téama atá roghnaithe agat.

Cioradh an scéil 2: Na carachtair

Deis comhrá

Samhlaigh go raibh tusa ag fanacht san óstán céanna sa scéal seo. Bhí tú i do shuí in aice leis an mbeirt sa scéal. Cad a déarfá fúthu?

Obair ghrúpa

Ag obair i ngrúpaí de cheathrar, déanaigí machnamh ar na carachtair sa scéal. Roghnaígí trí aidiacht ón liosta seo a mbainfeadh sibh úsáid astu le cur síos a dhéanamh ar na carachtair. Insígí don rang cén fáth ar roghnaigh sibh na haidiachtaí seo.

*Saonta • Cineálta • Cairdiúil • Greannmhar • Amaideach
Mímhacánta • Grámhar • Santach • Fiosrach*

Na carachtair

AN T-ÚDAR: CATHAL Ó SEARCAIGH		
	Ciallmhar Cliste Glic	Is duine cliste é an t-údar. Lig sé air féin leis an bhfear eile go raibh muinín aige as. Bhí sé ag éisteacht go géar leis na scéalta cois tine agus cheap an fear eile go raibh an lámh in uachtar aige. Bhí a fhios ag an údar gur cladhaire a bhí ann agus ní raibh sé ar tí a chuid airgid a thabhairt dó. Duine glic ab ea é freisin mar thug sé nótaí airgid gan mórán luacha dó. D'imir seisean an cleas air ag an deireadh.
FEAR BEAG: AN FEAR GNÓ		
	Mímhacánta Fiosrach Santach	Is léir gur cladhaire é an fear seo. Fear gnó a bhí ann, dar leis, agus bhí sé ag iarraidh airgead a fháil ón údar. Bhí sé mímhacánta leis an údar, ag maíomh as féin agus a ghnóthaí. Duine fiosrach ab ea é ag an tús nuair a bhí sé ag iarraidh a fháil amach an raibh airgead ag an údar. Bhí an fear seo tógtha le hairgead. Duine santach ab ea é agus bheadh brostú air an mhaidin dár gcionn dul go dtí an banc.

Ceist scrúdaithe agus freagra samplach

Cén carachtar is fearr leat sa scéal? Déan cur síos gairid air/uirthi.

Is fearr liom an t-údar. Is gnáthfhear é ar saoire thar lear. Is duine éirimiúil é agus léiríonn sé gur duine cliste é. Rinne an 'fear gnó' iarracht an dallamullóg a chur air ach níor éirigh leis. Ní raibh muinín aige as. Shocraigh sé cluiche a imirt leis. D'éist sé leis na scéalta a bhí ag an bhfear eile. Lig sé air gur chreid sé gach rud a bhí ráite aige. Duine glic ab ea an t-údar freisin agus d'aontaigh sé infheistíocht a dhéanamh leis. Thug sé nótaí airgid gan mórán luacha dó. Bhí sé sásta dul a chodladh an oíche sin mar gur bhuail sé bob ar an bhfear eile. Is eachtra ghreannmhar é i ndáiríre.

Cleachtadh duitse!

Cén saghas duine é an fear beag ramhar? Déan cur síos gairid air agus luaigh an fáth ar thaitin (nó nár thaitin) sé leat. Is leor dhá fháth.

Cur chuige: *Luaigh an cladhaire, ag maíomh, greannmhar, tógtha le hairgead, gadaí*

Ag machnamh ar an scéal

Cad í do thuairim faoin scéal seo?

An maith leat é?

> Thaitin an scéal seo liom mar is scéal greannmhar é.

> Ní maith liom an cur síos sa scéal. Ní tharlaíonn aon rud drámatúil.

> Ní maith liom an scéal seo mar nach bhfuil sé suimiúil ar chor ar bith.

> Is maith liom an t-údar. Is duine cliste agus glic é.

> Níor thaitin carachtar an fhir ramhair liom. Duine mímhacánta é.

> Is maith liom an cluiche a bhí idir an bheirt acu sa scéal.

Cleachtadh duitse!

Bain úsáid as na nótaí thuas agus freagair an cheist seo.

Ar thaitin an scéal seo leat? Cuir dhá fháth le do fhreagra.

Obair ghrúpa

Is iriseoir tú atá ag déanamh léirmheasa ar scannán bunaithe ar an scéal 'Seal i Neipeal'. Roghnaigh na haisteoirí is oiriúnaí agus stiúrthóir den scoth le bheith páirteach sa scannán.

Ansin, ag obair i ngrúpaí scríobhaigí script scannánaíochta agus cuirigí dráma beag i láthair sa rang bunaithe ar an scéal seo.

Cur chuige:

Ainm: Seal i Neipeal   *Grádú:* 15   *Bliain:* 2012

Cén cineál scannáin atá i gceist? Scannán coiriúlachta / scannán grinn / scannán drámatúil / scannán uafáis / scannán grá

Aisteoirí:

Stiúrthóir:

Plota: Tarlaíonn imeachtaí an scannáin i .... Pléann an scannán seo le ... tugtar léargas dúinn ar shaol ... éiríonn leis an stiúrthóir ... i mo thuairim is scannán iontach/den scoth é. Molaim an scannán seo daoibhse.

Cleachtadh scríofa/labhartha

1. Tarlaíonn imeachtaí an scéil i Neipeal. Bhí tú ar saoire ann cúpla seachtain ó shin. Scríobh ríomhphost chuig do chara ag insint an scéil dó/di.
2. Is maith leis an údar taisteal. An maith leatsa taisteal? Ar mhaith leat dul go dtí an Áise? Cén fáth?

Deis comhrá

Ag obair i mbeirteanna, pléigí na ceisteanna seo a leanas:

- Cén léargas a fhaighimid ar shaol na dturasóirí?
- Cén sórt aidiachtaí a mbainfeá úsáid astu chun cur síos a dhéanamh ar Neipeal?
- Cad í an chuid is fearr leat sa scéal?
- Cad í an chuid is greannmhaire sa scéal?
- An raibh deireadh an scéil sásúil, dar leat?

Ceisteanna scrúdaithe

1. Tabhair achoimre ar an scéal 'Seal i Neipeal' a bhfuil staidéar déanta agat air.
2. Déan cur síos ar dhá mhothúchán atá sa scéal seo, dar leat.
3. Cad é téama an scéil 'Seal i Neipeal'?
4. An bhfuil teideal an scéil oiriúnach? Cuir fáthanna le do fhreagra.
5. Déan cur síos ar ghné amháin den scéal 'Seal i Neipeal' a thaitin leat agus gné amháin nár thaitin leat.

Cleachtadh scríofa

Líon isteach an suirbhé seo faoi chúrsaí taistil agus pléigí na torthaí sa rang

Ainm an dalta: ☐

Cé chomh minic agus a théann tú ar saoire?

Uair san mhí ☐   Uair sa bhliain ☐

Cé leis a dtéann tú ar saoire?

Tuismitheoirí ☐   Cairde ☐   Gaolta eile ☐

Cá dtéann tú de ghnáth?

Éire ☐   Meiriceá ☐   An Eoraip ☐

Cad é do thuairim féin faoi thaisteal?

_____

Is é an buntáiste is mó a bhaineann le taisteal ná

_____

Is é an mhíbhuntáiste is mó a bhaineann le taisteal ná

_____

6

Ní fios cé a chum.

Deis comhrá

Spailpín Fánach ag teastáil

Lá an Aonaigh, Cluain Meala, Tiobraid Árann, 20 Meitheamh

DUINE Á LORG:

obair pháirtaimseartha do dhuine láidir atá sásta obair dhian a dhéanamh; obair le déanamh ar fheirmeacha timpeall na tíre.

Ag obair i mbeirteanna, féach ar an bhfógra seo agus pléigí na ceisteanna seo a leanas.

1. An féidir leat teideal an dáin a thuiscint ón bhfógra seo?
2. Cén sórt oibre a rinne an spailpín fánach?
3. An mbeadh saol an spailpín deas nó deacair?
4. Cén sórt tréimhse atá i gceist, meas tú?
5. Cén ceantar ina mbíodh an spailpín ag obair, meas tú?

Mír 6.4

An Spailpín Fánach

Im spailpín fánach atáim le fada
    ag seasamh ar mo shláinte
ag siúl **an drúchta** go moch ar maidin   *the dew*
    's ag bailiú **galair ráithe**;   *intermittent diseases*
ach glacad fees ó rí na gcroppies,
    cleith is píc chun sáite   *lance/rod and pike*
's go brách arís ní ghlaofar m'ainm
    sa tír seo, an spailpín fánach.

Ba mhinic mo thriall go Cluain gheal Meala
    's as san go Tiobraid Árann;
i gCarraig na Siúire thíos **do ghearrainn**   *I would cut*
    cúrsa leathan láidir;
i gCallainn go dlúth 's **mo shúiste im ghlaic**   *my flail in my hand*
    ag dul chun tosaigh ceard leo
's nuair a théim go Durlas 's é siúd a bhíonn agam –
    "Sin chú'ibh an spailpín fánach!"

Go deo deo arís **ní raghad** go Caiseal   *I won't go*
    ag díol ná **ag reic** mo shláinte   *ruining*
ná ar mhargadh na saoire im shuí cois balla,
    im **scaoinse** ar leataoibh sráide,   *tall, gawky person*
bodairí na tíre ag tíocht ar a gcapaill   *louts*
    á fhiafraí an bhfuilim **hireálta**;   *employed*
'téanam chun siúil, tá an cúrsa fada' –
    siúd ar siúl an spailpín fánach.

6

Leagan próis

An spailpín fánach

Is oibrí taistil mé le fada an lá
ag brath ar mo shláinte
go luath ar maidin agus amuigh ag siúl
ag éirí tinn
rachaidh mé ag troid le rí na gcroppies
píce agam chun troid
ní thabharfar an t-ainm 'spailpín' orm arís

Thaisteal sé go Cluain Meala
agus ar aghaidh go dtí Tiobraid Árann
sna páirceanna i gCarraig na Siúire
bhí mo shúiste i mo lámh i gCallainn
agus nuair a théim go Durlas
glaofar amach 'an spailpín!'

ní rachaidh mé ar ais go Caiseal
ag malartú mo shláinte d'airgead
i mo sheasamh cois balla
ag an margadh hírealta
na capaill ag teacht le bodairí na tíre
ag cur ceiste orm an bhfuil mé ar fáil
agus rachaidh mé leo ar an mbóthar fada
iad agus an spailpín fánach

Teachtaireacht an dáin

Tá an dán seo bunaithe ar shaol na n-oibrithe feirme in Éirinn ag deireadh an 18ú haois. Tréimhse achrannach ab ea í i stair na hÉireann. Tháinig na Sasanaigh agus chuir siad muintir na hÉireann faoi smacht. Chaill na filí a ngairm agus an meas a bhí ag na daoine orthu. Bhí ar na filí dul ó áit go háit ag obair ar fheirmeacha. Spailpín an t-ainm a thugtaí ar an duine seo. Bhí ar na spailpíní dul go dtí an margadh híreálta ag lorg oibre. D'oibrigh siad go dian mar nach raibh an dara rogha acu. Ní raibh an pá go maith agus ní raibh aon mheas ag na bodairí orthu. Bhí go leor spailpíní ag iarraidh páirt a ghlacadh in Éirí Amach 1798 chun éalú ón saol crua seo. Chomh maith leis sin bhí níos mó measa ag daoine ar shaighdiúirí.

Cleachtadh scríofa

(i) Athscríobh na habairtí seo a leanas i do chóipleabhar agus líon na bearnaí.

1. Ní fios cé a _____ an dán seo.
2. Bhíodh an spailpín ina _____ tráth.
3. Bhí turas _____ ag an spailpín ag dul sa tóir ar obair.
4. Bhailigh na spailpíní le chéile ag an _____ híreálta ar lá an aonaigh.
5. Tá an spailpín _____ den saol atá aige.
6. Tá a shláinte ag _____ de bharr na hoibre.
7. Bheadh sé sásta troid in aghaidh na Sasanach leis na _____.
8. Is fuath leis an cineál _____ atá aige anois.
9. Is _____ é ón saol seo agus bhí cuid de na Gaeil eile ag éirí amach i gcoinne na _____.
10. Dán _____ é an dán seo.

Sasanach • Polaitiúil • Éalú • Bréan • Fada • Croppies
Saoil • Chum • Fhile • Fulaingt • Margadh

(ii) Fíor nó Bréagach?

1. Oibríonn an spailpín ar fheirmeacha.
2. Níor chuir an obair isteach ar a shláinte.
3. Thaisteal an spailpín timpeall na tíre ag lorg oibre.
4. Bhí saol sona ag an spailpín fánach.
5. Ba mhaith leis dul ag troid i gcoinne na Sasanach.

(iii) Cuir na ceisteanna seo ar an dalta in aice leat agus ansin scríobh na freagraí i do chóipleabhar.

1. Cén sórt saoil atá ag an spailpín?
2. Cén sórt oibre a dhéanann an spailpín?
3. An bhfuil saol an spailpín folláin?
4. Cé hiad na Croppies?
5. Luaigh na háiteanna ina raibh sé.
6. Cad atá le cloisteáil i nDurlas?
7. Cá dtéann an spailpín chun obair a fháil?
8. Cé a thiocfadh chuig an margadh híreálta freisin?
9. Conas a mhothaíonn an spailpín fánach?
10. An bhfuil an spailpín sásta leis an saol in Éirinn ag an am sin?

6

Cíoradh an dáin 1: An téama

Obair ghrúpa

Ag obair i ngrúpaí de cheathrar, déanaigí machnamh ar théama an dáin. Roghnaígí trí théarma ón liosta seo a mbainfeadh sibh úsáid astu le cur síos a dhéanamh ar théama an dáin. Insígí don rang cén fáth ar roghnaigh sibh na téamaí seo.

Dúlra • Óige • Tírghrá • Saol na hÉireann • Grá • Saol an spailpín

Cleachtadh scríofa

Líon an ghreille seo leis na téamaí a roghnaigh sibh thuas.

Téama	Sampla sa dán

Ceist scrúdaithe agus freagra samplach

Cad é príomhthéama an dáin seo?

Is é saol an spailpín téama an dáin seo. Tá an file ag caint faoi imeachtaí a bhí coitianta ag deireadh an ochtú haois déag in Éirinn. Bhíodh saol crua ag na spailpíní. Ní bhíodh post buan acu. Théidís ó áit go háit ag lorg oibre. Ba ghnách go mbídís ag an margadh híreálta ag iarraidh post a fháil. Ní raibh a sláinte go maith mar d'oibrigh siad taobh amuigh an t-am ar fad. Chaith siad a gcuid laethanta ag obair go dian ar fheirmeacha. Tá an spailpín seo bréan den saol atá aige mar ní fhaigheann sé meas ó na fir shaibhre. Tá Éirí Amach 1798 faoi lánseol agus tá suim ag an spailpín i dtroid a dhéanamh in aghaidh na Sasanach. Tá naimhdeas ann idir Éire agus Sasana. Sa tríú véarsa deir sé nach rachaidh sé ar ais go Caiseal ag lorg oibre. Seasfaidh sé i gcoinne na Sasanach.

Cleachtadh duitse!

Roghnaigh téama amháin, seachas an ceann atá anseo, agus tabhair cuntas gairid ar a bhfuil sa dán faoin téama atá roghnaithe agat.

Cíoradh an dáin 2: Na mothúcháin

Obair ghrúpa

Ag obair i ngrúpaí de cheathrar, déanaigí machnamh ar na mothúcháin sa dán seo. Roghnaígí trí mhothúchán ón liosta seo a mbainfeadh sibh úsáid astu le cur síos a dhéanamh ar mhothúcháin an fhile. Insígí don rang cén fáth ar roghnaigh sibh na haidiachtaí seo.

*Uaigneas • Meas • Trua • Áthas • Frustrachas
Brón • Náire • Díomá • Macántacht*

Cleachtadh scríofa

Líon an ghreille seo leis na mothúcháin a roghnaigh sibh thuas.

Mothúchán	Sampla sa dán

Ceist scrúdaithe agus freagra samplach

Cad é an mothúchán is treise sa dán seo?

Pléann an dán seo le cúrsaí in Éirinn san ochtú haois déag. Is é frustrachas an mothúchán is treise sa dán. Is spailpín é an file agus níl meas madra ag daoine air. Léirítear an saol bocht atá aige. Tá stádas tábhachtach dó. Bíonn cumha air mar níl an saol in Éirinn go maith a thuilleadh. Tá na Sasanaigh anseo agus tá na hÉireannaigh faoi smacht. Tá frustrachas air mar bíonn air taisteal timpeall na tíre chun post a fháil. Níl ach poist ar fheirmeacha ar fáil dó. Tá sé bréan den saol seo mar tá a shláinte i gcontúirt. Is obair dheacair í. Ba mhaith leis troid in aghaidh na Sasanach chun éalú ón saol seo. Gheobhadh sé seans ansin seasamh i gcoinne na bhfear saibhir ag na margadh híreálta. Is iad seo na daoine a chuireann fearg agus frustrachas air. Ní léiríonn siad meas ar bith ar an spailpín.

Cleachtadh duitse!

Roghnaigh mothúchán amháin seachas an ceann atá anseo agus tabhair cuntas gairid ar a bhfuil sa dán faoin mothúchán atá roghnaithe agat.

6

Stíl an fhile

Íomhánna

Baineann an file úsáid chliste as íomhánna chun saol na spailpíní a chur in iúl dúinn. Is éifeachtach an léiriú agus is féidir liom saol an spailpín seo a shamhlú. Sa chéad véarsa, feicimid an spailpín ag taisteal timpeall na tíre ag lorg oibre. Chaith sé blianta fada ag obair go crua.

Tá an íomhá sa chéad véarsa an-bhrónach mar deir an file go bhfuil a shláinte ag fulaingt de bharr na hoibre. Ba mhaith leis troid in aghaidh na Sasanach chun éalú ón saol seo.

Sa dara véarsa luann an file na turais fhada a bhíodh aige ó áit go háit. Tá sé réidh chun troda lena ghléasanna oibre. Tá na daoine le cloisteáil ag screadach 'sin chú'ibh an spailpín fánach'. Spreagann sé sinn.

Sa tríú véarsa deir sé nach rachaidh sé ar ais go Caiseal agus nach mbeidh sé ag fanacht a thuilleadh ar na fir shaibhre teacht ar a gcapaill. Cuirtear na híomhánna in iúl go héifeachtach agus taitníonn siad go mór liom. Tá an chodarsnacht an-láidir sa dán agus cabhraíonn sé go mór le téama an dáin.

Na híomhánna is tábhachtaí sa dán

- An spailpín lena spiorad briste, tinn tuirseach ag lorg oibre
- An spailpín ag taisteal ar thuras fada
- Ag spailpín mar shaighdiúir leis na *croppies*
- An spailpín ag feitheamh ar fheirmeoirí chun post a fháil

An teideal: An Spailpín Fánach

Tá an teideal seo éifeachtach mar tuigimid go díreach cad atá i gceist. Léiríonn sé an saol atá ag an spailpín. Bíonn air taisteal ó áit go háit. Níl ach obair shéasúrach i gceist agus sin an fáth a mbíonn taisteal de dhíth.

Ag machnamh ar an dán

Cad í do thuairim faoin dán seo?

An maith leat é?

Ní maith liom an dán seo mar go bhfuil sé an-bhrónach. Mothaím trua don spailpín fánach.

Is maith liom na híomhánna atá i ngach véarsa.

Níor thaitin an dán seo liom. Bhí sé deacair a thuiscint.

Is maith liom an cur síos ar shaol an spailpín.

Thaitin an dán seo liom mar go bhfuil téama suimiúil ann.

Ní maith liom an friotal. Tá an friotal róchasta.

Cleachtadh duitse!

Bain úsáid as na nótaí thuas agus freagair an cheist seo:

Ar thaitin an dán seo leat? Cuir dhá fháth le do fhreagra.

Deis comhrá

Ag obair i mbeirteanna, pléigí na ceisteanna seo a leanas.

- Cén léiriú a fhaighimid ar stair na hÉireann i rith na tréimhse inar scríobhadh an dán seo? (An raibh saol deacair ag daoine; na poist a bhí acu; cúrsaí airgid)
- Cén sórt aidiachtaí a mbainfeá úsáid astu chun cur síos a dhéanamh ar an spailpín sa dán seo?
- Cén tábhacht a bhaineann leis na logainmneacha sa dán?
- Cad í an chuid is fearr leat sa dán?

Cleachtadh scríofa

1. Is tusa an spailpín sa dán seo. Scríobh cuntas dialainne bunaithe ar mhí a chaith tú ag obair ar fheirm i dTiobraid Árann.
2. Samhlaigh gur mhair tú le linn an ama sin. Déan cur síos ar an tír agus ar mheon na ndaoine ag an am sin.

Ceisteanna scrúdaithe

1. Déan cur síos ar phríomhsmaointe an dáin seo.
2. Cad atá i gceist ag an bhfile sa véarsa deireanach?
3. Déan cur síos ar an atmaisféar atá sa dán.
4. An bhfuil teideal an dáin oiriúnach? Cuir fáthanna le do fhreagra.
5. Tabhair dhá fháth ar/nár thaitin an dán seo leat.

Céimeanna Comparáide na hAidiachta

Cá úsáidimid Céimeanna Comparáide na hAidiachta?

Ag déanamh cur síos ar ainmfhocail. Is fearr duit níos mo eolais a thabhairt sa bhéaltriail. Mar shampla: Is ceantar deas agus glan í Leitir Ceanainn.

Úsáideann tú roinnt mhaith aidiachtaí sa cheapadóireacht, go háirithe sa scéal.

Is féidir ceisteanna ar na carachtair sa phrós a fhreagairt, agus cur síos a dhéanamh ar na dánta, le haidiachtaí.

Bunchéim	Breischéim	Sárchéim
Cairdiúil	Níos cairdiúla	Is cairdiúla
Dathúil	Níos dathúla	Is dathúla
Greannmhar	Níos greannmhaire	Is greannmhaire
Tábhachtach	Níos tábhachtaí	Is tábhachtaí
Cliste	Níos cliste	Is cliste
Cróga	Níos cróga	Is cróga
Deacair	Níos deacra	Is deacra
Saibhir	Níos saibhre	Is saibhre

Rialacha ginearálta

Má chríochnaíonn aidiacht ar	Athraíonn sé go…
iúil	iúla
úil	úla
each	í
ach	aí
air / ir	re

- Má chríochnaíonn an aidiacht le consan eile caolaítear é agus cuirtear –e leis. Mar shampla: ard – níos airde / geal – níos gile
- Má chríochnaíonn an aidiacht le guta ní athraítear é. Mar shampla: cróga – níos cróga / foirfe – níos foirfe

Ceacht 1

Athscríobh na haidiachtaí seo a leanas cosúil leis na samplaí thuas sa bhreischéim agus sa tsárchéim.

1. láidir
2. leisciúil
3. ciallmhar
4. brónach
5. éasca
6. milis
7. casta
8. saor
9. fuinniúil
10. cumhachtach

Ceacht 2

Cuir na péirí seo a leanas in abairtí cosúil leis an sampla.

Sampla: Tá m'uncail sean ach tá m'aintín níos sine ná é.

1. sláintiúil/níos sláintiúla
2. áthasach/níos áthasaí
3. dathúil/níos dathúla
4. cáiliúil/is cáiliúla
5. ciallmhar/is ciallmhaire

Ceacht 3

Aistrigh na habairtí seo a leanas go Gaeilge.

1. She is the most sensible girl in the class.
2. The river Nile is the longest river in the world.
3. Peter Kay is funny but Alan Carr is funnier.
4. France is a more interesting country than Spain.
5. Nuala Ní Dhomhnaill is one of the best poets in Ireland.
6. The streets are more dangerous these days.
7. I am taller than Pól.
8. Síle is stronger than Aoife.
9. The holiday to Spain was more expensive last year.
10. Sam is the laziest at home.

Ceacht 4

An aontaíonn tú leis na ráitis seo? Pléigh na ráitis le do pháirtí.

1. Is é rugbaí an spórt is fearr ar domhan.
2. Tá torthaí níos blasta ná milseáin.
3. Déanann Barack Obama obair níos tábhachtaí ná Mícheál D. Ó hUiginn.
4. Tá an traein níos compordaí ná an bus.
5. Is í Lady Gaga an ceoltóir is cáiliúla ar domhan.

Páipéar scrúdaithe samplach

PÁIPÉAR 1: CEAPADÓIREACHT

A – GIOTA LEANÚNACH / BLAG – (50 marc)

Scríobh **giota** leanúnach nó **blag** (leathleathanach) ar cheann amháin de na hábhair seo.

(i)   Is maith an rud é taisteal do dhaoine óga.

(ii)   An samhradh seo caite.

(iii)   An turasóireacht in Éirinn.

B – SCÉAL – (50 marc)

Ceap **scéal** (leathleathanach) a mbeidh ceann **amháin** de na sleachta seo a leanas oiriúnach mar *thús* leis.

(i)   D'oscail mé an ríomhphost agus léigh mé é arís agus arís eile…

nó

(ii)   Bhí an turas dochreidte. Ní chreidfeá na radhairc ón eitleán...

C – LITIR / RÍOMHPHOST – (50 marc)

(i)   Tá tú ag dul ar thuras sciála le do thuismitheoirí. Scríobh **an litir/ríomhphost** (leathleathanach) a scríobhfá chuig do chara ag tabhairt cuireadh dó/di teacht ar an tsaoire libh.

nó

(ii)   Tá tú ar saoire le d'uncail san Astráil. Scríobh **an litir/ríomhphost** (leathleathanach) a scríobhfá chuig do chara ag insint dó/di faoi na rudaí atá ar siúl agat ann.

D – COMHRÁ – (50 marc)

(i)   Is maith leat taisteal ach níl suim ar bith ag do chara ann. Scríobh **an comhrá** (leathleathanach) a bheadh eadraibh.

nó

(ii)   Ba mhaith leat dul ar saoire le do chara tar éis na hArdteistiméireachta ach níl d'athair (nó do mháthair) sásta cead a thabhairt duit. Scríobh **an comhrá** (leathleathanach) a bheadh eadraibh.

PÁIPÉAR 2: CÚRSA LITRÍOCHTA

PRÓS

"….agus mé ar tí babhta léitheoireachta a dhéanamh, tháinig fear beag beathaithe isteach chugam…"
Seal i Neipeal

Tabhair achoimre ar an scéal seo. Luaigh na pointí seo:

 (i)   Déan cur síos ar an údar sa scéal seo.

(ii)   Cén fáth ar tháinig an fear beag beathaithe chuig an údar?

(iii)   Cén tuairim a bhí ag an bhfear beag den údar?

(iv)   Cén margadh a rinne siad le chéile?

 (v)   Cad a tharla nuair a fuair an fear beag an t-airgead?

(vi)   Cén fáth a raibh an fear seo i bpríosún?   (25 marc)

FILÍOCHT

 (i)   (a) Conas a bhí sláinte an spailpín sa dán 'An Spailpín Fánach'?

        (b) Cad a bhí le déanamh ag an spailpín sa dán seo?

        (c) Cá bhfios duit nach raibh an spailpín sásta lena shaol?

        (d) Cad ba mhaith leis an spailpín a dhéanamh?   (8 marc)

(ii)   Luaigh an téama atá sa dán.

(iii)   Déan cur síos, **i d'fhocail féin**, ar an téama sin sa dán.   (8 marc)

(iv)   An maith leat an dán seo? Cuir fáthanna le do fhreagra. (Is leor **dhá** fháth.)   (9 marc)

Guth na Gaeilge

7

SAN AONAD SEO FOGHLAIMEOIDH TÚ

G **Gramadach:** Na Réamhfhocail

t **Tuiscint:** Conas focail agus nathanna a bhaineann leis an nGaeilge sna meáin agus cúrsaí Gaeltachta a aithint; conas cluastuiscintí agus léamhthuiscintí a bhaineann leis an ábhar a thuiscint.

💬 **Labhairt:** Conas eolas a thabhairt faoi thréimhse sa Ghaeltacht agus imeachtaí i rith Sheachtain na Gaeilge. Beidh tú in ann ceist a chur ar dhuine faoi na rudaí thuasluaite.

✎ **Scríobh:** Conas píosaí faoi shaoire sa Ghaeltacht a scríobh agus sonraí pearsanta a bhreacadh síos ar shuíomhanna sóisialta.

📚 **Litríocht:** Gearrscannán: Cáca Milis

Tá stair fhada, achrannach (*quarrelsome*) ag ár dteanga dhúchais. Féach ar an gclár ama seo a dhéanann cur síos ar an stair chorraitheach seo.

Breith na teanga

Is teanga Cheilteach í an Ghaeilge agus tá sí ar cheann de na teangacha Ceilteacha atá fós á labhairt sa lá atá inniu ann. Fadó, fadó labhair na treibheanna Ceilteacha teanga darb ainm Ceiltis. D'eascair an Ghaeilge ón gCeiltis. Feictear rian na Ceiltise go mór ar an nGaeilge inniu. Tá nasc le feiceáil, fiú sa lá atá inniu ann, idir an Ghaeilge agus na teangacha Ceilteacha eile (Manainnis, Gaeilge na hAlban, an Bhriotáinis, an Bhreatnais agus an Choirnis). Tá sé le feiceáil go háirithe i mbriathra agus i bhforainmneacha réamhfhoclacha na Gaeilge. Anuas air sin, is rian den Cheiltis iad an séimhiú agus an t-urú.

Tionchar teangacha iasachta

Is féidir cosúlachtaí a fheiceáil idir focail éagsúla i nGaeilge agus focail i dteangacha eile. Cuid de na focail seo, tá dlúthcheangal eatarthu mar go dtagann siad ón mbunfhoinse chéanna. Focail eile, is focail iasachta iad ó theangacha eile a bhíodh á labhairt in Éirinn fadó.

Focal Gaeilge inniu	Ceangal leis an bhfocal
Athair	Vater (Gearmáinis)
Máthair	Matér (Gréigis)
Arm	Arma (Laidin)
Leabhar	Liber (Laidin)
Buidéal	Bouteille (Fraincis)
Gairdín	Jardin (Fraincis)

Meath na teanga

Is teanga láidir í an Ghaeilge. Tháinig meath ar an teanga i rith an seachtú haois déag áfach, nuair a bhí cúrsaí ag dul i gcoinne na nGael. Tháinig na Sasanaigh agus dhíbir siad na hÉireannaigh as a gcuid tailte féin. Bhí éifeacht mhór ag Plandálacha Eilís I, Plandáil Uladh (*Ulster Plantation*) ina measc, ar an teanga. Bhí constaicí móra roimpi fós.

Thuas seal, thíos seal

Ansin sa naoú haois déag tháinig meath arís ar labhairt na Gaeilge. Bhí géarghá ag daoine le Béarla a bheith acu i gcúrsaí tráchtála agus dlí. B'iomaí duine a fuair bás nó a d'fhág an tír nuair a tharla an Gorta Mór, a thosaigh in 1845. Bhí níos mó béime ar an mBéarla ansin sa tír agus bhí gach duine ag tuar (*predicting*) bhás na Gaeilge arís.

Athbheochan

Níor ghéill an teanga agus thug scoláirí iasachta spreagadh do na Gaeil chun an teanga a athbheochan (*revive*). Ba é an teangeolaí (*linguist*) Johann Casper Zeuss a tháinig ar lámhscríbhinní Laidine le nótaí breactha síos orthu. Scríobh manaigh (*monks*) Éireannacha na nótaí seo timpeall 700 A.D. 'Gluaiseanna' a thugtar orthu anois. D'fhoilsigh sé leabhar ansin, darb ainm *Grammatica Celtica,* ag déileáil leis an ábhar seo. Bunaíodh Conradh na Gaeilge sa bhliain 1893. Ba é aidhm an Chonartha ná an teanga labhartha a athbheochan. Tá Conradh na Gaeilge fós i mbun oibre inniu ag déanamh sáriarrachta ar son na teanga. Mar atá le feiceáil anseo bhí stair chorraitheach ag an nGaeilge. Caithfimid meas a bheith againn ar ár dteanga dhúchais. Nach n-aontaíonn tú?

Ceisteanna

1. Conas atá rian na Ceiltise le feiceáil ar Ghaeilge an lae inniu?
2. Luaigh dhá shampla a léiríonn an nasc idir Gaeilge agus teangacha eile.
3. Cén fáth ar tháinig meath ar an nGaeilge i rith an seachtú haois déag?
4. Cén éifeacht a bhí ag an nGorta Mór ar an teanga labhartha?
5. Luaigh dhá rud a chabhraigh le hathbheochan na Gaeilge sa naoú haois déag.

Obair idirlín

Oibrígí i mbeirteanna chun eolas breise a fháil ar stair na teanga ar an idirlíon. Is leor trí phointe eolais bhreise. Cuirigí torthaí bhur gcuid taighde i láthair le *PowerPoint*.

Seachtain na Gaeilge

Tá dalta ag scríobh blag faoi Sheachtain na Gaeilge. Léigh an blag seo agus déan na cleachtaí ina dhiaidh.

http://www.educate.ie/blag

Fáilte go dtí mo bhlag! Is í Seachtain na Gaeilge an tseachtain is tábhachtaí i mo dhialann. Bíonn Seachtain na Gaeilge ar siúl gach bliain i mí an Mhárta. Eagraítear imeachtaí ar fud na tíre ó thús go lár mhí an Mhárta chun suim sa Ghaeilge a chothú agus a chur chun cinn. Tá an fhéile tar éis neart fuinnimh a spreagadh agus tugann an

native speakers

pobal tacaíocht mhór don fhéile. Tugann sé deis do gach uile dhuine, idir **chainteoirí dúchasacha** agus iad siúd a fhaigheann a gcéad bhlaiseadh den teanga ar scoil, spraoi a bheith acu leis an nGaeilge. I mo scoil féin déanann na múinteoirí Gaeilge a ndícheall chun imeachtaí spraíúla a eagrú. Ina measc bíonn tráth na gceist, comórtas tallainne, cluichí Gaelacha, díospóireachtaí agus céilithe.

nonprofit

Is eagraíocht **neamhbhrabúis** é Conradh na Gaeilge, lucht eagraithe na Seachtaine, a chuireann úsáid na Gaeilge agus an chultúir Ghaelaigh chun cinn anseo in Éirinn. Glacann mo scoil páirt sna comórtais náisiúnta éagsúla a eagraíonn Seachtain na Gaeilge. Anuraidh bhíomar páirteach i gcomórtas físeáin. Bhí an-chraic againn ag

fairy-tale

taifeadadh an scannáin. Shocraíomar gearrscannán bunaithe ar an **síscéal** 'Snow White' a dhéanamh – as Gaeilge ar ndóigh. Gach bliain bíonn comórtas idir na daltaí sóisearacha a bhíonn ag dearadh póstaer. Caithfimid póstaer a dhéanamh bunaithe ar sheanfhocal. Is cuimhin liom nuair a bhí mé sa chéad bhliain, tharraing mé póstaer álainn ildaite bunaithe ar an seanfhocal 'Tír gan teanga, tír gan anam'.

profit, charity

Is é an rud is fearr liom faoi Sheachtain na Gaeilge ná an t-albam a eisíonn an eagraíocht gach uile bhliain. Téann an **brabús** a thuilltear chuig **carthanacht** Barnardos. Is maith an rud é seo agus caithfidh mé a rá go mbíonn na hamhráin ar fheabhas. Glacann ceoltóirí na hÉireann le cuireadh Sheachtain na Gaeilge chun a gcuid amhrán a chasadh i nGaeilge. Ghlac grúpaí agus ceoltóirí ar nós The Coronas, Bell X1, Mundy, The Saw Doctors agus Kíla páirt san albam le blianta beaga anuas. Críochnaíonn Seachtain na Gaeilge ar an 17 Márta agus mar is eol do chách, is ar an lá seo a cheiliúrann muintir na hÉireann Lá Fhéile Pádraig.

A. Deis comhrá

- An eagraítear imeachtaí i do cheantar do Sheachtain na Gaeilge?
- Cad a dhéanann sibh ar scoil i rith Sheachtain na Gaeilge?
- An rud maith é Seachtain na Gaeilge, dar leat?
- Conas a léiríonn an sliocht seo go bhfuil an-tóir ar Sheachtain na Gaeilge?
- Cad í do thuairim féin faoin bpíosa seo?

B. Meaitseáil

Meaitseáil na focail seo ón sliocht leis an mBéarla.

1	A chur chun cinn	A	*Non-profit*
2	Spraoi	B	*Short film*
3	Díospóireachtaí	C	*Multi-coloured*
4	Neamhbhrabúis	D	*Designing*
5	Rathúil	E	*Debates*
6	Gearrscannán	F	*Fun*
7	Ag dearadh	G	*Successful*
8	Ildaite	H	*To promote*

C. Cleachtadh scríofa

(i) Athscríobh na habairtí seo i do chóipleabhar agus líon na bearnaí leis na focail thuas.

1. Bíonn _____ againn nuair a théimid ag rothaíocht faoin tuath.
2. Is _____ iontach é 'Caca Milis', scannán atá idir lámha againn don Ardteistiméireacht.
3. Bhí an t-innealtóir _____ carrchlós nua sa cheantar.
4. Is eagraíocht _____ é Barnardos.
5. Eagraíonn an múinteoir Gaeilge _____ dúinn an t-am ar fad.
6. Déanann Foras na Gaeilge iarracht stádas na Gaeilge _____.
7. Is comhlacht _____ í Microsoft.
8. Caithim éadaí _____ ag an deireadh seachtaine.

(ii) Cuir na focail/nathanna seo a leanas in abairtí.

1. cainteoirí dúchais
2. síscéal
3. an charthanacht

(iii) Aistrigh na habairtí seo a leanas go Gaeilge.

1. Seachtain na Gaeilge is gathering great support in our local community.
2. My friend moved to Ireland last year and got her first taste of the language then.
3. I did my work experience with a nonprofit organisation.
4. Lady Gaga is recording a new album at the moment.
5. Síle really enjoyed designing her own wedding dress.
6. The book was produced by Foras na Gaeilge.
7. I accepted the invitation to go to the 18th birthday party.
8. As everyone knows, 'A country without a language is a country without a soul'.

7

In ainm an Fada!

1. Rugadh Des Bishop i Nua-Eabhrac i Meiriceá sa bhliain 1976. D'aistrigh sé anseo go hÉirinn nuair a bhí sé ina dhéagóir. Bhí gaolta leis ina gcónaí i Loch Garman. Cuireadh oideachas air anseo. D'fhreastail sé ar scoil chónaithe i Loch Garman. Chríochnaigh sé an mheánscoil agus ar aghaidh leis ansin go Coláiste na hOllscoile, Corcaigh. Rinne sé céim sa Bhéarla agus sa Stair. Thaitin an tréimhse san ollscoil go mór leis agus bhain sé triail as an drámaíocht nuair a bhí sé ann. Bhí club coiméide sa cheantar agus ba mhinic a bhí Des ann. B'ansin a fuair sé a chéad ghig agus d'éirigh go maith leis ar an stáitse.

2. Tá ghairm bheatha teilifíse bunaithe le RTÉ. Bhí sé ina **aoi speisialta** ar chláir éagsúla agus sula i bhfad bhí **lucht leanúna díograiseach** aige. Fuair sé deis iontach a chlár féin a chur i láthair. Ghlac sé páirt i sraitheanna teilifíse mar 'The Des Bishop Work Experience' agus 'Joy in the Hood'. Tá aithne ag gach duine air de bharr an tseó ghreannmhair a rinne sé, 'In the Name of the Fada'. Gig coiméide a bhí i gceist bunaithe ar an tréimhse a chaith sé sa Ghaeltacht. Chuir sé dúshlán faoi féin an teanga a fhoghlaim laistigh de bhliain amháin. Ba mhór an t-**éacht** é seo mar go ndearna sé an Bhéaltriail ag an deireadh cosúil le daltaí na hArdteistiméireachta ar fud na tíre.

3. Is ambasadóir é anois ar son na teanga. Léirigh sé an tsuim a bhí aige sa teanga ar an **tsraith** teilifíse 'In the Name of the Fada'. Chónaigh sé i Leitir Móir, i nGaeltacht Chonamara, nuair a bhí sé ag iarraidh an Ghaeilge a fhoghlaim. Rinne sé an-iarracht an Ghaeilge a úsáid go nádúrtha le muintir na háite. Bhí fadhbanna aige ag an tús mar nár fhoghlaim sé an Ghaeilge go dtí go raibh sé ceithre bliana déag d'aois. Tá sé líofa sa teanga anois. Léiríonn Des an fhírinne atá sa seanfhocal 'cleachtadh a dhéanann máistreacht'. Is féidir le haon duine an Ghaeilge a fhoghlaim má dhírítear aird i gceart ar an **dúshlán**.

3. Socraíodh ag tús an phróisis léirithe gurb é an sprioc a bheadh i gceist ná go mbainfeadh Des dóthain líofachta amach le gig a dhéanamh trí mheán na Gaeilge os comhair lucht féachana lánGhaeilgeoirí. Bhí na scéalta grinn Gaeilge á gcleachtadh aige le tamall roimhe agus cuireadh **an dlaoi mhullaigh** ar an obair sin ina dhiaidh sin. Bhí siad le cloisteáil mar chuid de sheó speisialta a bhí **á reáchtáil** ag Club Sult in Vicar Street le linn Sheachtain na Gaeilge, tráth a rinne Des an chuid dheireanach den dúshlán **a chur i gcrích** mar gur daoine a bhfuil Gaeilge acu, den chuid is mó, a bhí sa lucht féachana.

4. Anois, is féidir le Des an t-éacht atá déanta aige ó thaobh an Ghaeilge a fhoghlaim taobh istigh de thréimhse ghearr a chur leis an liosta rudaí atá bainte amach aige ina shaol. Léiriú é an dul chun cinn atá déanta aige ar an méid is féidir le duine a bhaint amach má dhíríonn sé a aird i gceart ar thasc. Tá stór focal thar a bheith leathan ag Des cheana féin agus tuiscint an-mhaith ar an tuiseal ginideach agus ar ghnéithe casta eile de ghramadach na teanga.

*(Bunaithe ar alt as **Beo!** le Caoimhe Ní Laighin)*

Foclóir

aoi speisialta *special guest* • **lucht leanúna díograiseach** *dedicated followers*

dúshlán *challenge* • **éacht** *achievement* • **sraith** *series*

an dlaoi mhullaigh *the finishing touches* • **reáchtáil** *organise* • **a chur i gcrích** *to complete*

A. Cuardaigh

An féidir leat na focail/nathanna seo a aimsiú i nGaeilge sa sliocht seo?

*Education • University • Relatives • Degree • Language
Dedicated/loyal • Fluent • Audience • Attention*

B. Deis comhrá

Ag obair i mbeirteanna, pléigí an píosa faoi na pointí seo a leanas:

- An bhfuil aithne agat ar an bhfuirseoir seo?
- Conas a léiríonn an píosa seo go bhfuil suim ag Des Bishop sa Ghaeilge?
- Cad í do thuairim féin faoin bpíosa seo?
- An meallann an píosa seo tú le hiarracht níos fearr a dhéanamh Gaeilge a fhoghlaim? Cén fáth?

C. Ceisteanna scrúdaithe

1. Luaigh dhá phíosa eolais faoi oideachas Des Bishop. (alt 1)
2. Cad a rinne sé ar an gclár 'In the Name of the Fada'? (alt 2)
3. Cén fáth a raibh fadhb aige leis an nGaeilge ar dtús? (alt 3)
4. (a) Cén fáth ar thug sé faoin bpróiseas seo chun an Ghaeilge a fhoghlaim?
   (b) Cad a bhí á reáchtáil ag Club Sult in Vicar Street? (alt 4)
5. Cad a deir an t-údar faoin méid Gaeilge atá ag Des Bishop anois? (alt 5)

7

An Ghaeltacht

Téann na mílte daltaí chuig an nGaeltacht gach uile bhliain ach cad is brí leis an bhfocal 'Gaeltacht'? Ciallaíonn 'Gaeltacht' aon cheantar ina labhraíonn formhór na ndaoine Gaeilge mar a ghnáth-theanga. Tá na ceantair Ghaeltachta is mó scaipthe ar chósta an iarthair, ó Dhún na nGall go Corcaigh, ach tá ceantar Gaeltachta sa Rinn, i Co. Phort Láirge agus i Ráth Cairn i gCo. na Mí.

An t-am is fearr i saol an déagóra!

Léigh na tuairimí seo ó dhaltaí scoile agus déan na cleachtaí ina ndiaidh.

> D'fhreastail me ar chúrsa Gaeilge i nGaeltacht Chiarraí. Bhí an-chraic againn. D'imríomar cluichí de gach saghas agus eagraíodh imeachtaí gach oíche dúinn.

> Bhí trí seachtaine den scoth agam i gcoláiste samhraidh i Maigh Eo. Tháinig feabhas mór ar mo chuid Gaeilge.

> Chaith mé tréimhse i nGaeltacht Dhún na nGall. Ní dhéanfaidh mé dearmad ar na cairde nua a rinne mé ann.

A. Deis comhrá

Ag obair i mbeirteanna, pléigí na pointí seo a leanas:

- Cad a léiríonn na tuairimí seo faoi shaoire sa Ghaeltacht?
- An raibh tú riamh sa Ghaeltacht? An aontaíonn tú leis na daltaí seo?
- Iarr ar an múinteoir eolas a scaipeadh faoi chúrsaí samhraidh sa Ghaeltacht.

B. Cleachtadh taighde

Ag obair i ngrúpaí de cheathrar, bailígí eolas faoi na Gaeltachtaí éagsúla. Smaoinígí ar na pointí seo a leanas.

- An sainmhíniú.
- Cá bhfuil na ceantair Ghaeltachta suite?
- Cad í an Ghaeltacht is mó?
- Cad é daonra na nGaeltachtaí?
- Cad iad na coláistí samhraidh atá sna Gaeltachtaí?

C. Cleachtadh éisteachta ☉ Mír 7.1

Tá beirt déagóirí ag caint faoi chúrsa samhraidh ar fhreastail siad air i nDún na nGall. Éist leis an bpíosa seo agus freagair na ceisteanna.

1. Cad is ainm don choláiste ina raibh an bheirt acu?
2. Cá fhad a chaith Pól sa choláiste?
3. Cén fáth ar tháinig sé abhaile luath?
4. Cad a dúirt Aoife faoin lá deireanach ar an gcúrsa?
5. Cad a dúirt Pól faoin gcaighdeán Gaeilge atá aige?

D. Cleachtadh scríofa

Tá Éamonn ag freastal ar choláiste samhraidh i gCorca Dhuibhne. Tá sé ag cur nuashonrú ar an suíomh líonraithe shóisialta Twitter. Léigh an píosa seo agus líon isteach na bearnaí leis na focail thíos.

http://www.twitter.com

7 Meitheamh

Táim ag baint taitnimh as an gcúrsa seo. Tá bean an tí _____ ach ní thuigim gach _____ a bhíonn le rá aici. Is bean dheas í agus tugann sí _____ mhaith dúinn.

8 Meitheamh

Bhuel tá mo chuid Gaeilge ag _____ gan dabht. Úsáidim í anois go mór mór taobh amuigh den scoil. Táim ag seoladh _____ i nGaeilge fiú. Bíonn cead againn an _____ póca a úsáid ar feadh leathuair an chloig gach oíche.

9 Meitheamh

Thugamar _____ ar an Daingean inniu agus bhí an turas lae go hiontach. Tá muintir na háite an _____ as an teanga dhúchais. Is _____ beag é ach bhí _____ dheasa le feiceáil.

*Ceantar • Bhródúil • Feabhsú • Cainteach • Radhairc
Téacsteachtaireachtaí • Focal • Fón • Aire • Cuairt*

E. Deis comhrá

- Inis dom faoi stádas na Gaeilge sa lá atá inniu ann.
- Cad a rinne tú i rith Sheachtain na Gaeilge anuraidh?
- Inis dom faoi chúrsa samhraidh a rinne tú sa Ghaeltacht.
- An maith leat an Ghaeilge?
- An raibh tú riamh sa Ghaeltacht?
- An bhfuil mórán Gaeilge le feiceáil nó le cloisteáil timpeall na háite?
- An labhraíonn tú Gaeilge sa bhaile?
- Cén caighdeán Gaeilge atá agat?

Nóta don scrúdú: Ullmhaigh na ceisteanna seo don bhéaltriail agus ansin pléigh iad leis an dalta in aice leat.

An Ghaeilge sna Meáin

Léigh an píosa seo agus ansin déan na cleachtaí ina dhiaidh.

channel

programme schedule

attractive image

announced

high standard

live stream

great demand

B'ócáid mhór í nuair a tháinig Teilifís na Gaeilge ar an saol ag deireadh na bliana 1996. Féachann thart faoi 600,000 duine ar an g**cainéal** gach uile lá. Tá an-tóir ar TG4 anois mar go mbíonn cláir de gach sórt le feiceáil air. Tá rogha mhór ar an g**clársceideal** do dhaoine óga – cláir cheoil, spóirt agus shiamsaíochta ina measc. Tá lucht féachana díograiseach ag an sobalchlár 'Ros na Rún'. Ní féidir a shéanadh go léiríonn na cláir seo **íomhá tharraingteach** den Ghaeilge i measc na glúine atá ag fás aníos anois.

Bíonn Gaeilge le cloisteáil ar na haerthonnta freisin. Cuireadh tús le Raidió na Gaeltachta i mí Aibreáin 1972. De réir torthaí suirbhé a **d'fhógair** an MRBI in 2009, tá méadú beagnach 10% ar líon éisteoirí RTÉ Raidió na Gaeltachta sna ceantair Ghaeltachta. Tá sé ráite go soiléir ag pobal éisteachta RTÉ Raidió na Gaeltachta sa suirbhé céanna gurb iad na príomhchúiseanna go n-éisteann siad leis an stáisiún ná cláir ar **ardchaighdeán** a bheith á gcraoladh, seirbhís an-mhaith nuachta, an tuairisciú a dhéantar ar imeachtaí áitiúla agus cúrsaí ceoil, gan dabht. Deir siad freisin gur seirbhís éagsúil ar fad í ó mheáin chumarsáide eile na tíre, a bhfuil a bhformhór dírithe ar Bhaile Átha Cliath. Seoladh **beoshruth** RTÉ Raidió na Gaeltachta ar an idirlíon i mí na Bealtaine 2000.

Is stáisiún eile é Raidió RíRá. Sásaíonn na cláir na daoine óga mar go mbíonn idir chláir spóirt, chláir cheoil agus chláir scannánaíochta ar fáil dóibh. Is féidir leat cluas a thabhairt do Raidió RíRá ar do ghuthán leis an 'aip' Raidió RíRá i gcomhair an iPhone. Craolann an stáisiún 24 uair an chloig in aghaidh an lae. Tá **an-éileamh** ar na cláir éagsúla i measc éisteoirí óga. Tá cuntas Facebook ag Raidió RíRá agus is féidir le cainteoirí Gaeilge teagmháil a dhéanamh le chéile i bhfoirm nua-aoiseach. Níl aon dabht go bhfuil an Ghaeilge bheo ar mheáin an lae inniu agus cabhraíonn siad chun stádas a thabhairt don i measc an phobail, aos óg na tíre go háirithe.

A. Deis comhrá

Ag obair i mbeirteanna, pléigí an píosa faoi na pointí seo a leanas:

- An bhféachann tú ar TG4 go minic? Cén sórt clár a thaitníonn leat?
- Ar éist tú le Raidió na Gaeltachta riamh? Ar thaitin sé leat?
- An bhfuil tú mar bhall d'aon ghrúpa Gaeilge ar Facebook?
- An bhfuil aon aip agat ar d'fhón póca?
- An gceapann tú gur airgead amú é TG4?

B. Ceisteanna scrúdaithe

1. Cathain a tháinig TG4 ar an aer den chéad uair?
2. Conas a shásaíonn clársceideal TG4 daoine óga?
3. Conas a chabhraíonn na cláir éagsúla ar TG4 le híomhá na Gaeilge?
4. Luaigh dhá chúis go n-éisteann daoine le Raidió na Gaeltachta.
5. Cad a sheol Raidió na Gaeltachta sa bhliain 2000?
6. Luaigh dhá bhealach chun éisteacht le Raidió RíRá.
7. Cén bhaint atá ag Raidió RíRá le Facebook?
8. Conas a chabhraíonn na meáin chumarsáide leis an nGaeilge?

C. Obair bheirte

Féachaigí ar an bpictiúr seo. Cad atá á rá acu? Ar chuala sibh faoin agóid seo? Conas a chabhraigh na meáin shóisialta chun an scéal a scaipeadh?

Chuaigh timpeall 500 mac léinn i mbun agóide taobh amuigh den Dáil sa bhliain 2011. Bhí siad i gcoinne mholtaí Fhine Gael deireadh a chur leis an nGaeilge mar ábhar éigeantach san Ardteistiméireacht. Chuaigh siad ansin go Ceannáras Fhine Gael le hachainí, a bhí sínithe ag cúig mhíle dhéag duine, a bhronnadh ar an bpáirtí.

7

Ceisteanna scrúdaithe

1. Cé air a raibh an feachtas seo dírithe?
2. Cá ndeachaigh na mic léinn i mbun agóide?
3. Ar éirigh leis an bhfeachtas seo lena aidhm?
4. Cad a léiríonn na figiúirí atá luaite faoin tsuim a bhí ag daoine i moltaí Fhine Gael?
5. An bhfuil an póstaer seo éifeachtach dar leat? Cuir dhá fháth le do fhreagra.

D. Cleachtadh scríofa

Aontaíonn tú leis na mic léinn a luaitear san alt. Ba mhaith leat an scéal a scaipeadh freisin. Dear póstaer eile chun an Ghaeilge a chaomhnú mar ábhar éigeantach don Ardteistiméireacht.

Craoladh Digiteach – Todhchaí an Raidió Gaeilge?

1. Tá eolas ag pobal na Gaeilge faoi Raidió na Gaeltachta a bhíonn ag craoladh ar fud na tíre ar fad. Tá Raidió na Life ar fáil i mBaile Átha Cliath agus Raidió Fáilte i mBéal Feirste. I rith mhí an Mhárta 2009 bhí stáisiún nua Gaeilge don aos óg ag craoladh den chéad uair ar fud na gceithre chathair is mó i bPoblacht na hÉireann: Baile Átha Cliath, Corcaigh, Gaillimh agus Luimneach. Raidió RíRá an t-ainm a bhí ar an stáisiún raidió nua agus ba **chomhthionscadal** é idir Conradh na Gaeilge agus an comhlacht Digital Audio Productions. Ar an ngréasán domhanda amháin a bhí sé ar fáil ar feadh na bliana roimhe sin.

2. Fuair an raidió seo **ceadúnas sealadach** ó Choimisiún Craolacháin na hÉireann le dul ar na haerthonnta FM i gcathracha móra na hÉireann le linn Sheachtain na Gaeilge. Popcheol agus ceol as na cairteacha, as Béarla agus as Gaeilge, a bhí le cloisteáil ar an stáisiún. Ní raibh mórán difríochta idir an stáisiún nua seo agus stáisiúin eile ar nós Today FM, Spin 103.8 nó RTÉ 2FM ach amháin gur Gaeilge ar fad a bhí in úsáid ag na láithreoirí óga, beoga.

3. Ba iad Scott de Buitléir agus Aoife Ní GhlaicínRiain a chuir an clár 'Nocht ag a hOcht' i láthair, a bhíodh á chraoladh ar maidin ag an deireadh seachtaine. Bhain siad sult agus spraoi as agus ba bhreá leo é a chur i láthair arís am éigin. Toisc an clár seo a bheith ar siúl ar an Satharn agus ar an Domhnach bhí seans ag daoine óga éisteacht leis agus taitneamh a bhaint as gan imní a bheith orthu faoi bheith deireanach don scoil.

4. Ach anois agus RíRá imithe ón aer, cad atá ar fáil do Ghaeilgeoirí óga? Tháinig an-chuid teachtaireachtaí chuig Raidió RíRá ó éisteoirí a bhfuil cónaí orthu i Sasana, san Astráil agus sna Stáit Aontaithe. Is léir, mar sin, go raibh daoine ag éisteacht leis an tseirbhís seo ar líne. Níl an raidió ar an idirlíon chomh coitianta in Éirinn agus atá sé i dtíortha ar nós Mheiriceá ach is cinnte go dtiocfaidh athrú air sin. Tá seantaithí faoin am seo ag an-chuid daoine óga ar an idirlíon. Is cinnte, mar sin, go mbeadh a lán daoine óga sásta éisteacht le stáisiún raidió Gaeilge ar líne.

5. Tá sé stáisiún dhigiteacha ag RTÉ anois, ach is annamh a bhíonn an Ghaeilge le cloisteáil ar na stáisiúin sin. Dá ndéanfaí an phleanáil cheart, bheadh Raidió RíRá in ann lucht éisteachta **a mhealladh** i ndomhan an raidió dhigitigh. Beidh stáisiúin ar nós Spin 103.8, Dublin 98 FM agus Today FM le fáil ar an gcóras ardchaighdeáin digiteach go luath. Bheadh raidió Gaeilge don aos óg in ann **dul in iomaíocht** leis na stáisiúin sin ach spás a fháil ar an gcóras. Caithfear **gníomhú** go gasta chun an deis sin a thapú, áfach, agus caithfidh an **toil pholaitiúil** a bheith ann chun tacú leis an tionscadal. D'éirigh go han-mhaith le raidió digiteach sa Bhreatain le blianta beaga anuas. Má éiríonn chomh maith céanna leis anseo, beidh an raidió digiteach ag dul ó neart go neart in Éirinn taobh istigh de chúpla bliain. Seo seans don raidió Gaeilge.

Foclóir

comhthionscadal *joint venture* • **ceadúnas sealadach** *provisional licence*

a mhealladh *to entice* • **dul in iomaíocht** *to compete*

gníomhú *act* • **toil pholaitiúil** *political will*

A. Cuardaigh

An féidir leat na focail/nathanna seo a aimsiú i nGaeilge sa sliocht seo?

Information • Broadcasting • Difference • Service • Digital • Chance

B. Ceisteanna scrúdaithe

1. Cá raibh Raidió RíRá á chraoladh roimh thús mhí an Mhárta seo caite? (alt 1)
2. Cén difríocht a bhí idir Raidió RíRá agus stáisiúin ar nós Today FM, Spin 103.8 nó RTÉ 2FM? (alt 2)
3. Cén fáth a raibh seans ag daoine óga taitneamh a bhaint as an gclár 'Nocht ag a hOcht'? (alt 3)
4. Luaigh na tíortha lasmuigh d'Éirinn ina raibh éisteoirí ag Raidió RíRá. (alt 4)
5. (a) Cén stáisiúin raidió in Éirinn atá ag craoladh ar an gcóras digiteach anois?
   (b) Cad a tharlóidh má éiríonn go maith leis an gcóras digiteach in Éirinn? (alt 5)

7

Deis comhrá

Féachaigí ar na pictiúir seo agus smaoinígí ar an ngearrscannán.
Pléigí na pictiúir faoi na pointí seo a leanas.

- Cén fáth a bhfuil na daoine seo ar an traein?
- Cén sórt caidrimh atá idir na daoine sa phictiúr?
- Cén tábhacht a bhaineann leis an gcáca milis agus leis an análóir sa ghearrscannán, dar leat?
- Cad a tharlóidh ag críoch an ghearrscannáin, dar leat?

Cáca Milis

Theresa: Cén fáth nach bhfuil sí anseo? An bhfuil sí ag teacht?

Catherine: Tiocfaidh sí.

Theresa: Caithfidh mise imeacht [go dtí an leithreas]

Catherine: Ní féidir leat dul go dtí an leithreas fós. Caithfidh tú fanacht.

Theresa: Dúirt mé leat go gcaithfinn imeacht.

Catherine: Tabharfaidh Nóra ann tú.

Theresa: Níl sí ag teacht. Caithfimid dul abhaile.

[Tagann Nóra. Cnagann Nóra ar fhuinneog an chairr. Is í Nóra an feighlí a thugann aire don bhean i rith an lae nuair a bhíonn Catherine imithe ag obair.]

Theresa: Beidh tú sa bhaile le haghaidh an tae, nach mbeidh?

Catherine: [Osna] Nach mbím i gcónaí? Beidh tú ceart go leor. Beidh tú *all right*.

[Fágann Catherine an carr agus cuireann Nóra an cheist.]

Nóra: Cén chaoi bhfuil sí?

Catherine: Ó, mar is gnách. Ach níl aon mhaitheas le bheith ag gearán.

Nóra: Slán

Catherine: Slán. Go raibh maith agat.

[Téann Catherine ar an traein agus tá sí go sona sásta ag léamh a leabhair. Is léir go bhfaigheann sí faoiseamh sa léamh. Tá sé go breá ciúin agus níl ach aon phaisinéir eile sa charráiste. Ansin tagann an fear dall, Paul, isteach sa traein. Tá a lán suíochán saor ach suíonn sé síos os comhair Catherine. Tá sé ag útamáil timpeall.

Osnaíl throm. Cuireann sé an mála ar an mbord. Tá sé dall agus tá asma air. Cloistear é ag análú go trom. Tá sé gealgháireach agus feicimid é ag gáire.]

Catherine: Seo dhuit.

Paul: Bean

[Tosaíonn an comhrá eatarthu cé nach maith le Catherine caint]

Paul: An bhfuil turas fada romhat?

Catherine: Cúpla stop eile.

Paul: Tá mé féin ag dul go ceann cúrsa. Tá mé ar saoire.

[Is léir nach maith léi labhairt. Leanann sí uirthi ag léamh. Scéal grá atá á léamh aici.]

Paul: An-lá, nach ea? Tá sé cosúil le haimsir na Fraince.

[Tógann sé cáca milis ar phláta as an mála donn atá ar an mbord aige. Cuireann na fuaimeanna go léir isteach ar an mbean.]

Paul: Ar tháinig siad leis an gcaife, go fóill?

Catherine: Níor tháinig.

Paul: Á, beidh sé ag teastáil uaim, leis an gcíste. Gabh mo leithscéal, cén dath atá air?

Catherine: Céard?

Paul: Ar mo chíste. Cén dath atá ar mo chaca milis?

Catherine: Bándearg.

Paul: Ó, go maith. B'shin a bhí uaim. Uaireanta déanann siad iarracht dallamullóg a chur orm. Is trua nach bhfuil siad ag teacht leis an gcaife anois. An bhfuil tú féin ag iarraidh caife?

Catherine: Níl.

Paul: Bhuel, cheapas, *like*, dá mbeadh, *y'know*, b'fhéidir go mbeifeása ábalta, *y'know*, cupán a thabhairt leat domsa. Tá sé an-deacair ormsa dul síos asam féin. Ródheacair. Ní maith liom bheith ag siúl sa traein. Ní maith liom ar chor ar bith é.

           [Ciúnas beag]

Paul: An bhfuil tú féin ar saoire?

Catherine: Níl.

Paul: Is deas an rud é éalú, nach ea? Tá carbhán ag mo mhamaí díreach ar an trá. Ó, an radharc álainn! Thart timpeall an chuain go léir. Tá sé dochreidte. Saoire an tsamhraidh. An cuimhin leat? Geal do dtí a haon déag.

           [Iompaíonn Catherine an leathanach, ag iarraidh a chur in iúl do Paul go bhfuil sí ag léamh. Feicimid líne sa leabhar atá á léamh aici faoi Eric a bheith nocht.]

Paul: An ag léamh atá tú?

Catherine: Táim ag déanamh iarrachta.

Paul: Cad tá á léamh agat?

           [Aghaidh Catherine an-chrosta]

Catherine: Scéal grá.

Paul: Ó, ab ea? Scéal grá? Grá. Tá *asthma* ormsa ó bhí mé sé bliana d'aois. Dúirt an dochtúir go raibh sé ar cheann des na cásanna is measa dá bhfaca sé riamh. Tá mé chomh dona sin go raibh mé ar an raidió uair. Ó dáiríre píre! Bhí droch-chásanna uathu. Tá mé féin chomh dona gur roghnaigh siad mé. Bhí orm dul isteach go dtí an stiúideo. D'íoc siad as an tacsaí agus cheannaigh siad lón dom. Ubh agus *chips*.

Catherine: Tá mise ag dul ag léamh anois.

           [Feicimid agus braithimid a fearg.]

Paul: Dúradar gur an-achainteoir mé. 'Ó bail ó Dhia air,' a dúradar, 'pé asthma atá air tá sé ábalta caint.' Á, is aoibhinn liom dul ar saoire! Ón uair a bhí mé cúig bliana d'aois tá mé ag imeacht go dtí an carbhán sin. Gach aon bhliain. *Oh, sure*. Tá 'fhios agam an tslí de ghlanmheabhair! Chuireadh an tUasal Ó Dufaigh, fear na dticéad, chuireadh sé ceisteanna orm cad a bhí le feiscint lasmuigh den bhfuinneog. Níor theip orm riamh, oiread is uair amháin. Dúirt sé go mba cheart dom bheith ar an teilifís. Is féidir leat ceist a chur orm más mian leat. *Go on*, cuir ceist orm, go bhfeicfidh tú. *Go on*, lean ort, cuir ceist orm go bhfeicfidh tú!

Catherine: Céard?

Paul: Cuir ceist orm céard tá le feiscint tríd an bhfuinneog. *Go on!*

Catherine: Céard tá le feiscint tríd an bhfuinneog?

Paul: Bhuel, tá, tá, tá cuan fairsing amuigh ansin, agus tá muid *just* ag dul thar abhainn atá ag sníomh fúinn, is gan dabht, an muileann adhmaid, agus na fir go léir istigh ag obair go dian agus muid anseo agus muid ag ligint ár scíth. *Now!*

[Feiceann Catherine pictiúr ar bhalla an charráiste de loch agus iascairí agus báid ann. Chun mearbhall a chur ar an bhfear dall deir sí]:

Catherine: Agus céard faoin loch?

Paul: Loch? Cén loch?

Catherine: Tá loch mór millteach ann. Tá muid díreach ag dul thairis anois.

Paul: Á *no*, níl aon loch ann. *No, no.* Ní fhéadfadh sé sin a bheith ceart.

Catherine: Tá! Agus báid.

Paul: Á? Báid? [Cloistear análú trom ó Paul.] *No, no*, níl aon loch.

Catherine: Go leor bád.

[Tá Paul an-chorraithe faoin am seo. Feiceann tú gáire ar aghaidh Catherine. Díoltas! Tagann fear an chaife.]

Maor: Tae, caife, ceapairí?

Catherine: Nach bhfuil tusa ag iarraidh rud éicint?

Paul: Caife.

Catherine: Cupán caife, más é do thoil é.

Paul: Go leor siúcra. Cé mhéad siúcra a thug sé dom?

Catherine: Trí cinn.

Paul: Ní leor sin. Tá ceithre cinn uaim. Ceann eile le do thoil [Imíonn maor na sólaistí.] An bhféadfása an siúcra a chur isteach sa chaife dom? Tá sé ana-dheacair ormsa. [Ní dhéanann Catherine aon rud chun cabhrú leis.]

Paul: Ní thuigim é. Loch mór.

Catherine: Mór millteach. [Tosaíonn Paul ag ithe an cháca mhilis ansin. Cuireann sé déistin ar Catherine: Díríonn an ceamara isteach ar bhéal Paul agus cloisimid na fuaimeanna go léir.]

Paul: Ar mhaith leat píosa de?

Catherine: Níor mhaith.

[Cuireann sé an cáca isteach ina mhála.]

Paul: Críochnóidh mé é níos déanaí, déarfainn. Tugann an tUasal Ó Catháin an iomarca dom i gcónaí. Deir sé go mbíonn na mná go léir craiceáilte i mo dhiaidh. An tUasal Ó Catháin.

Catherine: Tá péist ann!

Paul: Hmm?

Catherine: Feicim péist ann.

Paul: Péist. Cá háit?

Catherine: I do cháca milis. [Cuireann sí an leabhar síos ar an mbord.]

Paul: I mo cháca. Ó, a Dhia! Conas a tharla sé sin?

Catherine: Tá dath cineál bándearg air. Shílfeá go raibh sé ann i gcónaí.

Paul: Huh!

Catherine: Is cosúil go raibh. Shílfeá gur baineadh plaic as.

Paul: Plaic?

Catherine: Tá mise ag ceapadh gur shlog tusa cuid de.

Paul: Ó, a dhiabhail, *oh no*, ní raibh aon bhlas ait air.

Catherine: Cén fáth go mbeadh? Dá mbeadh seisean ann le fada ní bheadh aon bhlas ait air. Murar ith seisean riamh ach cáca … blas cáca a bheadh air féin anois.

Paul: An bhfuil sé contúirteach? Cá bhfuil mo *inhaler*? Mo *inhaler*. Cá bhfuil sé? Tabhair dom mo *inhaler*! Cá bhfuil…

[Beireann Catherine ar an ionanálaitheoir. Ní thugann sí dó é. Cuireann sí síos ar an mbord arís é san áit nach féidir leis breith air. Gan an t-ionanálaitheoir ní bheidh sé ábalta anáil a tharraingt. Titeann sé i laige. Éiríonn Catherine ina seasamh agus bogann sí amach as an gcarráiste. Ní thugann sí cabhair ar bith dó agus ní ghlaonn sí ar éinne eile. Fágann sí Paul chun bás a fháil agus siúlann sí amach as an traein. Siúlann sí amach as an stáisiún traenach.]

Greannán den scannán

Féach ar an tsraith pictiúr seo bunaithe ar an scannán. Inis scéal bunaithe ar na pictiúir seo.

- Breac síos trí abairt faoi gach pictiúr.
- Cum trí cheist bunaithe ar an tsraith pictiúr.

Achoimre ar an ngearrscannán

Tarlaíonn imeachtaí an ghearrscannáin ar bord traenach. Tá na carachtair ag taisteal le chéile ach strainséirí is ea iad. Catherine is ainm don bhean. Tá saol crua aici agus tá sí faoi bhrú. Tá a máthair faoi mhíchumas agus tugann sí aire di nuair nach mbíonn sí ag obair. Ní fhaigheann sí saoirse ach amháin nuair a bhíonn sí ag léamh ar an traein. Tagann fear dall ar bord ansin agus suíonn sé in aice le Catherine. Paul is ainm dó. Fear cainteach agus cairdiúil is ea é. Tosaíonn sé ag caint le Catherine ach ní stopann sé. Cuireann sé ceisteanna uirthi gan stad agus insíonn sé go leor scéalta di. Is léir go bhfuil an méid cainte ag cur isteach uirthi.

Deir sí go bhfuil sí ag léamh ach fós ní stopann Paul de bheith ag caint léi. Éiríonn sí feargach leis. Tosaíonn sí ag insint bréag dó faoi na radhairc atá le feiceáil trí fhuinneog na traenach. Tá asma ar Paul agus tagann taom asma air ansin ach úsáideann sé an t-análóir atá aige. Tógann sé cáca milis amach as a phóca agus tá cupán caife ag teastáil uaidh. Is duine cruálach í Catherine mar ní chabhraíonn sí le Paul an cupán caife a fháil. Itheann sé go tapa agus tá sé ag déanamh go leor torainn. Tá an cáca milis smeartha thart ar a bhéal. Ag deireadh an ghearrscannáin bristear ar fhoighne Catherine leis. Deir sí go bhfuil péist sa cháca milis. Tagann taom asma air arís ach níl sé ábalta a análóir a fháil. Tá an t-análóir i láimh Catherine.

Is léir go bhfuil sé ag fulaingt ach ní thugann Catherine aon chabhair dó. Níl sé ábalta análú agus é ag iarraidh a lámh a chur ar an análóir. Cuireann Catherine an ghiuirléid ar an mbord arís ach tá sé rófhada uaidh. Titeann Paul ar an mbord agus faigheann sé bás. Fágann Catherine an carráiste. Ní chuireann sí fios ar aon duine. Ba ghníomh díoltais é.

Cleachtadh scríofa

(i) **Athscríobh na habairtí seo a leanas i do chóipleabhar agus líon na bearnaí.**
   1. Bhí na carachtair uile ag _____ ar bord traenach sa ghearrscannán.
   2. Caitheann Catherine a saol ag tabhairt _____ da máthair.
   3. Tá a máthair faoi _____ agus bíonn ar Catherine aire a thabhairt di.
   4. Ba mhaith le Paul _____ a bheith eatarthu.
   5. Caitheann sé an t-am ag caint léi gan stad gan _____.
   6. Is fear dall é Paul agus tá _____ air freisin.
   7. Cuireann Catherine an _____ ar Paul nuair a bhíonn siad ag caint faoi na radhairc a fheiceann sí tríd an bhfuinneog.
   8. Imríonn sí ___ air freisin nuair a deir sí go bhfuil péist sa cháca milis.
   9. Tagann _____ asma air agus tógann Catherine a análóir uaidh.
   10. Faigheann sé bás de bharr _____ atá ar Catherine lena saol féin.

cleas • mhíchumas • an fhearg • taisteal • comhrá • taom
dallamullóg • aire • staonadh • asma

(ii) Fíor nó Bréagach?

1. Is duine dall í Catherine sa ghearrscannán seo.
2. Tá asma ar an bhfear sa ghearrscannán seo.
3. Tá Paul ag ithe an cháca mhilis agus tá píosaí ag titim as a bhéal.
4. Cuireann an comhrá eatarthu áthas ar Catherine.
5. Glaonn Catherine ar na seirbhísí éigeandála nuair a fhaigheann Paul bás.

(iii) Cuir na ceisteanna seo ar an dalta in aice leat agus ansin scríobh na freagraí i do chóipleabhar.

1. Cá bhfuil Paul ag dul ar an traein?
2. Cá bhfuil Catherine ag dul ar an traein?
3. Cén sórt saoil atá ag Catherine sa bhaile?
4. Cad faoi a mbíonn Paul ag caint ar an traein?
5. Conas a mhothaíonn Catherine sa ghearrscannán seo?
6. Cad air a bhfuil suim Catherine dírithe?
7. Cén cur síos a thugann Paul ar an radharc atá le feiceáil tríd an bhfuinneog?
8. Cén pictiúr a fhaighimid den fhear ag ithe?
9. Cén bhréag a insíonn Catherine do Paul faoin gcáca?
10. An bhfuil freagracht ar Catherine i leith bhás Paul?

Cíoradh an ghearrscannáin 1: An téama

Obair ghrúpa

Ag obair i ngrúpaí de cheathrar, déanaigí machnamh ar théama an ghearrscannáin. Roghnaígí trí théarma ón liosta seo a mbainfeadh sibh úsáid astu le cur síos a dhéanamh ar théama an ghearrscannáin. Insígí don rang cén fáth ar roghnaigh sibh na téamaí seo.

*Feall • Greann • Cruálacht • Dóchas • Díoltas
Daoirse • Fuath • Saoirse • Mímhacántacht*

Cleachtadh labhartha/scríofa

Ainmnigh eipeasóid de shraith teilifíse nó scannán ar bith a bhfuil an téama céanna aige leis an ngearrscannán seo. Scríobh achoimre ar an gclár nó scannán sin nó inis don rang faoi – déan cur i láthair *PowerPoint* agus pléigh na cosúlachtaí idir an eipeasóid sin agus an gearrscannán.

Ceist scrúdaithe agus freagra samplach

Cad é téama an ghearrscannáin seo?

Baineann an gearrscannán seo le díoltas. Tá beirt ag taisteal le chéile ar bord traenach sa ghearrscannán seo. Beirt an-difriúil atá iontu. Bean chancrach, mhíchairdiúil agus fear saonta, cainteach. Ní thaitníonn comhluadar an fhir seo le Catherine. Ní stopann sé ach ag caint léi agus tá sise ag iarraidh a leabhar a léamh. Éiríonn sí bréan den chomhrá agus tosaíonn sí ag insint bréag dó. Bíonn an fear trína chéile ansin agus tagann taom asma air. Tá sí i ndeireadh na feide nuair a dhéanann sé muc de féin nuair a bhíonn sé ag ithe agus deir sí go bhfuil péist ina cháca milis. Tagann taom air arís ach tógann Catherine a análóir agus féachann sí ar an bhfear bocht ag fulaingt. Ní thugann sí cabhair dó mar tá fearg uirthi leis. Faigheann sé bás ansin. Gníomh díoltais a bhí anseo.

Cleachtadh duitse!

Roghnaigh téama amháin, seachas an ceann atá anseo, agus tabhair cuntas gairid ar a bhfuil sa ghearrscannán faoin téama atá roghnaithe agat.

Cíoradh an ghearrscannáin 2: Na carachtair

Deis comhrá

Samhlaigh go raibh tusa ar bord na traenach le Catherine agus Paul.
Cad a déarfá fúthu?

Obair ghrúpa

**Ag obair i ngrúpaí de cheathrar, déanaigí machnamh ar na carachtair Paul
agus Catherine. Roghnaígí trí aidiacht ón liosta seo a mbainfeadh úsáid
astu le cur síos a dhéanamh ar na carachtair. Insígí don rang cén fáth ar
roghnaigh sibh na téamaí seo.**

*Saonta • Míchineálta • Cairdiúil • Cainteach • Amaideach
Mímhacánta • Leithleach • Santach • Míshona*

Na carachtair

PAUL		
	Cainteach Cairdiúil Dall	Tá Paul dall ach déanann sé cur síos ar na radhairc atá timpeall air. Is duine cainteach é agus ní stadann sé de bheith ag caint le Catherine. Cuireann an méid cainte isteach ar Catherine. Tá sé cairdiúil léi agus ní thuigeann sé nach bhfuil suim ag Catherine sa chomhrá leis. Tá Catherine garbh leis, ach fós déanann sé iarracht comhrá a spreagadh eatarthu.
CATHERINE		
	Míchairdiúil Cancrach Míshona	Tá Catherine míchairdiúil le Paul. Ní labhraíonn sí mórán leis agus tugann sí freagraí garbha, gairide dó. Níl suim aici sa chomhrá, b'fhearr léi a bheith ag léamh gan chomhrá. Tá máthair aici agus is léir go bhfuil teannas eatarthu. Bíonn a máthair i gcónaí ag gearán agus cuireann sé seo brú ar Catherine. Níl sí sásta lena saol agus is éalú é an léitheoireacht ón strus seo. Is duine cruálach í freisin mar baineann sí díoltas amach ar Paul ag deireadh an scéil.

7

Ceist scrúdaithe agus freagra samplach

Cén carachtar is fearr leat sa scéal? Déan cur síos gairid air/uirthi.

Is fearr liom an carachtar Paul. Is duine neamhspleách é Paul cé go bhfuil sé dall. Téann sé ar a laethanta saoire agus tá sé ag tnúth go mór leis an turas ar an traein. Is duine saonta é mar níl ach comhrá beag ag teastáil uaidh le Catherine. Ní thuigeann sé nach bhfuil suim ag Catherine sa chomhrá. Tá críoch mharfach ar an scéal mar go mbaineann Catherine díoltas amach ar Paul. Tá asma air agus mothaím trua dó nuair a bhíonn deacrachtaí aige lena análú. Ní thugann Catherine aon chabhair dó. Ligeann sí don taom asma é a mharú. Tógann sí an t-análóir mar gur duine cruálach í. Is é Paul atá thíos le cruálacht agus fonn díoltais Catherine.

Cleachtadh duitse!

Cén saghas duine í Catherine? Déan cur síos gairid uirthi agus luaigh an fáth ar thaitin nó nár thaitin sí leat. Is leor dhá fháth.

Cur chuige: *Luaigh go bhfuil sí cruálach; a caidreamh lena máthair; an eachtra leis an bpéist; dúnmharfóir*

Ag machnamh ar an ngearrscannán

Cad í do thuairim faoin ngearrscannán seo?

An maith leat é?

> Ní maith liom an scéal seo mar nach raibh sé áthasach agus go raibh téama gruama ann.

> Is maith liom Paul. Is duine cineálta agus cainteach é cosúil liomsa.

> Ní maith liom an cur síos atá sa scéal. Ghoill sé orm nuair a fuair Paul bás mar thoradh ar dhíoltas Catherine.

> Níor thaitin Catherine liom. Duine cruálach is ea í.

> Thaitin an gearrscannán seo liom mar gur scannán suimiúil é.

> Is maith liom an léiriú a dhéantar ar an turas seo. Ba thuras eachtrúil é.

Cleachtadh duitse!

Bain úsáid as na nótaí thuas agus freagair an cheist seo:

Ar thaitin an scéal seo leat? Cuir dhá fháth le do fhreagra.

Obair ghrúpa

Is iriseoir tú atá ag déanamh léirmheasa ar 'Cáca Milis 2', an dara gearrscannán i sraith Cáca Milis. Roghnaigh na haisteoirí is oiriúnaí agus stiúrthóir den scoth le bheith páirteach sa scannán. Ansin, ag obair i ngrúpaí scríobhaigí script scannánaíochta agus cuirigí dráma beag i láthair sa rang bunaithe ar an ngearrscannán seo.

7

Cur chuige:

Ainm: Cáca Milis   *Grádú:* 15   *Bliain:* 2012

Cén cineál scannáin atá i gceist? Scannán coiriúlachta / scannán grinn / scannán drámatúil / scannán uafáis / scannán grá

Aisteoirí:

Stiúrthóir:

Plota: Tarlaíonn imeachtaí an scannáin i .... Pléann an scannán seo le ... tugtar léargas dúinn ar shaol ... éiríonn leis an stiúrthóir ... i mo thuairim is scannán iontach/den scoth é. Molaim an scannán seo daoibhse.

Cleachtadh scríofa/labhartha

1. Ceap scéal a mbeidh sé seo oiriúnach mar thús leis: Maidin gharbh fhuar gharbh a bhí ann agus bhí mé ag taisteal ar an gcéad traein go Gaillimh. Shiúil mé isteach sa charráiste agus chonaic mé fear leagtha amach ar an urlár. Bhí sé marbh…

2. Bhí Catherine faoi ghruaim sa scéal seo. Ní raibh sí sásta lena saol. Cén chomhairle a chuirfeá uirthi?

Deis comhrá

Ag obair i mbeirteanna, pléigí na ceisteanna seo a leanas:

- Cén léargas a fhaighimid ar shaol na ndaoine atá dall sa ghearrscannán seo?
- Cén sórt aidiachtaí a mbainfeá úsáid astu chun cur síos a dhéanamh ar an turas seo?
- Cad í an chuid is fearr leat den scannán?
- An raibh deireadh an ghearrscannáin sásúil, dar leat?

Ceisteanna scrúdaithe

1. Tabhair achoimre ar an scannán 'Cáca Milis' a bhfuil staidéar déanta agat air.
2. Déan cur síos ar dhá mhothúchán atá sa scannán seo, dar leat.
3. Cad é téama an ghearrscannáin 'Cáca Milis'?
4. An bhfuil teideal an scannáin oiriúnach? Cuir fáthanna le do fhreagra.
5. Déan cur síos ar ghné amháin den ghearrscannán 'Cáca Milis' a thaitin leat agus gné amháin nár thaitin leat.

Cleachtadh scríofa

Is gearrscannán Gaeilge é Cáca Milis. Roghnaigh scannán eile ina raibh Brendan Gleeson páirteach ann chun a phlé faoi na ceannteidil seo. Líon na bearnaí sa ghreille seo.

Ainm an scannáin	Cáca Milis	
Suíomh an scannáin		
An cineál scannáin é		
Scannán trí mheán na Gaeilge/mean an Bhéarla		
An pháirt a bhí ag Brendan Gleeson		
Aisteoirí eile sa scannán		
Rud amháin a thaitin leat faoin scannán		
Rud amháin nár thaitin leat faoin scannán		

Cá núsáidimid na réamhfhocail?

Caithfidh tú a bheith cúramach le réamhfhocail. Caillfear marcanna mar gheall ar Ghaeilge lochtach. Bíonn na réamhfhocail in úsaid go minic sa Ghaeilge.

Úsáideann tú roinnt mhaith réamhfhocal leis an gceapadóireacht, go háirithe sa scéal.

Úsáideann tú réamhfhocail ag freagairt ceisteanna ar an bprós agus ar an bhfilíocht.

Na réamhfhocail

Seo liosta de na réamhfhocail is tábhachtaí. An féidir leat iad a aistriú go Béarla?

Ar • Ag • Le • Do • As • Roimh • Thar • Faoi • De • Chuig

Rialacha

1. Séimhítear ainmfhocail a leanann na réamhfhocail seo: ar, do, roimh, thar, faoi, de.
2. Ní shéimhítear ainmfhocail a leanann na réamhfhocail seo: ag, le, as, chuig, go.

Pointí tábhachtacha eile!

- Ní leanann séimhiú 'ar' uaireanta. Féach ar na samplaí seo: ar bord, ar ceal, ar maidin, ar meisce.
- Athraíonn 'de' agus 'do' go d' roimh ainmfhocail a thosaíonn le guta nó f + guta. (fanann an séimhiú)
- Ní leanann séimhiú 'le' ach cuirimid 'h' roimh ainmfhocail a thosaíonn le guta. Mar shampla: le háthas, le hÁine.

Ceacht 1

Athscríobh na habairtí seo a leanas agus athraigh na focail idir lúibíní más gá.

1. Bhí áthas an domhain ar (Síle) nuair a bhuaigh sí an Crannchur Náisiúnta.
2. Tá an tionscnamh déanta ag (Máirtín) cheana féin.
3. Shiúil mé go dtí an tsaotharlann le (Seán).
4. Thug an dalta nua bronntanas do (Bean Uí Shé).
5. Is as (Dún na nGall) ó dhúchas mé ach cónaím i gCorcaigh anois.
6. Beidh mo chara ar ais arís roimh (deireadh) mhí Iúil.
7. D'fhéach mé ar an gcapall ag léim thar (claí) mór.
8. Bhí an tAire ag caint inné faoi (cúrsaí) airgid.
9. D'iarr mé ar (Mícheál D. Ó hUiginn) mo leabhar a shíniú nuair a thug sé cuairt ar mo scoil.
10. Shiúil mé go mall chuig (doras) an phríomhoide.

Ceacht 2

Aistrigh na habairtí seo a leanas go Gaeilge.

1. Rónán was sad when he lost his mobile phone.
2. Eoin has two computers at home.
3. I met Síofra at the cinema at the weekend.
4. Máire gave Liam a watch for his birthday.
5. My cousin is from Kerry and my other cousin is from Dublin.
6. We welcomed the Minister for Education to our school.
7. I walked past Peadar on the street.
8. The teacher gave us advice on educational matters.
9. I have a photograph of the scenery from my trip to Spain.
10. I wrote an email to Ciarán when I came home from school.

7

An Forainm Réamhfhoclach

Nuair a thagann an réamhfhocal agus forainm le chéile, caithfimid na foirmeacha seo a leanas a úsáid.

- Ar: orm; ort; air; uirthi; orainn; oraibh; orthu
- Ag: agam; agat; aige; aici; againn; agaibh; acu
- Le: liom; leat; leis; léi; linn; libh; leo
- Do: dom; duit; dó; di; dúinn; daoibh; dóibh
- As: asam; asat; as; aisti; asainn; asaibh; astu
- Roimh: romham; romhat; roimhe; roimpi; romhainn; romhaibh; rompu
- Thar: tharam; tharat; thairis; thairsti; tharainn; tharaibh; tharstu
- Faoi: fúm; fút; faoi; fúithi; fúinn; fúibh; fúthu
- De: díom; díot; de; di; dínn; díbh; díobh
- Chuig: chugam; chugat; chuige; chuici; chugainn; chugaibh; chucu

Ceacht 1

Athscríobh na habairtí seo a leanas agus athraigh na focail idir lúibíní más gá.

1. Bhí ocras uafásach (ar/sí) tar éis an troscaidh.
2. Tá an leabhar (ag/mé), a Shíle, tabharfaidh mé (do/tú) amárach é.
3. Níor thaitin an scannán (le/sé) ar chor ar bith.
4. Thug an múinteoir obair bhaile bhreise (do/mé) inné.
5. Lig siad scread (as/siad) nuair a chonaic siad an timpiste.
6. Fáilte (roimh/tú), a dhuine uasail.
7. Thug sí cuireadh (do/sinn) dul chuig an bpictiúrlann.
8. D'inis m'athair an scéal (do/mé) ach níor éist mé (le/sé).
9. Nuair a chonaic mé m'aintín gléasta d'Oíche Shamhna, bhí mé ag gáire (faoi /sí).
10. Tháinig mo chomharsa isteach agus bhain sé a chóta (de/sé).

Ceacht 2

Aistrigh na habairtí seo a leanas go Gaeilge.

1. I stayed in bed yesterday because I had the flu.
2. "Are you all tired today?" asked the teacher.
3. We gave her flowers when we visited her in hospital.
4. The teacher told us to take care on the roads.
5. She was frightened when the thief walked past her.
6. I was talking about them yesterday.
7. I took off my coat when I reached the door.
8. "Give me the homework," said the teacher.
9. I was happy when I saw my father walking towards me at the airport.
10. They have respect for the teacher and she respects them.

Cruinneas

Féach ar an réamhfhocal a bhaineann leis na briathra seo. Foghlaim de ghlanmheabhair iad.

1. Éist (le) *Listen to* . . . .
2. Scríobh (chuig) *Write to* . . .
3. Tabhair (do) *Give to* . . .
4. Abair (le) *Say to* . . .
5. Inis (do) *Tell* . . .
6. Éirigh (as) *Stop* . . .
7. Beir (ar) *Catch* . . .
8. Féach (ar) *Look at* . . . .
9. Fan (ar) *Wait for* . . . . .
10. Iarr (ar) *Ask* . . . . . .
11. Fiafraigh (de) *Enquire* . . . .
12. Cabhraigh (le) *Help* . . . . .

Cleachtadh scríofa

Cuir na samplaí thuas in abairtí.

7

Páipéar scrúdaithe samplach

PÁIPÉAR 1: CEAPADÓIREACHT

A – GIOTA LEANÚNACH / BLAG – (50 marc)

Scríobh **giota** leanúnach nó **blag** (leathleathanach) ar cheann amháin de na hábhair seo.

(i)   TG4.

(ii) Is í an Ghaeilge an t-ábhar is fearr liom.

(iii) An Ghaeltacht.

B – SCÉAL – (50 marc)

Ceap **scéal** (leathleathanach) a mbeidh ceann **amháin** de na sleachta seo a leanas oiriúnach mar *thús* leis.

(i)   Líon mé amach an fhoirm iarratais don Ghaeltacht agus bhí sceitimíní orm ag smaoineamh ar an tsaoire a bhí amach romham…

nó

(ii) Bhíomar ar thuras scoile go dtí seit Ros na Rún. Chuir an stiúrthóir fáilte romhainn…

C – LITIR / RÍOMHPHOST – (50 marc)

(i)   Chaith tú tréimhse sa Ghaeltacht i gCiarraí. Scríobh **an litir/ríomhphost** (leathleathanach) a scríobhfá chuig do chara ag insint an scéil dó/di.

nó

(ii) Ba mhaith leat Gaeilge a choimeád mar ábhar éigeantach don Ardteistiméireacht. Scríobh **an litir/ríomhphost** (leathleathanach) a chuirfeá chuig an Aire Oideachais ag nochtadh do chuid tuairimí dó/di

D – COMHRÁ – (50 marc)

(i)   Chonaic tú clár iontach ar TG4 ach ní fhaca do chara é. Ba mhaith le do chara níos mó eolais a fháil faoin gclár. Scríobh **an comhrá** (leathleathanach) a bheadh eadraibh.

nó

(ii) Ba mhaith leat dul go dtí an Ghaeltacht an samhradh seo ach níl d'athair (nó do mháthair) sásta cead a thabhairt duit. Scríobh **an comhrá** (leathleathanach) a bheadh eadraibh.

PÁIPÉAR 2: CÚRSA LITRÍOCHTA

"Tá Catherine ag éalú don lá óna máthair…" *Cáca Milis*

Tabhair achoimre ar an ngearrscannán seo. Luaigh na pointí seo:

(i)   Déan cur síos ar Catherine sa ghearrscannán seo.

(ii)   Cé a bhí ina shuí in aice le Catherine ar an traein?

(iii)   Cad a rinne an fear ar an traein?

(iv)   Conas a mhothaigh Catherine ar an traein?

(v)   Cad a tharla ag deireadh an ghearrscannáin?

(vi)   Cén fáth ar/nár thaitin an fear dall leat? Cuir fáthanna le do fhreagra.   (25 marc)

8 Ceapadóireacht

GIOTA LEANÚNACH / BLAG

- Ag ullmhú don scrúdú
- An fón póca
- An clár teilifíse is fearr liom
- Dé Sathairn
- Duine a bhfuil meas agam air/uirthi
- An áit is fearr liom ar domhan

SCÉAL

- Ag ullmhú don scrúdú
- Timpiste
- Tine sa teach
- Robáil
- Ceolchoirm

LITIR / RÍOMHPHOST

- Ag ullmhú don scrúdú
- Ag dul ar thuras
- Eachtra spóirt
- Post samhraidh
- Breithlá ocht mbliana déag

COMHRÁ

- Ag ullmhú don scrúdú
- Scannáin
- Suíomhanna líonraithe shóisialta
- An fón póca
- Ag lorg ceada

Leagan amach an scrúdaithe

An Bhéaltriail

240 marc

Maireann an scrúdú 12-15 nóiméad.

Páipéar 1

Cluastuiscint

60 marc

Maireann an scrúdú 20 nóiméad.

Ceapadóireacht

100 marc

Maireann an scrúdú dhá uair an chloig.

Páipéar 2

Léamhthuiscint

100 marc

Beidh dhá shliocht léamhthuisceana ar an bpáipéar.

Prós

50 marc

Beidh dhá cheist le freagairt.

Filíocht

50 marc

Beidh dhá cheist le freagairt.

Ciallaíonn 'blag' cuntas gairid. Bíonn blaganna le feiceáil ar an idirlíon. Scríobhann daoine na cuntais seo ar réimse leathan ábhar. Sa scrúdú is ionann an giota leanúnach agus an blag. Níl aon difríocht eatarthu, i ndáiríre.

Ag ullmhú don scrúdú

- Roghnaigh na topaicí is coitianta agus ullmhaigh go rímhaith iad.
- Bí cinnte go bhfuil réimse leathan briathra ar eolas agat.
- Foghlaim na nathanna úsáideacha de ghlanmheabhair.
- Bíodh téarmaí oiriúnacha don ghiota leanúnach / blag ar eolas agat.
- Déan liosta d'eochairfhocail agus nathanna úsáideacha a bhaineann leis an ábhar.

An scrúdú féin

- Ceist 1 (a): Tá trí rogha agat anseo.
- Déan plean beag duit féin ar dtús.
- Scríobh 20-25 líne.
- Scríobh abairtí gearra agus úsáid Gaeilge cheart, chruinn.

Nathanna áisiúla

- San alt seo beidh mé ag plé spóirt, ábhar a chuireann áthas orm. *In this piece I will be discussing sport, a subject that makes me happy.*
- Ar an gcéad dul síos, i mo thaithí féin... *Firstly, in my own experience...*
- I mo thuairimse, is ábhar suimiúil é. *In my opinion, it is an interesting topic.*
- Tá X i mbéal an phobail na laethanta seo. *Everyone is talking about X these days.*
- Bíonn go leor buntáistí ag baint le... *There are many advantages to...*
- Ar an láimh eile, bíonn míbhuntáistí ag baint le... *On the other hand, there are disadvantages to...*
- Téann daoine thar fóir ag gearán faoi... *People go over the top complaining about...*
- Ceapaim go bhfuil sé/ceapaim nach bhfuil sé... *I think it is/I think it is not...*
- Is féidir liom X a dhéanamh./Ní féidir liom X a dhéanamh. *I can do X./I cannot do X.*
- Cad é réiteach na faidhbe seo? *What is the solution to this problem?*
- Tá méadú mór tagtha ar X le blianta beaga anuas. *X has increased in recent years./ There has been an increase in X in recent years.*
- Tá tuairim ag beagnach gach duine faoin ábhar seo. *Nearly everyone has an opinion about this topic.*

8

Ullmhúchán don bhlag

- Stop agus smaoinigh ar an teideal atá ar an mblag !
- Roghnaigh an ceann is fearr duitse.
- Déan plean beag de leagan amach an ailt.
- Scríobh amach na briathra a d'úsáidfeá san alt.
- Roghnaigh na haidiachtaí is oiriúnaí don alt.
- Déan liosta d'eochairfhocail agus nathanna úsáideacha a bhaineann leis an ábhar.

Blag 1

http://www.educate.ie/blag

An Fón Póca

near to my heart,

I would be lost

I mo bhlag an tseachtain seo beidh mé ag caint faoi ábhar atá **gar do mo chroí**: m'fhón póca. Ar an gcéad dul síos, i mo thaithí féin, **ní bheadh mórán caoi orm** gan m'fhón póca. Fuair mé iPhone mar bhronntanas anuraidh. Thug mo thuismitheoirí dom é ar mo bhreithlá. Bainim úsáid as gach uair a fhaighim an seans. Bíonn sé i gcónaí i mo láimh agam. Deir mo thuismitheoirí go gcaithim **an iomarca ama** ag féachaint ar an ngiuirléid seo.

too much time

I send texts, the apps, company

Is maith liom a bheith ag téacsáil. **Seolaim téacsteachtaireachtaí** chuig mo chairde gach oíche. Bainim úsáid as **na haipeanna** uaireanta. Roghnaigh mé an fón is déanaí ó **chomhlacht** fón póca. Caithim fiche euro ar chreidmheas agus faighim teachtaireachtaí agus glaonna saor in aisce. Is é an ceamara an rud is fearr faoin bhfón. Tógaim grianghraif go minic. Tá go leor buntáistí ag baint le fóin phóca. Tá siad an-áisiúil chun teagmháil a dhéanamh le daoine. Is féidir teachtaireachtaí a sheoladh i gcaitheamh soicind. Ar an láimh eile, bíonn míbhuntáistí ag baint leo freisin. Deir

link,

it's difficult to imagine my life

daoine go bhfuil **gaol** idir an fón agus sláinte an duine. Bhí tuairiscí ann faoin gceangal idir an fón póca agus ailse agus tinnis eile. Mar fhocal scoir, **is deacair mo shaol a shamhlú** gan m'fhón póca. Is áis iontach agus chabhrach é dar liom. Tá súil agam gur éirigh liom blag taitneamhach a scríobh ar an topaic seo.

Deis comhrá

Ag obair i mbeirteanna, pléigí na pointí seo a leanas:

- An bhfuil fón póca agat? Déan cur síos ar an bhfón.
- Cé mhéad a chaitheann tú ar chreidmheas?
- Cén uimhir ghutháin atá agat?
- Cad é an rud is fearr faoi d'fhón póca?
- An bhfuil aon fhadhb agat leis an bhfón atá agat?

Ceisteanna scrúdaithe

Scríobh giota leanúnach / blag (leathleathanach) ar cheann amháin de na hábhair seo:

1. Draíocht an idirlín.
2. An ríomhaire.
3. An teicneolaíocht i saol an déagóra.

Blag 2

http://www.educate.ie/blag

An clár teilifíse is fearr liom

I mo bhlag an tseachtain seo, beidh mé ag caint faoi ábhar atá gar do mo chroí: an clár teilifíse is fearr liom. Ar an gcéad dul síos, is é *Grey's Anatomy* an clár is fearr liom. Ní bheadh mórán caoi orm gan an eipeasóid is déanaí ó Mheiriceá. Is **sraithchlár Meiriceánach** é agus **tá ag éirí go maith leis an gclár**. Bíonn sé ar siúl uair sa tseachtain. Thosaigh an clár sa bhliain 2005 agus tá **ocht sraith** den chlár déanta cheana féin.

American series, the programme is successful, eight series

Leanann an clár saol scata dochtúirí agus iad ag obair i Seattle. Oibríonn siad in ospidéal agus tá siad i mbun oiliúna dá ngairm. Is post deacair í an dochtúireacht. Bíonn ar na dochtúirí laethanta fada a chaitheamh san ospidéal. **Pléann an clár** na fadhbanna a bhíonn acu. Is minic a bhíonn cúrsaí grá mar ábhar sa chlár. Tá an príomhcharachtar, Meredith Grey, pósta leis an gcarachtar Derek. Is máinlia inchinne é. **Tá an plota an-réalaíoch agus siamsúil.** Feicimid gach **obráid** ar an scáileán. Ní gnáthchásanna a bhíonn i gceist sa chlár. Bíonn cásanna dochreidte, agus go minic cásanna **áibhéalacha**, idir lámha acu. Is í an carachtar is fearr liom ná Meredith Grey. Is dochtúir cairdiúil í ach bíonn sí i gcónaí i dtrioblóid le dochtúirí eile. Mar fhocal scoir, is deacair mo shaol a shamhlú gan an teilifís. Is áis iontach í, dar liom, agus tugann sí deis dom na cláir is fearr liom a fheiceáil. Tá súil agam gur éirigh liom blag taitneamhach a scríobh anseo.

the programme discusses/deals with, the plot is very realistic and entertaining, operation, exaggerated

Deis comhrá

Ag obair i mbeirteanna, pléigí na pointí seo a leanas:

- Cén clár is fearr leatsa?
- An sraith Mheiriceánach é?
- Cé hiad na carachtair a thaitníonn leat?
- Cathain a bhíonn sé ar siúl?

8

Ceisteanna scrúdaithe

Scríobh giota leanúnach / blag (leathleathanach) ar cheann amháin de na hábhair seo:

1. Caitheann daoine óga an iomarca ama ag féachaint ar an teilifís.
2. An clár teilifíse is fearr liom.
3. Cláir réaltachta.

Blag 3

http://www.educate.ie/blag

Dé Sathairn

I mo bhlag an tseachtain seo, beidh mé ag caint faoin lá is fearr liom sa tseachtain. Ar an gcéad dul síos, nuair a thosaíonn an scoil ar an Luan **bím ag tnúth leis** an Satharn. Bím **tuirseach traochta** i ndiaidh na seachtaine scoile. Ar an Satharn, éirím ag a seacht a chlog mar go bhfuil post páirtaimseartha agam san ollmhargadh áitiúil. Tugann mo mham síob dom chuig an ollmhargadh. Oibrím óna naoi go dtí a cúig. Is obair leadránach í, i ndáiríre. Caithim an lá **ag cur earraí ar na seilfeanna** agus ag glanadh an urláir.

I look forward to, extremely tired

stacking the shelves

I earn

Bíonn an t-ollmhargadh an-ghnóthach ag an deireadh seachtaine. **Tuillim** ocht euro in aghaidh na huaire. Téim abhaile ansin agus ithim mo dhinnéar. Déanaim beagáinín obair bhaile ina dhiaidh sin. Ní chreidfeá an méid obair bhaile a thugtar dúinn. Tá saol bog ag mo chara Síofra. Maidin Dé Sathairn, fanann sí sa leaba go déanach. Dúisíonn sí de ghnáth ag meán lae. Itheann sí a bricfeasta sula bhfágann sí an teach. Cuireann sí glaoch ar a cairde ar an bhfón póca agus buaileann sí leo sa chathair. Téann sí ag siopadóireacht i lár na cathrach. Oíche Shathairn, téim chuig an dioscó áitiúil. Faighim tacsaí go lár na cathrach. Uaireanta téim go dtí an phictiúrlann nó go dtí an bhialann Shíneach is fearr liom le mo chairde. Is breá liom a bheith ag dul amach chun **faoiseamh** a fháil **ó bhrú na scrúduithe**.

relief, from pressures of the examinations

Deis comhrá

Ag obair i mbeirteanna, pléigí na pointí seo a leanas:

- Cad a dhéanann tú ag an deireadh seachtaine?
- Cén lá is fearr leat sa tseachtain?
- An dtéann tú amach oíche Shathairn?
- An bhfuil post páirtaimseartha agat?
- Inis dom faoin bpost seo.

Ceisteanna scrúdaithe

Scríobh giota leanúnach / blag (leathleathanach) ar cheann amháin de na hábhair seo:

1. An lá ab fhearr a bhí agam riamh.
2. An deireadh seachtaine.
3. Oíche Shathairn.

Blag 4

http://www.educate.ie/blag

Duine a bhfuil meas agam air

I mo bhlag an tseachtain seo, beidh mé ag caint faoin bhfear mór, Barack Obama.

Ar an gcéad dul síos, tá aithne ag an domhan air mar Uachtarán Mheiriceá. Tá an post **is**

most important, he was elected

tábhachtaí ar domhan aige. **Toghadh é** mar Uachtarán sa bhliain 2008 agus arís in 2012, agus tá a lán dul chun cinn déanta aige ón am sin. Ba mhaith liom d'aird a dhíriú ar dtús ar a shaol teaghlaigh. Is athair é agus tá sé pósta le Michelle Obama. Tá beirt iníonacha acu.

relatives

Tá **gaolta** ag Obama in Éirinn. Tháinig sé ar cuairt chuig an tír seo sa bhliain 2011. Thug sé cuairt ar a chol ceathracha i Muine

the media

Gall i gContae Uíbh Fhailí. Bhí **na meáin** go léir bailithe sa bhaile beag seo. Tógadh grianghraf de Barack Obama sa teach tábhairne áitiúil. Rugadh é i 1961 i Havaí. Cé a

in the most powerful seat, campaigning, he succeeded in winning the race

chreidfeadh go mbeadh sé ina shuí **sa chathaoir is cumhachtaí** ar domhan lá éigin?

Bhí mana iontach ag Obama nuair a bhí sé **i mbun feachtais**. An cuimhin leat 'Is féidir linn'? **D'éirigh leis an rás a bhuachan agus post mar Uachtarán Mheiriceá a bhaint amach** leis an bhfeachtas seo. Rinne sé a lán oibre ar son na ndaoine bochta i Meiriceá. Chuir sé deireadh leis an gcogadh san Afganastáin agus tháinig a lán saighdiúirí abhaile slán sábháilte. Tá an-mheas agam air de bharr a

on behalf of peace

chuid iarrachtaí mar cheannasaí. Is léir go bhfuil an tuairim chéanna ag daoine eile mar bhuaigh sé duais Nobel ar son an obair a rinne sé **ar son na síochána**.

Deis comhrá

Ag obair i mbeirteanna, pléigí na pointí seo a leanas:

- An bhfuil aithne agat ar an duine seo?
- An aontaíonn tú leis an mblagadóir faoi?
- Cén duine a bhfuil meas agat féin air/uirthi? Luaigh cén fáth.

Ceisteanna scrúdaithe

Scríobh giota leanúnach / blag (leathleathanach) ar cheann amháin de na hábhair seo:

1. Duine cáiliúil a thaitníonn go mór liom.
2. An phearsa spóirt is fearr liom.
3. An tÉireannach is mó a bhfuil meas agam air/uirthi.

8

Blag 5

http://www.educate.ie/blag

An áit is fearr liom in Éirinn

I mo bhlag an tseachtain seo beidh mé ag caint faoi ábhar atá gar do mo chroí: mo cheantar dúchais. Fáilte go Leitir Ceanainn, Co. Dhún na nGall, **an baile is deise** i dtuaisceart na hÉireann. **Rugadh agus tógadh mé** anseo agus is breá liom mo cheantar dúchais. Is ceantar álainn, síochánta agus glan é. Tá fás mór tagtha ar an gceantar le blianta beaga anuas. Ba bhaile beag ciúin é nuair a bhí mo thuismitheoirí ag fás aníos. Tá **cuma an-difriúil** ar an gceantar anois.

Is baile mór é anois agus tá sé ag fás in aghaidh an lae. Is maith an rud é mar tá níos mó le déanamh anseo. Tá rogha fhairsing rudaí le déanamh mar chaitheamh aimsire. Cónaíonn timpeall fiche míle duine anseo. **Tá muintir na háite an-fháilteach** agus cairdiúil. Tá aithne ag gach duine ar a chéile.

Níor mhaith liom a bheith i mo chónaí in aon áit eile. Ní thaitníonn saol na cathrach liom ar chor ar bith. **Níl aon ghanntanas áiseanna** sa cheantar seo. Tá cuid mhór áiseanna ar fáil don phobal, mar shampla, linn snámha nuathógtha, páirceanna imeartha ar imeall an bhaile, ionad siopadóireachta ar an bpríomhshráid, leabharlann phoiblí agus amharclann mhór. Anuas air sin, téim chuig an bpictiúrlann cúig scáileán go minic. Tá Ardeaglais Naomh Adhamhnáin i lár an bhaile. Téann muintir an pharóiste ann gach Domhnach. Tagann a lán turasóirí gach samhradh. Bíonn go leor tithe tábhairne agus dioscónna ann dóibh. Bhí an Fhéile PhanCheilteach ar siúl sa bhaile cúpla bliain ó shin agus ghlac a lán daoine páirt inti.

Tá radhairc iontacha le feiceáil sa cheantar. Tá tránna áille gar dúinn agus sléibhte móra faoin tuath. Dá mbeinn i m'Aire Turasóireachta **chuirfinn feachtas ar bun** chun turasóirí a mhealladh chuig an gceantar. Tá súil agam gur éirigh liom blag taitneamhach a chur 'in bhur láthair.

the nicest town, I was born and raised

very different appearance

the locals are very welcoming

there is no lack of facilities

I would establish a campaign

Deis comhrá

Ag obair i mbeirteanna, pléigí na pointí seo a leanas:

- Cén sórt baile a bhfuil tú i do chónaí ann?
- An ceantar tuaithe é?
- An maith leat do cheantar? Luaigh cén fáth.

Ceisteanna scrúdaithe

Scríobh giota leanúnach / blag (leathleathanach) ar cheann amháin de na hábhair seo:

1. Mo cheantar dúchais.
2. Áit a thaitníonn liom.
3. Áiseanna do dhéagóirí i mo cheantar.

Ag ullmhú don scrúdú

- Roghnaigh na topaicí is coitianta agus ullmhaigh go rímhaith iad.
- Bí cinnte go bhfuil réimse leathan briathra san aimsir chaite ar eolas agat.
- Foghlaim na nathanna úsáideacha de ghlanmheabhair.
- Bíodh téarmaí oiriúnacha don scéal ar eolas agat.

An scrúdú féin

- Ceist 1 (b): Tá dhá rogha agat anseo.
- Déan plean beag duit féin ar dtús.
- Scríobh 20-25 líne.
- Scríobh abairtí gearra agus úsáid Gaeilge cheart, chruinn.

Mar chabhair

Tús maith

Roghnaigh an tús is oiriúnaí don scéal. Nuair atá tú ag rá cén t-am a bhí i gceist, luaigh an aimsir ag an am céanna.

- Dé hAoine a bhí ann. Is cuimhin liom go maith é mar bhí lá saor againn ón scoil. Maidin gheal thirim a bhí ann ag deireadh an earraigh. Bhí na héin ag canadh taobh amuigh den fhuinneog. *It was a Friday. I remember it well because we had a day off school. It was a bright, dry morning at the end of spring. The birds were singing outside the window.*

- Tráthnóna Dé Domhnaigh a bhí ann. Is cuimhin liom go maith é mar gurb é sin an lá sular thosaigh mé an séú bliain ar scoil. Tráthnóna te ag deireadh an tsamhraidh a bhí ann. Dá mbeadh a fhios agam cad a bhí le tarlú an lá sin, ní fhágfainn an teach riamh. *It was Sunday evening. I remember it well because it was the day before I started sixth year in school. It was a warm evening at the end of the summer. If I had known what would happen that day I would never have left the house.*

- Oíche stoirmeach i lár an gheimhridh a bhí ann. Is cuimhin liom go maith é mar go raibh mé fliuch báite nuair a shroich mé an baile. Bhí an tintreach agus toirneach ag cur isteach ar mo mhadra. Bhí sé ag tafann gan stad. *It was a stormy night in the middle of winter. I remember it well because I was soaking wet when I arrived home. The thunder and lightning were upsetting my dog. He was barking nonstop.*

- Oíche Shathairn a bhí ann. An seachtú lá déag d'Eanáir. Is cuimhin liom an dáta go maith mar gurb é mo bhreithlá a bhí ann. Bhí geimhreadh fíochmhar againn an bhliain sin. Bhí an teocht cúig chéim faoi bhun an reophointe. *It was Saturday night. The 17th of January. I remember the date well because it was my birthday. We had a fierce winter that year. The temperature was minus five degrees.*

8

Láthair an scéil

- **An teach:** seomra leapa *bedroom*; cistin *kitchen*; gairdín *garden*; halla *hall*; seomra folctha *bathroom*; seomra suí *sitting room*
- **An baile:** oifig an phoist *post office*; an banc áitiúil *the local bank*; ollmhargadh *supermarket*; club oíche *nightclub*; óstán *hotel*
- **Faoin tuath:** feirm *farm*; ionad campála *campsite*; cois locha *lakeside*; trá *beach*; teach feirme *farmhouse*
- **Seirbhísí:** ospidéal *hospital*; Stáisiún na nGardaí *Garda Station*; cúirt *court*; Aonad Timpiste agus Éigeandála *Accident and Emergency Department*

Mothúcháin an duine sa scéal

- Mhothaigh mé uaigneach ar an tsráid i m'aonar. Ní raibh duine ná deoraí le feiceáil. *I felt lonely on the street by myself. There wasn't a person in sight.*
- Ba bheag nár thit mé i laige nuair a chonaic mé an radharc uafásach. *I almost fainted when I saw the horrible sight.*
- Bhí náire an domhain orm nuair a thug an Garda íde béil dom. *I was very embarrassed when the Garda chastised me.*
- Bhí scéin orm nuair a phléasc na gadaithe isteach trí dhoras an bhainc. *I was terrified when the robbers burst through the bank door.*
- Bhí mé ag crith le heagla nuair a chuala mé na coiscéimeanna taobh thiar dom. *I was shaking with fear when I heard the footsteps behind me.*
- Bhí sceitimíní orm nuair a smaoinigh mé ar an lá a bhí romham. *I was excited when I thought of the day ahead of me.*
- Bhí mé ag pocléim le háthas nuair a chonaic mé uimhreacha an Chrannchuir Náisiúnta ar an teilifís. *I was jumping for joy when I saw the Lotto numbers on the television.*
- Ní nach ionadh go raibh mé préachta leis an bhfuacht. Bhí an sneachta ag titim go trom. *It was no wonder I was freezing cold. The snow was falling heavily.*
- Bhí me ag bárcadh allais nuair a chonaic mé an gunna ina láimh aige. *I was sweating when I saw the gun in his hand.*
- Bhí gliondar ar mo chroí nuair a thug an dochtúir na torthaí dom. *I was overjoyed when the doctor gave me the results.*

Abairtí áisiúla

- Ní raibh an dara rogha agam an mhaidin sin – bhí orm dul ar scoil. *I had no choice that day – I had to go to school.*
- Dhúisigh mé leis an gclog aláraim ag bualadh. *I woke with the sound of the alarm ringing.*
- Ní raibh fonn orm dul isteach sa bhaile an lá sin ach d'iarr mo mham orm ticéad crannchuir a cheannach di. *I wasn't in the mood to go town that day, but my mum asked me to buy a lottery ticket for her.*
- Bheinn déanach don chéad rang ar scoil. Bheinn i dtrioblóid arís leis an múinteoir Fraincise. *I would be late for the first class in school. I would be in trouble again with the French teacher.*

Téarmaí aicsin

- Bhí torann uafásach ag teacht ón seomra suí.
  There was a horrible noise coming from the sitting room.
- Sciorr an leoraí ar an mbóthar sleamhain ach bhí sé ródhéanach.
  The lorry skidded on the slippery road, but it was too late.
- Bhuail an carr mé. Leag sé mé i bpreabadh na súl.
  The car hit me. I was knocked down in the blink of an eye.
- Thit mé ar an talamh. Bhí mé gan aithne gan urlabhra.
  I fell to the ground. I was unconscious.
- Bhí boladh gáis ann agus thuig mé ansin nach raibh an t-aláram deataigh ag obair.
  There was a smell of gas, and I understood then that the smoke alarm was not working.
- Tharla pléascadh sa mhonarcha agus bhí na lasracha ag leathadh go tapa.
  There was an explosion in the factory and the flames were spreading quickly.
- Baineadh geit uafásach asam nuair a thuig mé nach raibh na bealaí éalaithe le feiceáil. *I got a terrible fright when I realised the exits weren't visible.*
- Thugamar faoi deara láithreach go raibh rud éigin mícheart sa bhanc.
  We noticed immediately that something was wrong in the bank.
- Dhírigh an gadaí leis an masc áiféiseach an gunna i mo threo.
  The robber with the ridiculous mask pointed the gun in my direction.
- Chonaic mé scuadcharr ag teacht síos an bóthar ar luas lasrach.
  I saw a squad car coming down the road at high speed.
- Gan a thuilleadh moille, bhí na seirbhísí éigeandála ar an láthair.
  Without delay the emergency services were on the scene.

Ullmhúchán don scéal

- Stop agus smaoinigh ar an réamhrá atá an scéal!
- Roghnaigh an ceann is fearr duitse.
- Déan plean beag de leagan amach an scéil.
- Roghnaigh an tús is oiriúnaí don scéal.
- Scríobh amach na briathra a d'úsáidfeá sa scéal.
- Déan liosta d'eochairfhocail agus nathanna úsáideacha a bhaineann leis an ábhar.

8

Scéal 1

Timpiste

Is cuimhin liom go maith é. Dá mbeadh bua na tairngreachta agam, d'fhanfainn sa teach an oíche sin. Oíche gheimhriúil a bhí ann. **Bhí an ghaoth ag olagón** lasmuigh. Bhí mé **te teolaí ag féachaint ar an teilifís** sa seomra suí. Ar aon nós, **bhí m'aird dírithe ar** imeachtaí ar an scáileán nuair a thosaigh m'fhón póca ag bualadh. Cé a bhí ar an bhfón ach mo chara Beth. **Thug sí cuireadh dom** dul go dtí an phictiúrlann. Bhí mé idir dhá chomhairle cad ba cheart dom a dhéanamh. Faoi dheireadh, shocraigh mé bualadh léi. Chuir mé orm mo chochaillín agus rug mé greim ar an airgead i mo sheomra leapa. D'fhág mé an teach gan mhoill. Oíche fhuar a bhí ann, gan amhras. Bhí mé préachta leis an bhfuacht. Shiúil mé timpeall an choirnéil agus chonaic mé mo chara **ag teacht i mo threo.** Thosaíomar ag caint agus ag comhrá. Ansin d'fhéach mé ar m'uaireadóir agus **thug mé faoi deara** go mbeimis déanach don scannán. Thosaíomar ag rith síos an phríomhshráid. Go tobann, chonaic mé gluaisrothar díreach os mo chomhair amach. Sciorr sé ach bhí sé ródhéanach. I bpreabadh na súl, bhí mé ar mo dhroim ar thaobh an bhóthair. Scread Beth **in ard a cinn is a gutha** ar thaobh na sráide. Ní raibh mórán tráchta ar an mbóthar ag an am seo. Thóg Beth amach a fón póca agus chuir sí glaoch ar na seirbhísí éigeandála. Tháinig daoine amach as an teach tábhairne ansin agus bhailigh slua timpeall orm. Chonaic mé an tiománaí ag caint leis na gardaí. Bhí garda amháin ag scríobh síos a chuid sonraí. **Bhí an t-ádh liom nár maraíodh mé.** Ansin **cuireadh ar shínteán mé** agus tugadh go dtí an t-ospidéal mé. Rinne an dochtúir scrúdú orm nuair a shroich mé an tAonad Timpiste agus Éigeandála. Tháinig mo thuismitheoirí ansin agus chuamar abhaile agus mo chos i bplástar. Ní dhéanfaidh mé dearmad go deo na ndeor ar an oíche sin. D'fhoghlaim mé ceacht luachmhar an oíche sin. **Caithfidh mé a bheith níos cúramaí** nuair a bhím amuigh san oíche.

the wind was howling,

warm and comfortable watching TV, my attention was focused on, she invited me

coming in my direction, I noticed

at the top of her voice

I was lucky I wasn't killed, I was put on a stretcher,

I have to be more careful

Deis comhrá

Féach ar na grianghraif seo agus pléigh iad leis an dalta in aice leat.

Cleachtadh scríofa

1. Is léiritheoir nuachta tú. Déan cur síos ar an timpiste thuas do na ceannlínte nuachta. (5 abairt ghearra)
2. Cuir na nathanna seo in abairtí: te teolaí; bhí m'aird dírithe ar; ag teacht i mo threo; thug mé faoi deara; caithfidh mé a bheith níos cúramaí.
3. Tharla an timpiste thuas do do chara. Chuaigh tú go dtí an t-ospidéal leis/léi. Scríobh téacsteachtaireacht chuig do mham/dhaid ón ospidéal ag insint an scéil di/dó.

Ceisteanna scrúdaithe

Ceap scéal (leathleathanach) a mbeidh ceann amháin de na sleachta seo a leanas oiriúnach mar thús leis:

(i) Lá grianmhar ag tús an tsamhraidh a bhí ann. Bhí mé ar an mbus abhaile nuair a chuala mé na coscáin ag screadach…

nó

(ii) Oíche gheimhriúil agus mé ag teacht ón gclub oíche i m'aonar…

Scéal 2

Tine sa teach

Tráthnóna Dé Domhnaigh a bhí ann. Is cuimhin liom go maith é mar gurb é sin an lá sular thosaigh mé an séú bliain ar scoil. Tráthnóna te ag deireadh an tsamhraidh a bhí ann. Bhí mé amuigh ag baint taitnimh as an tsaoirse, an lá deireanach de na laethanta saoire. Ar aon nós, bhí m'aird dírithe ar m'fhón póca. Bhí mé ag téacsáil mo charad. Bhíomar ag plé chúrsaí an lae. Bhí mé ar mo bhealach abhaile nuair a fuair mé **boladh uafásach deataigh**. D'fhéach mé suas agus **bhí ionadh an domhain orm** nuair a chonaic mé cad a bhí romham. **Sheas mé i mo staic** ar feadh nóiméid, **ag stánadh ar** an radharc. Bhí an teach béal dorais liom trí thine. Rug mé greim ar m'fhón póca agus chuir mé glao ar na seirbhísí éigeandála. Bhí creathán i mo ghlór nuair a bhí mé ag caint leo. I bpreabadh na súl thosaigh mé ag rith i dtreo an tí. Níor smaoinigh mé ar **mo shábháilteacht** féin. Chuala mé pléascadh mór agus chonaic mé lasracha móra dearga ag teacht ón bhfuinneog. Bhris mé síos an doras agus rith mé isteach. Scread mé in ard mo chinn is mo ghutha. **Bhí deatach ag leathadh** ar fud an tí. Chuala mé scread uafásach ag teacht ón seomra leapa. Rinne mé iarracht dul suas an staighre ach am amú a bhí ann mar bhí a lán damáiste déanta ag na lasracha faoin am seo. Tháinig na **comhraiceoirí dóiteáin** isteach ansin agus rug siad greim orm. Nuair a bhí mé sa ghairdín chonaic mé comhraiceoir dóiteáin agus mo chomharsa ag dreapadh anuas an dréimire. Bhailigh muintir na háite timpeall an tí. **Lig gach duine osna faoisimh astu** nuair a tháinig sí anuas an dréimire slán sábháilte. Bhí an t-ádh léi nár maraíodh í. Cuireadh ar shínteán í ansin agus tugadh go dtí an t-ospidéal áitiúil í.

Ní dhéanfaidh mé dearmad go deo ar an lá sin.

a horrible smell of smoke,
I was shocked,
I stood still,
staring at

my own safety

smoke was spreading

firefighters

everyone let out a sigh of relief

Deis comhrá

Féach ar na grianghraif seo agus pléigh iad leis an dalta in aice leat.

Cleachtadh scríofa

1. Is léiritheoir nuachta tú. Déan cur síos ar an timpiste thuas do na ceannlínte nuachta. (5 abairt ghearra)
2. Cuir na nathanna seo in abairtí: boladh uafásach deataigh; sheas mé i mo staic; ag stanadh ar; mo shábháilteacht; comhraiceoir dóiteáin
3. Tharla an timpiste thuas do do chara. Chuaigh tú go dtí an t-ospidéal leis/léi. Scríobh téacsteachtaireacht chuig do mham/dhaid ón ospidéal ag insint an scéil di/dó.

Ceisteanna scrúdaithe

Ceap scéal (leathleathanach) a mbeadh ceann amháin de na sleachta seo a leanas oiriúnach mar thús leis:

(i)   Bhí mé i m'aonar sa teach an oíche sin agus bhí boladh ait ag teacht anuas an staighre…

nó

(ii) Bhí mé i mo chodladh go sámh an oíche sin nuair a dhúisigh mé de gheit. Bhí mo chomharsa ag an doras…

8

Scéal 3

Robáil

Tharla an eachtra seo trí mhí ó shin ach is cuimhin liom go ríshoiléir é. Bhí mo mháthair sa bhaile mar go raibh sí tinn. Thug sí liosta siopadóireachta dom agus **d'iarr sí orm** na hearraí grósaera a fháil. D'fhág mé an teach tar éis mo bhricfeasta agus chuir mé mo raidió cluaise i mo chluasa. Ní fhágaim an teach riamh gan m'iPod. Shiúil mé síos an phríomhshráid ag éisteacht le ceol. Bhí orm dul chuig an mbanc ar dtús **mar go raibh níos mó airgid ag teastáil uaim.** Shiúil mé isteach gan aird a thabhairt ar na daoine eile a bhí ann. Sheas mé i mo staic le faitíos nuair a chonaic mé an fear os mo chomhair. Bhí **masc áiféiseach** air agus gunna ina láimh aige. Bhí seanbhean **ag crith le heagla** sa chúinne. Tháinig sí isteach chun a pinsean seanaoise a bhailiú nuair a phléasc fear isteach. Thosaigh sé ag tabhairt orduithe don fhreastalaí taobh thiar den chuntar. Thug sé ordú di a mhála a líonadh le hairgead. Bhí gach duine **ag cur allais go tiubh.** Bhagair sé ar gach duine arís leis an ngunna. Bhí sé ag stánadh orainn go géar. Rug sé greim ar an mála a bhí lán d'airgead. Bhí a chara ag fanacht taobh amuigh sa ghluaisteán. Rith sé amach as an mbanc agus isteach leis sa charr. **Theith siad** ón áit. Tháinig scuadcharr síos an bóthar ar luas lasrach agus chuaigh siad ar a dtóir. Bhí an dá charr ag dul go han-tapa. Sciorr siad timpeall an choirnéil agus lean siad ar aghaidh go dtí an mótarbhealach. Tháinig na gardaí go dtí an banc agus thug mé mo ráiteas dóibh. Thug siad síob abhaile dom ansin agus mhínigh siad an scéal do mo mham. Chuala mé ar an nuacht an oíche sin gur rug na gardaí ar na gadaithe níos déanaí an lá sin. **Níor chodail mé néal an oíche sin** agus ní dhéanfaidh mé dearmad ar an lá sin go deo, geallaim duit.

she asked me

because I needed more money, ridiculous mask, shaking with fear

sweating heavily

they fled

I didn't sleep a wink that night

Deis comhrá

Féach ar na grianghraif seo agus pléigh iad leis an dalta in aice leat.

Cleachtadh scríofa

1. Is léiritheoir nuachta tú. Déan cur síos ar an robáil seo do na ceannlínte nuachta. (5 abairt ghearra)
2. Cuir na nathanna seo in abairtí: d'iarr sí orm; masc áiféiseach; ag crith le heagla; ag cur allais go tiubh; theith siad
3. Tharla an robáil seo nuair a bhí do chara sa bhanc. Chuaigh tú go dtí a theach/teach. Scríobh téacsteachtaireacht chuig do mham/dhaid ó theach do charad ag insint an scéil di/dó.

Ceisteanna scrúdaithe

Ceap scéal (leathleathanach) a mbeidh ceann amháin de na sleachta seo a leanas oiriúnach mar thús leis:

(i) Bhí mé ag siopadóireacht an lá sin. Chuaigh mé féin agus mo chara isteach i siopa seodra…

nó

(ii) Dhúisigh mo dheirfiúr mé an oíche sin mar gur chuala sí torann ait thíos staighre…

8

Scéal 4

Ceolchoirm

I didn't care

Oíche Shathairn a bhí ann – an seachtú lá déag d'Eanáir. Is cuimhin liom an dáta go maith mar gurb é mo bhreithlá é. Bhí geimhreadh fíochmhar againn an bhliain sin. Bhí an teocht cúig chéim faoi bhun an reophointe, ach **ba chuma liom** mar bhí dhá thicéad i mo lámha agam. Níor chreid mé mo shúile, dhá thicéad do cheolchoirm san O2! Bheadh Lady Gaga ag seinm an oíche sin. Bhí slua mór taobh amuigh den amharclann. Bhí sceitimíní orm nuair a smaoinigh mé ar an oíche a bhí romham. Tháinig mo chara Selena liom. Is cuimhin liom an lá a thug mé cuireadh di teacht liom. Scread sí in ard a cinn is a gutha. **Bhí sí ar bís** agus bhí mise mar an gcéanna. **Bhí an-éileamh ar na ticéid** agus bhí ionadh orm nuair a thug mo thuismitheoirí dom iad. Ba bheag nár thit mé i laige nuair a chonaic mé iad sa chárta. Shiúil an scuaine isteach **nuair a osclaíodh na doirse** agus bhí an áit dubh le daoine. Thosaigh an banna tacaíochta ag seinm. Bhí siad **an-siamsúil**. Ar deireadh léim Lady Gaga amach ar an stáitse. Bhí mé ag pocléim le háthas nuair a chonaic mé í. Chan sí na hamhráin ba cháiliúla dá cuid agus cúpla ceann ón albam is déanaí aici. Bhí an lucht éisteachta ag canadh focal ar fhocal léi. Thóg mé amach mo cheamara digiteach agus thóg mé grianghraf di ar an ardán. Ní chreidfeá an fhuaim a bhí le cloisteáil san amharclann. **Bhí mo chluasa ag preabadh** ag deireadh na hoíche. Nuair a bhí mé ag fágáil, cheannaigh mé t-léine agus fáinne eochrach do mo dheirfiúr óg. Bhí mé féin agus Selena ag caint faoin oíche ar fad ar an mbealach abhaile. Nuair a tháinig mé abhaile, sheol mé ríomhphost chuig mo dhearthair i Londain. D'inis mé na sonraí go léir dó. Ní raibh mé ábalta dul a chodladh an oíche sin mar go raibh mé fós ar bís. Ba cheolchoirm iontach í, an cheolchoirm ab fhearr dá bhfaca mé riamh b'fhéidir. Ní dhéanfaidh mé dearmad ar an oíche sin go brách.

she was excited, there was great demand for the tickets,
when the doors were opened,
very entertaining

my ears were ringing

Deis comhrá

Féach ar na grianghraif seo agus pléigh iad leis an dalta in aice leat.

Cleachtadh scríofa

1. Is léiritheoir nuachta tú. Déan cur síos ar an gceolchoirm seo do na ceannlínte nuachta. (5 abairt ghearra)
2. Cuir na nathanna seo in abairtí: ba chuma liom; bhí sí ar bís; bhí an-éileamh ar na ticéid; nuair a osclaíodh na doirse; an-siamsúil
3. Chuaigh tú chuig an gceolchoirm seo. Scríobh téacsteachtaireacht chuig do chara ag insint an scéil dó/di.

Ceisteanna scrúdaithe

Ceap scéal (leathleathanach) a mbeidh ceann amháin de na sleachta seo a leanas oiriúnach mar thús leis:

(i) Níor chreid mé mo shúile nuair a chonaic mé Kings of Leon ar an stáitse…

nó

(ii) Nuair a chualamar go mbeadh Rihanna ag teacht go hÉirinn, shocraíomar ticéid a cheannach…

8

Litir / Ríomhphost

Is ionann litir agus ríomhphost ach ní úsáideann tú seoladh poist sa ríomhphost. Is féidir seoladh ríomhphoist a úsáid. Tagann na topaicí céanna aníos ar an bpáipéar ó bhliain go bliain.

Ag ullmhú don scrúdú

- Roghnaigh na topaicí is coitianta agus ullmhaigh go rímhaith iad.
- Bí cinnte go bhfuil réimse leathan briathra ar eolas agat.
- Foghlaim nathanna úsáideacha de ghlanmheabhair.
- Bíodh téarmaí oiriúnacha don litir / ríomhphost ar eolas agat.

An scrúdú féin

- Ceist 1 (c): Tá dhá rogha agat anseo. • Scríobh 20-25 líne.
- Déan plean beag duit féin ar dtús. • Scríobh abairtí gearra agus úsáid Gaeilge cheart, chruinn.

Struchtúr

1. Seoladh

- 25 Bóthar an tSléibhe, An Fál Carrach, Co. Dhún na nGall.
- 14 Ascaill na Fuinseoige, Dún Droma, Co. Bhaile Átha Cliath.
- Árasán 3B, Radharc na Mara, Co. Chiarraí.

nó

- antaine66@eircom.net
- liamdepaor32@hotmail.com
- sorchanicniallais11@gmail.com

2. Dáta

- 12 Eanáir 2014 • 30 Meán Fómhair 2014 • 4 Iúil 2014

3. Beannú

- A Sheáin a chara, • A chara dhil, • A Mham/A Dhaid,

4. Tús na litreach

- Conas atá cúrsaí, a Liam? *How are things, Liam?*
- Tá brón orm nár scríobh mé níos luaithe. *I'm sorry I didn't write sooner.*
- Bhí sé ar intinn agam litir a scríobh ach rinne mé dearmad glan air.
  I intended to write a letter but I clear forgot.
- Go raibh maith agat as an litir/ríomhphost a fuair mé uait.
  Thanks for the letter/email I received from you.

5. Críoch

- Abair le do mhuintir go raibh mé ag cur a dtuairisce.
- Feicfidh mé go luath thú/sibh.
- Do chara/bhur mac/bhur n-iníon…
- Caithfidh mé slán a fhágáil leat/libh anois.

6. Ullmhúchán don litir / ríomhphost

- Stop agus smaoinigh ar na roghanna atá sa cheist!
- Roghnaigh an ceann is fearr duitse.
- Déan plean beag de leagan amach na litreach.
- Roghnaigh an tús is oiriúnaí.
- Scríobh amach na briathra a d'úsáidfeá sa litir.
- Déan liosta d'eochairfhocail agus nathanna úsáideacha a bhaineann leis an ábhar.

Litir Shamplach (Páipéar 1, Ceapadóireacht: Ardteistiméireacht 2012)

Tá tú ag caitheamh dhá mhí saoire ag taisteal le do chlann san Astráil. Scríobh an litir/ríomhphost a chuirfeá chuig cara leat ag insint dó/di faoi na rudaí éagsúla a tharla agus tú san Astráil.

Sydney
An Astráil

4 Samhain 2014

A Sheáin, a chara,

Beannachtaí ón Astráil. Conas atá cúrsaí in Éirinn? Táim marbh ag an teas anseo. Ní chreidfeá an teocht! Táim ag taisteal le mo mhuintir san Astráil, mar is eol duit. Tá súil agam go bhfuil tusa agus do thuismitheoirí i mbarr na sláinte. Fan go gcloise tú an scéal is déanaí: thugamar turas ar Áras Ceoldrámaíochta Sydney aréir. Bhí oíche den chéad scoth againn. Bhí ceolchoirm chlasaiceach ar siúl. Bhaineamar taitneamh as an oíche.

Bíonn an ghrian ag scoilteadh na gcloch gach uile lá. Ní bhíonn puth ghaoithe ag séideadh fiú. Tá dath na gréine faighte agam cheana féin. Téim go dtí an trá gach uile lá, ar ndóigh. Táimid ag fanacht in óstán cois farraige. Tá radhairc áille ó gach ceann de na seomraí. Tá trá ghainmheach os comhair an óstáin.

Bhuail mé le cara nua anseo. Ryan is ainm dó. Tá sé cairdiúil cosúil leis na daoine uile anseo. Bhí béile blasta againn aréir san óstán agus tháinig an cócaire amach le cáca milis mór do mo mham. Bhíomar ag ceiliúradh a breithlae. Bhí náire an domhain uirthi nuair a thosaíomar ag canadh. Bhuel, caithfidh mé imeacht anois mar níl a thuilleadh nuachta agam. Feicfidh mé thú ag deireadh mhí Iúil. Beidh mé ag filleadh abhaile ansin. Abair le do mhuintir go raibh mé ag cur a dtuairisce. Feicfidh mé go luath thú.

Do chara,

Liam

8

Meaitseáil

Meaitseáil na nathanna leis an leagan Béarla.

Beannachtaí ó Chontae na Gaillimhe.	*I was laughing from start to finish as I read the email you sent yesterday.*
Fan go gcloise tú an nuacht is déanaí uaim.	*I'm on the pig's back at the moment.*
Míle buíochas as an litir a fuair mé cúpla lá ó shin.	*Thanks for the letter I received a couple of days ago.*
Bhí mé ag gáire ó thús deireadh agus mé ag léamh an ríomhphoist a fuair mé uait inné.	*I was happy to hear the good news.*
Abair le do mhuintir go raibh mé ag cur a dtuairisce.	*Tell your family I was asking for them.*
Bhí sé ar intinn agam litir a scríobh ach bhí mé an-ghnóthach le déanaí.	*Wait till you hear my latest news.*
Bhí sé i gceist agam ríomhphost a sheoladh chugat inné ach bhí fadhb agam le mo ríomhaire.	*I intended to write a letter but I was very busy lately.*
Bhí áthas orm an dea-nuacht a chloisteáil.	*I intended to send you an email yesterday but I had a problem with my computer.*
Táim ar mhuin na muice faoi láthair.	*Greetings from County Galway.*
Scríobh ar ais chugam go luath	*Write back soon.*

Cleachtadh scríofa

Is tusa Seán. Fuair tú an litir seo ó do chara Liam. Tá tú ag ligean do scíthe sa bhaile. Scríobh an ríomhphost a chuirfeá chuig Liam ag insint dó cad atá ar siúl sa bhaile.

An litir fhoirmiúil

Tá leagan amach difriúil ag baint leis an litir seo.

Seoladh
Dáta

Seoladh an duine

A chara,
Corp na litreach

Is mise,
le meas,

Litir shamplach (Páipéar 1: Ceapadóireacht, Ardteistiméireacht 2012)

Chuala tú polaiteoir ar an teilifís agus é ag gearán/ag tabhairt amach faoi dhaoine óga. Scríobh an litir/ríomhphost a chuirfeá chuige faoi na rudaí a dúirt sé.

11 Bóthar an tSléibhe,
An Fál Carrach,
Co. Dhún na nGall.

23 Feabhra 2014

An tUasal Ó Ceallaigh
Leitir Ceanainn,
Co. Dhún na nGall

A chara,

Táim ag scríobh le díomá i mo chroí. Chonaic mé an t-agallamh a rinne tú ar an teilifís ag tabhairt amach faoi dhaoine óga. Ba mhaith liom gearán a dhéanamh. Ní raibh an ceart agat ar chor ar bith. Is dalta Ardteistiméireachta mé agus caithfidh mé a rá nach bhfuil mé leisciúil ná drochbhéasach. Is tuairim ghinearálta é faoi dhaoine óga na laethanta seo agus cuireann sé isteach go mór orm. Níor chreid mé mo chluasa nuair a chuala mé tú ag gearán faoi dhaoine óga sa cheantar. Nílimid foirfe ach tá an chuid is mó de na déagóirí sa tír seo ag déanamh a ndícheall ar scoil go mbeidh saol níos fearr acu. Oibrímid go dian, ionas go mbeimid in ann freastal ar an ollscoil. Is mór an trua nár luaigh tú aon cheann de na dea-thréithe a bhíonn ag déagóirí. Ní staitistic sinn, is daoine sinn agus is sinne an todhchaí. Is dream fíordheas agus díograiseach sinn. Ba mhaith liom leithscéal oifigiúil a fháil uait agus an fhírinne a chloisteáil an chéad uair eile a fheicim ar an teilifís thú.

Is mise,
le meas,
Aodh De Paor

8

Meaitseáil

Meaitseáil na nathanna leis an leagan Béarla.

Chonaic mé d'fhógra sa nuachtán le déanaí.	I am looking for information/advice.
Ní minic a scríobhaim ar an bhfóram cainte seo.	I'm writing to you to make a complaint.
Táim ag scríobh chugat chun gearán a dhéanamh.	It's a big scandal these days…
Aontaím/ní aontaím leis na tuairimí a foilsíodh i do pháipéar.	It disgusts me/makes me happy when I hear reports about…
Dúradh san alt go…	Thank you for giving me this opportunity to express my opinions.
Cuireann sé déistin/lúcháir orm nuair a chloisim tuairiscí faoi…	It was said in the article that…
Is scannal mór é sa lá atá inniu ann…	I am demanding a refund from you.
Tá eolas/comhairle ag teastáil uaim.	I agree/disagree with the comments that were published in your paper.
Táim ag iarraidh aisíoca ort.	It's not often I write on this chat forum.
Ba mhaith liom cur isteach ar an bpost a fógraíodh ar do shuíomh gréasáin inné.	I would like to congratulate you on…
Is mian liom comhghairdeas a dhéanamh leat as...	I would like to apply for the job advertised on your website yesterday.
Gabhaim buíochas leat as an deis seo a thabhairt dom mo chuid tuairimí a nochtadh.	I saw your advertisement in the paper recently.

Litir / Ríomhphost 1

Ag dul ar thuras

Is féidir na nathanna seo a úsáid in aon litir a bhaineann le taisteal agus saoire. Bain úsáid as na nótaí seo freisin nuair a bhíonn tú ag caint faoi chúrsaí Gaeltachta.

Ár gceann scríbe

- Táim anseo ar thrá Bondi san Astráil. *I'm here on Bondi beach in Australia.*
- Shroicheamar ár gceann scribe: Alicante sa Spáinn. *We arrived at our destination: Alicante in Spain.*
- Is áit an-álainn í Barcelona. *Barcelona is a truly beautiful place.*
- Shroich mé an Ghaeltacht i nDún na nGall trí lá ó shin. *I arrived at the Gaeltacht in Donegal three days ago.*
- Táim ag scríobh chugat ó mo laethanta saoire sa Chréit. *I am writing to you from my holidays in Crete.*
- Chaith mé seachtain sa Rúis. Ba í an tsaoire ab fhearr a bhí agam riamh í. *I spent a week in Russia. It was the best holiday I ever had.*

Modhanna taistil

Eitilt

Ní raibh cíos, cás ná cathú orainn nuair a d'fhág an t-eitleán Aerfort Bhaile Átha Cliath. Bhí mé ag smaoineamh ar an tsaoire a bhí i ndán dom: coicís i mo luí faoin ngrian. Bhí eitilt ghearr agus thaitneamhach againn. Shroicheamar Alicante timpeall meán lae. *We didn't have a care in the world when the plane took off from Dublin Airport. I was thinking of the holiday in store for me: a fortnight lying under the sun. We had a short and enjoyable flight. We arrived at Alicante around midday.*

Thar sáile

Bhí an turas curtha in áirithe ag mo thuismitheoirí. Ní chreidfeá an radharc a bhí ón gcalafort. Bhí long ollmhór galánta ag feitheamh orainn. Nuair a chuamar ar bord, bhí ornáideachas an tsaibhris le feiceáil i ngach áit. *My parents booked the trip. You would not believe the view from the port. There was a huge, beautiful ship waiting for us. When we boarded, the trappings of wealth could be seen everywhere.*

Ar an mbus

Fuaireamar an bus ó Chearnóg Mhuirfean. Chuamar ar bord bus speisialta a bhí curtha in áirithe ag ár múinteoir. Bhí an tiománaí fíordheas agus cairdiúil. Bhí an turas go Gaillimh tapa go leor mar go ndeachamar ar an mótarbhealach. *We got the bus from Merrion Square. We boarded a special bus that our teacher had booked. The driver was very nice and friendly. The trip to Galway was quick enough because we went on the motorway.*

An lóistín

- Tá an lóistín lonnaithe i lár Ghaeltacht Chiarraí. Teach an-mhór atá ann. Táim ag roinnt an tseomra le triúr eile ó Bhaile Átha Cliath. Labhraíonn muintir an tí Gaeilge amháin linn. Tá clú agus cáil ar na béilí a dhéanann bean an tí dúinn.
  The accommodation is situated in the middle of the Kerry Gaeltacht. It is a very big house. I am sharing the room with three others from Dublin. Everyone in the house speaks only Irish to us. The meals the bean an tí makes for us are famous.

8

- D'fhanamar in óstán cois farraige. Bhí radhairc áille ó gach ceann de na seomraí. Bhí trá ghainmheach os comhair an óstáin. Duine fíordheas agus cairdiúil í an fáilteoir a bhí ag obair ar an deasc. Thug sí na heochracha dúinn agus chuireamar ár mbagáiste suas sna seomraí. *We stayed in a hotel by the sea. There were beautiful views from every room. There was a sandy beach in front of the hotel. The receptionist was very nice and friendly. She gave us the keys and we put our bags in the rooms.*
- Mar is eol duit, chaith mé coicís ag campáil faoin tuath. Bhí ár bpuball cois locha agus caithfidh mé a rá gur chuir an t-ionad campála ionadh orm. Bhí áiseanna den chéad scoth ann. Bhaineamar an-taitneamh as. *As you know, I spent a fortnight camping in the countryside. Our tent was beside a lake, and I have to say the campsite really surprised me. The facilities were excellent. We really enjoyed it.*

An aimsir

- Tá an aimsir sa Spáinn ar fheabhas. Bíonn an ghrian ag scoilteadh na gcloch gach uile lá. Ní bhíonn puth ghaoithe ag séideadh fiú. Tá dath na gréine orm cheana féin. *The weather in Spain is excellent. The sun shines every day. There isn't even a breeze blowing. I already have a suntan.*
- Geal agus grianmhar *bright and sunny*; marbh ag an teas *killed with the heat*; teocht ard *high temperature*; meirbh *humid*
- Ní raibh an t-ádh linn. Fuaireamar drochaimsir gach lá le linn na saoire. Ní raibh sé té ná tirim lá ar bith. Chun an fhírinne a rá, bhí sé ag stealladh báistí an chuid is mó den am. Bhí an teocht an-íseal san oíche. *We were unlucky. The weather was dreadful every day during the holiday. The weather wasn't hot or dry. To tell the truth, it was pouring rain most of the time. The temperature was very low at night.*
- Dorcha agus scamallach *dark and cloudy*; préachta leis an bhfuacht *frozen with the cold*; teocht faoi bhun an reophointe *temperature below freezing*

Imeachtaí i rith na saoire

- Ní chreidfeá an chraic atá againn anseo. Bailíonn ceoltóirí na háite sa teach tábhairne áitiúil gach oíche. Bhí seisiún deas ceoil ann aréir. *You would not believe the fun we have here. Local musicians gather in the local pub every night. There was a nice music session there last night.*
- Chaith mé an lá ag snámh san fharraige/ag siúl sna sléibhte/ag siopadóireacht sa chathair. *I spent the day swimming in the sea/walking in the mountains/shopping in the city.*
- Thug mé cuairt ar na suíomhanna cáiliúla timpeall na háite ar an Satharn. *I visited the famous local sites on Saturday.*
- Cuireadh críoch leis an tsaoire le cóisir mhór san óstán. Ullmhaíodh béile iontach dúinn. Shiúil ceoltóir timpeall an tseomra ag seinm veidhlín. *The holiday ended with a big party in the hotel. A fantastic meal was prepared for us. A musician walked around the room playing a violin.*

Muintir na háite

- Tá muintir na háite lách agus cairdiúil agus labhraíonn siad a dteanga dhúchais féin liom. *The locals are kind and friendly, and they speak their own native language with me.*

- Tá na daoine anseo sórt aisteach agus ciúin. *The people here are a bit strange and quiet.*
- Bhuail mé le cara nua anseo. Ciarraíoch is ea é. Tá sé craiceáilte. Is fuirseoir ceart é. *I met a new friend here. He is from Kerry. He's crazy. He's a right comedian.*
- Deirtear go bhfuil muintir na háite deas agus cineálta agus aontaím go mór leis sin. *It's said that the locals are nice and kind, and I very much agree.*
- Buailim le daoine difriúla an t-am ar fad anseo – Spáinneach lá amháin agus Iodálach lá eile. *I meet different people all the time here – a Spaniard one day and an Italian the next.*

Cúrsa Gaeltachta i rith an tsamhraidh

- Bhí mé buartha sular tháinig mé anseo. Shocraigh mo mham go ndéanfadh sé maitheas dom tréimhse a chaitheamh sa Ghaeltacht. *I was worried before I came here. My mum decided it would benefit me to spend some time in the Gaeltacht.*
- Táim ag baint taitnimh as an gcúrsa Gaeltachta anseo i nGaillimh. *I am enjoying the Gaeltacht course here in Galway.*
- Beannachtaí ó Dhún na nGall. Táim ag freastal ar chúrsa samhraidh anseo le coicís anois. *Greetings from Donegal. I have been attending a summer course here for a fortnight now.*
- D'fhreastail mé ar Choláiste Chiaráin an samhradh seo. Is Corcaíoch ceart anois mé. *I attended Coláiste Chiaráin this summer. I'm a real Corkonian now.*
- …is ainm don choláiste. Tagann na céadta scoláirí go dtí an coláiste i rith an tsamhraidh gach bliain. *… is the name of the college. Hundreds of students come to the college during the summer every year.*
- Bíonn ranganna suimiúla againn gach lá. Spreagann an múinteoir suim sa Ghaeilge ionainn. Is maith liom an múinteoir atá againn. An tUasal De Búrca is ainm dó. Chaith sé a shaol ag múineadh anseo agus mhúin sé na céadta daltaí. *We have interesting classes every day. The teacher inspires us with an interest in Irish. I like the teacher we have. Mr De Búrca is his name. He spent his life teaching here and hundreds have learnt from him.*
- Tosaíonn na ranganna go luath ar maidin agus críochnaíonn siad i gcomhair lóin timpeall meán lae. Táim ag foghlaim a lán Gaeilge agus labhraím an teanga gan stró anois le mo chairde. 'Beatha teanga í a labhairt' is ea mana an choláiste. *The classes start early in the morning and finish for lunch around midday. I am learning a lot of Irish and I find it easy now to speak Irish to my friends. 'Beatha teanga í a labhairt' is the college motto.*
- Eagraítear imeachtaí de gach saghas dúinn *all kinds of activities are organised for us*: siúlóidí *walks*; cúrsa dreapadóireachta *climbing course*; cluichí páirce *field games*; turas stairiúil *historical trip*; céilithe *céilís*; comórtas tallainne *talent competition*
- Bíonn comórtas idir na tithe sa Ghaeltacht. Déanaimid ár ndícheall pointí a fháil sna comórtais laethúla. *There is a competition between the houses in the Gaeltacht. We try our best to get points in the daily competitions.*

8

Deis comhrá

Féach ar na grianghraif seo agus pléigh iad leis an dalta in aice leat.

 Ceisteanna scrúdaithe

(i) Chaith tú deireadh seachtaine i Sasana ar thuras scoile. Scríobh an litir / ríomhphost (leathleathanach) a chuirfeá chuig cara leat ag cur síos ar an turas sin.

nó

(ii) Tá tú ar saoire i dtír iasachta éigin. Scríobh an litir / ríomhphost (leathleathanach) a chuirfeá chuig cara leat ag cur síos ar an turas sin.

Litir / Ríomhphost 2

Eachtra spóirt

An Láthair

- Mar is eol duit, tá Craobh na Sé Náisiún ar siúl faoi láthair agus bhí mé ag an gcluiche deireanach. Bhí sé ar siúl sa Stade de Paris. Chuir mo dhaid na ticéid in áirithe ar an idirlíon. Staid iontach, mhór is ea í. *As you know the Six Nations is on at the moment, and I was at the last game. It was on in Stade de Paris. My dad booked the tickets on the internet. It's a great big stadium.*
- Bhí mé ag an gcluiche ceannais iománaíochta i bPáirc an Chrócaigh an tseachtain seo caite. Bhí atmaisféar iontach ann leis an lucht tacaíochta. Bhí dathanna na gcontaetha le feiceáil timpeall na páirce. *I was at the hurling final in Croke Park last week. There was a great atmosphere there with the supporters. The county colours were seen around the pitch.*
- Chuaigh mé go cluiche peile sa Staid Aviva oíche Dé hAoine. Cluiche teiste a bhí ann don imreoir X. *I went to a football game in the Aviva Stadium on Friday night. It was a test match for the player X.*

Eolas breise faoin gcluiche

- Bhí an cluiche ar fheabhas. Bhain mé an-taitneamh as. B'fhoireann fhíochmhar iad na Gunners. *The game was excellent. I really enjoyed it. The Gunners were a fierce team.*
- Bhí Man Utd chun tosaigh sa chéad leath ach tháinig Spurs ar ais sa dara leath, lán d'fhuinneamh. *Man Utd were ahead in the first half, but Spurs came back in the second half full of energy.*
- Bhí gach duine ag gearán faoin réiteoir mar gheall ar an gcic saor a thug sé do Rooney. *Everyone was complaining about the referee because of the free kick he gave Rooney.*
- Bhuaigh Chelsea sa deireadh ach ba chluiche aontaobhach é i ndáiríre. *Chelsea won in the end but it was a onesided game, really.*
- Cluiche tapa agus garbh a bhí ann. *It was a quick and rough game.*
- Dúirt an tráchtaire spóirt go raibh an cluiche corraitheach agus sciliúil. *The sports commentator said that the game was exciting and skilful.*

Nathanna úsáideacha

- Ag scóráil *scoring*
- Cúl *goal*
- Cúilín *point*
- Úd *try*
- Cic saor *free kick*
- Cic pionóis *penalty kick*

8

Deis comhrá

Féach ar na grianghraif seo agus pléigh iad leis an dalta in aice leat.

Ceisteanna scrúdaithe

(i) Bhí tú ag cluiche ceannais cispheile ag an deireadh seachtaine. Scríobh an litir / ríomhphost (leathleathanach) a chuirfeá chuig cara leat ag cur síos ar an gcluiche sin.

nó

(ii) Bhuaigh d'fhoireann peile craobh na hÉireann. Scóráil tú an cúl deireanach díreach nuair a séideadh an fheadóg. Scríobh an litir / ríomhphost (leathleathanach) a chuirfeá chuig cara leat ag cur síos ar an gcluiche sin.

Litir / Ríomhphost 3

Post samhraidh

An láthair

- Fuair mé post samhraidh an tseachtain seo caite. Chonaic mé fógra ar an idirlíon agus sheol mé isteach an fhoirm iarratais. Bhí an t-ádh liom mar d'éirigh go maith liom san agallamh. Thosaigh mé ag obair ar an Luan. *I got a summer job last week. I saw an ad on the internet and I sent in an application. I was lucky because I got on well in the interview. I started working on Monday.*
- Táim ag obair i siopa spóirt in ionad siopadóireachta ar imeall an bhaile.
  I am working in a sports shop in a shopping centre on the edge of town.
- Táim ag obair i mbialann áitiúil i lár na cathrach. *I am working in a local restaurant in the city centre.*
- Fuair mé post ag obair i gcampa saoire cois farraige. *I got a job working in a holiday camp by the sea.*

Cineálacha éagsúla post

- Freastalaí
- Fáilteoir
- Cúntóir
- Eagraí cluichí
- Feighlí linbh
- Cócaire
- Glantóir
- Cinnire

Cúraimí oibre

- Tosaím ag a deich ar maidin agus críochnaím ag a trí san iarnóin. *I start at ten in the morning and I finish at 3 in the afternoon.*
- Bím ag cabhrú le daoine óga le… *I help young people with…*
- Caithim an lá ag freastal ar na custaiméirí sa siopa/sa bhialann.
  I spend the day attending to customers in the shop/the restaurant.
- Glanaim an t-urlár agus na ballaí ag deireadh na hoíche. *I clean the floors and the walls at the end of the night.*
- Fanaim sa chistin ag ní gréithe agus déanaim beagán cócaireachta nuair atáimid faoi bhrú. *I stay in the kitchen washing dishes and I do a little cooking when we are under pressure.*
- Oibrím in óstán ceithre réalta agus caithim an lá ag cóiriú leapacha.
  I work in a 4 star hotel and I spend the day making beds.
- Bím ag cur earraí ar na seilfeanna sa siopa. Cuirim na hearraí go léir in airde orthu.
  I stack shelves in the shop. I put all the products up on them.
- Tuillim seacht euro caoga san uair/tuillim daichead euro in aghaidh an lae.
  I earn €7.50 an hour/I earn €40 a day.

8

Deis comhrá

Féach ar na grianghraif seo agus pléigh iad leis an dalta in aice leat.

Is cinnire mé

Ceisteanna scrúdaithe

(i) Fuair tú post páirtaimseartha in ollmhargadh nua a d'oscail i do cheantar. Scríobh an litir / ríomhphost (leathleathanach) a chuirfeá chuig cara leat ag cur síos ar an bpost sin.

nó

(ii) Tá tú ag obair in óstán cois locha. Ní maith leat an post seo. Scríobh an litir / ríomhphost (leathleathanach) a chuirfeá chuig cara leat ag cur síos ar an bpost sin.

Litir / Ríomhphost 4

Breithlá ocht mbliana déag

Cuireadh a thabhairt/a ghlacadh/a dhiúltú

- Ar mhaith leat teacht chuig mo chóisir ocht mbliana déag? Ba bhreá liom tú a fheiceáil ann. *Would you like to come to my 18th birthday party? I would love to see you there.*
- Ba bhreá liom dul chuig do chóisir, beidh mé ann ar an gceathrú lá déag. *I would love to go to your party, I will be there on the 14th.*
- Ba bhreá liom dul chuig do chóisir ach níl cead agam dul. Táim ar buile le mo thuismitheoirí. *I would love to go to your party but I'm not allowed. I'm very angry with my parents.*

An chóisir

- Ba bheag nár thit mé i laige nuair a dúirt mo mham go raibh cead agam cóisir a eagrú. *I almost fainted when my mum said I could organise a party.*
- Ní dhéanfaidh mé dearmad ar mo chóisir go deo. Níor chodail mé néal aréir. *I will never forget my party. I didn't sleep a wink last night.*
- Tháinig gach duine de mo chairde. Bhí mo chol ceathracha ó Mheiriceá ann freisin. *All my friends came. My cousins from America were there too.*
- Bhí mo chara Pól ag obair mar DJ ar an oíche. Bhí gach duine ag damhsa timpeall an tí. *My friend Paul was working as DJ that night. Everyone was dancing around the house.*
- D'ullmhaigh mo thuismitheoirí togha gach bia agus rogha gach dí. *My parents prepared all kinds of great food and drink.*
- D'oscail mo dhaid buidéal seaimpéine agus doirteadh an deoch ar fud na háite. *My dad opened a bottle of champagne and the drink spilled everywhere.*
- Bhí náire an domhain orm nuair a tháinig mo mham amach leis an gcáca mór. Bhí gach duine ag canadh 'Lá Breithe Sona Duit'. *I was really embarrassed when my mum came out with a big cake. Everyone was singing 'Happy Birthday'.*

Bronntanas iontach

- Bhí ionadh an domhain orm nuair a thug mo thuismitheoirí mo bhronntanas dom. D'oscail mé an clúdach litreach agus bhí dhá thicéad istigh ann chun dul chuig ceolchoirm Rihanna. *I was really surprised when my parents gave me my present. I opened the envelope and there were two tickets to a Rihanna concert inside.*
- D'oscail mé an beart agus leathnaigh mo shúile nuair a chonaic mé an ríomhaire glúine nua. *I opened the parcel and my eyes widened when I saw the new laptop.*
- Fuair mé fón póca nua ó m'aintín agus thug sí creidmheas de luach caoga euro dom freisin. *I got a new mobile from my aunt and she also gave me €50 credit.*
- Thug mo thuismitheoirí gluaisteán nua dom do mo bhreithlá. Mo chéad ghluaisteán! Bhí ionadh orm nuair a chonaic mé an carr lasmuigh den fhuinneog. *My parents gave me a new car for my birthday. My first car! I couldn't believe my eyes when I saw the car outside the window.*

8

Aonad a hOcht

Deis comhrá

Féach ar na grianghraif seo agus pléigh iad leis an dalta in aice leat.

Ceisteanna scrúdaithe

(i) Fuair tú bronntanas speisialta ó do thuismitheoirí ar do bhreithlá. Scríobh an litir / ríomhphost (leathleathanach) a chuirfeá chuig cara leat ag cur síos ar an mbronntanas sin.

nó

(ii) Bhí tú ag cóisir ocht mbliana déag do charad. Tháinig na gardaí mar go raibh raic ann. Scríobh an litir / ríomhphost (leathleathanach) a chuirfeá chuig cara leat ag cur síos ar an gcóisir sin.

Is breá linn a bheith ag caint. Bíonn comhrá againn lenár gcairde agus lenár dtuismitheoirí an t-am ar fad. Smaoinigh ar an gcomhrá mar ghiota beag cainte le do chara ar shuíomh líonraithe shóisialta ar nós Facebook. Tá modhanna cumarsáide difriúla againn sa lá atá inniu ann. Bíonn comhrá idir daoine na laethanta seo ar MSN, Skype agus a leithéid.

Ag ullmhú don scrúdú

- Roghnaigh na topaicí is coitianta agus ullmhaigh go rímhaith iad.
- Bí cinnte go bhfuil réimse leathan briathra ar eolas agat.
- Foghlaim na nathanna úsáideacha de ghlanmheabhair.
- Bíodh téarmaí oiriúnacha don chomhrá ar eolas agat.

An scrúdú féin

- Ceist 1 (d): Tá dhá rogha agat anseo.
- Déan plean beag duit féin ar dtús.
- Scríobh 12-15 líne.
- Scríobh abairtí gearra agus úsáid Gaeilge cheart, chruinn.

Leagan amach an chomhrá

Tús *Beginning*	Dia duit, a mham, conas atá tú? Dia duit, a Sheáin, caithfidh mé focal beag a bheith agam leat. Táim feargach leat./Caithfidh mé buíochas a ghabháil leat.	Dia is Muire duit, a mhic, táim ar fheabhas. Cad is féidir liom a dhéanamh duit? Cén fáth? Cad a rinne mé?
Ag cur ceisteanna *Asking questions*	Cé/Conas/Cad/Cén fáth/Cá/ Cén t-am/Cé mhéad Ar chuala tú? An bhfaca tú? An ndearna tú? An ndeachaigh tú? An raibh tú ann? An bhfuil cead agam dul?	Chuala/níor chuala Chonaic/ní fhaca Rinne/ní dhearna Chuaigh/ní dheachaigh Bhí/ní raibh Tá cead agat/níl cead agat
Ag déanamh cur síos ar rud éigin *Describing something*	Tá/bhí/beidh sé... suimiúil – ar fheabhas go dona – uafásach taitneamhach – leadránach	Tá/bhí/beidh... áthas – ionadh an domhain orm brón – fearg orm náire – eagla – díomá orm
Ag nochtadh tuairime *Giving an opinion*	Cad a cheapann tú faoi... Deirtear gur fear mór ceoil tú. An maith leat? Is fíor sin, aontaím leat.	Nach bhfuil sé sin fíor a rá? Is maith liom/ní maith liom Ní fíor sin, ní aontaím leat.
Ag argóint *Arguing*	Níl sé sin ceart ná cóir. Níl an locht orm. Ná labhair liom mar sin, bí ciúin.	Tá brón orm, ní tharlóidh sé arís. Tabhair seans eile dom. Ní éistfidh mé le focal eile.
Clabhsúr *Closing*	Cogar, caithfidh mé imeacht anois. Cuirfidh mé glaoch ort anocht.	Feicfidh mé tú amárach. Slán go fóill.

8

Ullmhúchán don chomhrá

- Stop agus smaoinigh ar an topaic atá ar an scrúdú!
- Roghnaigh an ceann is fearr duitse.
- Déan plean beag de leagan amach an chomhrá.
- Roghnaigh an tús is oiriúnaí don chomhrá. (An tús tobann nó gnáthchomhrá atá i gceist?)
- Scríobh amach na briathra a d'úsáidfeá sa chomhrá.
- Déan liosta d'eochairfhocail agus nathanna úsáideacha a bhaineann leis an ábhar.

Fóram comhrá 1

Scannáin

Tá tú ag glacadh páirte i gcomhrá ar fhóram comhrá.
Féach ar an gcomhrá seo agus líon na bearnaí leis na habairtí thíos.

1. *Níor thaitin sé liom mar go raibh an aisteoireacht uafásach.*

2. *Bhuel, is léir nach bhfuil suim agat i gcúrsaí staire.*
   Caithfidh mé imeacht anois.

3. *Ó, ní aontaím leat ar chor ar bith, a chara. Bhí sé seafóideach!*

4. *B'fhearr liom scannáin ar nós **The Iron Lady**.*
   Bíonn ábhar níos suimiúla iontu.

5. *Tá brón orm ach níor thaitin sé liom ar chor ar bith.*

---

http://www.educate.ie/fóram

Fionn66	Chonaic mé scannán aréir atá ar fheabhas: 'The Hangover 2'. Bhí mé ag gáire ó thús deireadh an scannáin.
Gaeilge24	_____
Fionn66	**An ag magadh atá tú?** Cén pláinéad ar a bhfuil tú i do chónaí? Is breá le gach duine an scannán seo.
Gaeilge24	_____
Fionn66	Cén fáth nár thaitin an scannán seo leat ar aon nós?
Gaeilge24	_____
Fionn66	Bhuel, **níor chuala mé a leithéid de raiméis riamh**. Nílim ag rá go bhfuil Oscar tuillte aige, ach is scannán grinn é. **Tá sé i bhfad ródheacair tusa a shásamh!**
Gaeilge24	_____
Fionn66	Bailigh leat! **Ba bheag nár thit mé i mo chodladh**. Ní raibh aicsean ar bith ann. Scannán an-leadránach ab ea é.
Gaeilge24	_____

are you joking

I've never heard such rubbish, You are too hard to please

I almost fell asleep

Ceisteanna scrúdaithe

(i) Is maith leat a bheith ag féachaint ar chláir réaltachta ach is fearr le do chara cláir faoin dúlra. Scríobh an comhrá (leathleathanach) a bheadh eadraibh.

nó

(ii) Chonaic tú scannán 3D le déanaí. Inis do do chara faoi. Scríobh an comhrá (leathleathanach) a bheadh eadraibh.

Fórám comhrá 2

Suíomhanna líonraithe shóisialta

Tá tú ag glacadh páirte i gcomhrá ar fhóram comhrá. Féach ar an gcomhrá seo agus líon na bearnaí leis na habairtí thíos.

1. *Níl, bíonn an tseirbhís saor in aisce ach is féidir creidmheas a cheannach chun glao a chur ar fhón duine.*

2. *Níl leathanach Facebook agam, ná baol orm. Ceapaim go bhfuil na suíomhanna sin seafóideach.*

3. *Tá sé éasca é a fháil.* **Cuardaigh é ar Google** search for it on Google *agus ansin íoslódáil an nasc.*

4. *Ceapaim go bhfuil Skype i bhfad níos fearr ná Facebook chun comhrá a dhéanamh le daoine.*

5. *Aontaím leat faoi sin, ach le Skype is féidir an duine a fheiceáil freisin nuair atá tú ag caint leo.*

http://www.educate.ie/fóram

obsessed with Facebook

Fionn66	Caithfidh mé a admháil go bhfuil mé **an-tógtha le Facebook** faoi láthair.
Gaeilge24	_____
Fionn66	Téann na mílte duine ar facebook gach lá. Is áis iontach é chun teagmháil a dhéanamh le daoine.
Gaeilge24	_____

Where did you get that notion?

Fionn66	**Cá bhfuair tú an nóisean seo**? Tá Facebook an-éasca le húsáid.
Gaeilge24	_____
Fionn66	An bhfuil sé costasach é a úsáid? Níl costas ar bith ag baint le Facebook.
Gaeilge24	_____
Fionn66	Sin rud iontach i ndáiríre. Conas is féidir liom Skype a fháil?
Gaeilge24	_____

8

Ceisteanna scrúdaithe

(i) Is maith leat a bheith ag féachaint ar YouTube ach is fearr le do chara Vicipéid. Scríobh an comhrá (leathleathanach) a bheadh eadraibh.

nó

(ii) Tá tú ag caint le d'athair faoi shuíomhanna líonraithe shóisialta. Ní thuigeann sé an t-éileamh atá orthu. Scríobh an comhrá (leathleathanach) a bheadh eadraibh.

1. Bille

Fuair do mham an bille fóin inniu agus níl sí sásta ar chor ar bith.
Féach ar an gcomhrá seo agus líon na bearnaí leis na habairtí thíos.

> A Mham, ní botún é. Ní bheadh mórán caoi orm gan é agus is féidir liom a bheith i dteagmháil leatsa leis nuair a bhím déanach.

> Tuigim, a Mham. Seolfaidh mé téacsteachtaireachtaí chuig Aoife amach anseo agus ní chuirfidh mé glaoch ar aon duine seachas ort féin amháin i gcásanna éigeandála.

> Bhuel **mar is eol duit** as you know, **tá** Aoife ar saoire i Meiriceá agus chuir mé glaoch uirthi faoi dhó.

> Tá brón orm, a Mham, tuigim anois go raibh sé amaideach agus **ní tharlóidh sé arís** It will not happen again.

> Ó a Mham, sula ndeir tú aon cheo, **caithfidh mé a rá nach ormsa atá an locht** I have to say that it's not my fault.

Máthair	Suigh síos, a Shíle. Caithfidh mé rud éigin a rá leat. Tháinig an bille fóin inniu.
Síle	_____

I won't listen to another word

Máthair	**Ní éistfidh mé le focal eile uait**. Éist liom anois. Tugadh an fón póca duit mar bhronntanas ach ceapaim anois gur mór an botún é.
Síle	_____
Máthair	Bíonn tú i gcónaí déanach agus ní fhaighim téacsteachtaireachtaí ar bith. Cén fáth, mar sin, an bhfuil an bille chomh hard seo? Ochtó euro, a Shíle!
Síle	_____

didn't you think about

Máthair	In ainm Dé. A thiarcais! **Nár smaoinigh tú ar** an gcostas? Tá airgead gann na laethanta seo ó chaill d'athair a phost.
Síle	_____
Máthair	Bhuel, caithfidh tú a bheith cúramach faoi sin amach anseo nó tógfaidh mé an fón póca uait. An dtuigeann tú?
Síle	_____

Ceisteanna scrúdaithe

(i) Tháinig an múinteoir ort agus tú ag cur téacsteachtaireachta chuig cara i rang eile. Scríobh an comhrá (leathleathanach) a bheadh idir tusa agus an múinteoir.

nó

(ii) Ba mhaith leat fón póca nua mar tá an ceann atá agat seanaimseartha. Iarr ar d'athair ceann nua a cheannach duit. Scríobh an comhrá (leathleathanach) a bheadh eadraibh.

8

Comhrá le tuismitheoir 2

Ag lorg ceada

Ba mhaith leat dul ar saoire le do chairde scoile tar éis na hArdteistiméireachta ach níl d'athair sásta cead a thabhairt duit. Féach ar an gcomhrá seo agus líon na bearnaí leis na habairtí seo thíos.

Nílim sásta cead a thabhairt duit I'm not happy to give you permission i ndáiríre, tá tú fós ró-óg le dul ar saoire i d'aonar.

Mo thrua thú, a mhic. Ná socraigh aon rud don't organise anything le do chairde gan é a rá linn ar dtús.

Conas ar féidir leat íoc as an tsaoire??

Stop ansin, ní féidir liom €20 a thabhairt ar iasacht duit arís!

Cá mbeadh sibh ag dul? Agus cé atá á heagrú?

I have a question for you	**Caoimhín**	A Dhaid, an bhfuil soicind agat? **Tá ceist agam ort**.
	Athair	_____
would I be able to go	**Caoimhín**	Bhuel, is é an rud é ná go bhfuil mo chairde uile ag dul ar saoire tar éis na hArdteistiméireachta. **An mbeinn ábalta dul**?
	Athair	_____
	Caoimhín	Beidh Seán ag cur an tsaoire in áirithe ar an idirlíon. Tá sé i gceist againn eitiltí saora a fháil chuig áit ghrianmhar éigin, cósta na Spáinne b'fhéidir.
	Athair	_____
I have money put aside	**Caoimhín**	Bhí mé ag obair go dian san ollmhargadh le déanaí agus **tá airgead curtha i dtaisce agam**.
	Athair	_____
	Caoimhín	Níl sé sin ceart ná cóir. Bhí mé ag tnúth leis an tsaoire seo agus beidh mé scriosta tar éis na hArdteistiméireachta. Beidh sos ag teastáil uaim. Ó a Dhaid, bhí mé ag tnúth go mór leis!
	Athair	_____

Ceisteanna scrúdaithe

(i) Ba mhaith leat dul chuig dioscó sa chathair ach níl do mháthair sásta cead a thabhairt duit. Scríobh an comhrá (leathleathanach) a bheadh eadraibh.

nó

(ii) Tá tú ag iarraidh ar do thuismitheoirí peata a cheannach duit. Níl siad sásta é a dhéanamh. Scríobh an comhrá (leathleathanach) a bheadh eadraibh.

9

Cluastuiscint & Léamhthuiscint

ÁBHAR AN AONAID

Cluastuiscint
- Foclóir úsáideach don chluastuiscint
- Cluastuiscint 1
- Cluastuiscint 2
- Cluastuiscint 3
- Cluastuiscint 4
- Cluastuiscint 5

Léamhthuiscint
- Cabhair don léamhthuiscint
- Léamhthuiscint 1: Sarah Jessica Parker
- Léamhthuiscint 2: An Chibearbhulaíocht
- Léamhthuiscint 3: Inis Mór (nasc leis an gcúrsa filíochta 'An tEarrach Thiar')
- Léamhthuiscint 4: John Hume: An phearsa is mó i stair na hÉireann
- Léamhthuiscint 5: Ceiliúradh 50 bliain na Dubliners

Eolas don scrúdú

Is fiú 60 marc an chluastuiscint – 10% den scrúdú ina iomláine.

Cuid A: dhá fhógra

Cuid B: dhá chomhrá

Cuid C: dhá phíosa nuachta

Cloisfidh tú gach cuid faoi dhó. Maireann an scrúdú fiche nóiméad.

Beidh cúpla nóiméad agat sula dtosaíonn an scrúdú.
Léigh na ceisteanna uile agus cuir líne faoi na príomhfhocail i ngach ceist.

Focail úsáideacha

Bí cinnte go dtuigeann tú na focail thábhachtacha anseo. Tagann na focail seo aníos ar an bpáipéar go minic.

Contaetha agus cúigí na hÉireann

Cúige Laighean		Leinster
Baile Átha Cliath	Co. Átha Cliath/Co. Bhaile Átha Cliath	Dublin
Ceatharlach	Co. Cheatharlach	Carlow
Cill Chainnigh	Co. Chill Chainnigh	Kilkenny
Cill Dara	Co. Chill Dara	Kildare
Cill Mhantáin	Co. Chill Mhantáin	Wicklow
An Iarmhí	Co. na hIarmhí	Westmeath
Laois	Co. Laoise	Laois
Loch Garman	Co. Loch Garman	Wexford
An Longfort	Co. an Longfoirt	Longford
Lú	Co. Lú	Louth
An Mhí	Co. na Mí	Meath
Uíbh Fhailí	Co. Uíbh Fhailí	Offaly

Cúige Mumhan		Munster
Ciarraí	Co. Chiarraí	Kerry
An Clár	Co. an Chláir	Clare
Corcaigh	Cathair Chorcaí/Co. Chorcaí	Cork
Luimneach	Cathair Luimnigh/ Co. Luimnigh	Limerick
Port Láirge	Co. Phort Láirge	Waterford
Tiobraid Árann	Co. Thiobraid Árann	Tipperary

Cúige Chonnacht		Connaught
Gaillimh	Cathair na Gaillimhe/Co. na Gaillimhe	Galway
Liatroim	Co. Liatroma	Leitrim
Maigh Eo	Co. Mhaigh Eo	Mayo
Ros Comáin	Co. Ros Comáin	Roscommon
Sligeach	Co. Shligigh	Sligo

Cúige Uladh		Ulster
Aontroim	Co. Aontroma	Antrim
Ard Mhacha	Co. Ard Mhacha	Armagh
An Cabhán	Co. an Chabháin	Cavan
Doire	Co. Dhoire	Derry
Dún	Co. an Dúin	Down
Dún na nGall	Co. Dhún na nGall	Donegal
Fear Manach	Co. Fhear Manach	Fermanagh
Muineachán	Co. Mhuineacháin	Monaghan
Tír Eoghain	Co. Thír Eoghain	Tyrone

Bailte na hÉireann

Meaitseáil an baile leis an mBéarla thíos

Leitir Ceanainn	**Dundalk** ❯
Bré	**Naas** ❯
Inis	**Navan** ❯
An Muileann gCearr	**Tralee** ❯
Cluain Meala	**Bray** ❯
Dún Dealgan	**Dingle** ❯
Droichead Átha	**Mullingar** ❯
An Daingean	**Ennis** ❯
Trá Lí	**Drogheda** ❯
Nás	**Letterkenny** ❯
Baile Átha Luain	**Athlone** ❯
An Uaimh	**Clonmel** ❯

Tíortha

Cén Béarla atá ar na tíortha seo, meas tú?

1. Sasana
2. An Phortaingéil
3. An Spáinn
4. An Iodáil
5. An Ghréig
6. An Ísiltír
7. Albain
8. An Ghearmáin
9. An Fhrainc
10. Meiriceá

Míonna na Bliana

- Eanáir
- Feabhra
- Márta
- Aibreán
- Bealtaine
- Meitheamh
- Iúil
- Lúnasa
- Meán Fómhair
- Deireadh Fómhair
- Samhain
- Nollaig

Ábhair scoile/ollscoile

- Gaeilge
- Béarla
- Fraincis
- Gearmáinis
- Ceimic
- Bitheolaíocht
- Tíreolaíocht
- Stair
- Ealaín
- Spáinnis
- Dlí
- Innealtóireacht
- Gnó

Poist

- Ailtire
- Bainisteoir
- Banaltra/Altra
- Cócaire
- Dochtúir
- Feirmeoir
- Freastalaí
- Innealtóir
- Iriseoir
- Leictreoir
- Meicneoir
- Múinteoir
- Láithreoir
- Léachtóir
- Léiritheoir
- Riarthóir
- Rúnaí
- Stiúrthóir
- Taighdeoir
- Tógálaí

Saghasanna comórtas

- Comórtas aiste
- Comórtas drámaíochta
- Comórtas díospóireachta
- Comórtas ealaíne
- Comórtas filíochta
- Comórtas scannánaíochta
- Comórtas thráth na gceist

Eochairfhocail eile

Cad is brí leis na focail seo a leanas? Bain úsáid as an bhfoclóir chun cabhrú leat.

1. Coiste
2. Éacht
3. Bronnadh
4. Gradam
5. Ceiliúradh
6. Dream
7. Toradh
8. Cinneadh
9. Dealbh
10. Baint
11. Folúntas
12. Cúram
13. Léirmheastóirí
14. Locht
15. Roinnfear
16. Comhlacht
17. Neamhghnách
18. Comhairle
19. Aoi speisialta
20. Duais
21. Earraí
22. Tionscnamh
23. Tionscadal
24. Monarcha
25. Drochscéal
26. Aitheantas
27. Craoladh
28. Ballraíocht
29. Aire
30. Long

Eagraíochtaí agus seirbhísí

Is minic a luaitear na heagraíochtaí seo. Bí cinnte go bhfuil siad ar eolas agat.

- Foras na Gaeilge
- Conradh na Gaeilge
- Gael Linn
- Glór na nGael
- Raidió na Gaeltachta
- Bus Éireann
- Iarnród Éireann
- Raidió na Life
- TG4

Cúrsaí fostaíochta

- Cáilíochtaí *qualifications*
- Céim *degree*
- Dioplóma *diploma*
- Printíseacht *apprenticeship*
- Líofacht sa Ghaeilge *fluency in Irish*
- Gaeilge líofa *fluent Irish*
- Ardchaighdeán Gaeilge *high standard of Irish*
- Teanga iasachta *foreign language*
- Earcach *recruit*
- Pearsantacht thaitneamhach *pleasant personality*
- Cairdiúil *friendly*
- Scileanna rúnaíochta *secretarial skills*
- Taithí riaracháin *administrative experience*
- Taithí ríomhaireachta *computer experience*
- Foirm iarratais *application form*
- Ríomhphost *email*
- Spriocdháta *closing date*
- Rannóg na gceapachán *appointments section*

Cluastuiscint 1 ☉ Mír 9.1 - 9.6

Cuid A

Cloisfidh tú gach fógra **faoi dhó**.

FÓGRA A hAON ☉ Mír 9.1

Líon isteach an t-eolas atá á lorg sa ghreille anseo.

Cá mbeidh an mhaidin caife ar siúl?	
Cathain a bheidh an t-imeacht ag tarlú?	
Cá rachaidh an t-airgead a bhaileofar?	
Cén comhlacht a luaitear?	

FÓGRA A DÓ ☉ Mír 9.2

1. (a)   Cé a síneoidh leabhar nua Gaeilge amárach?

   _____

   (b)   Cé air a bhfuil an leabhar seo dírithe?

   _____

2. (a)   Cén costas a luaitear?

   _____

   (b)   Conas is féidir an leabhar seo a fháil?

   _____

Cuid B

Cloisfidh tú gach fógra **faoi dhó**

COMHRÁ A hAON ☉ Mír 9.3

An Chéad Mhír

1.   Cá raibh Leona ag an deireadh seachtaine?

   _____

2.   Cé mhéad a d'íoc sí as an ticéad?

   _____

An Dara Mír

1.   Cé a chuaigh in éineacht léi?

   _____

2.   Cén rud is fearr léi faoin deireadh seachtaine?

   _____

COMHRÁ A DÓ ⚇ *Mír 9.4*

An Chéad Mhír

1.   Cad a rinne Aoife inné ar scoil?

_____

2.   Cad a dúirt an múinteoir léi?

_____

An Dara Mír

1.   Cén fáth a bhfuil áthas ar Shiomóin?

_____

2.   Cén socrú a rinne siad le chéile?

_____

Cuid C

Cloisfidh tú gach píosa faoi dhó.

PÍOSA A hAON ⚇ *Mír 9.5*

1.   Cad a osclaíodh i gCathair na Mart inné?

_____

2.   Luaigh rud amháin atá ar díol ann.

_____

PÍOSA A DÓ ⚇ *Mír 9.6*

1.   Cén comhlacht a luaitear sa phíosa?

_____

2.   Cad a tharla nuair a dhún an comhlacht?

_____

9

Cluastuiscint 2 *Mír 9.7 - 9.12*

Cuid A

Cloisfidh tú gach fógra **faoi dhó**.

FÓGRA A hAON *Mír 9.7*

Líon isteach an t-eolas atá á lorg sa ghreille anseo.

Cén dream a chuir an fógra seo amach?	
Cad atá á eagrú acu?	
Cén fáth a bhfuil siad míshásta?	
Conas is féidir eolas a fháil faoin ócáid?	

FÓGRA A DÓ *Mír 9.8*

1. (a) Cén folúntas atá á fhógairt?

   _____

   (b) Cé air a bhfuil an fógra seo dírithe?

   _____

2. (a) Luaigh rud amháin is gá a bheith ag duine don phost seo.

   _____

   (b) Cén suíomh gréasáin a luaitear?

   _____

Cuid B

Cloisfidh tú gach fógra **faoi dhó**

COMHRÁ A hAON *Mír 9.9*

An Chéad Mhír

1. Cén saghas cláir a thaitníonn le Molly?

   _____

2. Cén oíche a mbíonn an clár is fearr léi ar siúl?

   _____

An Dara Mír

1. Cén fáth nach dtaitníonn na cláir seo le Neasa?

   _____

2. Cad a deir Molly faoi thionchar na teilifíse ar dhaoine óga?

   _____

COMHRÁ A DÓ 💿 *Mír 9.10*

An Chéad Mhír

1. Cad a tharla do mháthair Leona inné?

   _____

2. Cad atá le déanamh ag máthair Leona anois?

   _____

An Dara Mír

1. Cén rud is mó a chuireann déistin ar Mhaitiú?

   _____

2. Cén cinneadh a rinne Maitiú?

   _____

Cuid C

Cloisfidh tú gach píosa faoi dhó.

PÍOSA A hAON 💿 *Mír 9.11*

1. Cad a bhí ar siúl i mBaile Átha Cliath inné?

   _____

2. Cén fáth a ndéanann daoine an rud seo gach bliain?

   _____

PÍOSA A DÓ 💿 *Mír 9.12*

1. Cén chathair inar léiríodh an dráma?

   _____

2. Cén dáta a thosóidh an dráma?

   _____

Cluastuiscint 3 ✆ *Mír 9.13 - 9.18*

Cuid A

Cloisfidh tú gach fógra **faoi dhó**.

FÓGRA A hAON ✆ *Mír 9.13*

Cad a bheidh ar siúl i dTigh Leo?	
Cathain a bheidh an t-imeacht ar siúl?	
Cé a bheidh ann mar aoi speisialta?	
Luaigh rud amháin a deirtear faoin tábhairneoir.	

FÓGRA A DÓ ✆ *Mír 9.14*

1. (a) Cá mbeidh an fhéile ealaíne ar siúl i mbliana?

   (b) Luaigh imeacht amháin a bheidh ar siúl.

2. (a) Cen sórt ócáide a bheidh ar siúl ar an Máirt?

   (b) Cad a d'eisigh an coiste?

Cuid B

Cloisfidh tú gach fógra **faoi dhó**.

COMHRÁ A hAON ✆ *Mír 9.15*

An Chéad Mhír

1. Cén fáth a bhfuil Rachel ar bís?

2. Cad a cheapann Úna faoin dea-nuacht?

An Dara Mír

1. Cá mbeidh Rachel ag dul amárach?

2. Cén fáth a bhfuil Úna in éad léi?

COMHRÁ A DÓ *Mír 9.16*

An Chéad Mhír

1.   Cén fáth nach raibh Niamh ag an gcóisir aréir?

   _____

2.   Cé mhéad a bhí ar an mbille fóin?

   _____

An Dara Mír

1.   Cad atá ag teastáil uaithi anois?

   _____

2.   Cad a deir Aodhán faoin bhfón póca?

   _____

Cuid C

Cloisfidh tú gach píosa **faoi dhó**.

PÍOSA A hAON *Mír 9.17*

1.   Cén t-éacht a rinne Dónall Ó Loingsigh?

   _____

2.   Cén leasainm atá air?

   _____

PÍOSA A DÓ *Mír 9.18*

1.   Conas a bheidh an aimsir sa tuaisceart amárach?

   _____

2.   Cén rabhadh atá tugtha?

   _____

Cluastuiscint 4 ✇ *Mír 9.19 - 9.24*

Cuid A

Cloisfidh tú gach fógra **fao dhó**.

FÓGRA A hAON ✇ *Mír 9.19*

Líon isteach an t-eolas atá á lorg sa ghreille anseo.

Cén t-ainm atá ar an stáisiún raidió?	
Cén sórt comórtais a luaitear?	
Conas is féidir cur isteach ar an gcomórtas seo?	
Cén duais a luaitear?	

FÓGRA A DÓ ✇ *Mír 9.20*

1. (a) Cad é ainm na scoile seo?

   _____

   (b) Cén saghas scoile í?

   _____

2. (a) Luaigh dhá cheann de na himeachtaí atá ar siúl

   _____

   (b) Cad í uimhir theileafóin na scoile?

   _____

Cuid B

Cloisfidh tú gach fógra **faoi dhó**.

COMHRÁ A hAON ✇ *Mír 9.21*

An Chéad Mhír

1. Cén fhoireann a leanann Síle?

   _____

2. Cén tuairim atá ag Shane faoin bhfoireann seo?

   _____

An Dara Mír

1. Cén caitheamh aimsire atá ag Shane?

   _____

2. Cathain a bhíonn Shane ag traenáil?

   _____

COMHRÁ A DÓ ☺ Mír 9.22

An Chéad Mhír

1.   Cad a deir Kerry faoin bhfoirm CAO?

_____

2.   Cén dáta a luaitear sa phíosa?

_____

An Dara Mír

1.   Cén post ab fhearr le hÁine?

_____

2.   Cén fáth a n-oireann an post seo di?

_____

Cuid C

Cloisfidh tú gach píosa **faoi dhó**.

PÍOSA A hAON ☺ Mír 9.23

1.   Cár osclaíodh an t-ionad nua spóirt le déanaí?

_____

2.   Cé mhéad atá ar an mballraíocht?

_____

PÍOSA A DÓ ☺ Mír 9.24

1.   Cén sórt aimsire atá á tuar d'iarthar na tíre?

_____

2.   Cad a mholtar do dhaoine a bheidh ag taisteal?

_____

Cluastuiscint 5 ⊙ *Mír 9.25 - 9.30*

Cuid A

Cloisfidh tú gach fógra **faoi dhó**.

FÓGRA A hAON ⊙ *Mír 9.25*

Líon isteach an t-eolas atá á lorg sa ghreille anseo.

Cén post a luaitear san fhógra?	
Luaigh cáilíocht amháin a theastaíonn don phost.	
Cén spriocdháta a luaitear?	
Cad é seoladh shuíomh gréasáin an chomhlachta?	

FÓGRA A DÓ ⊙ *Mír 9.26*

1. (a) Cad is ainm don chlár nua atá ar TG4?

    _____

    (b) Cén t-am den lá a bheidh sé ar siúl?

    _____

2. (a) Cé air a bhfuil an clár seo dírithe?

    _____

    (b) Luaigh rud amháin a bheidh sa chlár.

    _____

Cuid B

Cloisfidh tú gach fógra **faoi dhó**.

COMHRÁ A hAON ⊙ *Mír 9.27*

An Chéad Mhír

1.   Cad a fuair Eoin ar a bhreithlá?

    _____

2.   Cén cuireadh a thug sé do Liam?

    _____

An Dara Mír

1.   Cén fáth nár ghlac Eoin leis an gcuireadh?

    _____

2.   Cathain a thosóidh an scoil arís?

    _____

COMHRÁ A DÓ ☉ *Mír 9.28*

An Chéad Mhír

1. Cén fáth a bhfuil Fiona ag gearán?

_____

2. Cén t-am a luaitear?

_____

An Dara Mír

1. Cad a dhéanfadh sí dá mbeadh sí ina hAire Comhshaoil?

_____

2. Cad a deir Breda faoin bpost seo?

_____

Cuid C

Cloisfidh tú gach píosa **faoi dhó**.

PÍOSA A hAON ☉ *Mír 9.29*

1. Cad a tharla i Leitir Ceanainn oíche Dé hAoine?

_____

2. Cad a deir na gardaí sa phíosa seo?

_____

PÍOSA A DÓ ☉ *Mír 9.30*

1. Cad a d'oscail an tAire i gCiarraí inné?

_____

2. Cé mhéad post a chruthófar san áit seo?

_____

Léamhthuiscint

Eolas don scrúdú

Is fiú 100 marc an léamhthuiscint.
Beidh dhá léamhthuiscint ar Pháipéar 2.

Tóg cúpla nóiméad sula dtosaíonn tú an scrúdú. Léigh na ceisteanna uile agus cuir líne faoi na príomhfhocail i ngach ceist.

Cabhair leis na ceisteanna

- Cén fáth a raibh/a mbíonn/a mbeidh/a mbeadh...
- Tabhair dhá phíosa eolais faoi...
- Luaigh ceangal/cosúlacht/difríocht amháin...
- Cén tábhacht atá le.../Cén tairbhe a bhain an t-údar as…
- Luaigh dhá rud a spreag an t-údar...
- Luaigh dhá thréith a bhaineann le...
- Cén bhaint a bhí ag X le Y...
- Cén fáth a dtugtar X ar an...
- Cén rud is luachmhaire/suntasaí...
- Cad atá ar siúl ag...

Eochairfhocal

Feictear na focail seo ar an bpáipéar scrúdaithe. Cad is brí leo?
Bain úsáid as an bhfoclóir chun cabhrú leat.

- Aidhm
- Dearcadh
- Tuairim
- Cinneadh
- Tionchar
- Tuiscint
- Léargas
- Comhairle
- Deacracht
- Dúshlán
- Milleán
- Feachtas
- Laige
- Locht
- Athrú
- Nath
- Cuid
- Éacht
- Gaisce
- Comparáid
- Plé
- Saghas/sórt/cineál

LÉAMHTHUISCINT 1

Léigh an sliocht seo a leanas agus freagair na ceisteanna **ar fad** a ghabhann leis.

Sarah Jessica Parker

1. Tá aithne ag gach duine ar an aisteoir cáiliúil Sarah Jessica Parker. Is réalta mhór idirnáisiúnta í de bharr an róil a fuair sí sa chlár *Sex and the City*. Bean an-fhaiseanta í agus is minic a fheictear í sna héadaí is faiseanta ó na dearthóirí faisin is fearr léi. Tá sí ar an scáileán mór agus beag le fiche bliain anuas. Rugadh Sarah Jessica ar an 25 Márta 1965. Nuair a bhí sí níos óige, bhí suim mhór aici i gcúrsaí ceoil. Thosaigh sí ag canadh agus ghlac sí páirt sa cheoldráma *The Innocents*. Thaitin bailé go mór léi freisin agus cuireadh oiliúint uirthi mar dhamhsóir ar feadh scaithimh.

2. Tá nasc aici le tionscal na fógraíochta. Shínigh an spéirbhean conradh luachmhar le Garnier ag díol earraí gruaige. Rinne sí feachtas fógraíochta idirnáisiúnta leis an gcomhlacht éadaí GAP ansin sa bhliain 2004. Shocraigh SJP ansin dul i mbun táirgthe í féin agus d'eisigh sí a cumhrán féin darb ainm 'Lovely' in 2005. Chuir a dearthár Matthew Broderick in aithne di nuair a bhí siad ag obair le chéile san amharclann chéanna. Phós sí Matthew sa bhliain 1997 i Nua-Eabhrac. Rugadh mac dóibh in 2002 agus in 2009 rugadh beirt iníonacha dóibh.

3. Bhuaigh Sarah Jessica gradam Golden Globe ceithre huaire de bharr an róil a bhí aici sa chlár cáiliúil *Sex and the City*. Rinneadh feiniméan domhanda den chlár thar oíche. Ba léiritheoir í ar an gclár freisin. Chríochnaigh an clár in 2004 ach mar gheall ar an tóir a bhí ag a lucht féachana dílis ar an gclár, rinneadh scannán den tsraith.

D'éirigh go maith leis an gcéad scannán, agus socraíodh an dara scannán a dhéanamh agus bhí sé sna pictiúrlanna Éireannacha i mí na Bealtaine 2010.

4. Cónaíonn SJP lena clann i Nua-Eabhrac faoi láthair ach tá teach saoire aici in Éirinn agus caitheann siad a lán ama i gContae Dhún na nGall, ceantar fíorálainn i dtuaisceart na hÉireann. Chaith a fear céile gach samhradh anseo in Éirinn nuair a bhí sé óg. D'fhan sé i dteach lóistín sna Cealla Beaga. Is ceantar an-difriúil é i gcomparáid leis an saol gnóthach i Meiriceá. Agus iad ar saoire, caitheann siad a gcuid ama ag siúl ar na tránna áille ar chósta Dhún na nGall. Ní gnáthaisteoir í Sarah Jessica Parker ach oiread. Is ambasadóir í freisin le UNICEF. Chuaigh sí go dtí an Libéir chun aird a tharraingt ar staid na tíre sin. Bean fhlaithiúil agus álainn í, gan dabht.

1. (a) Cén fáth a bhfuil cáil idirnáisiúnta ar Sarah Jessica Parker? (Alt 1)
   (b) Cathain a rugadh í? (Alt 1)   10 marc

2. (a) Cé leis ar shínigh sí conradh luachmhar? (Alt 2)
   (b) Cén obair fhógraíochta a rinne sí sa bhliain 2004? (Alt 2)   10 marc

3. Conas a bhuail sí lena fear céile agus cé mhéad páiste atá acu? (Alt 2)   10 marc

4. Luaigh fáth amháin a bhfuil cáil ar an gclár *Sex and the City*. (Alt 3)   10 marc

5. Cá bhfuil a dteach saoire suite?
   Cén fáth ar cheannaigh siad an teach saoire ansin? (Alt 4)   10 marc

9

LÉAMHTHUISCINT 2

Léigh an sliocht seo a leanas agus freagair na ceisteanna **ar fad** a ghabhann leis.

An Chibearbhulaíocht

1. Tá ré na teicneolaíochta buailte linn, gan dabht. Ní féidir aon rud a dhéanamh inniu gan an teicneolaíocht. Gach lá bainimid úsáid as giuirléidí ar nós fón póca agus ríomhairí. Anuas air sin, tá cumhacht ollmhór ag an idirlíon i saol an lae inniu. Glaoitear an Gréasán Domhanda air agus is fíor a rá go bhfuil féidearthachtaí domhanda ag an idirlíon. Téann na milliúin daoine ar láithreáin líonraithe shóisialta agus ar shuíomhanna idirlín gach lá. Bíonn daoine ag uaslódáil pictiúr díobh féin an t-am ar fad. Cuireann siad íomhánna ar shuíomhanna ar nós Facebook, Twitter agus Tumblr. Is féidir le gach duine idir óg agus aosta dul i dteagmháil le chéile ar na suíomhanna seo. Tá baol nua ar an idirlíon áfach: an chibearbhulaíocht.

2. Is téarma nua-aimseartha é 'cibearbhulaíocht'. Níor chuala ár sinsil riamh faoin idirlíon gan trácht ar an gcibearbhulaíocht. Cad is cibearbhulaíocht ann? Is foirm de bhulaíocht í an chibearbhulaíocht a dhéanann daoine trí theicneolaíochtaí éagsúla. Is ábhar conspóideach í an bhulaíocht agus leis an bhforbairt teicneolaíochta, tá áit nua ag daoine mailíseacha chun iad féin a chur i láthair. Úsáideann na daoine seo teicneolaíocht agus gach gné a bhaineann léi chun bagairt ar dhaoine eile. Go minic, bíonn daoine óga á gciapadh ag na bulaithe trí ghlaonna bagracha gutháin, téacsteachtaireachtaí gránna doghlactha agus teachtaireachtaí ríomhphoist. Go minic, cuirtear tuairimí diúltacha ar líne faoi dhaoine soineanta. Maslaíonn siad daoine. Is é an phríomhaidhm atá acu ná na daoine a náiriú agus a ghortú. Nuair a chuirtear tuairimí ar líne, áit a dtig leis an domhan mór iad a fheiceáil, ní féidir fáil réidh leo, fanann siad ar an gcibearspás go deo.

3. Ní fhágann an chibearbhulaíocht lorg fisiciúil. Is rud síceolaíoch í. Ní bulaíocht ar an ríomhaire amháin atá i gceist. Tá fón póca ag beagnach gach déagóir sa lá atá inniu ann. Faigheann siad an fón is déanaí le ceamaraí agus rochtain idirlín. Is féidir le daoine tuairimí a chur ar líne trí chnaipe a bhrú ar an bhfón póca. Is féidir leo pictiúir nó gearrthóga físe a uaslódáil freisin. Cuirtear grianghraif náireacha de dhaoine ar shuíomhanna idirlín. Tuairiscíodh sna nuachtáin le déanaí go raibh dream beag déagóirí ag déanamh taifeadadh ar throid idir beirt déagóirí trí bliana déag d'aois. Troid fhíochmhar a bhí ann agus gortaíodh duine amháin go dona. Bhailigh scáta déagóirí timpeall orthu ag spreagadh na troda. Ní dhearna aon duine faic chun an troid a stopadh. Nach mór an trua é scéalta mar seo a léamh sa lá atá inniu ann?

4. Cén éifeacht a d'fhéadfadh a bheith ag an gcibearbhulaíocht ar shaol an duine?

Bíonn faitíos agus náire ar dhaoine a ndéantar bulaíocht orthu. Éiríonn siad tinn le himní. Ní bhíonn siad ábalta codladh sámh a fháil agus ní bhíonn fonn orthu a bheith ag ithe. Bíonn na tionchair seo le feiceáil ar scoil freisin. Ní bhíonn daltaí a mbíonn bulaíocht á déanamh orthu in ann aird a thabhairt ar a gcuid oibre sa rang agus ní éiríonn go rómhaith leo ina gcuid scrúduithe. Ba cheart gníomhú láithreach chun aghaidh a thabhairt ar an bhfadhb seo, agus deireadh a chur le fulaingt na ndaoine óga atá á gciapadh. Is féidir le scoileanna polasaí bulaíochta a chur i bhfeidhm. Caithfear dul i ngleic leis láithreach nuair a tharlaíonn sé. Is féidir eolas a chur ar fáil do dhaoine óga i scoileanna ar fud na tíre agus cásanna áirithe a léiriú dóibh. Caithfidh tuismitheoirí a bheith cúramach faoin bhfadhb seo agus faoin dainséar nua in aois an idirlín.

1. Luaigh dhá rud a dhéanann daoine ar an idirlíon. (Alt 1) — 10 marc

2. (a) Cad a chiallaíonn an téarma 'cibearbhulaíocht'? (Alt 2)
   (b) Cén sórt modhanna a úsáideann daoine chun cibearbhulaíocht a dhéanamh? (Alt 2) — 10 marc

3. Cén sórt dochair a dhéanann na bulaithe leis an bhfón póca? (Alt 3) — 10 marc

4. Luaigh dhá shampla den tionchar a bhíonn ag an gcibearbhulaíocht ar shaol an duine. (Alt 4) — 10 marc

5. Cad is féidir le scoileanna a dhéanamh chun dul i ngleic leis an bhfadhb seo? (Alt 4) — 10 marc

LÉAMHTHUISCINT 3

Léigh an sliocht seo a leanas agus freagair na ceisteanna **ar fad** a ghabhann leis.

Inis Mór

1. Is í Inis Mór, nó Árainn mar a thugtar uirthi, an ceann is mó de thrí oileán Árann. Tá sí suite timpeall tríocha míle amach ó chathair na Gaillimhe agus naoi míle ó chósta Chonamara. Cónaíonn timpeall 850 duine ar an oileán seo. Sa seanchas, deirtear gur Loch Lurgan a thugtaí, uair amháin, ar an áit a bhfuil Cuan na Gaillimhe sa lá atá inniu ann. Rud é seo a thugann le fios go raibh na hoileáin ceangailte uair le Contae na Gaillimhe ar thaobh amháin agus le Contae an Chláir ar an taobh eile. Is cinnte gur mar seo a bhí sé timpeall 10,000 bliain ó shin, san Oighearaois Dheireanach.

2. Tagann go leor daoine go hInis Mór sa lá atá inniu ann. Bhí uair ann go raibh cáil ar an oileán ó thaobh an léinn agus na spioradáltachta de. Bhí go leor mainistreacha ar an oileán agus thagadh daoine ar oilithreacht ann. Tá go leor iarsmaí de na mainistreacha seo le feiceáil fós. Ba é Naomh Éanna an naomh ba cháiliúla a bhí ar Árainn. Bhí go leor eile ann freisin, Naomh Ciarán agus Naomh Colm Cille ina measc.

3. Is iad na dúnta Ceilteacha atá ar an oileán is mó a mheallann daoine inniu. Tá dhá chineál dúin ann: dúnta cosanta agus dúnta cónaithe. Is é Dún Aonghasa an dún is mó ar a bhfuil triall na ndaoine. Is dún é seo atá ar bharr aille ar aghaidh an Atlantaigh. Creidtear gur dún é a d'úsáideadh na Ceiltigh nuair a bhídís faoi ionsaí. Tá tuairim eile ann gur chineál teampaill a bhí ann chun na déithe a adhradh. Is é mo bharúil féin gur dhún cosanta a bhí ann.

4. Rinne daoine léannta a mbealach chuig Inis Mór síos trí na blianta agus bhain cuid acu úsáid as mar chúlra dá gcuid scríbhneoireachta. Thug scríbhneoirí mar John Millington Synge agus William Butler Yeats cuairt ar an oileán. Nuair a rinne Robert Flaherty an scannán Man of Aran sa bhliain 1934, chuir sé an t-oileán ar shúile an domhain. Thug an pictiúr seo léiriú ar an saol crua a bhí ag na daoine ag an am. Thaispeáin sé daoine ag cur chun farraige i gcurach canbháis agus an dainséar a bhí ag dul leis seo. Thug sé léiriú ar an nganntanas cré a bhí ar Árainn agus thaispeáin sé muintir an oileáin ag déanamh talaimh, ag baint úsáide as feamainn, fód agus gaineamh. Is féidir blaiseadh den saol seo sa lá atá inniu ann fiú.

5. Nuair a imíonn tú den chosán idir Cill Rónáin agus Dún Aonghasa bíonn deis agat blaiseadh de shuaimhneas shaol an oileáin. Ceann de na rudaí is mó a mbainim féin taitneamh as anseo ar Inis Mór ná bheith ag snámh san fharraige úrghlan ghorm ag Cill Mhuirbhigh. Tá "bratach ghorm" ag an trá seo mar aitheantas ar ghlaineacht na háite, agus ar shábháilteacht na trá. Tá an oscailt farraige seo atá gardáilte ag Dún Aonghasa, neamhthruaillithe i ndomhan atá lán de bhrú agus d'aighneas, agus daoine faoi dheifir. Suaimhneas, síocháin agus sástacht a bhí ó na Ceiltigh a thóg na dúnta fadó. Is iad na rudaí céanna atá uathu siúd a thugann cuairt orainn inniu chun blaiseadh de shaol an oileáin. Is breá an rud, mar a deir an file Máirtín Ó Direáin, siúl cois trá "sa gciúnas séimh" maidin is tráthnóna, ar oileán mara.

(bunaithe ar alt as *Beo!* le Seán Ó Flaithearta)

1. (a) Cá bhfuil Inis Mór Suite? (Alt 1)
   (b) Cé mhéad duine a chónaíonn ann? (Alt 1)   10 marc

2.   Luaigh rud amháin a léiríonn go raibh cáil ar an oileán ó thaobh an léinn agus na spioradáltachta de? (Alt 2)   10 marc

3.   Tabhair dhá phíosa eolais faoi Dhún Aonghasa. (Alt 3)   10 marc

4.   Cén sórt léargais a thug an scannán *Man of Aran* ar shaol an oileáin? (Alt 4)   10 marc

5. (a) Cad is maith leis an údar a dhéanamh ar Inis Mór? (Alt 5)
   (b) Cad a léiríonn an 'bhratach ghorm' atá ag an trá faoin gceantar? (Alt 5)   10 marc

9

LÉAMHTHUISCINT 4

Léigh an sliocht seo a leanas agus freagair na ceisteanna **ar fad** a ghabhann leis.

Mícheál D.

1. Tar éis an toghcháin i mí na Samhna 2011 agus comhaireamh na vótaí críochnaithe, foilsíodh grianghraf den Uachtarán nua tofa, Mícheál D. Ó hUiginn i ngach páipéar ar fud na tíre. Rugadh naoú huachtarán na hÉireann ar an ochtú lá déag de mhí Aibreáin 1941. Chaith sé laethanta a óige ina chónaí lena aintín i gContae an Chláir. Bhuail sé lena bhean chéile nuair a d'fhreastail sé ar chóisir sa bhliain 1969 agus phós siad cúig bliana ina dhiaidh sin. Tá ceathrar páistí acu.

2. Bhí mé gníomhach i bPáirtí an Lucht Oibre ar feadh roinnt blianta sna hochtóidí agus bhí sé de phribhléid agam tréimhsí a chaitheamh ag canbhásáil le Mícheál D. i gConamara, aimsir na dtoghchán. Togha comhluadair ab ea é: scéalaí iontach agus féith ghrinn den scoth aige. Thaitin sé le daoine ag na doirse. Ar ndóigh bhí sé le cloisteáil go minic ar RnaG, rud a chabhraigh go mór leis sa Ghaeltacht. Bhí Mícheál D. in ann vótaí a mhealladh ó dhaoine nach raibh meas madra acu ar a pháirtí, de bharr na híomhá a chothaigh sé go cúramach: an t-intleachtóir ag troid ar son an ghnáthdhuine agus ag labhairt amach in aghaidh na héagóra, bíodh sin sa bhaile nó thar lear.

3. Chuir mé aithne ar Mhícheál D. mar léachtóir i lár na n-ochtóidí. Ag déanamh céim oíche in Ollscoil na hÉireann, Gaillimh a bhí mé agus bhí Mícheál D. ar dhuine de na léachtóirí san áireamh ar an gcúrsa a dtugtar an tSocheolaíocht & an Pholaiteolaíocht air. Cé go raibh sé gafa leis an Seanad ag an am céanna, ní cuimhneach liom gur chaill sé aon léacht

linn aon tráthnóna Déardaoin, nuair a bhí sé ceaptha a bheith againn. Thagadh sé isteach sa seomra léachta agus ualach mór cáipéisí agus leabhar faoina ascaill aige. Scartaí amach a raibh á iompar aige ar an mbinse fada ag bun an tseomra léachta. Thosaíodh sé agus ar feadh 10 nóiméad nó mar sin, ní bhíodh an léacht ag dul treo ar bith ach Mícheál D. ag piocadh suas corrbhileog anseo agus leabhar ansiúd ón mbinse agus á leagan anuas arís go dtí sa deireadh go n-aimsíodh sé cáipéis éigin as a bhfaigheadh sé an tinfeadh chun léacht den scoth a thabhairt faoi ghné éigin de pholaitíocht na hÉireann. Bhímis faoi dhraíocht aige le cumas a chuid cainte agus úire a chuid smaointe.

4. Níor cheart riamh dearmad a dhéanamh ar an ról tábhachtach a bhí ag Mícheál D. i mbunú TnaG, nó TG4 mar atá air anois. Bhí tús beag curtha leis an obair bhunaithe ag Máire GeogheganQuinn, a bhí mar Aire Cumarsáide sa chomhrialtas a thit as a chéile sa bhliain 1992, sa mhéad agus gur cheap sí Pádraig Ó Ciardha mar chomhairleoir di ar cheist na teilifíse. Nuair a thit comhrialtas Fhianna Fáil/ an Pháirtí Dhaonlathaigh as a chéile ag deireadh 1992 is comhrialtas idir Fianna Fáil agus an Lucht Oibre a tháinig ina áit agus ceapadh Mícheál D. Ó hUiginn ina Aire Ealaíon, Oidhreachta agus Gaeltachta, agus an cúram air TnaG a chur ar bun. Ní raibh sé éasca ar Mhícheál D. cead a fháil óna chomhairí ag bord an Rialtais dul ar aghaidh leis an tionscnamh teilifíse. Bhí cuid de na hAirí sách faiteach faoin méid sin airgead poiblí a chaitheamh, ar mhaithe le stáisiún teilifíse trí Ghaeilge, i bhfianaise an fheachtais láidir a bhí ar bun ag iriseoirí agus tráchtairí áirithe sna meáin, ar thug Mícheál D. "the people for whom Irish is not half dead enough" orthu. Ach choinnigh sé leis agus chuaigh TnaG ar an aer Oíche Shamhna 15 bliana ó shin, a bhuíochas sin dá dhiongbháilteacht.

5. Is bua mór don tír é gur toghadh Mícheál D. as an seachtar a bhí ag seasamh. Beidh áit lárnach ag an nGaeilge ina uachtaránacht ón tús. Táim cinnte nach mbeidh aon aiféala orainn gur roghnaíodh polaiteoir stuama, intleachtóir misniúil agus saor focal gan sárú le bheith mar chomharba ar Mháire Mhic Giolla Íosa. Go maire sé a nuacht agus go ndéana sé muintir na hÉireann mórtasach as ár gcultúr ilghnéitheach agus as ár gcumas ildánach.

(bunaithe ar alt as *Beo!* le Donncha Ó hÉallaithe)

1. Luaigh dhá phíosa eolais faoi shaol pearsanta an Uachtaráin, Mícheál D. Ó hUiginn. (Alt1) 10 marc

2. Cén íomhá de Mhícheál D. a chabhraigh go mór leis vótaí a mhealladh? (Alt 2) 10 marc

3. (a) Cén bhaint a bhí ag Mícheál D. Ó hUiginn le hOllscoil na hÉireann, Gaillimh? (Alt 3) 10 marc
(b) Cén fáth a raibh an t-údar agus na scoláirí eile faoi dhraíocht ag Mícheál D.? (Alt 3) 10 marc

4. Cén fáth a raibh eagla ar chuid de na hAirí maidir le TG4, dar leis an alt seo? (Alt 4) 10 marc

5. Cén fáth gurb iontach an rud é go bhfuil Mícheál D. mar uachtarán na hÉireann anois? (Alt 5) 10 marc

LÉAMHTHUISCINT 5

Léigh an sliocht seo a leanas agus freagair na ceisteanna **ar fad** a ghabhann leis.

John Hume: An Phearsa is Mó i Stair na hÉireann

1. Rugadh John Hume sa bhliain 1937. D'fhreastail sé ar Choláiste Choilm. I ndiaidh na meánscoile, chuaigh sé go dtí Coláiste Phádraig i Maigh Nuad. Bhí sé ag smaoineamh ar bheith ina shagart ach d'athraigh sé a intinn tar éis tamaill. Rinne sé staidéar ar an Stair agus ar an bhFraincis. Bhain sé MA amach agus ansin d'fhill sé ar Dhoire agus fuair sé post mar mhúinteoir.

2. Bhunaigh sé féin agus roinnt daoine eile Comhar Creidmheasa i nDoire. Ní raibh sé ach 27 mbliana d'aois nuair a toghadh é ina uachtarán ar Chonradh na hÉireann de Chomhair Chreidmheasa. Bhí sé ina Uachtarán ó 1964 go dtí 1968. Dúirt sé le déanaí gurbh é an rud ba mhó a raibh sé bródúil as ná an obair a rinne sé do ghluaiseacht na gComhar Creidmheasa ar

fud na hÉireann ar fad. Tugann an Comhar Creidmheasa seans do gach duine sa tír, fiú do na daoine is boichte, beagán airgid a chur i dtaisce go rialta agus iasachtaí a fháil nuair a bhíonn airgead ag teastáil uathu.

3. Sa chóras polaitiúil a bhí i dTuaisceart Éireann ag an am, ní raibh cothrom na Féinne le fáil ag an bpobal náisiúnach Caitliceach. Thosaigh daoine ag iarraidh cúrsaí a athrú sna seascaidí, agus ghlac Hume páirt sa ghluaiseacht i nDoire ar son rialtas áitiúil cóir a bhunú. Níorbh fhada gur toghadh é mar fheisire chuig na parlaimintí i Stormont, Westminster agus sa Bhruiséil. Rinneadh ceannaire de ar a pháirtí, an SDLP, sa bhliain 1979. Bhí sé gníomhach ag lorg cearta daonna sa i dTuaisceart Éireann, ag iarraidh socrú

polaitiúil a aimsiú ann, agus ag mealladh monarchana chuig an áit. De réir mar a bhí an foréigean ag méadú sheas sé go láidir ar son modhanna síochána. Sna nóchaidí bhí ról lárnach aige sna cainteanna le réiteach síochánta a fháil ar na trioblóidí i dTuaisceart Éireann. Mar thoradh ar na cainteanna sin d'fhógair an IRA sos cogaidh i 1994. D'éirigh siad as an bhforéigean agus ghlac Sinn Féin páirt ghníomhach sa chóras polaitiúil. Thuill Hume ardmheas idirnáisiúnta as a chuid oibre agus bhuaigh sé Duais Nobel na Síochána in éineacht le David Trimble i 1998.

4. Nuair a d'éirigh Hume as ceannaireacht an SDLP in 2001 moladh go hard é as a raibh déanta aige ar son Dhoire, a pháirtí, an phobail agus ar son na síochána. Mhol na páirtithe go léir in Éirinn é. Ní raibh gach duine chomh moltach céanna laistigh dá pháirtí féin, áfach. Dúradh, mar shampla, go raibh sé rórúnda ina chaidreamh le baill an pháirtí, gur fhan sé rófhada sa phost mar cheannaire agus nár thug sé seans do dhaoine nua tabhairt faoi na dúshláin nua a bhí rompu i ndiaidh 1994.

5. Sa bhliain 2010, cúig bliana tar éis do Hume éirí as an bpolaitíocht de bharr cúrsaí sláinte, ainmníodh é ar an *Late Late Show* mar 'An Phearsa is Mó i Stair na hÉireann'. Bhí pobal na tíre tar éis vótáil dá rogha duine as cúigear a bhí ainmnithe don ghradam. Is é John Hume an t-aon duine ar domhan a bhfuil na trí ghradam, Duais Gandhi don tSíocháin, Duais Martin Luther King agus Duais Nobel na Síochána buaite aige. Ghlac sé go humhal leis an ngradam is deireanaí seo, ag gabháil buíochais leo siúd ar fad a chuidigh leis Éire níos síochánta a chruthú.

---

1. (a) Cén áit agus cathain a rugadh John Hume? (Alt 1)
   (b) Cén post a fuair sé nuair a d'fhill sé ar Dhoire? (Alt 1)   10 marc

2. (a) Cén aois a bhí sé nuair a toghadh ina Uachtarán é ar Chonradh na hÉireann de Chomhair Chreidmheasa? (Alt 2)
   (b) Conas a chabhraíonn an Comhar Creidmheasa leis na daoine is boichte sa tír? (Alt 2)   10 marc

3. Luaigh dhá thoradh a bhí ar na cainteanna i dTuaisceart Éireann sna nóchaidí. (Alt 3)   10 marc

4. Luaigh dhá ghearán a rinne daoine laistigh dá pháirtí faoi John Hume. (Alt 4)   10 marc

5. (a) Cathain a bronnadh an gradam 'An Phearsa is Mó i Stair na hÉireann' air? (Alt 5)

   (b) Luaigh na trí ghradam a bhuaigh John Hume. (Alt 5)   10 marc

LÉAMHTHUISCINT 6

Léigh an sliocht seo a leanas agus freagair na ceisteanna **ar fad** a ghabhann leis.

Ceiliúradh 50 bliain na Dubliners

1. Oíche Lá Nollag, craoladh clár speisialta mar cheiliúradh ar cheann de na grúpaí ceol tíre is mó a tháinig amach as Éirinn riamh. Chuir Gay Byrne *For One Night Only* i láthair leis Na Dubliners, a bhí ag ceiliúradh caoga bliain a mbunaithe in 2012. Sa chlár, labhair Gaybo le baill an ghrúpa faoin leathchéad bliain atá caite acu ar an mbóthar agus faoina gcuimhní cinn ar na baill atá imithe ar shlí na fírinne – Luke Kelly, Ronnie Drew, Ciarán Bourke agus Bob Lynch. Ag glacadh páirte sa chlár freisin bhí cuid de na haíonna is mó i saol an cheoil sa tír seo, leithéidí Declan O'Rourke, Sharon Shannon, Shane MacGowan, Mary Coughlan agus Liam Ó Maonlaí.

2. "Ócáid fhíorspeisialta a bhí ann," a deir John Sheahan, bainisteoir an ghrúpa. "Rinne Gaybo tagairt cheanúil don cheiliúradh speisialta a rinne an grúpa ar an Late Late Show 25 bliain ó shin." Tá John Sheahan mar veidhleadóir leis Na Dubliners ó 1964 agus tá cáil mhór bainte amach aige thar na blianta mar chumadóir agus léiritheoir ceoil. D'éirigh thar barr leis an gceiliúradh 25 bliain sin i 1987 agus bhí sé ar cheann de na heagráin is cáiliúla den Late Late Show riamh. Agus Na Dubliners ag fáil faoi réir do cheiliúradh 50 bliain ar an mbóthar, shocraigh RTÉ ar an ngrúpa a thabhairt ar ais arís sa stiúideo do cheiliúradh speisialta in éindí le Gay Byrne.

3. "Fuaireamar glaoch ó RTÉ i mí na Samhna le linn dúinn a bheith ar an gcéad leath dár dturas bliantúil timpeall na Gearmáine," a deir John. "Chuir siad ceist an mbeimis ar fáil chun an seó a dhéanamh ach ní raibh ach lá amháin a bheadh an stiúideo saor. Mar a tharla, d'fheil sé dúinn mar go rabhamar ar bhriseadh ón nGearmáin agus sa bhaile an tseachtain sin." Deir John go ndearnadh an chuid is mó de na socruithe don chlár trí ríomhphost mar go raibh siad ag taisteal ag an am. "Thángamar abhaile ar an 12 Samhain agus rinneadh taifead ar an seó ar an 16 Samhain," a deir sé. Thug an grúpa aghaidh ar an nGearmáin ansin arís chun críoch a chur lena gcamchuairt.

4. Is iomaí turas atá déanta ag Na Dubliners thart timpeall na Gearmáine agus in áiteanna eile i gcéin ó bunaíodh an grúpa i dteach ósta O'Donoghue ar Rae Mhuirfean i 1962. "The Ronnie Drew Ballad Group" a tugadh orthu i dtús ama ach ní mó ná sásta a bhí siad ar fad leis an ainm sin. Athraíodh an t-ainm tráth dá raibh Luke Kelly ag léamh 'Dubliners' le James Joyce agus ba é sin mar a d'fhan sé. Cé go bhfuil leathchéad bliain caite ag Na Dubliners ar an mbóthar, tá siad fós ag obair go crua, ag taisteal go bliantúil i Sasana, ar fud na hEorpa agus sna Críocha Lochlannacha. Mar sin féin, ní chuireann an méid sin isteach ar a ndea-ghiúmar! "Bhí ár gcleachtadh feistis bliantúil againn an lá sular thaifeadamar an clár seo!" a deir John ag gáire.

(bunaithe ar alt as *Gaelscéal* le Áine Ní Chuaig)

1. (a) Cad a bhí le plé ar an gclár *For One Night Only*? (Alt 1)
   (b) Luaigh beirt de na haíonna speisialta a bhí i láthair. (Alt 1) 10 marc

2. Cé hé John Sheahan? Luaigh dhá phíosa eolais faoi. (Alt 2) 10 marc

3. Cad a rinne an grúpa tar éis an taifeadta? (Alt 3) 10 marc

4. (a) Cén t-ainm a bhí ar an ngrúpa ar dtús? (Alt 4)
   (b) Conas a fuair siad an t-ainm 'The Dubliners'? (Alt 4) 10 marc

5. Conas a léiríonn an t-údar go mbíonn na Dubliners fós ag obair go dian? (Alt 5) 10 marc

10

Fócas ar an mbéaltriail

ÁBHAR AN AONAID

- Treoir don scrúdú
- An tsraith pictiúr
- Ag léamh an dáin
- Freagraí samplacha agus nótaí breise
- Fócas ar an scrúdú

TOPAIC	NASC LE
Mé féin agus mo mhuintir	Aonad 2
M'áit chónaithe	Aonad 1
Saol na scoile	Aonad 4
Caitheamh aimsire	Aonaid 2, 3
Teicneolaíocht	Aonad 2
Éire sa lá atá inniu ann	Aonad 1
An deireadh seachtaine	Gramadach in Aonaid 1, 3, 4
An modh coinníollach	Gramadach in Aonad 5

Treoir don bhéaltriail

Fáiltiú 5 marc

- Ainm
- Aois
- Seoladh baile
- Dáta breithe
- Scrúduimhir

An Dán 35 marc

- Caithfidh tú dán a léamh
- Roghnóidh an scrúdaitheoir an dán

Sraith pictiúr 80 marc

- Ullmhaigh 20 Sraith Pictiúr – roghnófar tú ceann amháin go randamach
- Caithfidh tú cur síos a dhéanamh ar an tSraith Pictiúr
- Caithfidh tú trí cheist a chur ar an scrúdaitheoir ansin
- Beidh trí cheist ón scrúdaitheoir le freagairt ag an deireadh

Comhrá 120 marc

- Comhrá ginearálta
- 75 marc i gcomhair d'fhoclóra agus 45 marc i gcomhair líofachta

Nod don scrúdú

- Develop your answer as fully as possible
- Use a variety of verbs/tenses
- Where appropriate, use the negative form of verbs
- Be careful with sentence structure
- Prepare a rich bank of vocabulary/phrases

Sraith Pictiúr

Ag díriú aird an scrúdaitheora

- Tosaímis leis an gcéad phictiúr.
- Feicimid sa chéad phictiúr … sa dara pictiúr … sa tríú pictiúr … sa cheathrú pictiúr

Cé atá sa phictiúr?

- Tá … le feiceáil sa phictiúr.
- Tá X ag caint le Y sa phictiúr.
- Feicimid … sa phictiúr.
- Buachaill/buachaillí; cailín/cailíní; dalta/daltaí; príomhoide; moltóir; máthair; athair; tiománaí;
- imreoir / imreoirí; tuairisceoir; déagóir/déagóirí; cúpla; cairde; moltóirí; foireann; tuismitheoirí;
- duine amháin; beirt; triúr; ceathrar; cúigear; seisear

An láthair sa tSraith Pictiúr

- Tosaíonn an lá le beirt déagóirí…
- sa bhaile; sa chathair; sa chistin; san ionad siopadóireachta; ar scoil
- Anois tá siad…
- Sa bhialann; ar an tsráid; sa Ghaeltacht; san aerfort; in óstán
- Críochnaíonn an lá leis an mbeirt acu…
- in oifig an phríomhoide; san ospidéal; sa teach; i stáisiún na nGardaí; i gclub oíche

Cathain a tharlaíonn imeachtaí an scéil?

Luaigh an séasúr más féidir.

- An t-earrach
- An samhradh
- An fómhar
- An geimhreadh
- I dtús an earraigh
- I lár an tsamhraidh
- I rith an fhómhair
- Ag deireadh an gheimhridh

Luaigh an t-am

- A haon a chlog
- Ceathrú tar éis a dó
- Leathuair tar éis a trí
- Ceathrú chun a cúig
- Ar maidin
- San iarnóin
- Sa tráthnóna
- San oíche
- Meán lae/meán oíche

Mothúcháin an duine

Tá … ar an mbuachaill/ar an gcailín/ar an bhfear/ar an mbean.

Bí cúramach faoin urú!

- Aiféala
- Bród
- Brón
- Díomá
- Faitíos
- Fearg
- Fuath
- Imní
- Náire
- Sonas
- Uaigneas

10

Briathra úsáideacha

Tá na briathra seo san aimsir láithreach. An dtuigeann tú iad?

- Téann
- Tugann siad cuairt ar
- Freastlaíonn siad ar
- Socraíonn
- Sroicheann siad
- Caitheann siad tamall…
- Tógann
- Pléann
- Éiríonn níos fearr le

- Ceiliúrann
- Bronnann (ar)
- Buaileann (le)
- Tagann
- Luann
- Cuireann
- Seolann
- Buann
- Cloiseann

- Feiceann
- Faigheann
- Déanann
- Labhraíonn
- Caitheann
- Fágann
- Pléann
- Féachann
- Seinneann

An tAinm Briathartha

Úsáidimid an tAinm Briathartha chun –ing a rá i mBéarla mar shampla 'eating = ag ithe'.

- Ag ithe
- Ag imirt
- Ag léamh
- Ag déanamh
- Ag scríobh

- Ag seoladh
- Ag féachaint (ar)
- Ag tiomáint
- Ag pleanáil
- Ag cleachtadh

- Ag fáil
- Ag glacadh páirte
- Ag plé
- Ag ullmhú
- Ag labhairt

Ceisteanna

Caithfidh tú trí cheist a chur ar an scrúdaitheoir agus cuirfidh sé/sí trí cheist ortsa.
Bí cinnte go dtuigeann tú na foirmeacha ceiste seo:

- Conas/Cén chaoi
- Cé
- Cén
- Cá
- Cén fáth
- Cathain
- Cén sórt
- Luaigh
- Cad a tharlaíonn…?
- Cad atá ar siúl…?
- Cá dtéann…?
- Déan cur síos ar…
- Cad atá á léamh ag…?
- Cad atá X á dhéanamh ag X?
- Cén fáth a gcuireann X glaoch ar Z?
- Cad a phléann siad…?

- Cén rún atá a phlé acu?
- Cá bhfios dúinn go bhfuil…?
- Conas a cheiliúrann siad an bua?
- Conas a mhothaíonn X?
- Cén fáth a bhfuil áthas/fearg/brón ar…?
- Cén chuma atá ar an…?
- An bhfuil trá/óstán ann?
- Conas atá an aimsir?
- Cén t-athrú a thagann ar an…?

Ag nochtadh tuairime faoin tSraith Pictiúr

- Is maith liom/Is aoibhinn liom/Is breá liom
- Ní maith liom/Is fuath liom/Is gráin liom
- Cuireann sé áthas orm
- Cuireann sé déistin orm
- Táim/Nílim craiceáilte faoi
- Ceapaim/Measaim
- Táim den bharúil/I mo thuairim féin
- Caithfidh mé a admháil

- Níl barúil dá laghad agam
- Táim/Nílim cinnte
- Creidim
- Aontaím/Ní aontaím le
- Is oth liom a rá
- Is cuma liom faoi
- Rud fiúntach é/Is iontach an rud é

Bain úsáid as nathanna cainte chun do shaibhreas teanga a léiriú.

- D'fhéadfá a rá go bhfuil
- Bhí/Ní raibh mé ag súil leis an gceist sin
- Ar ndóigh
- Sin ceist mhaith
- Áfach
- Mar is eol duit
- Chun an fhírinne a rá
- Faoi láthair/le déanaí

- Gan dabht ar bith/i ndáiríre
- Aisteach/Spéisiúil go leor
- Tá sé cosúil le
- Creid é nó ná creid
- Chomh maith leis sin/Anuas air sin
- Faraor
- Ar an taobh eile de
- Ar an gcéad dul síos

10

1. Mé féin agus mo mhuintir

Déan cur síos ort féin.

- ...is ainm dom.
- Táim seacht/ocht mbliana déag d'aois.
- Rugadh mé ar an … lá de mhí… Mar shampla: Rugadh mé ar an tríú lá is fiche de mhí Aibreáin.
- Is duine lách cairdiúil mé ach uaireanta bím cantalach nuair a bhím faoi bhrú.
- Gealgháireach
- Macánta
- Ciúin
- Amaideach
- Bríomhar
- Cainteach
- Deas
- Ceanndána
- Dea-bhéasach
- Tá gruaig dhonn/dhubh/fhionn/rua orm.
- Tá dath gorm/glas/donn/liath ar mo shúile.

Freagra samplach →

Is mise Seán Ó Riain. Is gnáthdhéagóir mé atá seacht mbliana déag d'aois. Tá mo bhreithlá ar an bhfichiú lá de mhí Eanáir. Is duine cainteach mé ach is dócha go ndéarfadh mo thuismitheoirí go bhfuilim róchainteach.
Tá dath ar mo chuid gruaige fionn agus tá dath gorm ar mo shúile.

Meaitseáil

Meaitseáil na ceisteanna leis na freagraí thíos.

Cad is ainm duit?	Tá dath donn ar mo shúile, cosúil le m'athair.
Cén aois atá tú?	Is duine deas agus cabhrach mé. Cabhraím le mo mham sa teach gach lá.
Cathain a rugadh tú?	Tá mé seacht mbliana déag d'aois ach beidh mé ocht mbliana déag d'aois an tseachtain seo chugainn.
Cén dath atá ar do shúile?	Síofra Ní Bhriain is ainm dom.
Cén saghas duine tú?	Rugadh mé ar tríú lá déag de mhí an Mhárta.

Obair bheirte

Freagair na ceisteanna sa ghreille seo thuas leis an dalta in aice leat. Scríobh do fhreagraí i do chóipleabhar ansin mar ullmhúchán don bhéaltriail.

Inis dom faoi do mhuintir.

- Tá ... i mo theaghlach.
- Beirt/triúr/ceathrar/cúigear/seisear/ seachtar/ochtar/naonúr/deichniúr
- Tá deartháir/deirfiúr amháin agam.
- Is páiste aonair mé. Níl aon deartháir ná deirfiúr agam.
- Tá .... deartháireacha/ deirfiúracha agam.
- .... is ainm dó/di/dóibh.
- Tá sé/sí/siad ... d'aois.
- Is mise an duine is sine/is óige.
- Is é/í ... an páiste is sine/is óige sa teaghlach.

> ### Freagra samplach ➔
>
> Tá cúigear i mo theaghlach. Triúr páistí: mé féin, mo dheirfiúr Ailbhe agus mo dheartháir óg Aodhán. Is í Ailbhe an duine is sine. Tá sí fiche bliain d'aois. Tá mise sa lár agus is é Aodhán an duine is óige. Níl sé ach ocht mbliana d'aois. Ba bhreá liom dá mba mise an duine ab óige mar ní bheadh mo thuismitheoirí chomh dian céanna orm. Réitím go maith le mo theaghlach.

Cad atá á dhéanamh acu?

- Tá ... ag obair i ...
- Tá ... ag staidéar ar an ollscoil.
- Tá ... sa chéad bhliain ar scoil.
- Is ... é m'athair/Is ... í mo mháthair.
- Oibríonn sé/sí sa...
- Níl ... ag obair faoi láthair mar chaill sí/sé a p(h)ost le déanaí.
- Nóta don scrúdú: Féach ar Aonad 5, áit a bhfuil liosta de ghairmeacha beatha.

> ### Freagra samplach ➔
>
> Freastlaíonn mo dheartháir ar an mbunscoil áitiúil, tá sé i rang a ceathair. Tá mo dheirfiúr ag déanamh cúrsa ollscoile. Tá sí ag freastal ar Choláiste na Tríonóide. Déanann sí staidéar ar an tsíceolaíocht. Is poitigéir é mo dhaid, Éamonn. Tá a shiopa féin aige. Oibríonn mo mham sa siopa leis.

Meaitseáil

Meaitseáil na ceisteanna leis na freagraí thíos.

Cé mhéad duine atá i do theaghlach?	Tá mo dheartháir ag obair i siopa ceoil. Bíonn sé ag obair cúig lá in aghaidh na seachtaine.
An bhfuil deartháir nó deirfiúr agat?	Is mise an duine is óige sa chlann. Táim fós ar scoil.
Cé hé an duine is óige?	Is é mo dheartháir an duine is sine. Tá sé cúig bliana níos sine ná mé.
Cé hé an duine is sine?	Tá deartháir amháin agam. Pól is ainm dó.
Cad atá á dhéanamh ag do dheartháir?	Tá ceathrar againn sa bhaile. Mo thuismitheoirí, mo dheartháir Pól agus mé féin, ar ndóigh.

Obair bheirte

Freagair na ceisteanna sa ghreille seo thuas leis an dalta in aice leat. Scríobh do fhreagraí i do chóipleabhar ansin mar ullmhúchán dón bhéaltriail.

2. M'áit chónaithe

Cá bhfuil tú i do chónaí?

- Táim i mo chónaí in áit bheag/áit mhór darb ainm…
- Tagann an t-ainm ó … sa cheantar.
- Tá teach dhá stór againn, suite ar imeall an bhaile.
- Bungaló
- Teach sraithe
- Teach scoite
- Teach leathscoite
- I lár na cathrach
- Faoin tuath
- In eastát tithíochta
- Is bruachbhaile é atá suite i dtuaisceart/i ndeisceart/in iarthar/ in oirthear na cathrach.
- Is breá liom an ceantar seo mar go bhfuil sé síochánta agus glan. Chomh maith leis sin, tá muintir na háite lách cairdiúil.

Cén sórt áiseanna atá sa cheantar?

- Níl aon ghanntanas áiseanna sa cheantar, mar shampla…
- Linn snámha; páirceanna imeartha; ionad siopadóireachta; leabharlann; amharclann; pictiúrlann; ollmhargadh; siopa sceallóg; galfchúrsa; séipéal; teach tábhairne
- Ag an am céanna, thiocfadh le níos mó a bheith ann do dhaoine óga.
- Tá an tseirbhís traenach go lár na cathrach an-sásúil.
- Tá an tseirbhís bus áitiúil sásúil go leor.
- Níl go leor áiseanna ann do dhaoine óga áfach. Níl aon … ann.
- Bheadh sé deas dá mbeadh club oíche/caifé idirlín/pictiúrlann/club óige i mo cheantar.
- B'fhearr liom a bheith i mo chónaí i gceantar bríomhar.

Freagra samplach ➔

Inis dom faoi d'áit chónaithe.

Is as Gaillimh mé. Cónaím ar imeall na cathrach. Tá teach dhá stór againn. Teach leathscoite compordach atá ann, le cúig sheomra. Is maith liom mo cheantar mar go bhfuil neart áiseanna ann. Tá pictiúrlann cúig scáileán againn agus anuas air sin, giomnáisiam, tithe tábhairne, neart siopaí agus ardeaglais i lár an bhaile. Dhún monarcha teicstílí anuraidh agus chaill daichead duine a bpost. Ba mhór an trua é don cheantar.

Meaitseáil

Meaitseáil na ceisteanna leis na freagraí thíos.

Cá bhfuil tú i do chónaí?	Tá neart siopaí ann freisin. Téim go dtí an siopa éadaí agus siopa nuachtán ar an bpríomhshráid go minic.
Cén sórt tí atá agat?	Tá a lán áiseanna sa cheantar: linn snámha, pictiúrlann agus d'oscail an tAire Oideachais Gaelscoil nua le déanaí.
Cá bhfuil do theach suite?	Tá mé i mo chónaí i gContae Lú.
Cén sórt áiseanna atá ar fáil sa cheantar?	Tá mo theach suite in áit bheag ar imeall an bhaile.
An bhfuil mórán siopaí sa cheantar?	Cónaím i dteach sraithe. Tá cúig sheomra ann. Tá mo sheomra leapa féin agam.

Obair bheirte

Freagair na ceisteanna sa ghreille seo thuas leis an dalta in aice leat. Scríobh do fhreagraí i do chóipleabhar ansin mar ullmhúchán don bhéaltriail.

An bhfuil mórán fadhbanna sa cheantar?

- Níl mórán fadhbanna againn anseo i…
- Gan amhras, tá ár gcuid fadhbanna féin againn anseo i...
- Ní dóigh liom go bhfuil aon fhadhb anseo nach bhfuil in aon áit eile in Éirinn.

Freagra samplach →

Trácht
Ar an gcéad dul síos, bíonn an trácht sa cheantar uafásach. Cuireann tranglam tráchta moill ar gach duine ar maidin. Tá an fhadhb seo ag dul in olcas, go háirithe nuair a bhíonn oibrithe ag deisiú na mbóithre ar maidin. Dá mbeinn i m'Aire Comhshaoil, dhéanfainn iarracht feabhas a chur ar fhadhb an tráchta. Mholfainn scéim rothaíochta sa cheantar agus anuas air sin mholfainn feachtas siúlóide. Chuirfinn níos mó busanna ar na sráideanna chun truailliú a laghdú freisin.

Fadhb an bhruscair
Uaireanta caitheann daoine a gcuid bruscair ar na sráideanna. Ní fadhb mhór é i ndáiríre ach cuireann sé isteach orm ag an am céanna. Tá baile gar dúinn agus bhuaigh siad Comórtas na mBailte Slachtmhara anuraidh. Ba bhreá linn an comórtas a bhuachan i mbliana. Chuirfinn ceamaraí CCTV in airde ar na ballaí sa bhaile chun stop a chur leis an bhfadhb seo.

Fadhb na ndrugaí agus fadhb an óil
Feicimid an dochar a dhéanann fadhb an óil ag an deireadh seachtaine go háirithe. Bíonn sé an-challánach nuair a bhíonn daoine óga díomhaoin agus gan aon rud le déanamh acu. Uaireanta nuair a bhíonn siad ar meisce, tosaíonn siad ag troid le chéile. Is oth liom a rá go bhfuil fadhb le hiompraíocht fhrithshóisialta i mo cheantar. Thosóinn club éigin nó ionad spóirt sa cheantar do dhaoine óga ionas go mbeidís faoi dhíon, agus ní amuigh ag pleidhcíocht nó ag ól go mídhleathach. →

→ **Cóiriúlacht**

Tá fadhb na cóiriúlachta ag méadú le blianta beaga anuas. Ceapaim go bhfuil ceangal éigin idir é seo agus cúrsaí eacnamaíochta sa tír. Déantar buirgléireacht ar thithe sa cheantar. Léim beagnach gach seachtain faoi rud éigin a goideadh agus faoi scata gadaithe ag briseadh isteach i dteach éigin eile. Cuireann sé déistin orm nuair a chloisim tuairiscí faoi. Chuirfinn níos mó gardaí ar na sráideanna i rith na hoíche chun an fhadhb seo a laghdú.

Meaitseáil

Meaitseáil na ceisteanna leis na freagraí thíos.

Cad í an fhadhb is measa i do cheantar?	Níl fadhb an bhruscair againn sa cheantar. Is maith an rud é na sráideanna glana a fheiceáil.
An gcuireann an trácht isteach ort?	Bíonn daoine óga ag ól timpeall na háite ag an deireadh seachtaine. Tá an fhadhb ag méadú le blianta beaga anuas.
An bhfuil fadhb an bhruscair go dona sa cheantar?	Is é an trácht an fhadhb is measa sa cheantar. Bíonn na sráideanna plódaithe gach maidin.
Cad a cheapann tú faoi fhadhb an óil?	Níl fadhb againn le cóiriúlacht i ndáiríre buíochas le Dia.
An bhfuil cóiriúlacht ag méadú sa cheantar?	Cuireann an trácht isteach orm go mór mar uaireanta bím déanach don scoil. Bíonn an múinteoir ag tabhairt amach dom nuair a tharlaíonn sé sin.

Obair bheirte

Freagair na ceisteanna sa ghreille seo thuas leis an dalta in aice leat. Scríobh do fhreagraí i do chóipleabhar ansin mar ullmhúchán don bhéaltriail.

3. Saol na scoile

Inis dom faoin scoil seo.

Táim ag freastal ar…
- scoil chuimsitheach.
- Meánscoil
- Clochar
- Coláiste
- Pobalscoil
- Gairmscoil
- Bunaíodh an scoil seo sa bhliain…
- Caithfidh mé a admháil go dtaitníonn an scoil seo go mór liom. Fuair mé scoth an oideachais anseo.
- Is scoil mheasctha/Is scoil bhuachaillí/scoil chailíní í.
- Tá thart faoi seacht gcéad dalta ag freastal ar an scoil seo (trí chéad/ ceithre chéad/cúig chéad/sé chéad/seacht gcéad/ocht gcéad/naoi gcéad)

- Tá timpeall ochtó múinteoir ag múineadh anseo agus bíonn caidreamh iontach idir na múinteoirí agus na daltaí.
- Bhuail mé le cuid mhór cairde iontacha agus beidh cumha mhór orm nuair a thiocfaidh an lá deireanach, creid é nó ná creid!
- Is scoil iontach í mar go bhfuil áiseanna den chéad scoth againn anseo.
- Is scoil iontach í cé nach bhfuil scoth na n-áiseanna inti.

Áiseanna spóirt
- Linn snámha
- Halla gleacaíochta
- Páirc imeartha
- Cúirt chispheile
- Cúirt leadóige
- Páirc haca

Áiseanna eile
- Leabharlann
- Amharclann
- Saotharlann
- Seomra ealaíne
- Halla staidéir
- Bialann/ceaintín

Freagra samplach →

Inis dom faoin scoil seo.

Is scoil phríobháideach í an scoil seo. Tá timpeall sé chéad dalta ag freastal ar an scoil. Is maith an rud é nach bhfuil na ranganna rómhór. Tá na múinteoirí anseo ar fheabhas. Déanann siad a ndícheall dúinn. Is maith liom na háiseanna sa scoil seo. Tá seomra ríomhairí leis an trealamh is déanaí againn agus tá an t-ádh linn mar go bhfuil saotharlann nua-aimseartha sa scoil. Déanann an fhoireann rugbaí traenáil ar na páirceanna imeartha. Baineann na daltaí go léir úsáid as na háiseanna spóirt atá againn. Tá linn snámha agus halla gleacaíochta anseo freisin.

Meaitseáil

Meaitseáil na ceisteanna leis na freagraí thíos.

Cad is ainm don scoil seo?	Tá múinteoirí cabhracha againn anseo. Tá siad cairdiúil freisin.
Cén saghas scoile í?	Tá thart faoi cúig chéad dalta ag freastal ar an scoil seo.
An bhfuil mórán áiseanna ar fáil anseo?	Pobalscoil Naomh Áine is ainm don scoil seo.
Cé mhéad dalta atá ag freastal ar an scoil seo?	Is scoil mheasctha í.
Cén saghas múinteoirí atá anseo?	Is maith liom an scoil seo mar go bhfuil a lán áiseanna againn. Tá saotharlann nua-aimseartha sa scoil. Tá leabharlann nua againn agus seomra ríomhairí iontach freisin.

Obair bheirte

Freagair na ceisteanna sa ghreille seo thuas leis an dalta in aice leat. Scríobh do fhreagraí i do chóipleabhar ansin mar ullmhúchán don bhéaltriail.

10

Rialacha na scoile

- Tá go leor rialacha scoile anseo.
- Caithfidh daltaí a beith i láthair ag leathuair tar éis a hocht.
- Níl sé ceadaithe tobac a chaitheamh ná a bheith drochbhéasach leis na múinteoirí.
- Níl sé ceadaithe fón póca a úsáid sa rang.
- Má sháraítear na rialacha, tugtar obair bhaile bhreise duit.

Cé mhéad ábhar a dhéanann tú ar scoil?

- Is breá liom an scoil seo mar go bhfuil réimse leathan ábhar ar fáil.
- Déanaim seacht/ocht/naoi n-ábhar scoile…
- Gaeilge; Béarla; Matamaitic; Fraincis; Ceimic; Stair; Tíreolaíocht; Spáinnis; Gearmáinis; Fisic; Eacnamaíocht Bhaile; Bitheolaíocht; Cuntasaíocht; Gnó; Creideamh; Corpoideachas; Ceol

Tuairimí dearfacha	Tuairimí diúltacha
Tá múinteoir den scoth againn.	Nílim an-tógtha le….
Ceapaim gur ábhar iontach agus thar a bheith suimiúil é.	Bíonn an ghramadach casta agus deacair go leor.
Músclaíonn an múinteoir spéis ionainn san ábhar.	Tá mo chuid Fraincise níos laige ná mo chuid Gaeilge.
Tá sé ar intinn agam cúrsa a dhéanamh san ábhar sa choláiste.	Tá a lán léitheoireachta le déanamh.
Is ábhar iontach é.	Is ábhar leadránach é.
Réitím go maith leis an múinteoir.	Is ábhar casta é.
Míníonn sé/sí an t-ábhar go ríshoiléir.	Ní réitím go maith leis an múinteoir.
Ní thugtar mórán obair bhaile dúinn.	Ní mhíníonn sé/sí an t-ábhar go ríshoiléir.
	Ní chreidfeá an méid obair bhaile a thugtar dúinn.

Freagra samplach ➔

Cé mhéad ábhar a dhéanann tú ar scoil?

Tá seacht n-ábhar idir lámha agam. Is iad sin Gaeilge, Béarla, Matamaitic, Gearmáinis, Tíreolaíocht, Cuntasaíocht agus Ealaín. Is í an Tíreolaíocht an t-ábhar is fearr liom. Ceapaim gur ábhar iontach agus thar a bheith suimiúil í. Réitím go maith leis an múinteoir. Míníonn sé an t-ábhar go ríshoiléir dúinn. Ní maith liom Cuntasaíocht. Ní réitím go maith leis an múinteoir. Ní chreidfeá an méid obair bhaile a thugtar dúinn.

Meaitseáil

Meaitseáil na ceisteanna leis na freagraí thíos.

Cé mhéad ábhar a dhéanann tú ar scoil?	Tá suim agam i dteangacha iasachta. Is aoibhinn liom Fraincis. Tá sé i gceist agam dul go dtí an Fhrainc i rith an tsamhraidh.
An maith leat an Ghaeilge?	Táim ag déanamh ocht n-ábhar scoile. Gaeilge, Béarla, Matamaitic, Fraincis, Gnó, Stair, Ceimic agus Tíreolaíocht.
Cén t-ábhar is fearr leat?	Ní maith liom Ceimic. Tá sí deacair go leor. Bíonn an múinteoir cancrach linn i gcónaí.
Cén t-ábhar nach maith leat?	Is maith liom an Ghaeilge. Is teanga shuimiúil í, dar liom. Oibrím go dian sa rang agus músclaíonn an múinteoir spéis san ábhar ionam.
An bhfuil suim agat sna teangacha?	Is fearr liom an Tíreolaíocht. Ní fhaighim mórán obair bhaile agus téim ar thurais scoile Tíreolaíochta go minic.

Obair bheirte

Freagair na ceisteanna sa ghreille seo thuas leis an dalta in aice leat. Scríobh do fhreagraí i do chóipleabhar ansin mar ullmhúchán don bhéaltriail.

Cad ba mhaith leat a dhéanamh tar éis na hArdteistiméireachta?

- Cúrsa oiliúna/printíseacht/dioplóma/céim
- Cúrsa dlí/leighis/cuntasaíochta/tréidliachta/múinteoireachta
- Caithfidh mé a rá go bhfuil suim mhór agam san eolaíocht/i dteangacha/i gcúrsaí gnó
- Ní fada anois uainn na scrúduithe ach má fhaighim na pointí san Ardteistiméireacht, tá sé i gceist agam cúrsa … a dhéanamh.
- Tá orm cúig chéad pointe a fháil agus mairfidh an cúrsa trí bliana.
- D'admhóinn go bhfuil na pointí an-ard na laethanta seo de bharr an éilimh atá ar an gcúrsa.
- Is é m'uaillmhian a bheith i mo … lá éigin agus tarlóidh sé, le cuidiú Dé.

Cén post ar mhaith leat a bheith agat sa todhchaí?

- Ba mhaith liom a bheith i mo mhúinteoir.
- Is é m'uaillmhian post a fháil san earnáil sin.
- Ní fhéadfainn oibriú in oifig.
- Gan amhras, is post an-dúshlánach é agus caithfidh tú a lán ama a chaitheamh san oifig.
- Níor mhaith liom a bheith sáinnithe i bpost leadránach.
- Tá an tuarastal an-mhaith. Ceapaim go dtuillfinn suas le tríocha míle euro gach bliain.
- D'oirfeadh sé do mo phearsantacht. Tá na tréithe riachtanacha agamsa.
- Deirtear go bhfuil na coinníollacha oibre go maith de ghnáth.
- Faigheann tú a lán rudaí breise, mar shampla, carr comhlachta, liúntas taistil agus eitiltí saora.

10

Freagra samplach ➔

Cén post ba mhaith leat sa todhchaí?

Ba mhaith liom a bheith i mo dhochtúir. Tá a fhios agam go mbeidh orm ardmharcanna a bhaint amach i scrúdú na hArdteistiméireachta agus go mbeidh orm cúrsa fada seacht mbliana a dhéanamh san ollscoil. Is post fiúntach í an dochtúireacht mar faigheann tú seans gach lá saol duine a fheabhsú nó a shábháil fiú. Is breá liom cabhrú le daoine agus d'oirfeadh an post seo do mo phearsantacht.

Meaitseáil

Meaitseáil na ceisteanna leis na freagraí thíos.

Cad ba mhaith leat a dhéanamh tar éis na hArdteistiméireachta?	Maireann an cúrsa trí bliana. Táim ag tnúth go mór leis.
Cén cúrsa atá i gceist?	Is é an rud is fearr faoin bpost seo ná an cháil. Ba mhaith liom a bheith cáiliúil lá éigin cosúil le Bono.
Cá fhad a mhaireann an cúrsa?	Ba mhaith liom a bheith i mo cheoltóir tar éis na hArdteistiméireachta.
Cé mhéad pointe atá riachtanach don chúrsa?	Déanfaidh mé cúrsa ceoil in Ollscoil Bhaile Átha Cliath.
Cad é an rud is fearr faoin bpost seo a roghnaigh tú?	Caithfidh mé dhá chéad caoga pointe a fháil.

Obair bheirte

Freagair na ceisteanna sa ghreille seo thuas leis an dalta in aice leat. Scríobh do fhreagraí i do chóipleabhar ansin mar ullmhúchán don bhéaltriail.

4. Caitheamh aimsire

Spórt

- Taitníonn gach cineál spóirt liom ach is é … an cineál is fearr liom.
- D'fhéachfainn ar chluiche dá mbeadh sé ar an teilifís ach seachas sin níl mórán suime agam i gcúrsaí spóirt.
- Imrím ar fhoireann na scoile agus caithfidh mé a admháil go bhfuil foireann mhaith againn sa scoil seo. Bímid ag traenáil trí lá in aghaidh na seachtaine.
- Imrímid cluichí le scoileanna eile ar an Satharn nó nuair a eagraíonn an traenálaí cluichí dúinn.
- Is maith liom a bheith ag imirt … mar go mbíonn deis aclaíochta agam. Is spórt folláin é gan dabht agus caitheann tú an t-am ar fad amuigh faoin aer.
- Is é … an fhoireann is fearr liom agus ceapaim go bhfuil … ina imreoir den scoth.
- Bhí an t-ádh liom anuraidh mar bhí mé ag cluiche mór i bPáirc an Chrócaigh/i Staid Aviva.

- Bhí an staid plódaithe le daoine agus bhí an t-atmaisféar leictreach.
- Sa chéad leath bhí … chun tosaigh ach bhuaigh … an cluiche ar deireadh.
- Ní dhéanfaidh mé dearmad ar an lá sin go deo.
- Is é mo thuairim go bhfuil spórt an-tábhachtach do dhaoine óga.
- Tugann spórt seans do dhaoine bualadh le daoine nua.
- Tugann spórt faoiseamh agus sos dúinn ó bhrú na scrúduithe.
- Déanann spórt maitheas don chorp agus don intinn, dar liom.

Freagra samplach ➜

An dtaitníonn spórt leat?

Taitníonn gach cineál spóirt liom ach is é sacar an cluiche is fearr liom.
Imrím ar fhoireann na scoile agus caithfidh mé a admháil go bhfuil
foireann mhaith againn ar scoil. Bímid ag traenáil ar an gCéadaoin.
Is maith liom a bheith ag imirt sacair mar go mbíonn deis aclaíochta agam
agus buailim le mo chairde ann. Is é Man Utd an fhoireann is fearr liom.
Ba é Ronaldo an t-imreoir ab fhearr liom nuair a bhí sé ag imirt leo.

Meaitseáil

Meaitseáil na ceisteanna leis na freagraí thíos.

An bhfuil suim agat sa spórt?	Chonaic mé cluiche leadóige le déanaí. Bhí Federer ag imirt go han-mhaith, mar is gnách. Bhuaigh sé an cluiche go héasca.
An imríonn tú spórt ar scoil?	Is fearr liom foireann rugbaí na hÉireann ar ndóigh.
Cathain a bhíonn sibh ag traenáil?	Tá suim agam i gcúrsaí spóirt. Taitníonn gach cineál spóirt liom.
Cén fhoireann is fearr leat? Cén fáth?	Bímid ag traenáil gach Céadaoin agus bíonn cluichí againn ar an Satharn.
Inis dom faoi chluiche a chonaic tú.	Imrím rugbaí ar scoil. Táim ar fhoireann na scoile.

Obair bheirte

Freagair na ceisteanna sa ghreille seo thuas leis an dalta in aice leat.
Scríobh do fhreagraí i do chóipleabhar ansin mar ullmhúchán
don bhéaltriail.

10

An Teilifís/Scannáin

- Is maith liom a bheith ag féachaint ar an teilifís agus is é ..
  an clár is fearr liom.
- Clár faisnéise
- Clár bleachtaireachta
- Clár ceoil
- Clár grinn
- Clár spóirt
- Sobalchlár
- Sraithchlár
- Cartún ... Meiriceánach/Éireannach/Sasanach
- Caithfidh mé a rá go bhfuil an clár seo iontach greannmhar.
- Tá sé suite/lonnaithe i...
- Bím i gcónaí ag gáire faoi ..
  mar bíonn sé/sí i dtrioblóid an t-am ar fad.
- Mothaím trua don charachtar X mar tarlaíonn drochrudaí dó/di
  de shíor.
- Tá an plota an-réalaíoch mar pléann sé le gnáthfhadhbanna an
  tsaoil/cúrsaí oibre/cúrsaí grá.
- Chonaic mé an scannán … le déanaí agus bhain mé a lán taitnimh as.
- Is scannán anamúil/ficsean eolaíochta/rómánsúil/uafáis/
  eachtraíochta é.
- Ba é … an carachtar ab fhearr liom mar ...
- Is aisteoir den scoth é/í X.
- Scannán iontach greannmhar é gan dabht. Bhí na héifeachtaí
  speisialta go hiontach.
- Tá súil agam go mbuafaidh an scannán duais. Tá duais Oscar tuillte
  ag an aisteoir X de bharr an léirithe a rinneadh ar…..
- Is maith liom a bheith ag féachaint ar an teilifís mar is féidir liom
  sos a thógáil agus scíth a ligean os comhair na teilifíse

Freagra samplach →

Cén clár teilifíse is fearr leat?

Is maith liom an clár teilifíse *Blue Bloods*. Is clár bleachtaireachta é.
Leanann an plota póilín Meiriceánach agus a chlann atá ina gcónaí i
Chicago. Is é Danny an príomhcharachtar. Is bleachtaire den scoth é.
Gach seachtain bíonn air cás éigin a réiteach. Is clár bríomhar é mar go
mbíonn go leor aicsin ann.

Meaitseáil

Meaitseáil na ceisteanna leis na freagraí thíos.

An maith leat a bheith ag féachaint ar an teilifís?	Bíonn *The Voice* ar siúl gach Satharn agus maireann sé ar feadh dhá mhí.
Cén sórt cláir a thaitníonn leat?	Is fearr liom an clár *The Voice*. Tá sé cosúil leis an gclár *X Factor* ach tá sé i bhfad níos fearr.
Cén clár is fearr leat?	Is fearr liom an moltóir Will.I.Am. Tá sé iontach greannmhar. Cabhraíonn sé go mór leis na hiomaitheoirí.
Cén moltóir is fearr leat?	Is maith liom a bheith ag féachaint ar an teilifís.
Cathain a bhíonn an clár ar siúl?	Taitníonn cláir cheoil liom. Féachaim orthu ar MTV.

Obair bheirte

Freagair na ceisteanna sa ghreille seo thuas leis an dalta in aice leat. Scríobh do fhreagraí i do chóipleabhar ansin mar ullmhúchán don bhéaltriail.

Ceol

- Taitníonn gach saghas ceoil liom. Is é …
  an cineál is fearr liom agus is breá liom an grúpa …
- Rac-cheol
- Popcheol
- Snagcheol
- Ceol clasaiceach
- Ceol traidisiúnta
- Bhain siad barr na gcairteacha amach le déanaí nuair d'eisigh siad albam nua. Bhí éileamh mór air.
- Bhí mé ag ceolchoirm … anuraidh nuair a bhí siad ag seinm san O2.
- Bhí mé ag féile cheoil Oxegen i mBaile Phúinse.
- Bhain mé an-taitneamh as mar go raibh atmaisféar den scoth ann. Bhí gach duine ag canadh agus ag léim suas agus anuas.
  Ní dhéanfaidh mé dearmad ar an oíche sin go deo.
- Is maith liom a bheith ag seinm ar an ngiotár. Fuair mé anuraidh é ó mo thuismitheoirí agus táim ag fáil ceachtanna faoi láthair.
- Nílim ábalta aon uirlis cheoil a sheinm.
- Bíonn … sna ceannlínte nuachta de shíor.

Freagra samplach ➜

Cén sórt ceoil a thaitníonn leat?

Taitníonn gach saghas ceoil liom agus tá rogha an-mhaith againn inniu. Is é popcheol an cineál is fearr liom agus is breá liom an t-amhránaí Lady Gaga. Bhí mé ag a ceolchoirm anuraidh nuair a bhí sí ag seinm in Airéine na hOdaisé i mBéal Feirste. Bhain mé an-taitneamh as mar go raibh atmaisféar den scoth ann. Bhí gach duine ag canadh agus ag déanamh aithrise ar a cuid damhsa. Is maith liom a bheith ag damhsa. Bhínn ag damhsa an t-am ar fad nuair a bhí mé sa bhunscoil. D'fhreastail mé ar ranganna rince.

Meaitseáil

Meaitseáil na ceisteanna leis na freagraí thíos.

An éisteann tú le ceol go minic?	Is í Beyoncé an t-amhránaí is fearr liom ar domhan.
Cén sórt ceoil a thaitníonn leat?	Chonaic mé ceolchoirm Beyoncé le déanaí. Bhí an cheolchoirm ar siúl san O2. Bhí oíche den chéad scoth agam.
Cén t-amhránaí is fearr leat?	Bhí mé ag ceolchoirm cheana. Freastlaím ar cheolchoirmeacha go minic.
An raibh tú riamh ag ceolchoirm?	Éistim le ceol gach lá ar m'iPod. Íoslódálaim ceol ó iTunes go minic.
Inis dom faoin gceolchoirm dheireanach a chonaic tú?	Taitníonn popcheol liom.

Obair bheirte

Freagair na ceisteanna sa ghreille seo thuas leis an dalta in aice leat. Scríobh do fhreagraí i do chóipleabhar ansin mar ullmhúchán don bhéaltriail.

Léitheoireacht

- Tá suim mhór agam sa léitheoireacht.
- Is aoibhinn liom leabhair … toisc go bhfuil siad an-suimiúil agus go dtugann siad deis dom éalú ón staidéar.
- Taitníonn an t-údar … liom.
- Is é an leabhar deireanach a léigh mé ná ….
- Scríobh … an leabhar. Bhí sé bunaithe ar ….
- Bhí an leabhar thar a bheith spreagúil agus taitneamhach.
- Tugann an leabhar cuntas iontach dúinn ar….
- Bhí an leabhar leamh (*boring*)/corraitheach (*moving*)/áibhéalach (*over the top*).
- Cheap mé go raibh sé ar fheabhas, go mór mór an chonclúid.
- Chun an fhírinne a rá, is maith liom an stíl scríbhneoireachta atá aige.

Freagra samplach ➜

Cad é an leabhar is fearr leat?

Léigh mé leabhar maith le déanaí. Beathaisnéis Alex Ferguson a bhí ann. Bhain mé taitneamh as. Bhí saol dochreidte aige. Is é an bainisteoir peile is fearr riamh é, dar liom féin ar aon nós. Bhí cuntas an-phearsanta sa leabhar agus tugtar le fios dúinn freisin go raibh deacrachtaí éagsúla aige ina shaol.

Meaitseáil

Meaitseáil na ceisteanna leis na freagraí thíos.

An maith leat bheith ag léamh?	Is breá liom an leabhar 'Breaking Dawn'. Saothar ficsean é faoi vaimpír. Scéal grá é.
An dtéann tú go dtí an leabharlann?	Scríobh Stephenie Meyer an leabhar. Is údar iontach í.
Cén sórt leabhar a thaitníonn leat?	Is maith liom a bheith ag léamh. Léim leabhair go minic.
Cad é an leabhar is fearr leat?	Taitníonn leabhair ficsin liom.
Cé a scríobh an leabhar?	Ní théim go dtí an leabharlann go minic. Faighim leabhair ar iasacht ó mo chairde.

Obair bheirte

Freagair na ceisteanna sa ghreille seo thuas leis an dalta in aice leat. Scríobh do fhreagraí i do chóipleabhar ansin mar ullmhúchán don bhéaltriail.

Teicneolaíocht

- Tá ríomhaire agam/níl ríomhaire agam sa bhaile.
- Is beag teach in Éirinn nach bhfuil ríomhaire éigin ann.
- Tá leathanbhanda againn sa cheantar, mar sin tá an tseirbhís an-tapa. Úsáidim an ríomhaire gach oíche.
- Seolaim ríomhphoist chuig mo chairde.
- Tá cuntas Facebook agam. Déanaim teagmháil le mo chairde mar sin.
- Tá an t-idirlíon an-áisiúil. Bíonn eolas ar fáil faoi cheann soicind le brú cnaipe.
- Cabhraíonn sé liom le m'obair bhaile agus nuair a bhíonn tionscadal le déanamh agam. Ceannaíonn mo thuismitheoirí earraí níos saoire ar an idirlíon.
- Ceannaíonn m'aintín eitiltí saora ar an idirlíon.
- Is é an phríomhfhadhb leis an idirlíon ná an chibearbhulaíocht. Bíonn daoine mailíseacha ag iarraidh daoine eile a ghortú trí rudaí mailíseacha a scríobh fúthu. Scríobhann siad tuairimí nó uaslódálann siad íomhánna gránna chun daoine a chrá.

Freagra samplach →

An bhfuil ríomhaire agat sa bhaile?

Is aoibhinn liom an teicneolaíocht. Tá ríomhaire glúine agam féin. Fuair mé ar mo bhreithlá anuraidh é. Caithim neart ama ar shuíomhanna líonraithe shóisialta freisin. Tá cuntas Facebook agam agus bím ag caint le mo chairde gach oíche ar líne. Tá iPod agam freisin agus is minic a bhím ag íoslódáil ceoil ón idirlíon. Níl sé róchostasach ar chor ar bith.

10

Meaitseáil

Meaitseáil na ceisteanna leis na freagraí thíos.

An bhfuil ríomhaire agat sa bhaile?	Úsáidim an ríomhaire i gcomhair obair bhaile de shíor. Úsáidim an foclóir ar líne agus an t-inneall cuardaigh Google nuair a bhíonn tionscadal le déanamh agam.
Cén suíomh idirlín is fearr leat?	Is maith liom m'fhón póca. Fuair mé ceann nua ar mo bhreithlá. Is fón póca nua-aimseartha é.
An maith leat Facebook?	Tá ríomhaire agam sa bhaile. Fuaireamar leathanbhanda le déanaí agus tá sé níos éasca anois m'obair a dhéanamh air.
An úsáideann tú an ríomhaire i gcomhair obair bhaile?	Is breá liom an suíomh YouTube. Cuirim gearrthóga físe ar an suíomh.
An maith leat an fón póca atá agat?	Is maith liom Facebook mar go mbím i dteagmháil le mo chairde ar an suíomh.

Obair bheirte

Freagair na ceisteanna sa ghreille seo thuas leis an dalta in aice leat. Scríobh do fhreagraí i do chóipleabhar ansin mar ullmhúchán don bhéaltriail.

5. Éire sa lá atá inniu ann

Fadhbanna sóisialta: Drugaí/Alcól/Foréigean

- Is é … an fhadhb is measa in Éirinn faoi láthair.
- Is minic a chloistear scéalta faoi … sna meáin.
- Tá an fhadhb ag dul in olcas le déanaí.
- Is minic a thógann déagóirí drugaí mar go mbíonn an iomarca brú orthu. Tosaíonn siad ag tógáil drugaí agus iad ró-óg. Tá ceangal idir an fhadhb seo agus fadhbanna eile cosúil le foréigean.
- Tá an-chuid fadhbanna sa cheantar le creachadóireacht (*vandalism*)/ coiriúlacht (*crime*)/andúil (*addiction*)/mangaireacht drugaí (*drug dealing*).
- Is minic a ghortaítear daoine agus uaireanta cailltear iad. Bíonn daoine ag siúl timpeall, gan dada le déanamh acu, ag lorg trioblóide.
- Mar réiteach caithfidh an rialtas scéimeanna a chur i bhfeidhm chomh tapa agus is féidir chun an fhadhb seo a laghdú. Ní mór don rialtas níos mó oideachais a chur ar an nglúin atá ag fás aníos.

An cúlú eacnamaíochta

- Tá an geilleagar tite as a chéile ar fad, mar is eol duit.
- Deich mbliana ó shin bhí an tír seo ar mhuin na muice ach ní hé sin an scéal anois, faraor.
- Bhí ardchaighdeán maireachtála againn. Bhí tuarastal maith ag gach duine. 'Ach ní bhíonn in aon rud ach seal', mar a deir an seanfhocal.
- Níl forbróirí in ann a gcuid tithe daora a dhíol. Tá morgáistí móra ag muintir na hÉireann agus ní féidir leo na bainc a aisíoc.
- Tá líon na ndaoine dífhostaithe ag méadú. Feictear a lán daoine óga i scuainí fada ag lorg an dóil.
- Tá ceachtanna le foghlaim ón ngéarchéim airgeadais seo. Caithfidh an gnáththomhaltóir a bheith ciallmhar faoi chúrsaí airgid.

6. An deireadh seachtaine

Nóta: Tá an píosa seo feiliúnach do gach aimsir. Ní gá ach na briathra a chur san Aimsir Chaite nó san Aimsir Fháistineach.

Freagra samplach ➔

Cad a dhéanann tú ag an deireadh seachtaine?

Nuair a thosaíonn an scoil ar an Luan bím ag tnúth leis an deireadh seachtaine. Bím tuirseach traochta i ndiaidh na seachtaine scoile.

Ar an Aoine, téim abhaile tar éis na scoile chun mo scíth a ligean os comhair na teilifíse. Tar éis an dinnéir, déanaim m'obair bhaile. Ní chreidfeá an méid obair bhaile a thugtar dúinn.

Maidin Dé Sathairn, fanaim sa leaba go déanach. Dúisím de ghnáth ag meán lae. Ithim mo bhricfeasta agus ansin cóirím mo leaba **sula bhfágaim** an teach. Cuirim glao ar mo chairde ar an bhfón póca agus ansin buailim leo. Téim ag siopadóireacht i lár na cathrach.

Is feighlí linbh mé agus tugaim aire do pháistí óga mo chomharsan béal dorais. Faighim fiche euro le haghaidh na hoíche. Nuair a bhíonn na páistí ina gcodladh féachaim ar scannáin ar an teilifís.

NÓ

Ar an Satharn, éirím ag a seacht a chlog mar go bhfuil post páirtaimseartha agam san ollmhargadh áitiúil. Oibrím óna naoi go dtí a cúig. Is obair leadránach í i ndáiríre, caithim an lá ag líonadh na seilfeanna agus ag glanadh an urláir. Tuillim ocht euro san uair.

Oíche Shathairn, téim amach chuig an dioscó. Uaireanta téim go dtí an phictiúrlann nó go dtí an bhialann sa bhaile le mo chairde. Is breá liom a bheith ag dul amach chun faoiseamh a fháil ó bhrú na scrúduithe.

Maidin Domhnaigh ansin, téim ar Aifreann le mo mhuintir agus tar éis an dinnéir, má bhíonn cluiche éigin ar an teilifís, **féachaim** air. Déanaim staidéar agus críochnaím m'obair bhaile. San oíche, caithim uair nó dhó ag imirt ar an ríomhaire/ag léamh.

Inis dom faoin ngnáthlá a bhíonn agat
- **Dúisím** ag … agus éirím ansin ag…
- **Bíonn** cith agam má bhíonn an t-am agam, mura mbíonn an t-am agam **ním** mé féin go tapa.
- **Gléasaim** mé féin agus **rithim** síos an staighre.
- **Ullmhaím** mo bhricfeasta ansin agus **ithim** é sula bh**fágaim** an teach.
- **Fágaim** an teach ag…
- **Faighim** an bus scoile/an Luas/an DART.
- **Tugann** mo dhaid síob dom.
- **Sroichim** an scoil leathuair ina dhiaidh sin agus **buailim** le mo chairde ansin sa chlós.
- **Tosaíonn** na ranganna ag ceathrú chun a naoi agus **caithim** an chuid eile den lá ag obair sa rang.

Aimsir Láithreach	Aimsir Chaite	Aimsir Fháistineach
Téim	Chuaigh mé	Rachaidh mé
Tosaím	Thosaigh mé	Tosóidh mé
Déanaim	Rinne mé	Déanfaidh mé
Oibrím	D'oibrigh mé	Oibreoidh mé
Sroichim	Shroich mé	Sroichfidh mé
Gléasaim	Ghléas mé	Gléasfaidh mé
Tuillim	Thuill mé	Tuillfidh mé
Ullmhaím	D'ullmhaigh mé	Ullmhóidh mé
Bím	Bhí mé	Beidh mé
Tugaim	Thug me	Tabharfaidh mé
Faighim	Fuair mé	Gheobhaidh mé
Fanaim	D'fhan mé	Fanfaidh mé
Buailim	Bhuail mé	Buailfidh mé
Fágaim	D'fhág mé	Fágfaidh mé
Críochnaím	Chríochnaigh mé	Críochnóidh mé
Caithim	Chaith mé	Caithfidh mé

An Modh Coinníollach

Cad a dhéanfá dá mbuafá an Crannchur Náisiúnta?

Gan amhras bheadh lúcháir orm! Bheinn ar mhuin na muice. Ní bheadh orm a bheith ag obair ach nuair ba mhian liom é. Rachainn thar lear, b'fhéidir go dtí an Fhrainc nó go dtí an Spáinn mar gheall ar an aimsir bhreá atá ann. Cheannóinn teach nua galánta do mo thuismitheoirí. Thabharfainn cuid de do na heagraíochtaí a bhíonn ag obair ar son na ndaoine bochta. Ar deireadh chuirfinn roinnt de i dtaisce.

Cad a dhéanfá dá mbeifeá i do thaoiseach?

Gan amhras bheadh lúcháir orm! Bheinn ar mhuin na muice. Rachainn timpeall na tíre ag bualadh le muintir na tíre agus d'éistfinn leo agus lena ngearáin. Chuirfinn airgead ar fáil chun gardaí breise a chur ar na sráideanna chun cosc a chur leis an bhforéigean agus leis an gcoiriúlacht. Ar ndóigh chuirfinn iallach ar na polaiteoirí obair bhreise a dhéanamh. Dhéanfainn iarracht comhlachtaí iasachta a mhealladh go hÉirinn chun fadhb na dífhostaíochta a réiteach. Thabharfainn gríosú (encouragement) do mhuintir na tíre a ndícheall a dhéanamh i dtaobh athchúrsála.

Cad a dhéanfá dá mbeifeá i do phríomhoide?

Gan amhras bheadh lúcháir orm! Bheinn ar mhuin na muice. Chuirfinn a lán athruithe i bhfeidhm. D'athróinn cuid de na rialacha scoile. Bheadh cead ag na daltaí teacht ar scoil ag a deich a chlog ar an Luan. Cheannóinn ríomhairí nua agus trealamh eolaíochta nua don scoil. Thabharfainn leathlá do na daltaí gach Aoine chun an brú tráchta a sheachaint ar a slí abhaile ón scoil. Spreagfainn na daltaí chun dul go dtí an Ghaeltacht i rith an tsamhraidh.

Béaltriail

Béaltriail shamplach

Anois ag obair leis an duine in aice leat bíodh comhrá agaibh.

- Cad is ainm duit?
- Cén aois atá tú?
- Cad as duit?
- Inis dom faoi d'áit chónaithe.
- Cad í an fhadhb is measa i do cheantar?
- An bhfuil deartháir no deirfiúr agat? Inis dom fúthu.
- Cad a dhéanann do thuismitheoirí?
- An maith leat an scoil seo? Inis dom faoi.
- Cad iad na háiseanna atá le fáil anseo?
- Cad iad na hábhair scoile atá á ndéanamh agat?
- Cén t-ábhar scoile is fearr leat? Cén fáth?
- Cad ba mhaith leat a dhéanamh tar éis na hArdteistiméireachta?
- Cén saghas ceoil a thaitníonn leat?

- An maith leat spórt?
- Inis dom faoin gclár teilifíse is fearr leat.
- Cad é an leabhar is fearr leat?
- An raibh tú riamh sa Ghaeltacht?
- An raibh tú riamh thar lear?
- An bhfuil suim agat i gcúrsaí reatha?
- Cad í do thuairim faoi shaol an déagóra inniu?
- Cad a dhéanann tú gach lá tar éis na scoile?
- Cad a rinne tú ag an deireadh seachtaine?
- Cad a dhéanfaidh tú an samhradh seo?
- Cad a dhéanfá dá mbuafá an Crannchur Náisiúnta?
- Cad a dhéanfá dá mbeifeá i do Thaoiseach?

Fócas ar an scrúdú

An scrúdaitheoir

The examiner is a teacher from another school. He or she will have left behind a class of students just as worried as you and will be aware of the stress you are under. The examiner is there to give you marks, so stay calm and use the 15 minutes to shine.

Stiúir an comhrá

You are in the driving seat. Direct the conversation to topics you have studied.
For example, Is breá liom mo cheantar, tá a lán áiseanna anseo, ach ag an am céanna tá ár gcuid fadhbanna féin againn. *This leads the conversation to problems in the area: social problems, what I would do if I were a minister, etc.*

Ag caint

The exam is all about a conversation. Be natural and speak clearly. Practice your questions/answers with parents, friends, anyone that will listen to you! Be comfortable using the language. It will make the exam easier.

Go n-éirí an bóthar libh!

10

Nótaí

Nótaí

Nótaí

//:NÁ TABHAIR FREAGRA/
COIMEÁD AN TEACHTAIREACHT/
CUIR COSC AR AN SEOLTÓIR/
INIS DO DHUINE É A BHFUIL
MUINÍN AGAT AS://

WWW.WATCHYOURSPACE.IE

Ná Glac Le Bulaíocht

Tá an feachtas Frith-Bhulaíochta seo tacaithe ag an Roinn Oideachais agus
Scileanna le comhoibriú ó Chumann Foilsitheoirí Oideachais na hÉireann.